KB238242

청지기 훈련과 교회부흥

호태석 박사 청지기 훈련 저서 시리즈 21권째

청지기(제직·직분자·구역장·평신도) 충성훈련 지침서

청지기 훈련과 교회부흥

교회 피택자(장로·안수집사·권사) 52주 교육 교재

호태석·호세아·호삼락·황정혜 지음

추천   박남주 박사(노인천국 이사장)
신현우 박사(총신대 교수)

청지기훈련원. 청지기복지진흥원(선교회)

머리글

"육체의 연단은 약간의 유익이 있으나 경건은 범사에 유익하니 금생과 내생에 약속이 있느니라"(딤전4:8)

"꽃은 재배로 자라고, 가축은 사육으로 길러지고, 사람은 교육으로 성장하고, 청지기는 훈련으로 만들어진다."(호태석)

한국교회는 그동안 많은 성경 공부와 교육 프로그램이 넘쳐나도 실상은 교인들의 세속적인 의식구조와 가치관을 갱신하고 '인격 변화'를 주지 못하고 오히려 세상과 타협하고 동화되어 교인들의 신앙이 세속주의에 빠져 '변질'되므로 맛 잃은 소금이 되어 세상에서 짓밟히고 있는 현실입니다.

그 결과는 한국교회의 총체적 위기를 맞이하였습니다.

첫째, 교인들의 '세속적인 의식구조와 가치관'이 갱신되지 못하고 인본주의 신앙으로 변질되고 신앙 정체성 상실로 세속화되어 세상의 빛과 소금 역할을 못 하므로 세상 사람들에게 짓밟히고 있는 슬픈 현상입니다.

둘째, 교회 내 중직자들 역시 인본주의 사고에 찌든 세속적인 의식구조와 가치관의 변화 없이 교회 직분을 맡으므로 세상의 계급장으로 여기고 교회에서 기득권을 주장하고 추태를 부리는 모습은 세속주의로 깊숙이 빠져 말씀에 순종 없고 교회에 충성심없고 당파 짓고 분쟁 일으키고 싸우므로 한국교회는 이방인들의 가십거리로 비방 받고 조롱만 당하고 있습니다.

한국교회가 총체적 위기에서 탈출하고 제2의 부흥을 도약하는 방안은 무엇인가? 한국교회는 고민할 때가 되었습니다.

한국교회는 지금부터 사변적이고 이론적인 성경 공부를 탈피하고 근본적인 변화를 주지 못하는 프로그램은 지향해야 하고 이제라도 영적 잠에서 깨어나 통회 자복하고 다시 제2의 부흥을 실현할 수 있는 대안을 찾아야 합니다.

필자는 '청지기 경건 훈련'을 제안합니다.

청지기 경건 훈련은 바울의 '경건 훈련'을 근거로 하고 답습하고 필자의 목회에 적용하고 36년간 국내외 교회의 청지기 훈련 부흥회(세미나)의 임상 경험을 통해 청지기의 근본적인 심령의 변화로 '선한 청지기 상'을 정립하고 자신의 은사대로 충성과 섬김의 삶을 살도록 하는 종말 시대의 경건(영성) 훈련 입니다.

즉 청지기 경건 훈련은 "오직 말씀과 기도 성령 역사와 지속적인 경건 훈련" 으로 교인들의 세속적인 의식구조와 가치관 갱신으로 "인격적 변화와 경건한 삶의 실천"으로 예수님의 인격을 닮고 하나님을 사랑하고 이웃을 섬기고 교회 에 충성하고, 세상의 빛과 소금 역할로 선한 청지기로서 선한 영향력을 발휘할 수 있도록 실천력을 길러주는 종말 시대 경건 훈련입니다.

청지기 경건 훈련의 핵심 가치는 선한 청지기로 "인격의 변화와 섬김"입니다.

특히 AI 시대를 맞이하여 AI 기술을 과학만능주의에 대한 '우상'으로 경고하고 AI 활용도 무조건 활용보다는 반드시 신학의 검증을 통해 취사선택하고 지혜롭 게 접근할 것을 권고합니다.

그리고 본서 구성은 제1부 청지기 경건 훈련 실제, 제2부 기독교 핵심 교리 조직 신학, 제3부 교회 생활 내용을 실었습니다.

본서 집필 중 감사한 것은 저자들 3부자 목사는(두 자부도) 총신대 신대원 동문으로 개혁주의 신학 사상에 근거하여 성경대로 믿는 조직신학 집필에 동참 한 두 아들 목사와 '시니어 상담사례집' 정리에 수고한 아내 황정혜에게도 감사를 표합니다.

끝으로 추천서를 써주신 존경하는 노인천국 이사장 박남주 목사님과 총신대학교 신현우 교수님께 감사드리며 또한 본서 나오기까지 기도와 격려한 세무선선교회 회장 김영인 목사님과 회원 목사님들 지지와 원고 교정으로 수고하신 정연두 목사님께 감사드립니다.

아울러 출판을 위해 문서선교 선구자 새한출판기획사 민병문 장로님과 직원분들께도 감사를 드립니다.

주후 2025. 12. 5.

한국교회(청지기 신앙) 갱신과 (교회)부흥을 위해 기도하면서

저자 일동 : 주님의 빚진자들 **호태석 목사**(노인천국, 소망교회)

호세아 목사(여호수아)–워싱톤 예수사랑교회

호삼락 목사(갈렙)–시민의교회

황정혜 사모(노인천국, 소망교회)

• 한국교회 선교140주년 기념. 종교개혁 508주년 기념

"이는 만물이 주에게서 나오고 주로 말미암고 주에게로 돌아감이라

그에게 영광이 세세에 있을지어다"(롬11:36)

- 아멘 -

추천사

　　호태석 목사님은 일찍이 목회자, 교육가, 청지기 훈련 부흥회(세미나) 강사로 활약한 바 있습니다. 그리고 목회 사역 중 노약자를 섬기는 준비로 총신대 사회복지 대학원에서 노인복지 전공으로 사회복지사 자격증을 취득하였고, 또한 캄보디아 선교사의 비전을 품고 이발 자격증, 한국어 교사 자격증, 침술 선교사 자격증을 준비하였습니다.

　　마침 호 목사님의 선교사역은 우리 노인천국의 비전과 동일하므로 노인천국 시설장(원목 실장)으로 모시게 되었습니다. 그리고 호 목사님의 노인천국 사역은 청지기 정신으로 불철주야로 기도하고 가르치고 삶의 본을 보이므로 우리 어르신들에게 많은 감동을 주고 있습니다.

　　금번에 호 목사님은 그동안 노인천국에서 많은 어르신들을 섬기고 예배를 인도하면서 어르신들과 직원들을 대상으로 가르치고 훈련한 교육 내용을 한데 묶어 『청지기훈련과 교회부흥』 제목으로 출간됨을 진심으로 축하드립니다.

　　본서의 특징은 교회에서 꼭 필요한 청지기 훈련 내용과 그리고 모든 평신도들도 기독교 핵심 교리인 조직신학을 쉽게 공부하도록 3부자 목사님들이 엮었고, 부록 부분에서 황정혜 사모님이 노인천국 입소하신 어르신들을 섬기면서 상담한 사례 내용을 엮었는데, 노인복지 시설의 종사자들이 어르신들 심리를 이해하는 데 많은 도움이 될 것 같아 기쁘게 추천합니다.

2025. 12. 1.

사회복지시설 노인천국 이사장(벧엘교회 원로목사) **박남주 박사**

추천사

이 책은 성도들을 청지기로서 훈련하고 정통신학과 교리 교육하는 데 사용될 수 있는 교재로서 오랜 세월 동안 저자가 심혈을 기울여 집필한 작품입니다.

신학적 소양을 가진 성도들이 청지기 사명을 가지고 그리스도인으로서 아름다운 삶의 열매를 맺도록 청지기 훈련하는 데 이 책은 유익하고 친절한 좋은 길동무가 되어 줄 것입니다.

경건한 신학의 토양에서 실천되는 청지기의 섬김의 삶을 안내하며 그리스도인들의 조국인 교회가 주의 말씀을 따르고 실천하여 반석 위에 세운 집처럼 든든히 서도록 인도하는 성령을 의지하게 합니다.

울며 씨를 뿌리는 복음 사역을 통하여 청지기 정신이 살아있는 그리스도의 나라로서의 교회를 재건하시고 확장하시는 성령의 역사를 위하여 비전을 품고 소망 중에 기도하도록 우리를 인도합니다.

특히 본서 집필자는 국내외 교회 청지기 훈련 세미나 강사로 평가받은 호태석 목사님으로 청지기 훈련 시리즈 교재 21권째 집필한 학구적인 목회자입니다. 그리고 3부자 목사님들이 기독교 핵심 교리인 조직신학을 평신도들이 쉽게 공부할 수 있도록 엮은 것을 높이 평가합니다.

끝으로 청지기 훈련은 기도와 말씀과 성령의 역사로 인격적인 변화를 유도하고, 조직신학은 바른 신앙과 바른 생활을 실천하는 원동력이 될 것으로 사료되어 기쁘게 추천합니다.

2025. 12. 5.

신현우 박사(총신대학교 신학과 교수)

<언더우드의 기도문>

오 주여, 지금은 아무것도 보이지 않습니다.
주님, 메마르고 가난한 땅, 나무 한 그루 시원하게
자라 오르지 못한 땅에 저를 옮겨 앉히셨습니다.
그 넓고 넓은 태평양을 어떻게 건너 왔는지…….
사실 기적입니다.
주께서 붙잡아 뚝 떨어뜨려 놓으신 이곳,
지금은 아무것도 보이지 않습니다.

보이는 것은 고집스럽게 얼룩진 어두움뿐입니다.
어둠과 가난, 인습에 묶여있는 조선 사람뿐입니다.
그들은 왜 묶여 있는지도, 고통이 무엇인지도
모르고 있습니다.
고통을 벗겨주겠다고 하면 의심하고 화부터 냅니다.
조선 사람들의 속셈을 알 수가 없습니다.
뿐만 아니라 조정의 내심도 알 길이 없습니다.
가마를 타고 다니는 여자들은 영영 볼 길이 없으니
어찌할까 합니다.
이제 우리가 무엇을 해야 하나 막막하기만 합니다.
그러나 주님 우리는 순종하겠습니다.

지금은 우리가 서양 귀신, 양귀자라고 손가락질 받지만,
저들이 우리 영혼과 하나인 것을 깨닫는 날이 올 것이고,
하늘나라 한 백성인 것을 알고 기뻐할 날이 올 것을 믿나이다.
학교도 없고, 의원도 없고, 의심과 멸시와 천대만 있는 이 땅이
이제 머지않아 은총의 땅이 되리라는 것을 믿습니다.
주여, 오직 제 믿음을 지켜 주소서. 아멘.

청지기 사명 선언문

나는 이 땅에 하나님의 청지기 사명을 갖고 태어났고

나는 예수 그리스도의 은혜로 구원받은 청지기임을 고백하고

나는 받은 은사로 하나님과 이웃을 청지기로 섬기고

나는 선한 청지기로 충성을 다하여 하나님 영광 위해 살기로 선서합니다.

하나. 나는 하나님과 이웃사랑 실천하겠습니다(마22:37).

둘. 나는 이웃을 섬기고 화평하며 살겠습니다(롬12:18).

셋. 나는 주의 종과 모든 좋은 일 협력자가 되겠습니다(갈6:6).

넷. 나는 예배에 목숨을 거는 참된 예배자로 살겠습니다(요4:23, 24).

다섯. 나는 거룩한 삶을 살겠습니다(롬12:1,2).

여섯. 나는 주일을 성수하며 살겠습니다(출20:8,9).

일곱. 나는 가정예배와 새벽기도를 실천하겠습니다(막1:35).

여덟. 나는 매년 성경1독과 전도1명을 하겠습니다(행1:8).

아홉. 나는 십일조 실천과 선교 후원을 협력하겠습니다(말3:10, 막16:15).

열. 나는 선한 청지기로 충성하고 하나님께 영광 돌리며 살겠습니다(고전10:31).

주후 20 년 월 일.　　　　교회　선서자　　　서명

<한국교회 부흥 회복을 위한 오순절기도회 어게인 실천 호소문>

1. 오순절 기도회 어게인 취지문

한국교회는 코로나 시대 정부의 무도한 교회 탄압에 대응하지 못하고 허접한 굴종으로 제2의 신사참배 같은 죄악을 저질렀다. 이 같은 수치스런 굴종에 대한 각성과 회개의 촉구가 없다는 것은 한국교회의 영적지수 낮음과 영적무지로 죄의식에 대한 감각이 실종된 것이 더 서글프다.

설상가상 작금의 정치 형태는 성경에 반하는 '낙태금지법, 차별금지법, 민법 개정안'과 교회 해체법 발의로 또 다른 시련이 초래 될수 있으니 한국교회는 하루빨리 초교파적으로 위기 대응 매뉴얼을 만들어 각 교단에서 교인들을 청지기 의식화 훈련으로 대응력을 길러 주어야 한다.

2. 오순절 기도회 어게인 목적

작금의 한국교회는 구약 사사시대(삿21:25) 에스겔 골짝 뼈들 같고(겔37:1-10). 신약 라오디게아 교회처럼(계3:14-21) 세속주의 침몰로 한국교회는 영적 혼돈에 빠져 교회 부흥이 멈춘 총체적 위기에 처해 있다.

한국교회 위기 해법은 "초대교회 오순절 기도회 어게인 성령충만이 답이다." 성령님은 새 생명의 영으로 초대교회 태동과 부흥의 절정을 주도 하므로 한국 교회는 이제라도 오순절 기도회 어게인 실천으로 성령충만 임재로 부흥회복이 성취되기를 기도하며 촉구한다.(슥4:6. 행1:8:2:1-47. 욜2:28.합3:2).

3. 오순절 기도회 어게인 진행 방법

21C 교회 부흥의 패러다임은 오순절 기도회 어게인 으로 성령충만 임재의 역사만이 절대적임을 강조한다.(슥4:6). 필자들은 오순절 50일 기도회에 교인들을 훈련하도록 "청지기훈련과 교회부흥"교재 출간 하면서 오순절 기도회

어게인 실천 방법론 10가지를 제시한다.'
  1) 청지기훈련은 주말(금요밤,토요일,주일)2박3일간 집회를 진행함
  2) '특새50일(밤 집회) 오순절 기도회'로 담임목사 인도함
  3) 50일간 기도회는 1부 교육. 2부 찬양. 3부 통성기도로 마침
  4) 개인기도 제목 교회공동체 기도 제목 놓고 기도함
  5) 교회는 50일간 '성령충만' 위해 온 성도 집중 통성 기도함
  6) 개인적으로 기도응답 일지를 기록하고 간증하라
  7) 기도회 마치는 날 전 교인들은 은혜 나누라
  8) 기도회 마치는 날 잔치와 경품권 추첨하라(교인들 찬조)
  9) 기도회 마친 후 매주 금요일 예배시간에 1명씩 간증하라
  10) 개인 출석표 만들어 출석 체크 후 개근자 시상하라.

4. 오순절 기도회 어게인 효과

오순절 기도회 어게인 효과는 성령충만으로 신자들의 인격적인 변화와 거룩한 삶 실천은 이웃을 섬기고 교회는 거룩한 공동체로서 지역사회 변화를 주도하므로 성령의 역동적인 역사로 교회는 부흥을 회복할 것이다.

5. 전국목회자 청지기훈련 세미나 안내(26.3.16-19)

＊주제: 청지기훈련과 교회부흥

〈강사: 호태석목사: '청지기훈련과 교회부흥' 저자〉

제1차(3.16) 서울/수도권: 도림교회

제2차(3.17) 중부권: 대전 보건대학교

제3차(3.18) 영남권: 대구 신일교회

제4차(3.19) 호남권: 전주대학교 채플실

주최: 국제청지기훈련원 (원장 호태석 목사. 010-3739-0110)

후원: 극동방송. CTS기독교TV. 기독신문. 노인천국. 청지기복지진흥원

(기독신문 2026.3.9. 5단 광고)

Contents

제1부

청지기 훈련 ———————————————————— 31

제2부

청지기 훈련과 조직신학 교육　235

조직신학 교육　237

제1권 성경론　249

제1장 종교에 대하여　238

제3부

제1부

청지기 훈련

제1장

청지기 훈련

제1절 청지기 훈련 의미

1. 청지기 훈련 의의

청지기 훈련이 왜 필요한가? 세속의 군대도 '강한 훈련이 강한 군사를 만든다' 확신으로 훈련하고 부대에 배치한다.

청지기 훈련도 '신자들의 세속적인 의식구조와 세속적인 가치관을 갱신하고, 인격적인 변화를 통해 기독교인의 정체성을 심어주는 청지기 의식화를 말한다. 청지기 의식화는 반드시 말씀 기도 성령 역사와 반복적이고 지속적인 경건 훈련으로(딤전4:7, 8) 청지기의 정체성을 정립시키고 선한 청지기로서 섬김과 충성을 다하도록 실천력을 길러주는 영성 훈련이다(롬12:1-21).

즉 청지기 훈련은 세속적인 의식구조와 가치관이 새롭게 거듭나고 갱신되어 신자의 인격적인 변화를 통해 거룩한 삶의 실천으로 예수님을 닮고 예수님처럼 섬김의 삶을 살도록 하는 신앙훈련이다(빌2:5-8, 막10:45).

주님도 제자들을 선택하시고 3년간 노숙하시며 제자도의(증인) 삶과 청지기의(섬김) 삶을 실천하도록 훈련시켰다.

그리고 마지막 관문은 결정적으로 경건 훈련을 마친 제자들에게 세상을 향해 사역하기 전 최후적으로 성숙한 제자들에게 성령 능력의 절대 필요성을 인지하시고 '성령의 능력 받고 성령 충만'을 강조하셨다(눅24:48, 49, 행1:8).

그 후 제자들은 육적이고 세속적인 의식구조와 가치관 그리고 세속적인 사고방식 일체가 성령 충만으로 변화 받아 이제는 영에 속한 제자들로서 주를 위해 목숨 걸고 복음을 전했다. 놀라운 것은 제자들의 최후가 사도 요한만 제외하고 순교했다는 사실이다. 즉 제자들이 그렇게 되기까지의 분기점은 오순절 전과 오순절 이후의 경과를 보면 알 수 있다(행2:1-3).

1) 오순절 성령 체험 이전의 제자들

(1) 간사한 베드로 책망 받음(마16:21-23).

(2) 제자들 믿음 적어 책망 받음(마17:15-20).

(3) 천국에서 누가 크냐고 자리 다투고 분노함(마18:1, 20:20-28)

(4) 어린아이 무시한 제자들 교훈(마19:13,14).

(5) 돈 좋아한 가룟 유다 배신(마26:14-25).

(6) 제자들 다 예수 버리고 도망가고 베드로 예수 부인(마26:31-34).

(7) 예수님 기도하시는데 잠만 잔 제자들(마26:56).

(8) 베드로 예수 부인(마26:69-75).

　　제자들은 인격적인 변화가 없으므로 여전히 육에 매여 사는 자들이었다(고전2:14).

2) 오순절 성령체험 경험한 제자들의 삶과 사역

(1) 오순절에 성령체험(행2:1-4)

(2) 베드로 회개 설교 3천 명 회개하고 세례 받음(행2:41). 5천 명 은혜(행4:4).

(3) 관리들의 제재도 두려워 안 함(행4:18-21)

(4) 설교 듣는 자 헌신의 삶(행4:31-37)

(5) 사람 속 사탄의 정체 밝혀냄(행5:1-11)

(6) 제자들 담대히 외침(행5:29-32)

(7) 핍박을 기뻐함(행5:41)

(8) 스데반 집사의 역사(행6:8, 18, 7:55-60)

(9) 빌립 집사 역사 전도(행8:5, 8:26-36))

(10) 아나니아 바울 안수기도 역사(행9:10-19)

(11) 베드로 죽은 자 도르가 살림(행9:36-40)

(12) 사울-바울의 회개와 사명(행9:1-18, 20, 16:18)

특히 바울은 사도로 부름을 받고 훈련받고 성령 능력 받은 후 성령의 사람으로서 제자의 삶을 실천하고 사명을 다하였다.

성령님과 동행한 제자들은 모든 사역을 능력 있게 감당하고 충성하였다.

오늘날 청지기들도 성령을 좇아 살 때 육적인 소욕을 극복하고 성령의 사람으로서 성령의 열매 맺는 청지기들이 될 것이다(엡4:22-32, 갈5:16-25). 세상을 변화시키는 선한 청지기의 삶을 살았다(고전10:31, 벧전4:10-11).

"내가 정녕 변하지 않고는 결코 상대를 변화시킬 수 없다."는 것은 진리이다.

"내가 정녕 불을 받지 않고는 결코 상대를 뜨겁게 할 수 없다."

"내가 정녕 생명 없이는 결코 상대에게 생명을 줄 수 없다."

문제는 내가 변화되어도 변질되지 않도록 지속적으로 "경건 훈련"이 필요하다.

선한 청지기 되려면 지속적인 자기 훈련 자기 절제와 경건 훈련이 요구된다.

우리 인간은 연약하기 때문에 또 다시 넘어지고 또는 세속화로 인하여 '변질'될 수 있다.

그래서 바울은 "오직 경건에 이르기를 연단(훈련)하라 육체의 연습은 약간 유익이 있으나 경건은 범사에 유익하니 금생과 내생에 약속이 있느니라"(딤전4:8). 여기 '연단'이란 단어는 헬라어 '귐나제'로 육체적인 훈련을 가리키는 용어로서 '경건'은 쉽게 얻어지는 것이 아니라 '자기 훈련으로 된다는 의미'이다.

성자도 하루아침에 될 수 없다. 고난을 이기고 시련을 극복하고 연단을 거듭하고 훈련을 통해서 속사람이 변화되고 성숙되는 과정이다. 훈련 없이는 참된 신자도 될 수 없고 선한 청지기가 될 수 없다.

〈허드슨 테일러〉"성결되고 헌신적이고 전심전력할지라도 훈련이 되지 않으면 거의 가치가 없다."고 말했다.

이처럼 청지기 훈련은 종말 시대 성도들에게 영적 전쟁에서 승리하도록 전투력을 강화시키는 경건 훈련이다.

마치 청지기 훈련은 군사의 훈련과 경기자의 모습과 비슷하다. 군인은 전쟁에서 승리하기 위해 훈련하고 경기자는 올림픽에서 금메달을 달기 위해 연습하고 훈련하듯이 청지기도 영적 전쟁에서 승리를 위해서 반드시 경건 훈련을 해야 한다. 결국 군인의 훈련 목표, 경기자의 연습 목표, 청지기 훈련의 목표는 오직 승리뿐이다(딤후2:1-5).

2. 청지기 훈련 당위성

오늘날 한국교회는 영적인 혼돈과 위기에 직면해 있다. 그 이유는 포스트모더니즘과 종교 다원주의 사상에 의하여 기독교의 절대성을 부인하고 문화 다원주의로 기독교 안에 세속문화가 혼재되어 있어 사람들이 문화의 노예로 포로되어버렸다. 자신도 모르게 영적 오염이 되었다. 그리고 설상가상 지금 한국은 서서히 이슬람주의 물결이 한국 사회에 도전해 오므로 기독교를 크게 위협하고 있다. 더욱 심각한 것은 신천지 이단들은 아예 교회까지 침투하여 교묘한 수법으로 교회를 삼키려고 한다.

그러므로 종말 시대 교인들은 영적으로 깨어나 사탄의 전술과 전략에 속지 말고 어떤 유혹과 시험에서도 영적 전쟁으로 인지하고 반드시 이겨야 한다. 또한 세상의 불의하고 사악한 정치에 대해서도 교회는 예언자적인 태도를 취해야 한다.

수년 전 중국의 코로나 때문에 세계가 혼란을 겪으면서 한국교회도 큰 홍역을 겪은 뼈아픈 시기를 결코 잊을 수 없다. 사악한 코로나 정부는 코로나를 빙자하여 교회를 탄압의 수단으로 악용하여 거짓 선전 선동하여 마치 코로나가 교회에서 숙주하는 것처럼 거짓 선전 선동으로 예배를 방해하고 예배 숫자를 제한

시키고 예배 모임을 방해하므로 믿음 없는 교인들은 교회를 떠나고 심지어 교회들이 폐쇄당하는 참사를 겪었다.

더욱 마음 아픈 것은 한국교회는 코로나 정부의 핍박과 탄압에 아무런 대응력도 발휘하지 못하고 무도한 정권에 무릎을 꿇는 굴종의 비극을 초래하였다. 우리는 하나님 앞과 신앙 선대들에 대해 너무도 큰 죄를 지은 심정이다.

우리 선대들은 일제강점기 신사참배도 거부하였고, 6.25 공산 치하에서도 순교신앙으로 신앙과 교회를 지키고 아름다운 신앙을 유산으로 물려주었건만 우리 시대는 축복의 단물만 빨다가 영적각성 상실로 인하여 허무하게 한국교회는 코로나와 영적 전쟁에 패배하고 말았다.

청지기 훈련은 신자들의 변질된 인본주의 신앙과 세속적인 의식구조와 가치관을 말씀과 기도 성령의 역사와 지속적인 경건 훈련과 진리무장한(엡6:11-17) '바울의 경건 훈련'(딤전4:7,8)을 체계적으로 정립하여 한국교회의 현실에 맞도록 도입된 영성 훈련이다. 이로써 청지기들의 신앙 정체성을 확립시키고 영적 군사로서 영적 전쟁에서 승리하도록 영적 능력을 발휘하도록 배양력을 길러주는 영성훈련이 필요하다. 청지기 훈련은 1당 100이다.

3. 청지기 훈련 핵심 가치

사도 바울은 "육체의 연습은 약간의 유익이 있으나 경건은 범사에 유익하니 금생과 내생에 약속이 있느니라"(딤전4:8)고 했다.

"꽃은 재배로 자라고, 가축은 사육으로 길러지고, 사람은 교육으로 성장하고, 청지기는 훈련으로 만들어진다"(호태석).

한국교회는 그동안 많은 성경 공부와 교육 프로그램이 넘쳐나도 실상은 교인들의 "인격의 변화"에 못 미치므로 오히려 세상과 타협하고 세속주의로 인하여 신앙이 '변질'되어 맛 잃은 소금으로 세상으로부터 짓밟히고 있다.

그 실례는 다음 두 가지로 한국교회의 총체적 위기를 요약할 수 있다.

하나, 인본주의 신앙 변질로 세상의 빛과 소금의 역할을 다 하지 못하므로 비난받고 있다.

둘, 교회 내 중직자들은 충성과 순종은 없고 세속주의에 젖어 당파를 짓고 분쟁을 일으키고 싸우므로 한국교회는 이방인들의 가십거리로 비방 받고 조롱당하고 있다.

그러므로 한국교회는 통회 자복하고 다시 일어나 제2의 부흥을 꿈꾸며 '청지기 훈련'을 제안한다.

하나님은 우리에게 부흥의 꿈을 주시고(욜2:12-30) 또한 성취해 주실 것을 약속하셨다(행1:8, 2:1-4).

청지기 훈련은 무엇인가?

청지기 훈련은 바울의 '경건 훈련'을 답습하고 모방하고 필자의 목회에 적용하고 임상경험을 통해 도출한 청지기 경건 훈련이다. 청지기 훈련은 성경적 배경으로 출발한다. 미국 Fuller 신학교에서 검증되어 목회학 박사 학위 취득하고 지난 36년간 국내외 교회초청으로 청지기 훈련 부흥회(세미나)집회 인도로 국내외 교회들도 인증한 경건 훈련이다.

그리고 감사한 것은 학문에 일천한 필자가 금번까지 청지기 훈련 시리즈 저서도 20권째 출간하였다.

청지기 훈련은 지금까지의 이론적인 성경 공부를 탈피하고 교인들의 세속적인 의식구조와 가치관의 갱신을 위해 말씀과 기도와 성령 역사와 지속적인 경건 훈련으로 인격의 변화를 통한 '거룩한 삶'으로 예수님을 닮고 자신은 신앙 정체성 확립하고 교회에서는 충성하고 세상에서는 소금과 빛의 역할로 섬김 실천으로 '선한 청지기로서 선한 영향력을 발휘하도록 실천력을 길러주는' 종말 시대의 경건 훈련이다.

즉 청지기 훈련을 통해 세속적인 의식구조와 가치관을 말씀과 기도, 성령 역사와 지속적인 경건 훈련으로, 청지기의 "인격적 변화와 경건한(거룩한) 삶의 실천"으로 예수님의 인격을 닮고 하나님과 이웃을 섬기며 교회에서 충성하고 사회와 세상에서는 선한 청지기로서의 선한 영향력을(소금과 빛) 발휘하도록 실천력을 길러주는 청지기 훈련이다. 청지기 훈련의 본질과 핵심 가치는 "청지기의 인격변화와 섬김"이다. 청지기 훈련 핵심 가치는 "변화와 섬김"이다. 또한 청지기 훈련은 1당 100이다.

그러나 아쉽게도 오늘날 한국교회는 지금까지 신자들에게 많은 성경 공부를 가르쳤지만 지식 위주와 사변적이고 이론적인 성경 공부로는 세속적인 의식 구조와 가치관 변화를 일으키기에는 미흡하다고 본다. 기독교의 본질은 변화인데 변화는 안 되고 오히려 세상에 동화되어 변질되어 버렸다. 소금의 맛을 잃어버리므로 세상으로부터 비난받고 있다.

또한 오늘날 교회 내의 문제는 교회의 중직자들인데 이들의 고질적인 문제는 말씀과 기도와 성령 역사와 지속적인 경건 훈련 없으므로 여전히 세속주의 의식 구조와 가치관 사상에 사로잡혀 있고 '인격의 변화'가 없다는 것이다.

지금 한국교회를 영적으로 진단하고 성경의 렌즈로 볼 때 절규와 통곡이 나온다.

어쩌다 우리 한국교회가 이 지경까지 세속화되어 버렸는지…….

- 서울 ○○ 교회 원로파, 후임파 12년 싸움. 서울강남 ○○ 불신자 변호사가 당회장?
- 시내버스 기사분이 손님들이 서로 싸우니 "여보시오 싸우려면 교회 가서 싸워요!" 하더라.

결국 교회 안의 청지기들도(직분자) 말씀과 기도와 성령 역사와 지속적인 경건 훈련 없이는 결코 변할 수 없다.

또한 지금 우리나라 국회의원 숫자 300명 중 171명이 모 정당 소속인데 그 중 57명이 명목상 기독교 신자들이라고 한다.

그런데 세상의 악을 조장하는 동성애 법 안건이 상정되어야 하는가? 그중에 안수집사 서리집사 권사 등 신자가 57명이라고 하는데 심지어 미국 신학교 유학까지 다녀왔다는 의원도 있건만 어찌하여 여전히 악법이 조장되고 있단 말인가? 신자들은 직장이든 세상 정치하여도 불신자들의 방식대로 따라가면 안

되고 거기서 바로 소금과 빛의 역할을 다하는 청지기 정신으로 봉사하고 섬기는 것이 선한 청지기 태도이다.

그리고 세상의 국가 정치인들과 공무원들도 세속적으로 보면 하나님의 청지기이다. 그러므로 모든 공무원은 청지기 정신으로 국가에 봉사해야 한다. 그리고 모든 교회는 나라와 공무원들을 위해 기도해야 한다(딤전2:1-4).

기독교 역사를 보면 일찍이 경건 훈련을 받은 신앙 위인들은 자신의 변화를 통해 '거룩한 삶'으로 세상의 핍박도 이기므로 세상이 감당하지 못했다. 초대교회 성도들의 거룩한 삶은 그토록 10대 황제 걸쳐 지독하게 핍박했던 로마 제국을 변화시켜 결국 로마는 주후 313년에 기독교를 국교로 승인하는 기적을 일으켰던 것이다(히11:33-40).

이처럼 세상을 변화시키고 세상에서 승리의 삶을 살려면 내가 먼저 변해야 된다는 교훈을 배워서 실천하도록 하자.

그러므로 청지기 훈련은 말씀과 기도와 성령 역사와 지속적인 경건 훈련으로 거룩한 삶의 인격적인 변화를 가져오고 예수님을 닮아 하나님과 이웃을 섬기는 삶이다. 그리고 교회에서는 선한 청지기로 충성한다.

한마디로 청지기 훈련은 '인격적 변화와 거룩한 삶' 실천으로 세상을 섬김으로 변화를 주도하는 경건의 삶이다(딤전4:7,8, 롬12:1-2).

우리 복창하자(빌4:13). "내가 변하면 상대가 변하고! 내가 변하면 가정이 변하고! 내가 변하면 교회가 변하고! 내가 변하면 사회가 변하고! 내가 변하면 세상이 변한다!"-할렐루야 아멘!

4. 청지기 훈련은 신앙의 균형과 조화를 이루는 훈련

목회 현장에서 보면 많은 신자들은 자기 나름대로 신앙생활 잘 한다고 말한다.

그러나 실상은 신앙생활 불균형을 이루고 살아가고 있는데 본인은 모르고 있다는 것이다. 그래서 스스로 속고 착각 속에 사는 자들이 많다. 어떤 사람은 성경과 기독교 상식은 많은데 실천이 없는 죽은 신앙이다.

또는 아는 것은 좀 부족한 듯하지만 봉사하고 충성하는데 말씀의 기초가 없다 보니 자신의 주관적인 판단에 의한 봉사를 하다 보니 타인들과 충돌되는 경우가 있다. 어떤 사람은 신앙은 뜨겁지만 실천력이 미흡하므로 말만 앞세우므로 잎만 무성한 무화과나무 같아서 신앙의 목표와 표준이 말씀에 적중되지 못해 좌충우돌의 경우도 있다.

본인들은 아주 열심을 품고 섬기고 봉사하고 충성한다고 하지만 균형감각을 상실하여 본의 아니게 시험당하고 상처받고 실족하는 경우도 있다. 그래서 필자는 이런 모순점을 청지기 훈련 통해 신앙 균형과 조화를 이루게 한다.

1) 말씀과 성령의 역사

기독교는 말씀의 종교요 성령 역사의 종교이다. 말씀 없는 기독교는 존재할 수 없고 성령 역사 없이는 구속사 성취도 없다. "태초에 하나님이 천지를 창조하시니라"(창1:1). 여기 하나님은 삼위일체 하나님의 창조 사역을 말하고 있다. 그중 창조 사역과 함께 타락한 죄인들을 구원하는 구속사는 성령님의 절대적인 역사이다.

고전12:3에 "누구든지 성령으로 아니하고는 예수를 주시라 할 수 없다"고 했다.

그리고 예수님은 베드로의 신앙 고백을 칭찬하셨다(마16:13-19). 바로 하늘에 계신 하나님의 은혜이자 바로 성령님역사하심을 말할 수 있다. 즉 성령 없이는 죄를 깨닫지 못하고 회개도 없고 중생도 없고 구원도 없다. 또한 성령님은 말씀을 깨닫고 가르치게 한다. 곧 말씀과 성령은 신앙의 두 수레바퀴와 같다. 말씀 없이 성령역사 없고, 성령 역사 없이 말씀 능력 없다.

즉 말씀 없는 성령의 외침은 감정의 소란으로 흐르고, 성령 없는 말씀의 선포는 형식적 교리주의에 빠지게 된다.

말씀과 성령이 함께 할 때에 하나님 나라 부흥은 시작된다. R.T. 켄탈 박사는 "말씀만 강조하면 형식적 교리주의로 흐르고, 성령만 강조하면 혼란과 감정주의로 흐른다. 언제나 말씀과 성령이 하나 되고 공존할 때 부흥의 역사가 일어난다"고 했다. 이 같은 말은 신앙의 균형감각을 갖게 한다(새찬송가441장, 구 498장).

실례로 '아볼로'(행18:24,26)는 학자로 성경지식은 박식하지만 성령에 대해 무지했다. 그런데 성령을 모르니 교인들도 성령을 모른 것이다(행19:1-6). 그러므로 목회자는 성경도 많이 알고 동시에 성령 충만해야 바울 같은 능력의 사도가 된다(행19:11-20). 오늘 한국교회 목회자와 청지기들 신앙이 말씀과 성령이 함께 하는 균형이룬 신앙되기를 기도한다. 바울은 "하나님 나라는 말에 있지 않고 오직 능력에 있느니라"고 했다. 여기 능력은 바로 말씀과 성령의 능력과 역사를 말한다(행1:8, 엡5:18, 고전4:20).

2) 말씀과 삶의 일치

앞에서 말씀의 가치를 말하였듯이 기독교는 말씀의 종교이다. 그래서 12신조를 보면 성경의 말씀은 우리 신앙의 기본이고 규칙이고 척도가 된다. 즉 말씀은 우리 신앙의 표준이자 기준이고 본질이다.

청지기는 말씀을 따라가고 순종할 때 생활에 열매를 맺는데 바로 성령의 열매이다(갈5:22-25).

또한 빛의 열매도 맺는다(엡5:9-14). 참된 기독교 신자는 열매가 말해 준다. 열매 없는 신앙은 거짓신앙 가짜이다(마7:18-23).

지금 한국교회의 위기는 청지기들의 신앙 변질로 말씀과 삶의 부조화로 인한 결과로 세인들로부터 비난받고 있다.

설상가상으로 교회들도 세속주의에 빠져 교회 본질의 상실로 인하여 무참하게 비난받고 있다. 오히려 세상이 교회를 염려하는 처지가 되었다. 그 이유는 교회들이 정화 능력을 상실했기 때문이다.

그러므로 한국교회는 다시 한 번 회개하고 말씀의 능력을 회복하고 부흥의 역사를 기대하자. 부흥은 하나님의 주권이지만 그 부흥이 성취되기까지는 우리는 회개하고 기도하고 성령의 은혜를 사모하고 기다려야 한다(합3:2.슥4:6).

부흥의 역사는 청지기들의 회개를 통한 신앙갱신으로부터 인격적인 변화를 가져온다.

즉 인격적인 변화를 통해 거룩한 삶이 '말씀과 삶'이 일치될 때 청지기로서의 영적 능력을 발휘할 수 있다. 나아가서는 세상을 변화시킬 수 있다(롬12:11-21). 그 이유는 '말씀과 성령'은 변화의 주역이 되기 때문이다.

또한 말씀과 삶의 일치는 주님이 오실 때에도 실천된다. 우리는 행위심판을 받는데 바로 충성열매 심판(마25:14-30), 섬김과 사랑의 열매 맺은 자들을 '의인'으로 칭찬하셨다(마25:31-46).

그러므로 우리는 세상의 소금과 빛이 되어 선한 행실 맺어 하나님께 영광 돌리자(마5:13-16.벧전2:11-12, 벧후3:8-14).

5. 청지기 훈련은 신앙의 갱신과 성숙이다

지금 한국교회는 선대들로부터 순교적인 신앙 유산을 받았다. 선대들은 일제의 탄압 속에서 신앙 지키기 위해 순교했다. 그리고 일제의 신사참배는 우상으로 단죄를 하였다.

한국교회는 순교적인 신앙의 토양 위에 교회들을 세웠다. 그 결과로 한때는 인구 4분지1이 신자들이라고 할 정도로 70-80년대에 부흥을 맛보게 되었다. 그 당시에는 영적 부흥의 시대이었다. 그러나 어찌된 영문인지 한국교회는 세상의 오염물들이 교회 안으로 스며 들어와 교회를 오염시키고 청지기들의 신앙은 변질되므로 교회는 그만 세속주의 사상으로 잠식되었다. 결국 한국교회 안에는 세속주의로 인하여 인본주의 사상이 판을 치고 있기에 신앙은 변질되므로 교인들은 세속화 젖었고 교회는 세속주의로 인하여 교회 쇠퇴하게 되었다.

과연 이런 침체의 늪이 언제까지 갈지 미래가 암담하다.

그렇다고 언제까지 절망만 해야 하겠는가. 한국교회의 회복과 부흥의 기약은 없는가? 이 같은 암울한 처지에 있는 한국교회 대안은 무엇인가? 한국교회 회복과 부흥 대안은 없는가?

필자는 한국교회 현실을 영적으로 진단하는데 무엇보다 '신앙의 갱신과 성숙'이라고 콕 찍어 말하고 싶다.

한국교회는 한때 부흥의 축복을 경험한 바 있다. 그리고 오늘은 쇠퇴를 맞이하여 절망의 늪에서 좌표를 잃은 듯하다.

전문가마다 한국교회 진단을 내리고 대안을 제시하고 있지만 이론적이고 사변적이고 변죽만 울리는 소리 같다.

필자는 단언컨대 한국교회는 초대교회로 돌아가서 말씀과 성령의 역사가 나타나도록 우리 자신들이 철저히 회개해야 한다.

그 결과로 청지기들의 변질된 신앙이 회복되기 위해서는 먼저 나 자신이 '신앙 갱신과 영적 성숙'을 가져오므로 '인격의 변화를 통한 경건한 삶 (거룩한 삶) 실천으로 세상을 변화시킬 수 있다.

즉 청지기 훈련은 '신앙 갱신과 영적 성숙'으로 곧 청지기들의 '신앙의식화 삶'을 통해 선한 청지기로 하나님과 이웃을 사랑하고, 교회에서는 선한 청지기로 충성하고, 세상에 나가서는 선한 청지기로 섬김 실천으로 변화를 주도하면서 선한 영향력을 통해 하나님께 영광 돌리는 청지기 삶을 살게 하는 말세의 경건 훈련이다.

제2절 청지기 훈련 10대 목표

1. 바른 신앙관 정립

바른 신앙은 하나님 말씀을 가감 없이 믿으며 개혁주의 신학을 바탕으로 한 절대 하나님 주권을 믿는 신앙을 말하고 성경을 신앙의 법도로 삼는다.

또한 바른 신앙은 삶의 수단을 말씀으로 기준하고 삶의 목표를 하나님의 영광에 두는 신앙이다. 물론 삶의 방식은 말씀과 생활이 일치하고 말씀 중심으로 살아가는 신앙 자세를 말한다. 즉 말씀 지향중심의 신앙으로 오직 성경만이 신앙 생활의 유일무이한 법칙으로 한다.

2. 기독교 세계관 정립

기독교 세계관은 창조주 하나님을 믿는 것이다(창1:1). "태초에 하나님이 천지를 창조하시니라"

하나님의 주권을 믿는 신앙으로 하나님께서 세계를 창조하시고 섭리하시고, 모든 만물을 하나님의 선하심의 뜻대로 다스리심을 믿는 사상이다. 즉 하나님께서 창조하신 세계가 타락하므로 구속 역사를 통해 하나님의 나라가 하나님 중심으로 진행되고 있음을 믿는다. 바울은 기독교 세계관에 입각한 하나님 주권 사상을 다음과 같이 고백한다.

"이는 만물이 주에게서 나오고 주로 말미암고 주에게로 돌아감이라 그에게 영광이 세세에 있을지어다. 아멘"(롬11:36)

3. 기독교 윤리관 정립

기독교 윤리는 성도들의 삶의 기준이며, 기독교 윤리는 오직 믿음을 통해서만 얻어지는 칭의에서 출발하는 성화의 삶이다. 기독교 윤리는 성도들의 삶의 기준이며 사랑 실천이다〈프란시스 쉐퍼〉.

세속적인 윤리는 사람 관계를 중심으로 한 인본주의 윤리이나 기독교윤리는 신본주의 윤리로서 제1차적으로 하나님 관계요 제2차는 인간관계로 실천되고 있는 것이 기독교윤리의 특징이다. 오늘날 현대사회에서는 전통적인 윤리들이 붕괴되고 있다. 그중에 가장 무서운 것은 인명을 경시하는 풍조의 만연과 성윤리 타락으로 생명윤리가 무너졌다. 그 증거는 낙태와 태아 살해이다. 서구 의료사회는 2000년이 넘는 오랜 역사를 가진 '히포크라테스 서약'을 근간으로 하여 인간의 생명을 신성시하고 강조해 왔다. 1948년 세계 의학 협회의 제네바 선언은 잉태의 순간부터 인간의 생명에 대한 존엄성이 계승되어 왔다. 그러나 1971년에 피츠버 대학교가 의과대학 졸업생 서약 문서를 히포크라테스 서약으로부터 제네바 선언으로 바꾸는 과정에서 "잉태의 순간으로부터"라는 어귀를 빼면서부터 서구에서 인간의 생명이 소홀히 평가되기 시작했다.

4. 기독교 가치관 정립

오늘날 사람들의 삶이 혼란스럽다. 사회의 제도와 구조도 혼돈으로 휩싸이게 되는데 그 원인은 가치관의 혼란 때문이다. 사회의 가치체계가 무너지므로 삶의 기준이 변하고 있다. 아울러 청지기가 세속주의에 빠지고 세상의 풍습을 따르는 것은 기독교 가치관이 퇴색되고 상실이 원인이다. 역시 신자들의 신앙 타락과 시험의 원인은 가치관의 혼란 때문이다. 그러므로 청지기는 절대 신앙만이 우리의 가치관 표준이다.

오늘날처럼 시험과 유혹이 많은 시대에 청지기 훈련으로 기독교 가치관 정립하여 세상을 이기고 신앙의 정체성을 갖고 사명을 감당하는 선한 청지기가 되어야 한다. 기독교 가치관이 정립된 자는 세상 것을 배설물처럼 미련 없이 버린다(빌3:5-8). 기독교 가치관이 정립된 자는 사소한 일에 목숨 걸지 않는다. 매사에 하나님 중심에 우뚝 선다.

5. 바른 교회관 정립

교회는 그리스도의 몸이자 그리스도의 순결한 신부로서 교리적인 순결을 사수하는 진리의 공동체이다.

하나님께 예배를 경건하게 드리는 예배공동체요 또한 사랑을 구체적으로 실천하는 사랑의 공동체이다.

교회에 모인 성도는 하나님의 자녀로서 서로 사랑하고 주안에서 하나가 되어야 한다. 그리고 개인 구원을 비롯하여 동시에 이웃과 사회 더 나아가서는 인류 구원에 관심을 가져야 한다. 이 땅의 교회는 믿는 사람들만의 교회가 아니라 진리의 등불을 세상에 비추고 교회는 지역사회를 위해서 사회복지 실천을 통하여 지역사회를 섬기는 공동체가 되어야 한다. 한국을 비롯한 모든 교회는 초대교회로 돌아가야 한다(행2:41-47). 교회의 이웃사랑 실천은 교회의 본질이다.

6. 기독교 역사관 정립

하나님은 역사의 주인이시다. 천지 만물을 지으시고 인간을 하나님 형상으로 지으시고 그들에게 청지기 사명 부여하시고 너희는 땅을 정복하고 다스리고 생육하고 번성하라 했다(창1:1, 1:28).

인간의 전 생애는 하나님의 주권 아래 있음을 알고 하나님을 섬기는 것이 인간의 본분이다.

하나님께서는 인간에게 자유의지를 주시고 선행을 실천하도록 장려하고 계시다. 그리고 인간은 자신의 행동에 대해 책임을 지는 존재이다. 주님은 세상의 심판주 되신다는 기독교 역사의식을 심어주는 것이 청지기 훈련이다. 그리고 하나님은 심은 대로 거두고 행한 대로 갚으신다. 또한 하나님은 행동을 달아 보신다(삼상2:3-8, 갈6:7.8).

7. 기독교 문화관 정립

'아브라함 카이퍼'가 '신앙은 삶의 체계'라고 했듯이 어느 면에서는 삶이 곧 문화이다. 세상 최초로 하나님은 문화의 창시자이다. 그렇기 때문에 문화는 신앙과 분리될 수 없다. 본래의 문화는 하나님을 영화롭게 하기에 충분한 문화였다. 그러나 인간이 타락하므로 사탄은 동시에 타락된 문화를 형성하게 하였다. 그러므로 세상의 타락한 문화는 인본주의 문화로서 하나님을 대적하는 문화가 되었다. 그러므로 인간의 문화생활 속에는 인간의 정욕과 탐욕이 중심을 이루고 있다.

'스킬더'는 "기독교인들은 세속문화가 차려놓은 진수성찬에 정신 차리지 못하는 대식가가 되어서는 안 된다"고 경고한다. 즉 신자는 세속 문화에 동화되고 탐닉해서는 안 된다는 뜻이다. 이렇게 되기 위해서는 기독교 신앙으로 무장하여 세속의 문화를 배격하고 기독교를 정착시켜야 한다(엡2:2).

8. 성경적 가정관 정립

교회와 가정은 하나님이 직접 세우셨기에 매우 영광스럽고 신성하다.

인간은 결혼 제도를 통하여 가정을 이루게 되는데 바로 하나님 중심의 가정이 될 때 행복을 누리게 된다.

하나님은 가정을 통해 축복하신다(시127-128편).

특히 청지기의 가정은 신앙 영성 훈련장이며 또한 자녀들에게 신앙 전수의 장이다. 그리고 아버지는 가정의 '제사장'격이다. 그러므로 신자들은 꼭 가정예배를 드려야 한다. 가정예배 드리면 자녀들이 탈선하지 않는다.

현대인의 가정은 마귀의 계략으로 가정들이 붕괴되고 있다. 개인 이기주의 때문에 가정들이 무너지고 있다. 청지기 훈련으로 신앙 가정의 공동체로 회복되어야 한다. 가정예배의 유익은 수없이 많다.

9. 개혁주의 영성관 정립

개혁주의 영성은 하나님의 절대주권 신앙에서 출발한다. 먼저 하나님과의 인격적 관계를 영성의 출발점으로 한다.

개혁주의 신학의 원천은 삼위일체 하나님의 주권적 은총이다. 이 은혜는 그리스도 십자가의 대속 은혜로 우리의 공로 없이 얻어진 구속의 은혜이다.

그러므로 개혁주의 영성은 하나님의 부르심에 응답하는 것이요 세상을 변화시키는 선구자 역할에서 문화적 사명, 선교적 사명을 다하는 전인적인 총체적 삶이다.

10. 선한 청지기상 정립

선한 청지기는 자신의 모든 것은(생명, 구원, 물질, 은사, 건강, 권세 등) 하나님께로부터 수여 받음을 알고 하나님과 이웃과 교회를 위해서 선한 청지기 자세로 섬기고 봉사하고 충성하므로 하나님께 영광 돌리는 삶이다.

청지기는 "영광은 하나님께 돌리고! 칭찬은 남에게 돌리고! 책임은 자신에게 돌린다" -아멘-

제3절 청지기 훈련 12가지 목적

1. 믿음으로 세상을 이기기 위하여(요일5:4)

오늘의 시대는 타락한 세속문화가 판을 치고 또한 세속의 허망한 사상이 만연하고 있다. 세상은 하나님을 비웃듯이 온갖 죄와 불법이 만연하다. 그 결과로 기독교의 순수한 믿음이 퇴색되고 있다. 이런 절박한 현실 앞에 우리는 지금 믿음이 파선을 당하여 세속의 물결로 표류하고 있다. 세상의 모든 죄와 유혹을 이기고 나가는 것은 오직 믿음뿐이다(롬1:17, 히11:6). 청지기 훈련은 믿음 본질을 회복기기 위한 신앙 강화 훈련이다.

2. 세속주의를 배격하기 위하여(약4:4)

세상은 타락한 인본주의 사상이 팽배하여 모두가 개인 이기주의가 성행하고 있다. 안타까운 것은 믿음이 온전하지 못한 청지기들이 세속주의에 편승하여 신앙이 변질되고 믿음의 정체성을 상실하여 세상에 동화되어간다는 것이다.

성도가 세속주의에 빠지면 삶의 가치관의 상실로 때로는 인간적인 수단과 방법을 정당화한다.

그래서 청지기 훈련으로 세속주의을 배격해야 하는데 세상의 교육으로 수양으로 되는 것이 아니고 오직 성령의 역사로만이 인간을 변화시킬 수 있다(엡4:23.24).

3. 영적 혼돈에서 진리를 따르기 위하여(요8:44)

지금 사탄은 광명한 천사처럼 가장하고 삼킬 자를 두루 찾고 있다. 사탄은 이미 불신자들을 자신의 노예로 만들어 놓았다. 마귀 작전은 세속화와 종교다원주의 등으로 기독교의 절대성을 무너뜨리고 있다. 즉 구원과 영생은 기독교만 있는 것이 아니고 모든 종교에도 있건만 유독 기독교만 독선을 부리는가? 그럴듯하게 회유하고 있다. 결국 종교다원주의는 기독교의 절대성을 부인하고 인간도 신이 될 수 있다고 속이고 하나님 절대성을 상대화시킨다. 그러므로 우리는 영적으로 깨어 있고 진리로 무장하려는 것이다(고후11:13-15).

4. 신앙 강화와 말씀실천 배양력을 위하여(딤후3:5)

한국교회는 한때 세속적인 물량주의에 편승하여 교회 성장 지상주의가 만연하여 교회가 눈부시게 성장을 가져왔었다.

그토록 유행처럼 번졌던 성경 공부의 결과는 교회 성장의 수단이었다고 할 정도로 진정으로 성도를 변화시키지 못한 점이 아쉽다. 이제는 청지기 훈련을 통하여 신앙을 강화시키고 말씀과 생활이 병행하도록 말씀실천을 위한 배양력을 길러주는 청지기 훈련이 요구된다.

5. 영적전쟁 승리를 위하여(엡6:10-17)

지금은 창세 이후로 에덴에서 시작하여 이 시각까지 영적전쟁이 치열하게 벌어지고 있다. 지구상 성도들은 영적전쟁을 위해 부르심 받은 십자가 군사들이다. 그러므로 신앙생활은 곧 영적전투임을 알고 성도들은 영적으로 깨어있어야 한다. 우리가 꼭 알아야 하는 것은 영적전쟁은 휴전도 없고 2등도 없고, 오직 승리뿐이라는 사실이다. 패배는 죽음보다 더 비참하다. 진리로 무장한 청지기 훈련은 영적 전쟁에서 승리하기 위한 것이다(벧전5:8, 9).

6. 성경적인 바른 교회관 정립을 위하여(엡1:22, 고전12:27)

교회는 주님의 피로 세우신 몸이요 거룩한 성전이요 그 속에 있는 성도는 주님의 지체이다. 그러므로 지상의 모든 교회는 하나요, 성도들은 그리스도의 피로 맺어진 한 형제요 자매이다. 또한 우리가 예배를 드리기 위해 모이는 공동체로서의 교회는 성도들의 영적 안식처요 하나님의 집이다(합2:20). 교회관이 바르게 정립되어야 교회 본질을 이해하고 교회의 중요성을 앎으로 교회에 충성하려는 마음이 불붙는다(시122:7, 8).

7. 직분의 존귀함과 소명감 고취를 위하여(막10:44-45)

한국교회 교인들의 의식구조 속에는 유교 사상인 인본주의 사상에 젖어 있어서 체면과 체통을 우선시 한다. 그중 하나가 교회의 직분을 세속적으로 왜곡하여 계급의식으로 여기는 경향이 있는데 잘못된 고정관념이다.

그러므로 교회의 모든 직분은 명예직이 아니고 주님처럼 남을 섬기는 거룩한 직분이다. 그리고 교회 직분을 맡았으면 종(주님의 노예, 머슴)답게 충성하고 섬겨야 한다(잠25:13).

8. 청지기 사역의 효율성 극대화를 위하여(고전4:2)

화란의 신학자 핸드릭 크래머(Hendrik Kraemer)는 평신도신학을 주장한 바가 있다. 또한 평신도 훈련은 곧 청지기 훈련이다. 교회 부흥은 교인들이 각자 청지기의 훈련을 통해 자신의 정체성을 확립하고 자신의 직분과 은사 활용을 통해 교회가 건강하게 성장하도록 충성해야 한다. 필자의 은사이신 정성구 박사(총신대 총장 역임)는 교회 부흥은 청지기 훈련에 달려 있다고 말했다. 정 총장님은 한때 총신대학교 내 총신대 교회를 목회 할 때 필자가 그곳에서 청지기 훈련을 인도한 바 있다. 또한 정 박사님은 필자가 처음으로 저서를 집필한 『청지기 훈련 이론과 실제』라는 책을 출판할 때에 추천사를 써 주기도 했다.

오늘날 한국교회의 문제는 직분과 신앙을 개인 사유화 시켜나가는 것이 한국교회의 비극이다. 우리의 모든 은사는 교회와 이웃 하나님 위해 사용되어야 한다.

9. 재림 신앙 회복과 신앙 결산의식 고취(마25:31-46, 롬13:11,14)

지금 세상은 너무도 빠르게 변하고 있다. 우리가 믿음에 굳게 서지 않으면 세상의 향락주의와 쾌락주의에 함몰될 수밖에 없다. 지금은 종말시대로 세상이 최고의 문명사회로 돌아가기 때문에 정신 차리지 않으면 우리 신앙이 퇴색되므로 천국 소망과 재림신앙을 약화시킬 수 있다. 재림신앙 약화는 우리 자신들이 세속주의 빠질 위험이 많다.

신자들이 세속주의에 빠지면 영적 각성이 미미하므로 기름 준비를 못한 미련한 다섯 처녀가 된다. 그렇다면 지금 당신은 주님 맞이할 등과 기름이 준비되었는지 점검하라.

그리고 영적 각성하고 깨어나 재림신앙 회복으로 청지기로서 충성의 삶을 통해 하나님께 영광을 돌려야 하고, 또 삶에는 신앙결산의 때가 있음을 명심해야 한다.

10. 청지기 섬김 사역의 본질은 오직 성령이 주역이 되게 위하여(빌3:3, 행1:8).

교회는 성령이 교통 운행하는 곳이다. 인간의 구원역사를 비롯하여 교회의 전반적인 사역도 성령님이 주역이 되게 하라. 그래서 바울도 성령을 좇아 행하라(갈5:16)고 권면한다. 특히 성령께서 주신 은사를 모든 분야에서 활용하여 하나님께 영광 돌려 드리자(벧전4:9-11). 그리고 청지기는 성령의 주도적 삶에 순응하는 것이다. 섬김의 중심은 사람이 아니고 성령님이 주도하게 하라(갈5:25).

11. 교인들의 세속적인 의식구조와 세속적 가치관을 신앙갱신으로 변화를 위하여(롬12:1, 2, 엡4:23, 24)

예수를 오랫동안 믿었다고 해도 여전히 세속적 풍속을 버리지 못했다. 즉 아직도 옛 사람과 옛 습관을 버리지 못한 것이다. 실례로 심방 중 무슨 띠인가를 묻고 팔자타령하고 이사 택일 보고 결혼할 때는 궁합을 보고 이름을 잘 지어야 잘 산다고 하니 기가 막힐 노릇이다. 이것은 아직도 옛 구습을 버리지 못한 증거이다. 이것은 심각한 것인데 문제의식을 느끼지 못하고 있다는 것이 교인들의 신앙상태이다. 그러므로 말씀과 기도와 성령이 주도적으로 역사하는 청지기 훈련으로 지금까지의 잘못된 신앙의식 구조를 온전히 갱신하여 하나님의 사람으로서 은혜와 말씀으로 무장시켜야 한다. 특히 사람을 변화시키는 것은 말씀과 기도와 함께 성령의 역사만이 가능하다. 그리고 내가 변하지 않고는 아무도 변화 시킬 수 없다.

12. 날마다 십자가 지고 죽는 연습을 위하여(마16:24, 고전9:27, 15:31, 갈2:20)

우리는 예수님 십자가를 통하여 죄 용서와 구원과 영생의 복을 받았건만 주님 십자가는 지지 않으려고 한다.

이것은 잘못된 신앙이다. 하나님이 은혜(믿음) 주신 것은 주님 위하여 고난도 함께 받게 함이다(빌1:29).

우리는 어떤 고난도 극복하고 나가야 하는데, 그 이유는 고난 후에 영광이 따르기 때문이다(롬8:18).

본래 한국교회는 처음 신앙의 형성부터 샤머니즘의 배경에서 기초되어 신앙 의식구조가 잘못 형성되었다.

세속적인 의식구조는 오직 성령 능력과 함께 우리 육이 죽고 새사람으로 태어나는 것이다(엡4:22-24).

청지기 훈련은 예수와 함께 죽고, 예수와 함께 일하고! 예수와 함께 사는 것이다(시119:67-71, 행14:22, 롬8:18).

말씀 연구

1. 청지기 훈련에 대해 말하라.
2. 청지기 훈련의 필요성을 말하라.
3. 청지기 훈련 목표와 목적에 대해 말하라.

제2장

청지기에 대한 신학적 이해

제1절 청지기의 성경적 개념

1. 청지기 정의

성경에서 말하는 청지기는 디아코노스(διάκονος)인데 그 의미는 "집사" 의미로 '일꾼, 하인, 심부름꾼, 사환, 섬기는 자, 봉사자, 수종자, 사역자, 종(servant)' 등으로 신약 성경에 100회 이상 설명하고 있다(롬16:1).

특히 집사의 원문의 뜻은 '먼지를 뒤집어쓰고 진흙탕에서 열심히 일하는 일꾼(청지기)'을 말한다.

'집사' 유래는 초대교회 태생부터 존재한 귀중한 직분으로서 사도들의 사역 일부분 봉사와 구제를 전담하였다(행6:1-7). 당시 초대교회 일곱 집사들은 믿음과 지혜와 성령이 충만한 자들로서 교회와 사회에서 칭찬 듣고 인정받았던 훌륭한 신앙 인격자들이었다.

또 다른 '청지기' 의미는 오이코노모스(Οἰκονόμος)로 "큰집에서 가사를 책임지고 일을 돌보는 일을 맡은 자로서 주인의 재산과 종들을 관리하는 자"이다.

J. E. Dillard(딜라드)는 청지기에 대하여 "주인집의 집안일을 맡아보는 사람으로서 하인들을 부리거나 잔치를 준비하거나 사무상, 법률상 모든 일을 집주인의 위임을 받아 주인을 대리하는 직책"이라고 한다. 즉 청지기는 한 가사의 모

든 업무를 책임지는 자(엘리에셀: 아브라함 가정, 창15:2, 23:12). 요셉은 보디발의 집(창39:6), 또 애굽의 국무총리(창41:40-44)로서 애굽의 바로 왕을 대리한 총리를 하였다.

그러므로 교회의 모든 직분자들도 "하나님으로부터 부름 받아 하나님의 창조하신 만물을 위임받아 관리하는 하나님의 일꾼, 집사. 종, 수종자, 사역자"이다.

종말론 입장에서 베드로는 교회의 모든 직분자는 평신도에 이르기까지 총체적으로 '선한 청지기'라고 명명하고 있다. 즉 교회의 각종 직분과 다양한 은사와 은혜의 선물을 주신 것은 하나님을 사랑하고 공동체 교회에 충성하고 이웃을 섬기라고 주신 은사다(벧전4:10).
그러므로 구원받은 모든 신자들은 선한 청지기 의식을 갖고 충성해야 한다.

청지기는 다음 몇 가지로 요약한다.

첫째, 하나님께서는 모든 만물은 창조하고 다스리고 섭리하신다.
둘째, 자신은 하나님으로부터 부름 받은 하나님의 청지기임을 인식한다.
셋째, 자신의 모든 소유는 하나님의 은사와 선물로 수여된 축복이다.
넷째, 자신에게 위탁한 모든 것은 주인 되신 하나님 영광 위해 사용한다.
다섯째, 청지기는 자신의 모든 것 결산의 때가 있음을 알아야 한다.
그러므로 말세 교회의 '모든 신자들은 선한 청지기'로 자신에게 주어진 각종 은사들을 하나님 위해 사용하므로 하나님이 영광을 받으시게 하는 목표를 삼고 하나님께 영광 돌리는 삶을 살아야 한다(벧전4:9-11, 고전10:31, 계2:10).

2. 구약의 의미

구약의 청지기는 주인의 재산과 종들을 관리하는 자로 때로는 주인의 상속자(창15:2) 주인의 인정받고(창24:2-4) 또는 왕자의 훈육을 맡은 자로서(단

1:11) 주인의 대리자(창39:4-5)이다.

구약의 청지기는 대표성을 갖는 자들로서 그 시대의 상황에서 하나님의 백성과 성막(교회) 위해 헌신하고 또한 다양한 조건 속에서 부름 받은 자들로 하나님의 명령 받아 이스라엘 백성에게 전달하는 자들이다.

구약에서 하나님의 부르심을 통해 자신의 위치에서 하나님의 뜻을 이루어 드리는 신실한 청지기들을 살펴보자.

(1) 아담과 하와(창1:26-28)-하나님 대리인(문화 창달자)

(2) 노아(창6:13~7:1-24)-하나님 은혜와 구원

(3) 아브라함(창12:1-9)-순종으로 믿음의 조상

(4) 이삭(창22:1-14)-온전한 희생 헌신

(5) 야곱(창35:1-15)-이스라엘 영광

(6) 요셉(창35:15-26)-동족과 애굽을 살림

(7) 모세(출3:1-10)-이스라엘 출애굽과 가나안

(8) 모세시대 백부장, 오십부장, 십부장(출18:21-27)-재판

(9) 가나안 12명 정탐자(민14:1-38)-가나안 정복

(10) 대제사장, 제사장(민6:22-27, 18:6-7)-제사, 성막 관리, 백성 축복

(11) 브살렐과 오홀리압(출35:30-35, 36:1)-성막 건축

(12) 레위지파(출2:1-10, 민18:1-7)-하나님 직분 받음

(13) 모세의 재판 협력자들 천부장, 백부장, 오십부장, 십부장(민18:21-26)

(14) 12지파 대표들(민13:1,2)-가나안 정탐

(15) 사사들(삿2:10-17)-이스라엘 백성 지도

(16) 선지자들 (사1:1)-타락한 이스라엘로 보내심 받음

(17) 이스라엘 왕들(사울, 다윗, 솔로몬)(삼상13:1)

(18) 구약시대 등장한 하나님의 신실한 모든 일꾼들!

구약시대 청지기는 인류 조상 아담으로 시작하여 각 시대마다 상황에 맞게 사람들을 세워 각 분야에서 전문성을 갖고 광야 교회에서 사역하도록 하였다.

특히 모세의 재판을 도왔던 십부장, 오십부장, 백부장, 천부장은 모세를 도와

백성들의 재판을 효율적으로 진행하였다. 아마도 현대 사회의 삼심제도 원형인 듯하다.

즉 구약의 청지기는 주인의 재산과 종들을 관리하는 주인의 대리자이다(창 1:26-18).

3. 신약의 의미

1) 하나님은 교회의 청지기들을 세웠다.

신약시대 초대교회에서 공식적으로 '집사'(청지기) 단어가 처음 나온다(마 20:8).

일곱 집사(청지기)는 오롯이 사도들의 사역 협력을 위해 처음으로 등장한다.

당시 사도들의 사역이 말씀과 기도 그리고 구제 사역까지 병행하다 보니 사도의 사역 본질이 분산되므로 시간적으로 너무 분주하게 되었다. 그래서 사도들이 사역 효과의 극대화 위해 교회 내에 인적 자원을 동원하여 봉사하도록 일곱 집사를 선정하게 되었다(행6:1-7).

그래서 사도들은 말씀 사역 집중을 위해 구제 사역을 분배하기 위해서 일곱 집사를 세웠다. 모세시대 재판을 분배한 것과 비슷하다(출18:24-26).

필자는 모세시대 천부장, 백부장, 오십부장, 십부장은 초대교회 일곱 집사 원형으로 보고 싶다. 상기 각 부장 지도자들이 모세에 의해 선발되어 모세의 재판을 도왔다.

초대교회 일곱 집사 역시 사도들의 역할을 돕기 위한 일꾼(청지기)을 세웠다 (행6:1-7).

청지기 직분은 개인 독단적인 사역이 아니라 모세와 사도들의 맡겨진 사역으로 부여된 임무를 위해 자신의 모든 역량과 은사를 발휘하여 교회에 충성하고 이웃을 섬기는 거룩한 사역을 감당하는 자들이다.

특히 신약시대의 사도와 집사인 청지기들은 개인적으로 성령의 은혜와 은사들(재능) 받은 것을 주님께 바치고 충성했다. 즉 구약은 주인으로 위탁받은 주인의 재산과 종들을 관리했다면 신약의 청지기는 자신의 모든 것을 바쳐 봉사하는데 자신의 모든 것이 하나님으로부터 온 것을 시인하고 그 은사를 통해 하나님께 영광 돌리는 선한 청지기 역할을 했다(롬12:3-8, 고전12:5-11, 엡4:11-12, 벧전4:9-11).

신약시대의(종말시대 교회) 청지기들은 아래와 같다.

(1) 사도(엡4:11, 행13:1, 3).

(2) 감독(딤전3:1-5, 딛1:7).

(3) 목사(엡4:12).

(4) 교사(엡4:12)

(5) 장로(벧전5:1-4)

(6) 복음 전하는 자(행6: 8-15, 8:26-40)

(7) 집사(행6:1-7, 롬16:1,2)

(8) 교회 충성자(각종 직분자)들(롬15-16장)

(9) 신약시대 구원 받은 모든 신자들은 청지기이다(벧전4:7-11).

하나님께서는 우리의 구원을 위해 창세전에 예정하셨고(엡1:3-14) 그리스도 안에서 택하여 주셨다. 또한 말세교회의 청지기로 불러 주셨다.

그러므로 선한 청지기는 자신을 위해서는 지독하게 인색하고! 하나님 교회 이웃 위한 섬김과 봉사 그리고 선교를 위해서는 '팍팍'! 쓰라.

또한 선한 청지기는 '원불교인' 안 된다(원망, 불평, 교만, 인색).

선한 청지기는 교회와 이웃을 섬기고 하나님께 영광을 돌린다.

특히 신약의 청지기는 철저한 '종 의식' 갖고 섬김의 자세로 섬김을 실천하는 삶이다.

주님은 선생으로 제자들의 발을 씻겨 주셨다(요13:4-17). 섬김의 삶을 보여 주시고 너희도 이같이 하면 "복"이 있으리라 하셨다.

    청지기 훈련과 교회부흥

이처럼 예수님은 자신이 '섬김의 종' 즉 청지기로 오심을 선언하셨다.

"인자의 온 것은 섬김을 받으려 함이 아니라 도리어 섬기려 하고 자기 목숨을 많은 사람의 대속물로 주려 함이니라"(막10:45). 바로 청지기의 삶은 '섬김'이다.

예수님은 선한 청지기로서 청지기의 삶을 보여주셨고 친히 대속의 제물로 십자가에서 희생하시고 하나님이 기뻐하시는 영혼들을 구원하셨다.

성경은 구약의 청지기 대표로 "모세"는 장래에 말할 것을 증거하기 위하여 하나님의 온 집에서 '사환'으로 '충성'하였고, 신약 시대의 청지기 대표로 "그리스도"는 그의 집 맡은 '아들'로 '충성'(히3:1-6) 하심으로 귀결 짓고 청지기의 핵심가치인 '충성'(섬김)을 말해주고 있다.

2) 세상 나라도 권세자(세속의 청지기)를 세워서 통치한다(롬13:1-7).

하나님은 교회 가정 국가를 세우셨다. 국가의 안녕과 질서와 번영과 국민들의 행복을 위하여 국가 지도자와 공무원들을 세상 나라의 청지기로 세웠다.

그러므로 국가를 정치하는 지도자들과 국가의 급여를 받는 모든 공무원들은 청지기 정신과 사명을 갖고 국민을 위해 자기 위치에서 봉사하고 국가에 충성해야 한다. 그리고 교회는 국가 및 지도자(청지기) 공무원들을 위해 기도해야 한다(딤전2:1-2).

말씀 연구

1. 청지기는 누구인가?
2. 구약과 신약의 청지기 사역의 차이를 말하라.
3. 교회 공동체의 유형과 자격을 말하라.

제2절 청지기의 소명의식과 목적

1. 청지기 소명의 근거

하나님께서는 천지 만물을 말씀으로 지으시고 하나님 형상인 인간에게 관리할 수 있도록 위임해 주시므로 아담을 비롯한 모든 인간은 하나님의 청지기로 부르심을 받았다(창1:28).

특히 하나님 나라 확장 위하여 부름 받은 청지기는 하나님의 은혜로 죄악에서 구원받은 천국 시민으로서 이 땅에서 거룩한 하나님의 뜻을 이루어 드리는 청지기 사명을 주었다.

청지기 소명의 근거는 다음과 같다.

1) 모든 인간은 하나님의 형상 닮은 존재로 지음 받음(창1:26)
2) 하나님의 창조물 정복하고 다스림 위임(창1:26-28)
3) 인간은 하나님 경외와 영광 돌리는 존재(전12:13, 고전10:31)
4) 선한 청지기는 십자가 보혈로 죄 씻어 주심(골1:13-23)
5) 청지기는 선행을 위해 새로운 피조물로 지음 (고후5:17, 엡2:10).
6) 청지기는 신분적으로 하나님의 자녀이다(요1:12).
7) 청지기 직분은 주님 몸된 교회를 세우는 직분이다(엡4:11-12, 딤전1:12).
8) 성령님은 청지기들에게 사역을 감당하도록 각종 은사를 주셨다(고전 12:4-12).
9) 청지기의 최후 사명은 복음전파 위해 성령능력 받았다(마28:18,19, 막 15:16, 17, 행1:8)
10) 청지기는 주님이 공급해주시는 힘으로 섬겨야 한다(벧전4:10, 11).

그러므로 모든 성도는 선한 청지기로 부르심을 받았고 성령님께서는 모든 성도에게 다양한 은사와 능력을 주셨으므로 자신의 모든 것 바쳐(몸, 마음, 물질, 시간, 재능, 은사) 종의 자세로 섬김과 봉사로 청지기 사명을 잘 감당하여 오직 주님께만 영광을 돌려야 한다(막10:45, 벧전4:10-11, 고전10:31) (새찬송 330장, 구370장).

2. 청지기 소명 목적

신약시대 초대교회는 예수님을 비롯하여 열두 제자들과 속사도(사도의 제자)를 비롯하여 초대교회 사도들은 봉사와 구제 사역을 위해 일곱 집사(청지기) 세움으로 초대교회에 최초로 청지기가 등장하였다.

주님은 자신의 몸 되신 교회를 치리하시기 위하여 각각 직분을 세우셨다(엡4:11-13). 또한 맡겨진 사역에 대하여 효과 있고 일에 대한 효과를 극대화하기 위해서 다양한 은사를 주셨다(고전12:4-11, 롬12:3-8). 그러므로 교회를 섬기는 청지기들은 자신의 직분과 달란트(은사)를 교회에 덕과 유익을 주고 더 나아가서는 주님을 기쁘시게 하는 거룩한 부담을 느끼고 충성해야 한다.

그리고 교회의 청지기들은 세상적인 명예와 또는 훈장으로 여기는 인본주의 생각을 버리고 청지기 자세로 교회 봉사할 때에 섬김 의식 갖고 서로 상부상조하고 협력하고 반드시 목회자(교회) 중심으로 봉사하고 충성해야 한다(갈6:6).

또한 주께서 교회에 다양한 청지기 직분을 주신 목적은 다음과 같이 요약할 수 있다,

1) 복음 전파 및 봉사
(1) 예수님 3대 사역으로 섬김의 본 보여주심(마4:23)

(2) 복음전파 위해 12사도 부르시고 3년간 훈련(마10:1-8, 11:1)

(3) 사도들 구제(봉사)와 전도자로 일곱 집사 부르심(행6:1, 7:1-60, 8:2640)

(4) 이방인 전도자로 택하시고 바울 부르심(행9:16, 골1:25-29)

(5) 교회 일꾼(골4:7-17)

2) 가르치는(훈육, 교육) 봉사(엡4:12B, 빌3:3)
가르치는 자는 교회의 구성원들이 자신의 은사를 계발하여 받은 은사대로 각

자가 성령으로 봉사하도록 잘 가르치는데 곧 예수님을 닮는 자로 교육한다.

사도, 목사, 교사 직분은 교육하고 훈육하는 기능적 은사로 다음과 같은 역할을 한다.

필자는 종말시대 가르치는 직분 중 교회의 각 구역장과 구역 강사도 있다고 본다.

(1) 성도를 온전케 하기 위함(엡4:12A)

'온전케'한다는 의미는 구부러진 뼈를 맞추거나 혹은 찢어진 그물을 수리하듯이 범죄한 자를 바로 잡는 일이며(갈6:1) 또한 현재 진행되고 있는 사역을 끝까지 완성하는 일이다(고전1:10, 살전3:10).

잘 가르치어 진리에 우뚝 서도록 하는 일이 가르치는 자들의 책무이다.

① 말씀 교육(신6:4-9, 딤전4:6)과 훈계(잠3:1-10, 13:1)

② 말씀으로 교육과 징계(잠3:11-12, 마28:19-20)

③ 그리스도의 장성한 분량(엡4:13-15)과 훈련(딤전4:7-8)

④ 하나님의 사람을 심어주고 가르쳐야 한다(딤전6:11-14).

종말시대 교회에서는 철저한 하나님의 사람과 청지기의 정체성 정립을 심어주고 결국 교회교육은 예수님 닮게 함은 물론이고 아래의 교육도 필수적으로 가르쳐야 한다.

A. 말씀양육(벧전2:2) B. 신앙훈련(딤전4:8)

C. 신앙 성숙(골1:1-11) D. 온전한 그리스도인(엡4:13)

E. 그리스도 닮음(빌2:5,6) F. 하나님의 사람(딤전3:17, 6:11)

G. 믿음의 선한싸움(딤전6:12) H. 하나님 앞에서 온전(마5:48)

I. 그리스도 안에서 온전함(골1:28) J. 믿음 온전케 함(살전3:10)

K. 선한 일 온전케 함(히13:21) L. 시험에서 온전케 함(약1:2-3)

M. 고난 중 온전케 함(벧전5:10) N. 예수만 보게 함(히12:2) 등이다.

3) 그리스도의 몸(교회)세움 (엡4:12C, 행2:43-47)

교회에 다양한 직분을 주신 것은 서로 상호 보완적이고 유기적인 체제로 나가므로 청지기들의 신앙 갱신과 성숙을 돕는다. 그리고 교회의 성장에도 '한 알의 썩는 밀알'이 되도록 한다.

교회의 다양한 직분들이 각자 자기 본분에서 서로 연합체가(그리스도 몸의 지체) 되어 자기 위치에서 임무를 감당하면 교회는 반드시 건강하게 성장할 수 있다(각 지체의 역할).

(1) 그리스도의 몸 세움(엡4:12)

① 교회는 그리스도의 피로 세움(행20:28)

② 주님은 교회 머리(엡1:22-23)

③ 모든 청지기는 주님의 지체(고전12:27)

④ 믿음의 공동체(행2:42-47)

⑤ 소망의 공동체(행2:44-47).

⑥ 사랑의 공동체(행4:34-37)

⑦ 예배와(행2:48-47, 요4:23-24) 기도 공동체(행2:42)

⑧ 은혜와(성령 역사)(행4:31) 진리의 공동체(딤전3:15)

⑨ 선교 공동체(행13:1-3)와 섬김의 공동체(행6:1-7)

⑩ 소금, 빛 공동체(마5:13-16)

⑪ 직분 목적은 교회 세움(엡1:22,23)

4) 교회는 거룩한 공동체를 세움

교회는 하나님의 택하심 속에서 부르심을 받은 거룩한 공동체이다. 그러므로 교회가 세상을 정죄보다는 하나님의 나라가 임하도록 힘쓰기 위해서는 빛과 소금 역할을 다하여 세상을 변화시키는 주도적 임무를 감당하고 그 무기는 "청지기들의 거룩한 삶" 기본이다.

(1) 예배의 공동체: 경건한 예배(초대교회)

예배는 온전히 신령과 진정으로(요4:22,23) 이루어져야 하는데 오늘날의 예배는 본질이 왜곡되어 인본주의 예배로 전락하고 있다. 그러므로 성경적인 예배 회복이 요구된다.

(2) 믿음의 공동체

예수 피로 하나 된 청지기들은 영적 가족으로 말씀을 통해 양육 받고 신앙 성숙을 통해 믿음의 교제와 소통이 요구된다. 특히 교회의 지체들은 주안에서 형제자매 된 '영적 가족'이다.

(3) 소망의 공동체

지금 우리 사회는 다양한 문제와 우울증 증가로 자살자 속출하고 있다.

세계보건기구 보고서 의하면 자살자 1명의 악영향 받는 자 6-8명. 한국 자살자 하루 43명으로 자살공화국 (OECD) 국가 중 1위이다. 그러므로 교회는 사회 국가에도 비전을 주는 교회가 되어야 한다. 예수만이 유일한 인류의 소망이다.

(4) 사랑의 공동체

교회는 주님의 피로 사셨고, 구속받은 자들이 모여든 사랑의 집합체이다. 우리는 예배를 통해 하나님 임재를 체험하고 세상에서는 예수사랑 실천가의 삶 살기를 원한다.

(5) 봉사(섬김)의 공동체

교회의 존재 의미는 하나님께 예배드리고 이웃에게 예수 사랑으로 이웃과 지역 사회를 섬기는 섬김의 공동체이다.

- 복지목회는 필자 저서(교회와 노인복지/교회사회복지실천론)를 참고

(6) 선교의 공동체

지금 세계선교가 그 어느 때보다도 요구되는 시대이다. 지금 세계는 각종 우상과 무슬림의 파급으로 무슬림화 현상으로 심각하다. 보고에 따르면 중동지역에는 무슬림으로 기독교가 소멸될 것 이라한다.

그러므로 세계 선교에 대한 전략도 다시 세워야 할 것이다.

(7) 통일 주역 공동체

한국교회는 북한 동포와 통일에 관심을 갖고 북한 구원을 위해 간절히 열심히 기도해야 한다. 지금 북한 형제들의 고통을 외면하면 주님의 책망을 피할 수 없다. 독일의 통일은 한국교회에서 통일위해 기도하라는 싸인이다.

우리 한국도 서울 사랑의교회를 중심으로 매주 목요일 마다 '쥬빌리 통일' 기도회가 전국교회로 점진적으로 확산되고 있음은 좋은 징조이다.

필자가 섬기고 있는 노인천국 소망교회도 연중 매주 목요일 오후 6시에 '구국 기도회'로 모이고 있다.

구국 기도회의 역사적인 사실은 독일 통일도 교회의 기도회 불씨로 인하여 기적적으로 1989. 11. 9에 독일의 철의 장막이 무너졌다. 우리도 기도의 불씨로 3.8선 철의 장막을 녹여 평화의 통일이 오게 하자. 필자는 우리 당대에 곧 남북통일이 이루어질 것을 믿고 기도한다. 우리의 통일은 하나님의 주권에 달려 있다. 그러므로 한국교회는 더욱 간절히 통일한국 위해 부르짖고 기도하자 (대하7:14, 겔37:15-28, 렘33:1-3).

말씀 연구

1. 청지기의 소명 근거는 무엇인가?
2. 소명의 첫 번째 목적은 무엇인가?
3. 교회의 공동체 방향을 말하라.

제3절 청지기의 자격

국가나 사회나 회사 모든 직장에는 일정한 자격자를 요한다.

마찬가지로 하나님도 일정한 자격을 갖춘 자를 찾고 사용하신다. 그 사례로 신정 국가건설을 비롯한 사사 청지기들과 왕정시대 왕을 간택할 때도 하나님께서 간섭하셨다. 하나님은 사울 왕의 폐위 후에 왕을 세우실 때 목동 다윗을 만나서 '하나님 마음에 합한 자'를 이스라엘 왕으로 발탁하였다(행13:22. 삼상13:14).

또한 요셉은 노예로 팔린 후 보디발의 집 총무(청지기)로 충성할 때 보디발의 아내 유혹도 뿌리치고 자신을 깨끗하게 지킨 모습을 본 하나님은 요셉을 연단 후 애굽의 국무총리로(세속 나라의 청지기) 사용하셨다(창41:40-43). 또한 다니엘 세 친구의 우상 제물 거절로 시작하여(단1:8) 당대의 바벨론 나라의 총리로 세움 받았다.

그리고 신약시대도 자신을 깨끗이 지키는 자를 사용하신다(딤전2:21). 바울은 주님 만난 후 이방의 사도로 부름받은 청지기로 자신의 사명을 완수하였다(딤전1:12). 하나님은 지금도 청지기들을 찾고 있다.

1. 덕망 있는 성품(출18:21-26)(모세시대)

1) 재덕 있는 자

2) 하나님 두려워하는 자(신전의식)

3) 진실 무망자(성실, 충성)

4) 불의한 이를 미워하는 자(뇌물, 탐심, 사기)

5) 평판이 좋은 자

2. 영적 자격(행6:1-15)(초대교회)

1) 성령 충만한 자(엡5:18, 행6:3a)

2) 믿음 충만한 자(행6:3b, 5)

3) 지혜 충만한 자(행6:3)

4) 칭찬 듣는 자(행6:3)

5) 순교신앙 소유자(행6:15)

3. 윤리적 자격(교회시대)

1) 목사(딤전3:1-7, 딛1:7-9)

2) 장로(딛1:5-6, 벧전5:1-3)

4) 집사 (딤전3:8-13)

4) 권사 자격(딤전3:11, 딛2:3, 딤전5:3-10)

4. 공통적 자격

1) 중생 경험과 구원의 확신자(요3:3-5, 엡2:8-9)

2) 자신의 은사 확신자(고전12:3-11, 벧전4:9-11)

3) 자신을 깨끗하게 보전하는 자(고전6:19, 딤후2:20)

4) 하나님으로부터 인정받는 자(삼상16:7, 행13:22)

5) 가정에서 인정받는 자(딤전3:12, 벧전3:6)

6) 교회로부터 인정받는 자(행6:3, 요삼12)

7) 주의 종으로부터 인정받는 자(수1:1-9, 신34:9)

8) 교회 직장 공동체 사회로부터 인정받는 자(딤전3:7)

9) 사명 따라 생사(生死)가 분명한 자(행20:24, 롬14:8)

10) 겸손하고 순종하는 자(약4:6, 민14:24,28)

11) 부르심에 감사하는 자(딤전1:12)

12) 뱀 같이 지혜롭고 비둘기 같이 순결(마10:16)

제3장

목사 청지기 훈련

제1절 목사의 의의(잠27:23, 엡4:11)

교회 직분은 크게 두 가지로 구분한다. 항존직(안수 직분: 목사, 장로, 안수집사)과 임시직(안수 없음: 권사, 서리집사)이다.

교회의 항존 직원은 다음과 같으니 **장로**(감독)(행20:17, 28, 딤전3:7)와 **집사**요, 장로는 두 반이 있으니, 강도와 치리를 겸한 자를 **목사**라 일컫고 교회의 대표자요, 치리만 하는 자를 **장로**라 일컫나니 이는 교인의 대표자이다. 항존직 시무 연한은 만 70세로 한다(헌법).

목사는 노회의 안수로 임직(任職)을 받아 그리스도의 복음을 전파하고 성례를 거행하며 교회를 치리하는 자니 교회의 가장 중요하고 유익한 직분이다(롬11:13).

성경은 이 직분 맡은 자에(목사) 대한 칭호가 다양하며 그 칭호로 모든 책임을 나타낸다.

1. 목사는 누구인가

1) 양의 무리를 감시하는 자이므로 **목자**라 하며(렘3:15, 벧전5:2-4, 딤전3:1)

2) **그리스도**의 종이라, **그리스도**의 **사역자**라 하며, 또 **신약**의 **집사**(일꾼)라 하며(빌1:1, 고전4:1, 고후3:6)

3) 그리스도의 집과 그 나라를 근실히 지키는 자이므로 **장로**라 하며(벧전 5:1-3)

4) 하나님의 보내신 사자이므로 교회의 사자라 하며(계2:1)

5) 그리스도의 사신이라 혹은 복음의 사신이라 하며(고후5:20, 엡6:20)

6) 정직한 교훈으로 권면하며(딛1:9, 딤전2:7, 딤후1:11)

7) 구원의 복된 소식을 전하는 자로 전도인이라 하며(딤후4:5)

8) 하나님의 오묘한 도를 맡은 청지기라 한다(눅12:42, 고전4:1-2, 딛1:7)(헌법).

2. 목사의 자격

1) 교단 헌법 자격

목사 될 자는 대학(교단 신학교)과 신학대학원을 졸업하고 학식이 풍부하며, 행실이 선량(善良)하고 신앙이 진실하며 교수에 능한 자가 할지니, 모든 행위가 복음에 적합하여 범사에 존절함과 성결함을 나타낼 것이요, 자기 가정을 잘 다스리며 외인(外人)에게서도 칭찬을 받는 자로 연령 만 29세 남자로 한다(총회 110회 결의). 단 군목과 선교사는 만 27세 이상 자로 한다(딤전3:1-7).

2) 윤리적 자격(딤전3:1-7, 딛1:7-9)

디모데전서의 '감독'(목사)이란 단어는 '장로'의 의미도 담고 있다. 필자는 편의상 본 내용을 감독(목사)에 더 의미를 두고서 설명하기로 한다. 그 근거는 "성령께서 '감독자'를 삼고 자기 피로 사신 교회를 치게 하셨느니라"(행20:28).

(1) 선한 일 사모하는 자 – 선행(엡2:10, 벧전4:10)

(2) 책망할 것 없는 자 – 손가락질이나 비난받지 않는 자

(3) 한 아내의 남편 – 축첩 및 혼외 가정, 이혼 금물(말2:14-16)

(4) 절제 – 술, 도박, 음란물, 사치, 나쁜 습관

(5) 근신 – 마음을 깨끗, 정직, 심사숙고하게 행동

(6) 아담하며 – 언행일치, 신앙경건, 행동 올바름

(7) 나그네 대접 – 여행자, 전도자 섬김(롬12:13)

(8) 잘 가르침 – 이방인 전도, 신자 말씀 교육과 훈련

(9) 술 즐기지 않음 – 술, 술자리 근처도 가지 말라는 뜻

(10) 구타하지 않는 자(폭력) – 신체, 언어폭력, 폭행, 괴롭힘

(11) 관용 – 용서, 이해(빌4:5), 요셉(창50:15-21)

(12) 다투지 않는 자 – 욕심, 정욕은 다툼(약4:1) 양보, 배려

(13) 돈 사랑 않는 자 – 욕심, 야심, 이기심, 탐심(딤전6:10)

(14) 가정 잘 다스림 – 화목한 가정유지(가화만사성)

(15) 새로 입교자 거부 – 새 신자 직분 이해 부족으로 자만 염려.

(16) 외인의 선한 증거 – 언행심사 신중, 신뢰, 평판, 신용 있는 자

(17) 단정한 자 – 마음태도 자세가 존경스러움(인품, 인격, 성품)

3. 목사의 임무

1) 헌법의 임무

하나님께서 모든 목사 되는 자에게 각각 다른 은혜를 주사 상당한 사역을 하게 하시니 교회는 저희 재능대로 목사나 교사나 그 밖의 다른 직무를 맡길 수 있다 (엡4:11, 딛1:5-9).

(1) 목사가 **지교회**를 관리할 때는 양 무리 된 교인을 위하여 기도하며, 하나님 말씀으로 교훈하고 강도하며, 찬송하는 일과 성례를 거행할 것이요, 하나님을 대리하여 축복하고 어린아이와 청년을 교육하며 고시하고 교우를 심방하며 궁핍한 자와 병자와 환난 당한 자를 위로하고 장로와 협력하여 치리권을 행사한다.

(2) 목사가 종교상 도리와 본분을 **교훈하는 직무**를 받을 때는 목자같이 돌아보며 구원하기 위하여 각 사람의 마음 가운데 성경의 씨를 뿌리고 결실되도록 힘쓴다.

(3) **선교사**로 외국에 선교할 때에는 성례를 거행하며 교회를 설립하고 조직할 권한이 있다.

(4) 목사가 기독교 신문이나 서적에 관한 사무를 시무하는 경우에는 교회에 덕의(德義)를 세우고 복음을 전하는 데 유익하도록 힘써야 한다.

(5) **기독교 교육지도자**로 목사나 노회가 지교회나 교회에 관계되는 기독교 교육기관에서 청빙을 받으면 교육하는 일로 시무할 수 있다.

(6) 강도사는 위에 2, 4, 5항의 직무를 다할 때 노회의 고시를 받고 지교회 목사가 될 자격까지 충분한 줄로 인정하면 목사로 임직할 수 있다.

2) 목회적 임무(잠27:23)

(1) 성도를 온전하게 양육한다(엡4:11).

(2) 봉사 일 하도록 교육하고 훈련시킨다(엡4:11).

(3) 그리스도 몸(교회) 세워 나가도록 함(엡4:11)

(4) 천국 대사로서 주님 뜻 전달(고후4:2)

(5) 진리사수 선포하는 설교자(딤후4:2)

(6) 말씀을 잘 가르친다(딤후4:11).

(7) 교회를 치리하고 감독함(행20:28)

(8) 영적 파수꾼 세운다(겔33:7).

(9) 맡겨진 주님의 양 잘 먹이는 일(요21:15-17)

(10) 선한 목자로 영육 돌봄과 풍성케 함(요10:10)

제2절 목사 훈련의 실제

1. 절대적 소명감(렘1:5, 엡1:3-6, 출3:1-10, 단1:7)

1) 자기 점검(목사의 인격, 인품, 소양)

2) 소명 점검(무당: 학습무, 세습무, 강신무)

3) 자신의 영적 지수 점검

2. 학문적 소양 갖춘 자

1) 기본으로 대학을 마치고 교단 신학대학원 이수자

2) 지속적인 성경연구 및 전공(학문) 연구(행7:23)

3) 성경연구 기본이면서 목회 도움 되는 분야 연구

3. 인격과 품성의 소유자(목회 중생)

1) 성품변화   2) 인격적 존재   3) 지도력 있는 자

4) 겸손한 자   5) 인내심(행20:19, 20, 민12:3) 6) 덕 있는 자(벧후1:5-7)

7) 온전한 충성(민12:7)

4. 영성 훈련 실천자(갈1:15-17, 딤전4:7,8)

1) 예배훈련   2) 기도훈련   3) 인내훈련   4) 용서훈련   5) 사랑실천

5. 목회 사역 실천자(출6:24-26)

1) 성경연구(행6:4)

(1) 책별 연구 (2) 장별 연구 (3) 인물 연구 (4) 통찰력 갖고 연구

Ⓐ 목회 연구 실적을 문서화 하라

Ⓑ 설교집(칼럼집)을 발간하라(교회 문서선교회 조직)

Ⓒ 주보: 설교, 시(설교축약)칼럼, 성경연구 기재하라

Ⓓ 교인, 신학생(선교지) 교재, 목회자 세미나

Ⓔ 청지기 훈련 이론과 실제 교재(27쇄)

고 정문호 목사님은 본인의 믿음의 부친으로 필자에게 목회 멘토 역할을 해 주셨다.

필자가 훌륭하신 멘토 목사님을 만남은 목회 축복과 인생 축복이다.

정 목사님은 많은 목회자들로부터 존경과 실력을 인정받은 목회자로서 언제나 후배들에게 다음과 같은 충고를 하였다.

하나. 목사는 영성(40일 금식기도)

둘. 목사는 실력 갖춤(미국 Fuller: 목회학 박사)

셋. 저서를 남길 것(20여권)

넷. 자녀축복(사위, 아들: 총신대 교수).

다섯. 목회 중 한국교회 섬김: 부흥회 인도.

여섯. 목회 은퇴 후 청계산에서 설교 목사님으로 사역하시다 소천하셨다.

• 필자 역시 정 목사님 가르침을 그대로 답습하기로 했다.

하나. 목사의 영력 위해(1985년도 3.10-4.20) 40일 금식기도: 청계산기도원)

둘. 목사 실력(석사 학위2) 박사 학위 취득(미국 Fuller: 목회학 박사: 청지기 박사 1호)

셋. 저서(청지기 훈련 씨리즈 21권: 청지기 훈련 이론 실제: 27쇄 출간)

넷. 두 아들 목사: 미국과 한국에서 부교역자 사역 중)(큰 자부: 워싱톤중앙교회 여전도사(류응렬 목사)

다섯. 목회 중 '청지기 훈련 전문 부흥회' 강사(세미나)한국교회 섬김(92-현재)

여섯. 목회 은퇴후(노인천국: 시설장, 원목실장) 청지기 훈련 부흥회 강사(현)

• 호목사 집회: 금요일(밤)부터, 토요일, 주일까지-2박 3일 인도함(교회 사정 따라 조정됨).

2) 기도 실천(행6:4, 출17:8-16)

(1) 새벽기도 (2) 특별철야기도(철야기도회) (3) 금식기도(개인, 공동체)

〈목사 기도하는 것, 아파트경비원이 안다. 새벽부터 출근(월급?)〉

A. 목회철학 정립 위해 30대-40대-40일 금식기도.

B. 50대-20일 금식기도(필자 개인적 권고임)

C. 목회 시절 : 지속적으로 기도 중심 목회를 하라.

D. 목회 은퇴 후 지속적인 기도 생활 유지

필자 경우는 은퇴 후 새벽기도와 저녁기도 실천으로 현재의 영력이 유지되고 있다.

기도 응답으로 노인천국 번성되고 대내외적으로 노인천국 모범운영으로 인정받고 지난 2024년도 국민일보 주최 "전국 복지브랜드 대상을 수상"함은 모두 이사장님과 약 400여명의 어르신들 그리고 약 200여명의 직원들의 일심동체 수고의 결과물이다.

필자의 현재의 꿈은 노인천국 복음화와 캄보디아복지 선교 실천이다.

필자는 목사의 기도는 "천국 보물의 창고의 황금 열쇠이다"고 강조한다.

그 이유는 내 영혼의 샘이 마르지 않게 내 영이 풍성한 은혜를 얻고 누리기 위한 수단과 방법으로 나에게는 아직도 꿈이 있다. 나이 100세에도 사명을 멈추지 않고 감당하는 고 방지일 목사님의 열정! 그리고 일반인으로 연세대 명예교수 김형석 교수님 106세에 강연과 저서 집필은 필자에게 꿈을 꾸도록 감동을 주고 있다. 또한 노인천국에서 어르신들 섬기면서 배우고 경험한 인생사에 대한 내용을 정리해서 『백세시대 100가지 행복』 제목으로 22권째 저서를 새벽기도 후 집필 중이다(2026. 12. 출간 예정).

3) 심방 실천(잠27:23, 롬12:15, 벧전4:11-13)
(1) 특별한 심방은 반드시 동행(심방대원)

(2) 특별한 사람 심방은 사모 동행

(3) 사전에 오해받을 심방(자리)은 차단

4) 복지 실천: 노인복지, 아동복지, 청소년복지, 가족복지
(1) 노인대학 개설 및 점심 제공, 도시락 배달, 효도관광

(2) 아동 공부방: 직장 부모 도움. 아동 학습 지도(교회 대학생 교사 선발)

(3) 다문화 가정 돌봄: 학습지도. 이민 결혼자 문화 교실(한글, 예절...)

(4) 성폭, 가폭 상담실 운영

(5) 치유상담교실: 자살자 상담, 개인문제

5) 가정 돌봄(가정목회)(딤전5:8)

(1) 부부관계 화목 유지: 함께 사역(목회 세미나, 복지사역)

(2) 부자 관계 친밀감 유지

「필자는 두 아들이 목사이다. 두 아들 학생 시절에는 새벽기도 다녀와서 축복 기도 해 주었다. 결과는 하나님 영광이다. 목사 된 후 금주까지 약16년째 매주일 새벽 기도 후 가족 카톡방으로 목회 멘트를 보내고 있다. 이유는 필자 부부와 두 아들 부부도 목회 현장에서 뛰고 있기 때문이다.」

(3) 가정 화평: 교회 화평, 교인행복

목회는 에베레스트 산 정상 정복과 같은 것으로 가정은 베이스 캠프와 같다(가정목회). 특히 목회자는 목회 승리 위해, 하나: 어머니를 잘 만나야 함. 둘: 사모님을 잘 만나야 한다. 셋: 여전도사를 잘 만나야 한다. 넷: 여전도회장을 잘 만나야 한다. 다섯: 장로 부인을 잘 만나야 한다.

제3절 목사와 자신 관리

1. 영성 관리

1) 자신의 신앙과 소명의식 점검(행20:24)

2) 예배에 목숨 걸라(요4:23,24)

3) 묵상과 기도에 집중하라(시119:97-100)

4) 말씀무장 위해 성경을 집중 연구하라(시119:108)

2. 인격 관리

1) 항상 마음과 생각을 잘 다스려라(요13:1-2)

2) 항상 언행심사를 조심하라(따뜻한 말)(골4:6)

3) 항상 겸손과 섬김의 자세를 가지라(엡4:6)

4) 항상 긍정적 믿음과 사고를 소유하라(빌4:13)

5) 하나님 뜻: 나의 비전. 주님 성품:나의 인격, 성령충만과 성령열매
　• 필자는 목회 중 훌륭하신 목사님들을 만남: 총신대 학부: 고 박형룡 박사:
개혁주의 신학 정립. ※고 박윤선 박사 바른 신학 바른 믿음. ※고 신세원목사
(창신교회 원로, 총회장 역임): '무인불승(無忍不勝)' 목회철학 정립. ※고 정문
호 목사(예손교회 원로): 영력 실력 덕성 등 균형 잡힌 목회철학 정립. 현재 노인
천국 박남주 목사님: 예수사랑(영혼사랑) 희생 정신이다.

3. 대인 관리(인간관계)

1) 언제나 상대방 입장을 이해하도록 하라.
2) 양보와 손해를 보더라도 배려심 가지라.
3) 감사와 배려에 대한 반응을 보여라(인사).
4) 상대에 대해 장점과 강점을 칭찬하라.

4. 실력 관리

1) 사람은 평생 배운다는 것 잊지 말라(배움 멈추면 그 때부터 늙는다).
2) 새로운 지식과 정보를 거부하지 말라.
3) 종종 책방에 가서 많이 익히는 책을 사라.
4) 신대원생, 대학생 젊은이들 많이 읽는 책 구입하라.
5) 자신의 분야를 연구 개발하라(MY: 청지기 훈련).

5. 체력 관리(체력은 영력이다)

1) 건강은 목회 필수이다(체력은 영력이다).
2) 음식 조심과 절제(부흥사 중 단명: 고단백 세끼 다 섭취).
3) 운동: 헬스장 출입(운동은 건강 테크): 체력은 국력! 체력은 영력이다.

6. 품위(품격) 관리

1) 매너(에티켓) 있는 행동(기본적인 예의를 지키라).

2) 배려와 호의에 대한 감사의 반응은 즉시 보여라.

3) 운전도 매너 있고 안전하게 하라.

• 자동차 운전은 양보가 최대 안전이자 매너이다(운전도 인격이다).

필자는 앞지르는 경우 비상 깜박이로 방향 표시하며 양해를 구하면 뒤차가 99%는 양보를 한다. 그 후 반드시 감사 표시로 깜박이로 답한다.

4) 복장도 단정하게 연출하라.

• 정장을 입고 설교하라(백악관 대변인 모습 보라).

• 목사는 언제 어디서든지 목사임을 잊지 말라.

5) 출입 장소도 구별하라(전도를 위한 상황은 동행자 함께).

7. 덕성(8덕) 관리(벧후1:5-7)

1) 사랑과 섬김과 희생이면 됨과 동시에 말로 표현하라.

2) 장수론: 용장, 지장, 덕장 세 종류의 장수 중 목회자는 덕장이 되라.

3) 덕 없으면 은혜도 떨어진다(덕, 예의-선물 포장지 같다).

4) 인내 없이 사역 승리 없다(역경지수는 경력지수 되게 하라).

5) 목사의 오해와 실수 예방 관리(오해 받는 일 삼기).

(서울 ○○교회 목사 동창회 참석 동창 만나 차 마시던 중 혈압 상승으로 서울 교회 사무실 연락 응급실 후송 후 본의 아니게 오해로 교회사임)

제4절 목회자에 대한 성도의 태도(히13:17)

1. 신앙적 자세

1) 기도해 주라(출17:12-16)

2) 귀히 여기라(살전5:12-13)

3) 동역해 주라(롬16:1-4)

4) 좋은 일 함께(갈6:6)

5) 수고 인정(살전5:12)

6) 업신, 멸시 말라(고전16:10-11, 딤전4:10)

7) 순종(복종)(고전16:15-16, 히13:17)

8) 사랑(갈4:12-15)

9) 자기 목사님을 최고로 존경하라(딤전 5:17-18)

• 고 박정희 대통령 1961. 5. 16 직후 구미 고향 방문 때 동네 면장 비교
  (고향 할머니 대화)

2. 목회협력(출17:8-16)

1) 목사의 영력이 떨어지지 않게 기도해 주라(출17:6-16)

2) 목사의 권위가 떨어지지 않게 순종하고 복종하자(히13:17-18)

3) 목사의 생활이 떨어지지 않게 물질로 협력하라(빌4:18-19)

4) 목사의 설교가 떨어지지 않게 도서비 아끼지 말라(연구 기회, 탐방, 책, 여행)

5) 목사의 설교마다 은혜 되도록 아멘-끄떡! 하라(고후1:20, 살전2:13)

• 교인들은 자기 교회 목사님이 좋아하는 떡을 알아야 좋은 신자가 된다.

3. 목회사역 실제(갈6:6, 살전5:12-16)(시청각)

1) 받쳐주고-목회 능력 발휘하도록

2) 꽉꽉 밀어주고-목회 사역 역사가 일어나도록

3) 허물을 덮어주고-목사의 약점과 허물

4) 영력이 떨어지지 않도록-기도해 드리고

5) 격려와 지지- 목사님! 사랑합니다-힘내세요!(양손 하트)

• 악수례

(목자의 심정, 복음송)

1. 목-마른 사슴이 시냇물 찾듯 나의-주님 이 죄인을 찾으셨도다

2. 험산- 준령 헤매이는 어린양 찾아 나의 주님 이 죄인을 찾으셨도다

3. 양 -아흔 아홉마리 그 보다 더욱 길 잃은 한 마리 양 사랑했도다

4. 목-자는 어린양에 그 소리 알고 참다운 목자 음성 양이 알도다

5. 어린- 목자 내주예수 이몸 붙드사 푸른 초장 물가으로 인도하소서

(후렴) 양을 위해 생명 바친 목자의 수고 그 사랑을 잠시라도 잊지 말지라

4. 목회자에 대한 금기 사항(12가지)

1) 실수를 비판 말고 진정으로 기도해 주라(민12:1-16, 마7:1-4, 롬2:1-5)

2) 허물을 들추지 말고 덮어 주라(창9:20-27, 잠17:9)

3) 중상모략 금지: 자녀들 신앙 망가짐(갈4:13)

4) 원망 불평하지 말라(민14:22-38)

5) 당 짓지 말라(민16:1-36, 롬2:6-9)

6) 고소, 고발하지 말라(고전6:1-8)

7) 상해(폭행)하지 말라(렘20:1-6, 대상16:23)

8) 사기 치지 말라(잠12:22)

9) 목회사에게 돈 빌리지 말라(인정 목회 금지)

10) 보증 요구하지 말라(잠6:1-5, 11:15)

11) 목회자에게 상처 주지도 말고 상처도 받지 말라

12) 불편한 진실-목회자와 원수 맺지 말고 본인이 이사 가도록 하라

〈태국 코끼리와 목사〉

Ⓐ 태국 코끼리 눈물 나오게: 상금(태국 도착)

Ⓑ 태국 코끼리 두 앞발 들게: 상금(출국)

• 경기도 ○○교회 11년 교회 역사 11명 교체 중 현 목회자는 41년 목회.

5. 선한 청지기 목회 수칙(12가지)

1) 선한 청지기는 목회 본질에서 벗어나지 않는다(요10:10-11, 잠27:23).

3) 선한 청지기는 하나님 기쁘게 교인들 행복하게(말1:6-10, 갈1:10).

4) 지도자의 실수는 책임이 따르고 심판이 크다(약3:1, 민20:7-13).

5) 사역에 대한 결산이 있음을 알고 인내하라(마25:14-30, 갈6:9).

6) 목회는 인간관계이므로 화평과 사랑 실천하라(롬12:18-21).

7) 목사의 오순절 성령 체험이 능력 목회자 만든다(행1:8, 2:2-42).

8) 목회 윤리를 반드시 지켜라(갈2:20).

 • 미국: 교회 문제 수습 차 다른 목회자 청빙/ 얼마 후 그 지역에 개척!

9) 목회 승리는 기도가 방법이고 기도가 답이다(출17:8-16).

10) 목회는 성공이 아니라 섬김이다(막10:45).

말씀 연구

1. 목사는 누구인가?

2. 신자들이 목회 협력할 것은 무엇인가?

3. 목사에 대한 금기사항을 말하라.

제5절 원로 목사와 후임 목사 관계(바울과 디모데)

1. 원로 목사 후임 목사에 대한 자세

1) 후임자에 대한 권위를 인정하라(하나님 뜻).

2) 후임자에 대해 배려해라.

3) 후임자에 대한 서운함(섭섭함) 단칼로 지우라.

4) 후임자 목회 간섭 말라(단 요청 시 고려하라).

5) 후임자 목회 걸림돌(짐) 되지 않게 하라.

6) 후임자 자랑하라(지지와 격려).

7) 후임자 허물 말할 때 금지 또는 후임자 대변하라.

8) 후임자에 대한 기도로 목회 지원하라.

9) 후임자 목회 승리는 원로 목사의 영광도 된다.

10) 후임자 믿어 주고 기다려라.

11) 자기 공로 사상 포기하라(모두가 하나님 은혜 인정).

• 둘 관계 깨지면 교회가 큰 진통을 겪고 또는 분쟁까지 유발된다. 원로파 후임파로 교회가 큰 시험에 처하여 12년 분쟁(서울 ○○교회).

2. 후임 목사가 원로 목사에 대한 태도

1) 원로 목사에 대한 수고를 기억하라(목회 윤리).

2) 원로 목사에 대한 기본적인 예의를 지키라(때를 따라 인사).

3) 원로 목사를 인격적으로 대하라(당신도 곧 늙는다).

4) 원로 목사에 대한 신의를 지켜라(교인들 보고 있다).

5) 원로 목사를 배신하지 말라(심은 대로 거둔다).

6) 원로 목사의 목회 실적을 폄하 말라(비 진리/이단 아닌 이상).

7) 원로 목사의 목회 패턴을 단번의 수정은 부작용 된다.

8) 원로 목사의 좋은 목회 철학과 교회의 좋은 전통은 그대로 지켜라.

9) 원로 목사의 목회 공로를 인정하라(평생 희생함).

10) 원로 목사의 섭섭함을 불식시켜 드려라.

• 버스 기사: 자리 놓고 다투는 자들에게 싸우려면 교회 가서 싸우세요!

제6절 목회자(후임자) 청빙 원칙

1. 교회의 준비 사항

1) 전교인 대상으로 공식적으로 선포하고 기도하라.

2) 초대교회처럼 전교인들 릴레이 금식기도 하라.

3) 위원회 및 전교인들 기도로 지혜를 구하라.

4) 청빙위원회를 조직하고 전권을 위임하라.

5) 담임 목사의 고견을 따르도록 하라(일관성).

6) 담임 목사는 인위적으로 간섭하지 말라(고견 요청 시는 중용 입장에서 답하라).

2. 후임 목회자 탐색 작전

1) 사람은 환경과 배경을 무시할 수 없다(인간 행동과 발달).

2) 인간 됨됨을 모르지만, 가정환경과 배경은 참고하라.

3) 가족 관계 형태를 주시하라(목회도 인간관계).

4) 당사자의 성장 과정을 살펴보라(인격 형성).

5) 가정과 가족 관계를 살피라(부모의 신앙 상태).

3. 후임자 신앙과 삶 바른 신학 정립 확인

1) 바른 신앙과 윤리관 정립

2) 바른 신학 정립과 목회 성향 확인

3) 목사의 설교 평가는 다각적으로 살펴보라(한편의 설교 평가 금물).

4) 삶과 바른 신학 과정 여부 바른 생활, 경건 생활

4. 후임 목회자의 인품(인성, 품성)을 확인하라

목회자의 학벌과 경력보다는 아래 사항을 최우선하라.

1) 인성과 인품 인간관계를 확인하라.

2) 인간관계 및 소통을 확인하라(교우관계).

3) 목회자로서의 소양과 인품을 확인하라.

4) 부모 배경이 좋아도 당사자 인성과 영성은 차이가 있을 수 있다.

「어떤 목사는 담임 목사 청빙을 받게 되어 위임 투표 직전까지 갔는데, 청빙 위원들이 교인들의 요구 사항인 학창 시절 교우관계를 비롯해 목회 현장에서의 주변 사람들로부터(노회, 시찰회) 인간관계를 샅샅이 추적하고 결론은 부적격자로 나오기도 하였다.」

최근에 한국교회 목회 데이터 연구소(대표: 지용근) 국민일보 미션에 '청빙 실태조사' 내용을 본다면 아래와 같다(2025. 10. 21. 국민일보 발췌).

① 성도들 담임 목사 청빙 시 우선 고려 사항 내용이 발표되었다.

    A. 목사의 성품, 인성, 도덕성(54%)

    B. 목회 철학과 비전(36%)

    C. 성도들과 소통 능력(31%)

    D. 충만한 영성(30%)

    E. 설교 능력(26%)

② 성도들의 담임 목사 청빙 주요 평가 사항

    A. 학위 상관없다(79%)-박사학위 소지자(11%).

    B. 대형 교회 목회 경험 없어도 된다(81%)- 꼭 필요하다(13%).

    C. 교회 전통 계승 발전(23%)-새로운 변화 발전(69%)

    D. 선호하는 연령대: 50대 초중반(38%) 가장 많았다.

    E. 리더십 유형- 카리스마형(13%), 수평적 리더십(81%)

    F. 바람직한 청빙 상태-목회자(60%) 성도(58%) 공개 청빙 선호보다

교회 내부·외부 추천을 선호한다(성품과 인격 파악 신뢰).

또한 청빙위에 외부 전문가를 참여시키는 것에 대해서는 성도 76%가 긍정적이지만, 목회자들은 찬성(48%)과 반대(44%)가 팽팽하였다. 교인들 의견 수렴 방식은 '설교 청취' 후 투표(44%)를 가장 선호했다.

5. 후임 목사 청빙을 위해 교회 전체가 기도하라

목사 청빙으로 주변의 교회들이 시험들고 시끄럽고 교인들이 찬반으로 나뉘면 교회는 걷잡을 수 없이 어렵고 시험에 빠질 수 있기에 사전에 조치해야 한다.

1) 청빙위원 중심으로 청빙 단일화를 시켜라.

2) 청빙위원회에 전권을 위임하되 담임 목사가 좌장하라(개인적인 경험).

3) 청빙 목사는 하나님 종으로서 개인적인 사견이 있을 수 없다(밀당은 금물).

4) 청빙 방법은 하나님이 기뻐하시는 방법으로 진행하라(기도와 금식).

5) 정치적으로 추천 받는 것은 배제하라.

6) 신망과 덕망 있는 지인 목사님으로부터 추천을 의뢰하라.

7) 가급적 현 담임목사님 추천을 받아라(교회가 조용하다).

8) 청빙 시 의문점 있을시 담임 목사 또는 덕망 있는 목회자 자문을 구하라.

9) 추천받은 자에 대해 가치관과 세계관 그리고 목회 철학을 검증하라.

10) 청빙위원회 결정은 하나님 뜻으로 수용하는 자세를 가지라.

후임 목사 청빙에 청빙 위원들이 현 담임목사 관여하지 말라는 경우를 본다. 또는 공정성을 말하면서 현 담임 목사가 청빙에 전혀 관여하지 않는다고 하는데 이는 바람직한 태도가 아니다. 오히려 담임 목사가 본 교회 형편을 잘 앎으로 담임 목사 주관으로(청빙위원들과 상의함) 후임을 결정한 교회는 잡음도 없고 은혜롭다. 그 이유는 자신이 사역하던 교회가 새롭게 부흥되고 성장하는 것은 은퇴자에게도 큰 은혜이기 때문이다. 그리고 필자는 30여 년간 국내외 청지기 훈련 집회 다니며 분쟁 교회와 기념비 되는 교회도 수없이 보았다. 감사한 것은 미천한 종을 통해 교회 분쟁 및 목회자와 당회 갈등 또는 교회 파당으로 심각한

위기에서 기적같이 봉합된 교회들도 있었다(하나님이 아셨다).

• 원로목사 잘 섬김으로 총회로부터 모범상 받은 김종원 목사(용인 포곡제일교회)를 소개한다.

필자가 청지기 훈련 집회를 한 주간 인도하면서 김 목사님의 목회와 인품과 인격을 지켜볼 때 많고 큰 은혜와 복을 누리고 있다(김 목사님 아들도 현재 해군 군목으로 사역 중). 주변에서 담임 목사가 후임자 인선한 교회를 보라. 거의 잡음 없고 은혜롭다. 그러나 후임 결정 문제로 교회가 찬반파로 나누어 시끄러운 교회도 종종 있다.

• 필자의 제자 중 한○○ 목사(필자와 약 10년 동역) 타 교회 후임으로 청빙받아 갈 때 원로(○○교회 당회) 목사로부터 부름을 받았다. 한 목사님 역시 본 교회 장로님들이 후임자 결정해 주시고 떠나라는 요청으로 적합한 목회자 청빙으로 양쪽 교회가 은혜롭게 되어 한국교회 귀감이다. 한 목사님은 원로목사님을 잘 섬기므로 지역에서 좋은 목사로 인정받음.

• 미국 뉴욕 모 교회는 담임 목사 소천 후 1개월 만에 담임 목사 청빙 공고냈다(아마도 교회 잡음을 차단 위한 지혜이다).

제7절 부교역자와 사역

1. 부교역자의 자세

1) 초심을 잃지 말라. 사명감 갖고 사역하라.

2) 부목사, 후임 목사는 담임(원로) 목사를 배신하지 말라.

3) 부목사는 담임 목사 보좌하는 것이 교회 헌법이다.

4) 부교역자는 반드시 당회장 목회 지시대로 충성하라.

5) 목회 윤리를 지켜라.

6) 자기 사역의 결과에 대해 항상 보고하라.

7) 동료 사역자들과 상부상조하라.

8) 담임 목사의 좋은 목회 철학을 배우라.

9) 사역의 아름다운 발자취를 남겨라(훗날 좋은 결과 옴).

10) 무인불승(無忍不勝): 사역은 '인내 없이 승리 없다.'(신세원 목사)

「필자가 중형교회 수석 부목사로 섬길 때 당회장의 실수가 있었다. 당시에 당회장을 비판하던 중직자들이 결국 교회를 새롭게 개척하자는 제안이 있었다. 그 중직자들은 의사, 사업가, 건축회사 사장 등 그 지역의 유지급들이었다. 이들 수준은 당장 교회도 건축할 정도의 재력가요 중직자들이었다. 그렇지만 그들의 요청을 거절하였다.

필자는 '목회 윤리'를 지키고 그 후 필자는 서울에서 교회 설립과 국내 외 교회 초청으로 30여 년간 '청지기 훈련 세미나 강사'로 섬기었고, 개인적인 축복은 두 아들이 미국과 한국에서 목회자로 사역하고 있다. 또한 청지기 훈련 전문가로서 청지기 훈련 시리즈 교재 20권을 집필하였다. 그리고 목회 은퇴 후 노인천국 시설장과 소망교회 목사로 부부가 여전히 목회 활동을 하는 것은 하나님의 놀라운 은혜이다.

필자는 두 아들 목사와 대화 중 언제나 '목회 윤리' 지키고 배신하지 말라고 강조한다. 그 이유는 다는 아니지만 요즘 젊은 목회자들이 후임으로 부임 후 원로 목사님들을 너무 쉽게 배신하는 현실이 되고 있기 때문이다.」

2. 부교역자에 대한 신자의 태도

1) 부목사는 담임 목사의 특사이다.

2) 교회 위해서 수고하는 사역자로 존중하라.

3) 훗날 당신이 섬기는 담임 목회자로 부임할 수도 있다는 것 기억하라.

• 부목사 심방 왔는데 목사님 안 오셨나요? 하지 말라!

부목사 심방은 당회장 목사 대리로 오셨음을 알고 겸손하게 소통하라. 은혜 받는 특권을 누려라.

제8절 바울의 목회 철학을 배우라(행20:17-38)

미국 Fuller 신학교에서 목회학 박사 과정 공부할 때 담당 Robert Redman 교수 첫 강의 시간에 "목사님들 목회 중생하셨습니까?"! 질문하였다.

첫째는 죄와 사망으로부터 거듭남(중생).

둘째는 목회 중생하라(목회 중생).

지금까지의 세속적인 탐심을 죽이고! 육적인 삶 중심의 세속적인 야망 죽이고! 하나님의 뜻을 이루기 위한 거룩한 사명으로 무장해야 한다는 의미일 것이다. 목회자는 세속적인 꿈과 야망 버리고 오직 자기를 부인하고 십자가에 자기 못 박고 자기 십자가 지고 주님 따르는 것이다(갈2:20).

특히 날마다 죽어야 거룩한 영성이 유지된다(새찬송 435장, 구 492장).

바울은 목회 대가로서 목회자들에게 교훈을 주고 있다.

1. 주님을 인격적으로 만남과 소명 확신

1) 주님 만남 후 3년간 영성 훈련(영적 체험) (행9:1-19, 갈1:11-24).

(1) 인격적 만남과 소명 의식(목회자 신앙 및 소명 확인)

(2) 영적 체험과 자기 사명 확인

(3) 철저한 자기 부인: 만삭되지 못하여 난 자로 인정(고전15:8).

(4) 하나님 은혜 고백함(고전15:10)

(5) 부활의 주님 만남, 천국 체험(은혜 체험, 고후12:1-7)

2. 바울의 목회 실천과 삶

1) 모든 겸손의 종 19A

2) 눈물의 종 19B

3) 인내 목회 19C(고후1:8-10)

4) 잘 가르침 19D

5) 회개 촉구 19E

6) 믿음 증거 19F

7) 사명을 위해 생명 포기함 24, 빌1:20

8) 교인들 앞에 깨끗한 모습 26

9) 하나님의 뜻 전함 27

10) 눈물로 3년간 훈계함 31

　　(주님 심정, 어머니 심정, 아버지 심정)

11) 말씀을 의지함 32

12) 사심 없으면(욕심, 탐심, 야심, 허영심) 30

　　• 목사 탐욕은 자신과 가정 교회에 큰 상처를 준다.

13) 자족의 삶(자비량 목회) 31(빌4:11-12)

14) 매사에 성도에게 본을 보임 35

15) 약자 돕고(20:36)

16) 받기보다 주는 것 더 좋아함(행20:36)

17) 자기 관리 철저함(고전9:27)

18) 순교의 각오로 사명 감당(사역)(행20:24)

3. 목회 결산의 결과(딤후4:6-8)

1) 선한 싸움 다 싸웠음(7)

2) 달려갈 길 다 마치었음(7)

3) 믿음을 다 지켰음(7)

4) 다 바쳤다-순교 당함(8)

5) 의의 면류관(8)(한화값: 168억 이상)

제4장

장로 청지기 훈련

제1절 장로(벧전5:1-3) (헌법)

1. 장로의 기원

율법시대에(출24:1, 민11:16-25) 교회를 관리하는 장로가 있음과 같이 복음시대에도 목사와 협력하여 교회를 치리하는 자를 세웠으니 곧 치리장로이다.

2. 장로의 권한

장로와 훈련은 그의 전무 책임은 아니나 각 치리회에서는 목사와 같은 권한으로 각 항 사무를 처리한다(딤전5:17, 롬12:7-8).

3. 장로의 각 명칭

1) 치리 장로(사역 장로)

치리 장로는 각 지교회가 공동의회 규칙에 의하여 선거하되 투표 3분의 2 이상의 찬성을 요한다. 단 당회가 후보를 추천할 수 있다.

장로의 임기는 만 70세까지 한다. 또한 7년에 1차씩 시무 투표할 수 있고 그 표결 수는 과반수를 요한다.

2) 원로 장로

동일한 교회에서 20년 이상 시무하던 장로가 연로하여 시무를 사임할 때 그 교회가 그의 명예를 보존하기 위하여 공동의회의 과반수 결의로 원로 장로로 추대할 수 있다. 단, 당회의 언권 회원이 된다.

3) 은퇴 장로

70세 정년으로 퇴임한 장로이다.

4) 협동 장로

무임 장로 중에서 당회 의결로 협동 장로로 선임하고 당회의 언권 회원이 된다.

4. 장로의 임무(헌법)

1) 교회의 신령적 관계를 총찰한다.

치리장로는 교인의 택함을 받고 교인의 대표자로 목사와 협동하여 행정과 권징을 관리하며, 지교회 혹은 전국교회의 신령적 관계를 총찰한다.

2) 도리 오해(道理誤解)나 도덕상 부패를 방지한다.

3) 교인을 심방하되 위로, 교훈, 간호한다.

4) 교인의 신앙을 살피고 위하여 기도한다.

5) 특별히 심방할 자를 목사에게 보고한다.

제2절 장로의 자격(헌법)

만 35세 이상 된 남자 중 입교인으로 흠 없이 5년을 경과하고 상당한 식견과 통솔력이 있는 자.

1. 디모데서의 윤리(딤전3:1-7)

1) 책망할 것 없는 자(딤전3:2, 딛1:6,7)

원문의 뜻은 '죄 되는 행동으로 비난이나 비판을 받아서는 안된다' 뜻이다. 즉 장로는 비신앙적 행동으로 인하여 타인의 비난을 받아서는 안 된다.

최근에 우리 사회와 교계에 회자되는 말 '장로 잔혹사'라는 부끄러운 말과 일들이 있다. 자원외교와 기업 비리 수사의 압박을 받자 자살한 기업의 총수이자 모 교단의 장로가 자살하였는데 자살 세 시간 전에 무당에게 찾아갔다고 한다. 복채는 친구가 대납했다 한다.

2) 한 아내의 남편(딤전3:2, 딛1:6)

이는 교회의 순결성을 유지하기 위하여 교회 지도자는 성적 순결성! 가정의 순결성!을 비롯하여 결혼의 영속성까지 보여주고 있다. 오늘날 교회 지도자가 가정을 지키지 못하는 성적 방종은 교회를 무너뜨리는 무서운 범죄 행위이다.

그러므로 축첩과 음행과 이혼은 가정을 흔드는 비극이다.

- 성경과 교단 헌법에 이혼한 사람은 장로가 될 수 없다(말2:14).
  (궤사: 교묘한 거짓으로 속임. 배신)
- 충남 Y장로 믿기 전 방탕 생활 결단(축첩과 자녀 정리) 장로 충성함
- ○○○ 잘 계시지요? 아직도 그 인간은 그 버릇 못 버리고 있어요.

3) 절제할 줄 아는 자(딤전3:2, 딛1:8)

절제는 성령님의 성품으로 장로는 자신의 욕심을 절제(통제)할 줄 알아야 직분을 품위 있게 감당할 수 있다. 여기 절제는 부도덕한 행동, 탐욕과 욕심, 생각(요13:2)이다. 특히 본문의 절제 의미에는 술에 대한 의미도 함축되어 있다.

4) 근신(신중함)하는 자(딤전3:2, 딛1:8)

장로 청지기는 매사에 신중성이 있어야 한다. 그 이유는 교회의 지도자로서 한 번 실수는 그 여파가 너무 크기 때문이다. 그러므로 언제나 영적으로 깨어 있

어 자신을 성찰하는 자세가 요구된다(벧전4:7).

5) 아담할 것(단정함)(딤전3:2)

장로는 내면으로는 경건성과 거룩성을 유지하고 행동에는 품격이 나타나는 덕성이 있어야 한다. 즉 품행이 방정한 천국 신사가 되라. 특히 일상생활에서 너무 경망스러운 행동과 복장은 피하고 품위를 나타내라.

6) 나그네를 잘 대접하는 자(딤전3:2, 딛1:8)

초대교회 시대에는 교통과 숙박시설이 형편없었다. 당시에는 복음 전파를 위해 순회전도자들이 많았고 또한 핍박을 피해 고향을 떠나 신앙을 지키기 위해 나그네 생활까지 감수하는 열정이 있었다. 당시에는 전도자를 비롯해 여행자를 대접하는 것이 교회윤리 실천이 되었다(롬12:13, 벧전4:9).

7) 가르치기를 잘하는 자(딤전3:2)

장로가 잘 가르치기 위해서는 먼저 성경 말씀을 자신의 삶에 적용 실천한 후 가르쳐야 권위가 있다. 또한 성경 말씀을 확실히 믿고 말씀의 능력을 체험하고 '신행일치'로 감동을 줄 수 있다, 즉 삶이 따라야 한다. 그리고 다음 두 가지 말씀을 기억하라(골3:16, 딤후2:15).

장로는 3치를 잘해야 지도력의 권위가 세워진다.

(1) 자치-자기를 잘 다스리는 자

(2) 가치-가정을 잘 치리하는 자

(3) 교치-교회를 잘 치리하는 자

8) 술을 즐기지 않는 자(딤전3:3, 딛1:7)

원문의 뜻 '술좌석이나 술 근처에도 가지 말라'는 것이다. 성경은 술에 대해 절대부정과 금하는 구절을 61회 이상 언급하였다.

술 취하지 말라는 이유는 술 취하면 방탕하기 때문이다(엡5:18). 즉 영적 혼돈을 가져와 삶이 잘못된다는 것이다. 술은 모든 청지기들에게 금기사항으로 요구된다(딤전3:8).

- 술: 학회 회식 자리 서울 K 교회 장로(酒장로? 酒집사?)
- 노아 포도주 실수(창9:20-23): 함 아들: 노아 실수 드러냄.

「탈무드에 노아가 포도나무 재배할 때 사탄이 포도나무 뿌리에 양 피, 돼지 피, 사자 피, 원숭이 피를 뿌렸기 때문에 그 열매인 포도주를 마시면 처음은 양 같고, 다음은 돼지같이 지저분하고, 다음은 사자 같이 사납고, 그다음은 원숭이 처럼 흉내를 낸다고 한다.」

9) 구타하지 않는 자(딤전3:3, 딛1:7)

폭력을 행사하지 말라는 뜻이다. 기독교인의 숨겨진 비밀 중 하나가 가정 내 폭력이다. 이것은 불편한 진실이다.

폭력은 습관이요! 무서운 죄악! 가장 비열한 인권 유린이다! 가정 폭력은 아내 자녀들로부터 버림받는 비극에 빠진다. 폭력을 하는 교인과 장로는 거룩한 가증스러운 위선자이다. 또한 언어폭력도 있다. 언어폭력은 곧 '욕과 비난'이다 (골4:6, 잠25:11).

「모 대학 사회학 교수가 한국인 욕을 연구한 종류를 보면 '단순 비어형, 비교형, 저주형, 위협형'으로 140여 가지 된다고 보고한 바 있다. 그런데 우리 사회의 문제는 사람들의 어투에 '욕'이 일반화되었다. 필자는 천국방언으로 '감미안 수사'를 제창한다. 감사합니다! 미안합니다! 안녕하세요! 수고하셨습니다! 사랑합니다!」

10) 관용하는 자(딤전3:3)

법률적 용어로 '죄지은 자를 벌 하지 않고 용서 해주고 책임을 묻지 않는 것'으로, 호의적이고 다정한 자세이다. 즉 장로는 모든 사람에게 관용을 베풀어야 한다. 그 이유는 우리가 주님으로부터 관용을 받았기 때문이다(창50:15-21, 빌4:5). 특히 당회를 할 때에 상대방에 대한 배려와 관용의 자세가 있어야 한다. 당회 시간이 한판 붙는 결투의 장소가 아니라 거룩한 회이기 때문이다.

「인도의 시성 타고르는 1931년 동양 최초 노벨상 수상자로 유명하고 우리나라의 일제침략 시대에 '동방의 불꽃'이라는 시로 우리 민족에게 희망을 주었다. 어느 날 자신의 하인이 3시간 넘게 늦게 오자 화를 내었다. '당장 해고다' 그런 데 그 하인이 대답하기를 자기 딸 장례 치르고 오느라 늦었다고 말하자 그때 타고르는 결심하기를 아무리 작은 일이라도 타인의 입장에서 생각하고 배려하 고 관용하자고 하였다.」

11) 다투지 않는 자(딤전3:3)

원문은 "전쟁하지 말라"는 것으로 장로가 논쟁과 시비만 일삼으면 당회는 교회의 싸움판이 된다. 교회에서 분쟁을 일으키는 중직자들 보면 언필칭 '내가 교회를 위해서' 또는 '교회 갱신을 위해서'라는 명분을 내세운다(언필칭: 교사 모). 그러나 내심은 자기 명분과 정욕 명예심이 작용하고 있다(약4:1).

당회는 은혜로운 분위기가 되어야 하는데 왜 다툼과 고성이 오가는가? 자기 주장만 하기 때문이다. 이는 교만이다. "당회와 제직회는 성토장이 아니라 거룩한 하나님 사역을 위해 거룩한 고민하는 현장이고 기도의 장이고 하나님의 뜻을 찾는 숙연한 자리이다." 다투고 싸우는 곳에 성령 역사 하실까? 오히려 마귀가 춤추는 기회를 주는 것이다.

12) 돈을 사랑하지 않는 자(딤전3:3, 6:10)

돈은 선도 악도 아니다. 다만 어떤 마음으로 벌고 쓰느냐에 따라 돈의 가치가 발휘된다. 그러므로 선한 청지기 자세가 확립된 장로는 돈도 선하게 벌고 쓰게 되므로 많은 사람들과 사회에 유익을 준다. 그러나 돈에 욕심과 탐심을 갖고 있 다면 바로 누구든지 돈의 노예로 전락되어 불행한 삶을 산다.

"돈을 사랑함은 일만 악의 뿌리"(딤전6:10). 그리고 모든 크리스천은 자신 의 사리사욕을 위해 더러운 이를 탐해서는 안 된다(딛1:7).

오늘날 교회에서나 사회에서 문제가 발생하는 원인 중 큰 비중을 차지하는 내용이 바로 '돈 문제'이다. 사실 돈은 우리에게 이중성을 보여주고 있다.

「○○ 교회 장로 자기 사업장을 위해 교회를 담보 제공으로 하고 자기 사업자 금 활용으로 하여 교회가 큰 시험에 빠진 경우도 있다. 교회 건축헌금을 사적 사

용한 비극: 서울의 ○○ 교회 800억대 회계 장로는 200억 가까이 투자 손실을 본 K 장로는 수명의 장로와 목사로부터 의심 받기 시작하자 심리적 압박을 받았다. 결국 토요일 목사와 면담하고 교회가 내려다보이는 아파트 베란다에서 투신하였다.」

- 톨스토이 문학집: 농부 '바흠'의 탐심과 죽음

13) 자기 집 잘 다스려 자녀들도 복종하는 자(딤전3:4-5)

자기 집을 다스리고 자녀들이 부모에게 복종하게 하려면 부모들이 먼저 하나님께 복종하는 '신행일치 삶'을 살면 가정 문제 자녀 교육 문제 해결된다. 왜 청지기 가정의 자녀들이 신앙생활에서 빗나가는가? 1차 책임이 부모에게 있다. 교육학 측면에서 보면 '문제 자녀는 없고 다만 문제 가정이(부모) 있을 뿐'이다고 한다. 장로들은 자신의 가정 식구들로부터 인정받아야 권위가 있다.

(1) 장로 아들 군대- 불교 수계식(기독교 세례식과 같음) 사건으로 충격

(2) 우리나라 무당 대부-장로 딸이다(심○○)

(3) 박○○(자: 박○상) 장로 권사 부모 살인: 유학, 도박, 동생과 비교 책망으로 분노함.

(4) 가정예배 드려라(아버지의 영적 권위: 가정의 제사장) 자녀들과 소통하라-

- 가족 카톡방 만들어 부모가 자식들에게 매주일 메시지 보내라

14) 새로 입교한 자 불가(딤전3:6)

당시에 개종한 자를 말한다. 교회 장로는 교인을 지도할 위치에 있으므로 신앙의 연륜과 봉사 경륜이 있어야 한다. 그 이유는 장로의 경솔함으로 인해 끼치는 문제는 그 파급의 영향이 크기 때문이다. 장로 직분의 의미를 모른 채 직분을 맡으면 자칫 교만하여질 우려가 있기에 금하고 있다.

15) 외인에게도 선한 증거를 얻는 자(딤전3:7)

사람은 '고향에서는 신용이 있어야 하고 타향에서는 평판이 좋아야' 한다. 장로는 물론 교회 안에서도 인정받고 지역사회 혹은 자신의 사업 세계에서도

인정받아야 한다.

그렇게 되기 위해서는 돈거래가 깨끗하고 언행 심사가 확실해야 한다. 즉 장로의 정직한 삶을 통해 지역으로부터 존경받아야 한다,

「어느 ○○ 교회에 아무개가 장로 되었다고 하니 벌써 동네 주민이 그런 인간이 장로라고! 하는 비아냥을 듣는 비극이 벌어졌다. 그러므로 목회자와 교인들은 장로 세울 때 신중해야 후회하지 않는다.

그리고 교회 중직을 선출할 때 당사자도 중요하지만, 더 신경 쓸 것은 부인의 인격과 신앙생활을 면밀히 점검하라. 자기 직장, 자신의 공동체 동네에서 평판 좋은 자 선출해야지 그렇지 못하면 전도문 막힌다.」

2. 디도서 윤리(딛1:6-7)

1) 책망할 것 없는 자(반대로 칭찬 듣는 지)(딛1:6, 7)

비난과 책망받는 자가 아니라 칭찬 듣는 자로 세우면 된다. 즉 신앙생활 가정생활 사회생활에 모범이 되는 자. 신행일치로 충성하라.

2) 자기 고집대로 하지 않는 자(딛1:7)

자기 고집을 부리는 자는 자기 의가 충만한 자이다. 자기중심적으로 신앙생활을 하기 때문에 교회 안에서 덕을 나타내지 못하고 있다. 교회에서 고집을 부리는 자는 자기주장만 내세우고 자기만 옳다고 하여 타인을 정죄하는 자리에 빠진다.

성경에 '고집'은 우상에게 절하는 것과 같다고 말한다(삼상15:22-23, 벧후2:10).

세상에서 가장 무서운 사람은 '무식하면서 개성 강한 자'이다. 교회에서나 직장에서나 자기 고집만 부리면 다툼과 분쟁만 발생하고 은혜가 안 된다.

특별히 교회 중직자들은 목회 협력자이지 방해꾼이 아니고 감독자도 아니다.

「충청도 ○○ 교회: ○ 장로는 담임 목사님을 이유도 없이 불평 비난하고 매사에

불평과 비협조한다. ㅇ장로는 교회가 부흥되는데 목회 방해꾼이 되어 담임 목사 떠나라고 교인 선동하기를 25년 여간 하였지만 동조하는 교인은 없었다.

이상한 것은 장로님 아들도 목사로 사역하고 있건만 여전히 담임 목사를 반대하는 그 마음을 이해할 수 없었다. 그럼에도 불구하고 담임 목사는 참고 인내하고 묵묵히 기도하고 장로님 섭섭함 있으면 용서하시고 노를 풀자고 요청해도 번번이 거절당했다. 그런데 어느 날 사자 같은 장로는 소천하고 얼마 지나서 더 슬픈 소식은 장로님의 아들 젊은 목사까지도 소천했다는 것이다.

결국 담임 목사님은 전도사 시절부터 교회 부임하여 40여 년 동안 목회하고 70세 정년 되어 은퇴하였다. 그리고 지역이 도시화 되므로 좋은 후임을 오기를 기도 하는데 교인들은 담임 목사님 아들 목사님을 후임으로 청빙하기를 만장일치로 정하였다.

아들 목사는 아버지 목사님의 뒤를 이어 여전히 성실하게 목회하므로 교회는 인원과 재정이 갑절로 부흥 성장하여 그 지역의 굴지 교회가 되었다(필자가 부흥회 인도한 교회임).

성직인 장로로 임직 받아 평생 담임 목사 괴롭히더니….」

한 사람의 고집은 개인 가정의 고통과 교회 부흥의 걸림돌 되었다(히13:17, 계1:20, 갈6:6).

• 성직 맡아 불충한 인물: 엘리 제사장, 모세시대 고라 자손들, 디오드레베(요삼9)

3) 급히 분내지 않는 자(딛1:7)

현대인들에게 공통적인 병에 '분노조절 장애'가 있다. 즉 자신의 감정을 통제하지 못한다. 그러므로 보고 듣는 대로 자신의 감정을 분출시켜 다툼과 싸움이 비일비재하다. 분노를 참지 못하는 자는 수양이 덜 되고 인격이 다듬어지지 않은 자이다. 사람이 화를 내면 자기에게 독성이 발산되는데 그 타액을 분석한 결과 사람을 죽일 수 있는 독성이 나왔다(잠16:32, 잠25:28, 약1:20).

• 성질 종류: 개성! 지성! 화성! 은 교회 화평을 깨는 요소(잠16:32, 약1:20)

「필자가 잘 아는 ○○ 교회 장로는 성질이 얼마나 급하고 화를 잘 내는지 별명이 '신나 장로'다.

결국은 담임 목사도 35년 참고 기다려도 변하지 않고 여전하다. 친구 담임 목사는 정년이 되어 은퇴는 해야 하는데 신나 장로를 그대로 두면 교회는 여전히 시끄러울 것이고 후임은 장로에게 시달려 목회 의욕을 상실되게 할 것을 고민하게 되었다.

결국 필자와 상담 후 중대한 결심을 하는데 은퇴 직전에 신나 장로에게 "저는 장로님과 여기까지 충성한 것 감사하고 이제는 교회와 후임 목회자를 위해 서로 물러납시다" 하고 손에 이명서를 쥐여 주면서 조용히 떠나게 하는 지혜를 발휘하였다. 지금 그 교회는 갑절로 부흥되었다. 가시 같은 장로! 신나 장로는 교회 부흥의 걸림돌이 되었던 것이었다. 진실한 장로 청지기는 온유하고 겸손하고 남을 배려하는 마음이 있어야 존경받는다.」

4) 의로우며(딛1:7)

장로는 청지기로서 타인과 올바른 관계를 유지해야 한다. 주변 사람들로부터 그 의로운 삶을 통해 인정받아야 한다. 그렇게 되려면 자신의 신앙 정체성이 확실하고 자신의 삶의 기준이 말씀에 서야 한다. 주변의 유혹과 불의를 물리치고 타협하지 않는 것이다. 즉 세속주의에 젖지 않은 생활이다(노아의 의로움, 창 6:8-9, 눅2:25).

「한국유리(최태섭 장로): 은행 대출 받아 사업. 대출 날자 6.25 전쟁 발발에도 은행에 가서 이자를 모두 갚았다. 당시 은행 직원조차 전쟁 중에 무슨 이자를 갚느냐 하는데 이자 갚고 인감 날인된 영수증 받았다. 전쟁 이후 제주의 군납사업 위해 자금 필요하지만, 담보가 없었다. 최 장로는 부산 은행에 찾아가 영수증을 보여주므로 자신의 신용을 증명하자 부산 은행장은 감동받아 담보 없이 필요한 자금 대출해 주었다.

그 후 최태섭 장로 사업은 번창하여 성실기업으로 정평이 났다(한국장로회 신문에서 발췌함).」

5) 거룩한 자(딛1:8)

거룩함은 모든 청지기들에게 요구하시는 하나님의 요청이다. 우리가 세상을 이길 수 있는 비결은 '거룩함'이다. 거룩은 세상을 이기는 영적 능력이 된다. 이 거룩함은 세상의 죄로부터 나를 지켜 준다. 거룩함은 하나님의 요구이자 청지기들의 사명이다.

성경은 처음부터 마지막까지 거룩함을 명령한다(레11:44, 롬12:1-2, 벧전1:15-16, 히12:14, 살전5:23).

거룩은 자신과의 싸움에서 승리 한자의 훈장이다. 거룩함은 세상의 유혹으로부터 천국을 향해 올라가는 영적 비상의 능력이다. 거룩은 죽은 자를 살리는 능력보다 더 위대하다.

(1) 의의 옷(세마포)(계19:7,8)

(2) 갑옷(롬13:12, 시110:3,4)

(3) 그리스도 옷(롬13:14)

(4) 구원의 옷(사61:10)

(5) 전신갑주 옷(엡6:11)

6) 말씀 순종하고 충성하는 자(딛1:9)

장로는 성경 말씀을 지키고 하나님의 뜻에 순종하고 복종해야 한다. 또한 하나님께서 보낸 사자 목회자의 가르침에 순종하고 복종하는 신앙 전통을 교인들에게 본을 보여 주어야 한다. 당회원이 목사를 존경하고 순종하면 교인들도 똑같이 따라 실천한다(갈6:6, 히13:17).

• 칼빈은 신자는 성경이 가는 데까지 가고, 성경 멈출 때 멈춘다. 장로를 비롯하여 모든 신자는 고-스톱 잘하라!

3. 베드로서의 윤리(벧전5:1-3)

1) 부득이함으로 하지 않는 자(벧전5:2)

즉 장로 직분은 자원하여 기쁨으로 하라

주님의 사역은 자원이다. 그 이유는 예수님이 내 죄를 속량해 주셨으니 어찌 주님 일이 기쁘지 않으랴! 하나님은 언제나 일꾼을 찾고 부르신다(사6:8, 행20:22-23). 장로 직분 감당할 때에 자원하는 자는 목사에게 순종한다. 때로는 장로 자신의 생각에 이해 안 되도 하나님 뜻이므로 복종하라(히13:17). 그러면 결국 하나님의 뜻이 세워지는 결과를 가져오게 한다(갈6:6-9). 부득이함(의무, 억지로)으로 하면 기쁨이 없는 고역이지만 반대로 기쁨과 사명으로 하면 사역이고 축복이다.

• 구레네 시몬의 주님 구속 사역: 십자가 짊어지고 골고다 언덕길 올라감.

2) 하나님 뜻을 따르는 자(벧전5:2)

하나님께서 교회 일꾼을 세우신 목적은 하나님의 뜻을 이루기 위함이다. 그러므로 장로가 교회 일할 때 자기 주관 자기 뜻을 세우려는 것은 월권이다.

당회와 제직회는 하나님 뜻을 세우기 위한 기관이다. 그런데 오늘날 인본주의에 빠진 교회들은 당회나 제직회를 이용하여 교회 주도권을 쟁탈하는 모습은 성령께서 통탄하신다.

때로는 교회는 민주주의 다수결이라는 세상적인 논리에 의해 하나님의 뜻이 무너지는 비통한 일들이 한국교회 안에 비일비재하다. 교회의 모든 기관과 직분은 하나님의 뜻을 세우는 통로일 뿐이다.

「교회는 세상과 달리 민주주의라는 용어가 문제이다. 라오디게아교회 뜻이 '민주주의'이다. 결국 그 교회는 세속화되고 타락한 교회가 되었다. 교회는 '민주주의가 아니라 신본주의'이다.」

3) 자원하는 자(벧전5:2)

하나님의 사역은 자원이다. 이는 사랑의 원리이다. 모든 일에 의무감은 스트레스를 받는다. 그러나 자원하면 보람을 얻는다. 장로의 사명 억지로 하면 고역이다. 기쁨으로 하면 사역이다.

장로는 주님 일을 감사한 마음과 사명감 갖고 충성하면 거룩한 사역이다.

• 부부지간의 생활도 의무감으로 살면 평생 부담스럽지만 서로 사랑하면

청지기 훈련과 교회부흥

날마다 행복하다.

- 직장 생활도 의무감으로 하면 즐거움이 없다. 그러나 즐거운 마음으로 하면 내가 행복한 것이다.

- 장로 직분도 의무감이면 고역이지만 주님 사랑하는 마음은 기쁘고 감사뿐이다.

그러므로 교회 충성은 억지 의무감이 아니라 자원하고 즐거운 마음으로 하자. 교회에서 가장 힘든 일이 무엇인가? 바로 그 일에 자원하여 봉사하라.「예전에 이명박 장로도 소망교회 주차 안내했다. 결국은 대통령까지 하였다. 그렇다면 지금 당신의 장로 직분 사역은 의무감(체면)인가 아니면 주님 사랑의 빚 갚는 심정으로 충성하며 기뻐하는가?」

4) 더러운 이를 위하여 하지 않는 자(벧전5:2, 딤전3:8)

자신의 사리사욕을 위해 장로의 직분을 걸고 사적인 탐심에 빠져 고리대금, 투기, 사재기, 도박, 사회악을 저지르지 말라.

「서울 모 교회 장로는 동네 재건축 반대하는 딤임목사 축출하는데 건설회사와 야합하여 담임 목사를 축출했다. 그 장로는 재건축 위원회와 건설사에 매수되어 이용당하고 교회는 큰 피해를 입었고 교회는 망가졌다. 그후, 그 장로는 어떻게 되었나? 훗날 지역 주민과 회사로부터도 비난받고 불쌍한 신세가 되었다. 결국은 세상 사람들로부터 배신당하고 교인들로부터 배신자 꼬리표 달고 살다가 낙인찍히고….

그 장로는 하나님 앞에 가서 무어라 할 것인가?」

5) 즐거움으로 하라(벧전5:3)

장로의 직분은 영광스럽다. 즐거움으로 하라. 세상에 많은 사람들이 있는데도 나 같은 죄인을 ○○ 교회 장로 직분을 주셨으니 감사뿐이다. 교회의 장로 직분 감당하는 자 유형을 보면

첫째, 체면에 의해서 하는 자

둘째, 억지로 하는 자

셋째, 명분 때문에 하는 자(명예심)

넷째, 사명감으로(즐거움, 감사, 자원, 겸손, 끝까지) 충성하는 자(고전4:1-2, 눅17:10)

· 영국의 성바울 대성전 건축과 두 석수공 일하는 태도를 보자.

6) 자기주장을 펴지 않는 자(벧전5:3), 자기 고집대로 하지 않는 자(딛1:7).

장로는 하나님의 청지기이다. 청지기 의미는 종(노예)이란 의미가 있다. 종은 3무이다(시간, 자유, 재산). 오직 주인의 뜻만 받들어 충성할 뿐이다. 구약시대 평생 종은 귀에 송곳으로 귀를 뚫어 평생 주인 섬긴다(출21:6, 신15:16-17). 「벤허 영화를 보면 북치는 고수의 장단에 맞추어 노를 젓듯이 우리는 목회자의 말씀에 따라 순종한다(삼상15:22-23).」

7) 양 무리의 본이 되는 자(벧전5:4)

가장 이상적인 지도자의 리더십은 대상자들에게 본을 보여주는 것이다. 그리고 나를 따르라 하면 대중들은 그를 존경하며 따를 것이다. 특히 교회 지도자는 세속적인 지도자들처럼 선전 선동이 아니라 삶을 보여주는 것이다. 주님께서는 '나를 따르라' 바울 사도 역시 '나를 본받으라'고 했는데, 모든 지도자들이 본받아야 한다.

장로들도 충성하는 모습! 순종하고 섬기고 충성하는 본!을 보여 주어라. 최고의 장로는 신행 일치로 본을 보이는 장로이다.

(1) 자기 관리와 절제 - 성품 관리, 분노 조절

(2) 가정생활 - 부부지간, 부자간, 부모 효도, 형제 우애

(3) 교회생활 - 어항 속의 금붕어와 같다. 수족관의 물고기와 같이 많은 사람이 지켜본다.

제3절 장로의 신앙과 충성의 삶

1. 모범적 신앙생활(벧전5:1-3)

1) 예배 모범: 모든 공예배 출석, 예배 태도, 경건한 마음, 성수주일(요4:23-24)

「서울 한남동 꼭대기 교회 한광교회(이관식 목사): 필자가 청지기 훈련 부흥회 한 주간 인도하는데 장로님들 15명이 100% 참석하는 예배 모범을 보이는 것이 한광교회 전통이다. 매번 부흥회마다 장로 15명 전원 참석은 한광교회 전통이라고 말함」

  (1) 공적예배

  (2) 기도생활 모범: 새벽기도, 철야기도

  (3) 대표기도는 3분 미만(눅2:36, 37)-전주 ○○ 교회 ○ 장로 대표기도 12분
　　　(예배 후 임시당회 열림: 주님 오실 때까지 대표기도 금지함)

  (4) 가정예배 모범: 가정 예배는 가족 신앙 강화, 부모는 가정의 제사장(가정
　　　예배의 강점: 신앙통일, 가족소통, 자녀 신앙교육)

2) 섬김 실천 모범: 교회, 목회자, 교인(막10:45)

「유계준 장로는 산정현교회와 주기철 목사님을 섬김으로 유명한 애국자요, 훌륭한 장로님이었다. 일제가 신사참배를 강요할 때 당시 장로교총회(1938년 9월 9일, 38회)에서 신사참배 결의하자 당회장 주기철 목사님은 반대하여 일경에 끌려 감옥에서 혹독한 고문과 고통의 옥고를 치루실 때 유 장로님께서 1944년 4월 순교 직전까지 5년 4개월간 목사님의 옥고 수발과 목사님 가족들 생계 책임을 감당했다. 특히 일경의 회유에 넘어가 신사참배 반대 취소할까 봐 목사님을 위해 기도하시면서 옥바라지 하시므로 주기철 목사님은 장엄하게 신앙을 지키며 영광스러운 순교자로 존경받으셨다. 또한 해방 후 이북에 공산당이 들어서 산정현교회를 강탈하자 유 장로님은 자기 집을 예배 장소로 바치고 교회로 사용하였다. 6.25 전쟁이 발발하자 가족과 교인들을 남한으로 피난 가게 하

고 자신은 산정현교회를 지키다 장렬하게 순교 당했다. 유 장로님은 소금 사업으로 모은 재산을 교회와 독립자금으로 비밀리에 사용한 것으로 유명하다. 신실하신 하나님께서는 유 장로님을 순교의 제물로 받으시고 8남매 자손들은 하나님께서 축복하시고 책임지셨다. 8남매(의사 7명, 약사 1명)의 신앙과 삶이 증명하며 한국교회 귀감이 되고 있다.

① 1남: 유기원 장로-국립의료원 원장

② 2남: 유기정 장로-기독의사회 회장

③ 3남: 유기선 장로-의사

④ 4남: 유기천 장로-서울대 총장(사재 30억 기부)

⑤ 5남: 유기진 장로-외과의사(평양기독병원 장기려 박사와 근무)

⑥ 6남: 유기묵 장로-의사

⑦ 장녀: 유기옥 권사-누가의료원 원장

⑧ 차녀: 유기숙 권사:약사(전 국무총리 이한빈 장로: 소망교회) 순교자 유계준 장로님의 직계 3대 걸쳐 배출된 의사 약사가 26명으로 한국의 의료계 약학계에 선두자로 영향을 끼치고 있다(신5:10).」

3) 헌금 생활 모범: 십일조, 절기, 선교헌금(행4:34-37)

4) 주일성수 모범: 장로 주일성수 교회 교사 충성(사58:13, 14)

「양성봉 장로(체신부 차관) 부산 초량교회: 장관직보다 장로 직분 더 소중히 여김. 이승만 대통령 시절에 체신부차관 발탁되어 공직에 있다보니 주일성수 못하고 교회 교사도 못해 신앙 양심 견디지 못해 차관 사표 냄. 그 후 교회에서 장로로 교사로 충성함.」

5) 공동체 의식 모범: 교인들의 애, 경, 사(롬12:15)

6) 희생의 모범: 교회 위해서(요12:24)

• 6.25 목사 장로 인민재판(작두에 목 내미는 재판으로 현장 죽음)

7) 순종의 모범(삼상15:22, 23)

8) 효도의 모범(엡6:1-3): 화정교회 장로 조건 부모 모심

9) 가정생활의 모범(시128:1-8)

10) 전도생활 모범(딤전4:2)
- 장로 임직은 세례교인 25명당 1인 세우는데 현재 우리는 몇 명 전도했는가? 장로 되었다면 죽기 전에 25명은 해야 한다(기도하고 태신자 품자!).

11) 배움의 모범(딤전4:6, 딤후2:15)

교회 성경공부 열심히 참석하라. 아는 것이 힘이고 믿음이 능력이다.

12) 겸손의 모범(약4:6, 골3:5)

2. 모범적 충성 실천

1) 겸손함: 순종 협력자

조만식 장로님과 주기철 목사님은 오산학교 스승과 제자로 사제지간이다. 또한 주기철 목사님을 산정현교회 당회장 목사님으로 직접 모셔 온 분도 조 장로님이었다. 조만식 장로님이 주일 아침 예배 참석차 오는 중에 아는 지인을 만나 얘기하느라 예배 시간 10분 늦게 도착하였다. 주기철 목사님은 "장로님 자리 앉지 마시고 그 자리에서 서서 예배드리세요"라고 책망했다. 조만식 장로님은 주 목사님 책망대로 예배 시간 자리에 앉지 않고 그대로 서서 예배드리고 헌금기도시간에 아래와 같은 회개 기도를 드렸다.

> 하나님이여! 제가 거룩한 주일날 <u>하나님</u> 만나는 일 외에 세상사람 먼저 만나다 오늘 이 거룩한 예배시간 늦은 죄를 용서하소서. 하나님이여! 제가 잠시나마 <u>주의 종의</u> 마음을 아프게 해드린 것을 용서하소서. 하나님이여! 제가 이 모든 <u>성도들에게</u> 모범이 되지 못한 것을 용서하소서. 예수님 이름으로 기도드립니다. -아멘-

(1) 한국교회 겸손과 순종한 모범적 장로

(2) 잘 얻어먹음: 목사, 교인, 교회 위해서 교회일 책임 자세

(3) 나팔수 역할: 목사와 교인 간의 대변인 역할

(4) 주걱 노릇: 섬기는 장로, 얻어먹지 말고 베풀자(행20:35)

(5) 바치고받자: 많이 바치고 크게 축복받자(갈6:6-9, 말3:10)

(6) 아랫 맷돌 되자: 목사와 장로의 협력관계를 이루라(갈6:6)

(7) 보자기 역할: 문제를 자신이 대신 짊어짐(화평 위해)

(8) 아멘 장로: 가르침마다 순종(고후1:20, 계4:4-11)

(9) 세탁소 다리미: 구겨진 양복 곱게 편다(정리 해결).

(10) 의사와 간호사: 목사 의사 간호사 역할

3. 모범적 바른 생활(딤후2:15)

1) 신앙적 측면(10가지)

(1) 구원의 확신 자(모 교회 장로 임종 전 사건)

　　• 본 교재 2부 조직신학 해설 '구원론'을 보고 구원의 확신을 가지라

(2) 성품(성질)이 좋은 자

　　• 본래 타고난 성품과 은혜받고 성령의 사람으로 변화된다(엡4:23-24).

(3) 선한 양심 소유자

(4) 윤리의식이 확립된 자

(5) 원만한 인격의 소유자

(6) 자기 관리 철저한 자(금주, 금연, 도박)

(7) 섬김과 배려심이 강한 자

(8) 사리사욕과 물질에 치우침 없는 자

(9) 표리부동. 공과 사를 구분하는 식견

(10) 화목의 주역(가정, 교회, 직장)(마5:9)

「경기도 ○○ 교회, 교회 부동산 구매 때 사정에 의해 임시로 제직회 모여 장로 명의를 빌려 빌딩을 매수했는데 수년 지나서 자신의 재산이라고 억지 부려서 교회에 큰 혼란이 일어났고 교인들도 큰 상처 입었다. 모든 제직들이 증인이 있다.

그럼에도 불구하고 자기 명의로 되어 있으니 자기 것이라고 하니! 돈과 욕심 앞에는 장사 없다(약1:14,15).」

2) 인성적 측면(10가지)

(1) 영력: 말씀 순종과 기도 실천(기도할 때 주신다)

(2) 지력: 성경과 하나님에 대한 지식(골1:9, 딤전4:13-15)

(3) 통찰력: 미래를 내다보는 혜안(민14:6-9)

(4) 포용력: 모든 사람과 화평(롬12:17-21)

(5) 희생력: 자기희생(요12:24-26)

(6) 전도력: 영혼 구령 열정 가지라(행1:8, 딤후4:2)

(7) 감화력: 경우에 맞는 말의 능력

(8) 친화력: 배려심과 상대방 칭찬

(9) 소통력: 좋은 대인관계(교우관계)

(10) 신뢰감: 언행 심사 일치로 상대방 움직임

3) 덕성적 측면

(1) 교회에 좋은 전통을 유산으로 남겨 주라

「경기 청평교회 고 강동석 장로 섬김 철학 5가지 청지기로 충성함. 강 장로님 은퇴식 때 당회장 최용범 목사님은 "우리 장로님은 목사를 위해 태어나신 분입니다"라고 칭찬할 정도이다. 강 장로님은 소천하셨지만 최 목사님 가슴에 묻힌 어르신이다.」

• 강 장로님 충성 철학 •

① 목회자에게 도전은 고압선에 손대는 것 같다.

② 새벽기도 안 나오면 대표기도 할 자격 없다.

③ 예배 빠지면 당회, 제직회 발언권 없다.

④ 목사님 심방 때 가방 들고 신발 정리하자.

⑤ 교회는 목사 중심(하나님 중심) 부흥된다.

(2) 교회 일 융통성 보여라(법보다: 은혜 우선)

(3) 교회가 하나님 중심되게 하라(인간중심 배격)

(4) 권리(주장)보다 의무(책임)를 생각해보라

(5) 목회 협력자가 되라(교회 일에 반대하지 말라)

(6) 말(이론)보다 기도를 우선하라

(7) 자기주장(고집)하지 말고 상대방 배려심 가지라

(8) 믿음과 순종으로 목사와 성도들 섬기라

「조덕삼 장로(김제 금산교회-이자익 목사) 섬김과 충성:

장로 피택 배려와 겸손과 순종 자세(자기 집 마부와 결선). 이자익 장로 설교 들음. 평양신학교 졸업 시킨 후 금산교회 담임 목사로 섬기고 당시 총회장 3회 봉직함. 조덕삼 장로님의 겸손과 순종심, 그리고 배려는 한국교회 걸출한 목사를 배출함.」

(9) 주님 심판대 기억하고 진실하게 충성(마25:14-30)

• 인생결산　• 신앙결산　• 사명결산

(10) 교회와 민족 앞에 아름다운 신앙 발자취를 남기라

「김용기 장로(가나안 농군학교): 필자도 가나안 농군 학교 출신이다.

농촌 계몽가 새마을 운동 창설자 조국 근대화 이루고 애국자로 구국 기도자 필자는 가나안 농군학교 출신으로 교육 중 김 장로님의 개인 기도실에 방문한 적 있다. 산 중턱 기도실 안에 큰 글씨로 "조국이여 안심하라 내가 기도한다"를 목격하였다.

• 성령의 불길(김용기 장로님 창작 복음송)

① 참참참 피-흘리신 예수의 사랑 안에서

　　주님의 십자가 따라 생명을 바치겠느냐

　　복음의 불길 오른다. 다 같이 일어나거라

　　영광의 주님에 나라 다 같이 참여하여라

② 참참참 들-려오는 구원의 큰 종소리에

　　복음을 전파하려면 희생을 각오하느냐

　　구원은 성도들의 것 진리로 거두리로다

　　우리는 천국에 가서 영생의 꽃이 되리라

• 성령의 성령의 불길 성령불이야 성령의 성령의 불길 성령불이야

　온천하 세계 만방에 퍼치자 성령의 불길-퍼치자 성령의 불길

제4절 목사와 장로의 관계성

1. 차이점

1) 부르심의 차이
- 목사는 하나님께서 직접 부르시고(출3:2-4), 장로는 모세를 통해 세움을 받았다(민11:16-17). 즉 목사는 부르심의 직분, • 장로는 뽑힘의 직분이다.

2) 자격의 차이
- 목사는 대학과 신대원 마치고 강도사 고시(15과목) 목사 고시 합격 후 노회에서 목사 임직 받음.
- 장로는 교회 공동의회 3분의 2찬성투표 얻어 노회고시 거쳐 당회에서 장립 받음.

3) 호칭 차이
- 목사는 주의 사자로 교회를 대표(계1:20): 교회 재산 명의 하는 것
- 장로는 교인 투표로 선출되어 교인 대표자 위치에 있다(교인 대변인 노릇 하다 보면 부조화 현상 일어난다).

4) 직무상 차이
- 목사는 강도권(설교, 성례, 축도)과 치리권.
- 장로는 목사와 협력하여 교회를 치리함(헌법 제5장1조). 즉 장로는 목사의 협력자로서 봉사직분이다(벧전5:3).
- 충현교회(고 오진국 장로: 목사 장로 차이: ○ 기름, ○ 기름)

2. 공통점

- 목사의 직분은 가르치며 치리하고 • 장로는 목사의 가르침을 받으면서 목

사와 협력하여 교회를 함께 치리해 나간다. 서로가 직분상 기능적으로 차이가 있지만 교회를 섬기는데 서로 상호보완적으로 부흥의 톱니바퀴가 되어 교회 섬김의 목표는 동일하다(엡4:11-12, 벧전4:10).

즉 목사와 장로의 직분은 하나님의 '선한 청지기'이다(딛1:7, 벧전4:9-11).

3. 목사 장로 갈등 요인

1) 권위 몰이해: 교회 질서 지키라(질서의 하나님)

2) 비성경적 의식 문제: 장로는 교회 주인, 목회자는 고용인이라는 왜곡된 인식

3) 장로는 목회 청빙과 사례 책정으로 권한 남용하는 인본주의 사상

4) 교회는 목회자가 며느리 맞는 것과 같다는 인본주의적 사고방식

5) 목회자는 때 되면 떠난다는 왜곡된 인식

4. 목사와 장로 상호관계

1) 협력관계: 서로 조화를 이루라

2) 책임 관계: 교회 대표와 교인 대표로 교회 부흥 공동책임

3) 교회 부흥의 공동체 관계: 한국교회 성장은 오롯이 목회자 몫으로 책임전가는 문제가 있다고 본다. 목회는 영적 전쟁이다(출17:8-16). 서로 역할 분담이 있다.

5. 목사와 장로 상생 비결

1) 공동목표 의식(비전 공유)

교회 화평, 교회 부흥, 지역사회 복음화

2) 관계적 조화 지향

• 인격적 관계에서 상호 신뢰감 구축

• 교회치리 관계에서 상호협력 보완

3) 합리적 목회 지향
• 갈등 구조를 배격하고 인화 단결 형성
• 목회자는 이해와 인내, 장로는 유연성 발휘

4) 목사와 장로 서로의 태도
(1) 목사가 장로에 대한 자세
    ① 동역자 의식을 가지라(출17:8-16)
    ② 성경대로 가르치라(벧전5:1-3)
    ③ 섬김의 자세로 대하라(막10:45)
    ④ 축복을 많이 빌어주라(민6:22-24)
    ⑤ 양떼를 위하는 목자가 되라(요10:11)
    ⑥ 지도자 위치에서 관용하라(창45:5-8)
    ⑦ 섬김의 본을 보여라 (요13:14-15)
    ⑧ 수고를 인정해 주라(살전5:12-13)
    ⑨ 사랑의 대상으로 알고 사랑하라(요13:1)
    ⑩ 인내하라(히13:36)

(2) 장로가 목사에 대한 자세
    ① 겸손히 주의 사자를 존경하라(살전5:12-13)
    ② 겸손히 가르침에 순종하라(갈6:6)
    ③ 겸손한 자세로 섬겨라(막10:45)
    ④ 겸손히 목사의 수고를 알아주라(살전2:7-9)
    ⑤ 겸손히 협력하고 복 받으라(시133:1-3)
    ⑥ 목사 위해 기도해 주라(출17:8-16)
    ⑦ 다윗과 요나단이 되라(삼상18:1-3)
    ⑧ 목회 전문성을 인정하라(히13:17)
    ⑨ 고통도 함께 겪어라(행16:19-26)

⑩ 주의 종과 함께 희생(롬16:1-4)

　　• 목회자 허물 덮어주라(이단, 재정, 중대 범죄×)

5) 목사와 장로의 협력관계 유지 비결(출17:8-16, 갈6:6)

(1) 목사와 장로 직분상 구분은 되지만 섬김의 사역은 동일함.

(2) 서로 인정하고 자랑하고 지지하고 격려해 주자.

(3) 목사가 바라본 장로 상(발표)

(4) 장로가 바라본 목회자 상(발표)

6) 장로 직분 인식 확인(예, 아니요)

(1) 장로는 교회의 주인이다(행20:28, 딤전1:12, 벧전4:12).

(2) 장로는 목사의 감독자이다(갈6:6).

(3) 장로는 대접받는 자이다(막10:43-45).

(4) 장로 직분은 세상 지위보다 자랑스럽다(삼상2:30).

(5) 목회자 청빙 시 약속한 것 지키고 있습니까?

(6) 장로님 소천하시면 어디에 묻히고 싶습니까?

제5절 은혜로운 당회 운영 10 원리와 실제

1. 장로는 목사 사역의 협력자가 되자

1) 장로 직분은 계급이 아니고 섬기는 직분임을 기억하라

2) 변하지 말라(임직 받기 전 충성 태도 변치 말라)

3) 당회 때 자기 말보다 상대 말 경청하라

4) 당회의 비밀을 지키라(교회 광고 전까지)

5) 교회 위한다는 명분으로 권리만 너무 주장하지 말라

6) 군림하지 말고 협력과 순종하는 자세를 보이라

7) 당회는 당회장 중심(하나님, 말씀, 교회)으로 운영하라

8) 생산적인 당회 되게 하라(교회 창문 샷시 교체, 6개월 소요)

9) 회의는 간단명료하고 기도는 많이 하는 당회가 되라

10) 당회원은 목회 협력자로 인식하라(목회 위임)

「서울 서대문구 충정교회(옥성석 목사): 장로님들의 목회자 협력

서울 충정교회(서대문 충정로: 경기노회) 옥 목사님 교회 이전을 위해 기도함. 마침 경기도 고양시 일산에 교회 부지 자리 나온 땅을 혼자 직접 가서 부지 결정 짓고 즉시 임시당회 열어 교회 부지 설명하자 모인 장로님들 "목사님 기도하셨으니, 계획대로 추진하세요. 저희는 기도하고 따라가겠습니다." 동의하고 장로님들 적극적으로 협력하므로 즉시 구입하고 건축하고 지금은 굴지의 대형 교회로 몇 갑절 부흥하였다.」

• 우리 ○○ 장로님들은 불 끄는(목사 목회 열정 불) 소방관이 되지 말고 풀무불(목사가 열정으로 목회하도록) 화부가 되라.

2. 은혜로운 당회 특징

1) 회의 짧고 기도를 더 많이 한다.

2) 말하기보다 목사 말(상대방) 경청한다.

3) 권위보다는 겸손과 순종뿐이다.

4) 당회원 개인 일보다 교회 일에 우선순위를 둔다.

5) 좋은 일은 위임하고 책임은 자신들이 진다.

6) 회의 중 기도 감사 찬송 박수 소리만 들린다.

3. 은혜 없는 당회 특징

1) 회의 때 말이 많고 기도도 없다.

2) 교회 강대상 카페트 붉은색? 초록색? 갑론을박 중

3) 장로 직분을 특권으로 교회 주인으로 착각(섬김 의식 결여)

4) 서울 ○○ 교회 당회 중 당회장 혈압 올라 소천했다.

5) 감사 찬송 없고 고성만 오가는 당회

• 오늘 집회하는 ○○ 교회(당회)는 어떤가?(전자? 후자?)

말씀 연구

1. 장로의 임무는 무엇인가?

2. 장로의 모범적 신앙생활을 말하라.

3. 장로의 덕성에 대해 말하라.

제5장

안수집사 청지기 훈련

제1절 안수집사

1. 안수집사 직분

집사직은 목사와 장로직과 구별되는 직분이니 무흠한 남자 교인으로 그 지교회 교인들의 택함을 받고 목사에게 안수(安受) 임직을 받는 교회 항존(恒存)직이다.

2. 안수집사의 자격(헌법)

집사는 선한 명예와 진실한 믿음과 지혜와 분별력이 있어 존숭(尊崇)을 받고 행위가 복음에 합당하며, 그 생활이 다른 사람의 모범이 될 만한 자 중에서 선택한다. 봉사적 의무는 일반 신자의 마땅히 행할 본분인즉 집사 된 자는 더욱 그러하다(딤전3:8-13).

3. 안수집사의 윤리적 자격(딤전3:8-13)

1) 단정한 재(딤전3:8)

원문은 '존경스럽다' '거룩하다'로 외적인 단정이 아니라 집사 직분 감당할 때 주님에 대한 존경심 갖고 봉사와 수종을 든다는 것이다. 즉 한국의 왕정 시대에 신하나 내시들이 왕을 수종할 때의 모습을 상상하면 이해된다. 집사의 봉사 자세는 겸손한 미음으로 충성하는 것이다.

2) 일구이언 하지 않는 재(딤전3:8)

한 입 갖고 두 가지 말을 하는 이중적인 태도를 말한다. 말은 사람의 인격으로 모든 말에는 진실성(신뢰성)이 있어야 한다. 말은 상대방에게 많은 영향을 끼치므로 매사에 신중하게 해야 한다(잠15:4).

집사는 거짓말, 남 비판과 비난, 아첨, 이간질, 욕, 사기 등 남에게 상처 주는 일을 하지 않는다(잠6:16-18). 특히 우리가 하나님께 서원한 사실이 있다면 반드시 갚아야 한다(시50:14, 전5:4-6, 잠20:25, 신23:21-23).

「경기도 파주 ○○○ 집사는 장로 되기 전 임진강 옆 땅 수천 평 땅을 바치겠다고 교회에 약속했다(당시 평당 시가 십만 원). 노태우 정권 때 파주를 평화의 도시 만든다고 할 때 장로가 바치기로 한 땅이 폭등하여 수십억이 되자 변심하였다」

집사는 말이 보증수표가 되게 하라(잠12:19,22).

3) 술에 인박히지 않는 재(딤전3:8)—장로 자격론 동일함

교회에서(酒집사? 主집사? 곡차 마시는 자?) (곡차: 막걸리)

「• 서울 ○○ 교회. 고급 술집 마담이 ○○ 교회 집사 친구다. 다행히 친구의 전도로 교회 나와 신앙이 예쁘게 자라고 은혜도 체험하였다.

자신 생활절제와 신앙생활 열심히 하기 위해 공예배에 빠지지 않고 금요기도회까지 참석하여 큰 은혜 체험을 하였다. 이제는 세례까지 받았고 구역에서 구역 식구들에게 간증까지 하므로 구역 식구들이 큰 감동을 받았다. 그야말로 사마리아 성 우물가의 여인같이 변화 받고 신앙생활 기쁨을 누리고 살아간다.

한 번은 교회에서 새 신자 간증 프로그램을 만들어 금요일 밤 예배에 간증자로 마담 신자가 간증하므로 간증들은 교인들도 예수 믿고 은혜 받으면 저렇게 변하는구나 하는 감동을 주었다.

그 후 간증자는 전도한 친구 집사에게 자기 간증 듣는 교인 중 낯익은 얼굴들이 여기 저기 있어서 자기도 깜짝 놀랐다고 하더라(교회 안에도 자기 술집에 단

골 고객을 보고 당황했다고 함: 酒 집사들이여! 酒 장로!)(마7:16-22)」

청지기 훈련 통해 主집사! 主장로! 主 권사!로 변화되기 바란다(엡4:23,24).

청지기들이 왜 거룩해야 하는가? 성경은 경고 한다(히12:14-17).

4) 더러운 이를 탐하지 아니한 자(딤전3:8)

원문은 '수치스럽게 돈을 벌거나 부끄럽게 유익을 구하지 말라'는 것이다. 한국 속담에 '개 같이 벌어서 정승 같이 쓴다'는 말은 비성경적이다. 집사는 정당한 직업과 사업을 통해 정당하고 깨끗하게 벌어야 한다. 특히 직업을 선택할 때 자신을 비롯하여 이웃과 사회에 유익을 주는 직업과 사업을 해야 한다(잠16:8).

더러운 이를 탐하지 않으려면 탐심을 물리쳐야 한다(엡5:5, 골3:5).

탐심으로 인하여 부모 형제지간 원수와 살인까지 발생하는 것을 주변에서 본다.

불의로 치부하는 재물은 곧 없어진다(렘17:11). 뇌물은 독약이다.

「박근혜 대통령을 탄핵 주동했던 불의한 법률가는 당시 세도의 힘을 빌려 당당히 단칼로 탄핵을 주장한 자가 어느 사건의 청탁으로 50억의 뇌물을 받고 지금은 '국립호텔' 징역 살고 있다. 뇌물은 패가망신이고 개인도 집안도 국가도 병들게 한다.

「• 고 김지하 선생은 국가의 5적을 말했다.: 한국에 5적 ① 불의한 정치꾼(국민 사기 등) ② 불의한 법조인(불의한 재판) ③ 불의한 언론인(거짓말) ④ 불의한 악덕기업(돈) ⑤ 타락한 종교인 지도자」

5) 깨끗한 양심을 가진 자 (딤전3:9)

'양심'의 사전적 의미 '어떤 행위에 대하여 옳고 그름, 선과 악을 구별하는 도덕적 의식이나 마음씨'이다. 칼빈은 "양심은 마음과 지성을 가진 자들이 사물에 대한 지식을 파악할 때 그들은 안다"고 한다(기독교강요4권 10장 3항). 즉 양심이란 말은 지식이란 이름에서 왔다는 의미이다. 기독교인의 양심은 하나님께서 모든 것을 아신다고 믿기에 가장 높은 도덕성을 가진다. 바로 요셉의 '거룩한 양심과 신앙'(신전의식)을 볼 수 있다(창39:19).

그러므로 집사는 언제나 깨끗한 양심에서 참된 믿음이 나온다. 결과적으로 양심은 인간의 인격의 대변자요 내면의 세계 법이다. 그러므로 '선한 양심을 가지라.' 그러나 자신의 이익 위해 양심 파는 자들 많다. 불의한 정치꾼들 죽은 양심을 갖고 있는 자들이 종종 있다.

어느 모 정당에 국회의원이 170여명 되는데(신자 국회의원 57명) 악법 불법이 왜 나오는가?

이들은 양심과 신앙을 파는 자들이 아닌가?

성경은 우리에게 착하고 선한 양심을 가지라 한다(딤전1:5, 벧전3:16).

- 믿음이 없으면 양심이라도 지켜라!
- 불량한 양심은 하나님을 속이고, 타인을 속이고 자신을 속인다.
- 말은 예수 믿는다고 하지만 양심이 불량한 자들이 있다(위선자).

6) 믿음의 비밀 가진 자(딤전3:9)

그리스도 예수에 의한 복음의 내용(은혜)을 체험한 사실을 말한다.

하나, 예수님 피로써 죄 사함의 확신(골1:20-22)

둘, 예수님의 의를 믿어 구원 얻음의 확신(엡2:8-9)

셋, 믿음으로 하나님 자녀 확신(요1:12)

넷, 의인은 믿음으로 산다(롬1:17)

다섯, 믿음으로 세상 이김(요일5:4)

여섯, 믿음의 기도는 응답된다(막11:24).

일곱, 환란에서도 신자는 승리함(요16:33)

여덟, 믿음과 고난은 필수(빌1:29, 롬8:18)

아홉, 성령께서 우리를 위해 기도하심(롬8:26-27)

열, 주님 세상 끝날까지 임마누엘 하심(마28:20)

열하나, 내게 청지기 직분을 주께서 맡겨주심(딤전1:12, 벧전4:10)

열둘, 내가 믿는 것은 성령 역사임(마16:16, 고전12:3)

열셋, 구원은 최상의 축복과 기쁨(엡1:3-14, 합3:17-18)

• 스데반 집사 – 죽음도 극복, 천국 주님 응원 받음(행7:56-)

7) 여집사–단정한 재(딤전3:11)– 남자 집사 1번 동일함

여집사도 남 집사 못지않게 사려 깊고 신중하여 외유내강으로 자신을 아담하고 단정하게 속사람을 꾸며야 한다(벧전3:2-6).

여집사님들 남편은 어떤 대상인가? 평생웬수? 그 인간? 구원의 대상?

내가 보기는 그 인간이 아브라함보다는 낫다(창20:11). 그럴지라도 사라는 과거를 용서하고 남편 아브라함에 대하여 "주(主)라 칭하여 복종한 것이다"(벧전3:6).

사라는 남편의 허물 용서하고 덮어 주는 슬기 있는 아내! 당신은 어떤 아내인가?

「경기 산곡기도원 부원장(원장 이만신 목사): 술꾼! 폭행! 결국 아내의 인내 기도로 회개하고 변화 받아 목사가 된 것이다(잠14:1).

예수 믿기 전(냉장고 소변사건: 본인 간증함) 그러나 아내의 인내 기도는 酒사랑남편-主사랑 목사로 만들었다(갈6:9, 기도는 선행)」

8) 참소하지 않는 재(딤전3:11)

'참소'는 남을 비방하고 함정에 빠뜨려 곤경에 처하게 하려고 거짓으로 고소하는 사탄의 행위이다. 참소는 청지기들의 마음을 시험 들게 하고 교회 공동체의 화평을 깨는 악의적인 거짓으로 하나님께 우리를 고소한다. 참소의 원조는 마귀 사탄이다(계12:9-10, 요8:44).

왜 하필 여집사에게 사탄의 무기인 '참소'의 미혹에 빠지게 하시는가?

신체 구조상 여성들은 말을 많이 해야 하므로 바울은 각별히 주문한 듯하다. 그리고 교회 공동체에서 말로 인하여 화평이 깨지고 상처가 깊고 또한 말로 인하여 시험에 가장 많이 빠지기 때문이다. 그러므로 여집사는 영적분별의 은사로 마귀의 참소 전략에 빠지지 않아야 한다.

「목사가 목회 성공하려면 여성 4명 잘 만나야 한다, 첫째 사모, 둘째 여전도사, 셋째 여전도회장, 넷째 여권사(장로 부인)이다. 교회는 남자보다 여성들이 많다. 그래서 때로는 여성의 역할이 중대한 영향을 주고 있다. 여집사는 산울림 대화 법칙을 알아야 한다.」

9) 절제할 줄 아는 재(딤전3:11)

절제는 자기 통제로서 여집사는 네 가지 방향의 절제가 요구된다.

첫째, 말의 절제(잠26:20)

부정적인 말-비난, 비판, 흉, 중상모략, 거짓말, 이간질, 참소, 아첨, 욕, 세속적 자랑, 과장된 말, 위선의 말, 비방하는 말(민12:1-10).

한국 속담 '떡 그릇은 돌아갈수록 줄어들고 말은 돌아갈수록 늘어난다'(과장 됨).

칼은 한 사람의 생명을 살인하지만 거짓말은 한 사람의 인격은 물론 수많은 사람들의 인격을 죽인다.

나의 무심코 한 말은 상대방에게 큰 상처를 줄 수 있고 말의 상처는 오래 평생 간다.

특히 시어머니들과 며느리 관계 대화 조심하라 서로의 상처 되는 말 평생 간다.

긍정적인 말-칭찬, 격려, 위로, 인정, 지지 발언.

둘째, 경제생활 절제(사치와 낭비는 죄)

세상은 향락과 사치가 만연하다. 대개 사치의 유혹 받는 대상들은 여성들이다. 사치는 육신의 정욕을 세상에 깊이 뿌리를 박는 것이다, 사치는 개인과 국가의 경제를 좀 먹는다. 그러므로 크리스천 여성들은 사치를 배격해야 한다.

우리는 세상 여성들처럼 외부의 사치스러운 것으로 단정함이 아니라 내면의 세계 마음을 은혜로 단정해야 한다.

그리고 우리는 근검절약하여 내게 있는 것으로 주님 나라 확장 위해 사용하는 지혜와 믿음이 요구된다.

마리아는 옥합을 깨뜨려 주님의 발 앞에 부었다. 요안나도 자신의 소유로 예수님을 섬겼다. 빌립보의 자주 장사 루디아도 자신의 물질로 바울을 돕고 교회를 개척하였다.

특히 로마교회 뵈뵈 여집사 청지기는 자신의 모든 것을 희생하며 섬겼다(롬 16:1-2).

우리는 생활 절약하여 선교를 해야 함(전기, 수도, 근검).

셋째, 마음(감, 생각)을 절제하라(잠4:23, 요13:2)

사람들이 실수하고 실패하는 원인 중 하나가 바로 마음을 잘 관리하지 못하고 생각을 잘 못하므로 실수하고 실패하여 큰 고통을 당한다. 사람들의 한번 실수는 인생을 패배자로 또는 낙오자로 빠지게 한다.

그리고 삶의 현장에서 괴롭게 하는 상황에서 믿음으로 극복하기를 바란다, 우리 주변에 청소년들 중에서 자기 어머니를 증오하는 사람들이 가끔씩 있다. 그 원인은 어머니가 자신을 버렸다는 것이다.

우리 속담에 3번 참으면 살인도 면한다고 하듯이 필자는 엄마가 4번 참으면 '이혼'도 극복하여 가정도 살리고! 자녀들도 살리고! 본인도 산다! 나라도 살린다! 그러므로 여성은 마음과 생각을 잘 다스려라.

「이혼의 미혹에 유혹 당하지 말라. 미국에서 어느 부자가 이혼을 여섯 차례 한 후 정신 차리고 AI에게 물어보니 처음 만난 여자라고 답하더라. 한자로 조강지처(糟糠之妻) 의미는 '몹시 가난하고 힘들 때에 고생을 함께 겪어온 아내를 이르는 말' 동거 동락한 아내를 버리지 말라는 뜻이다. 성경은 이혼을 경멸하고 미워한다(말2:14-16).」

「지난 2025년 9월 미국 LA 보석상 권총 살인사건: 3천억 보석 자산가로 자기 저택도 300만 달러, 부인과 딸 하나 있다. 남편이 권총으로 부인과 딸도 죽이고 본인도 자살함. 부부 갈등은 빨리 봉합되어야 부부가 살고 자식들도 산다. 이혼 마귀는 항상 속삭인다.

"너 때문에 내가! 너만 아니면 내가!"

"주제 파악하고 살라!" '남존여비' 말은 남자의 존재 의미는 여자(아내) 비위를 맞추는 상 남자이다(여자는 남자 갈비뼈-갈비뼈 상처는 몸을 움직일 수 없이 고통 스럽듯이 아내가 편안하면 남편도 가정도 편안하다).

　• 시청각 부부싸움_서로 원망한다(... 때문에).

넷째, 분노를 다스려라(엡4:25-27, 31-32, 약1:19-20).

　• 가인 분노 동생 아벨 살인.

현대인들은 분노조절장애 증후군 현상이 많다(혈기 부리는 자: 분노).

하나님은 참고 기다리고 기도하라. 마귀는 조급하게 서두르고 오판하게 한다.

요즘은 초스피드 시대다. 사람들이 여유가 없다. 빠른 것이 좋은 것으로 착각한다. 자기 통제 불능은 가정에서 직장에서 교회에서 어디에서든지 왕따 당한다. 자신의 분노를 잘 다스리지 못하면 자기 수양이 미흡한 자이다.

우리가 인생 행복을 누리는 비결은 세상 사람들 논리대로 '개성'이 특출하고 '지성'이 뛰어나면 남보다 빠르게 성공하고 자기 주도적 행복을 누린다고 한다.

필자는 '분노'를 다스리기 위해 두 가지를 버려야 한다.

'개성'버려라(개 같은 성질)! '지성'-지랄 같은 성격! 버려라! 그래야 모든 사람과 화평하게 지내게 된다(마5:9, 롬12:18-21).

"사람이 성내는 것이 하나님의 의를 이루지 못함이라"(약1:20)

　• 시청각: 개성과 지성 죽이는 훈련(배꼽 아래까지...주여!-죽여!)

10) 모든 일에 충성된 자(딤전3:11)

여집사는 자신의 관리와 가정을 잘 지키는 청지기, 교회에서 충성하는 청지기로서 자신에게 부과된 모든 일에 대하여 충성을 다 해야 한다. 자신은 경건한 청지기 신앙으로 가정은 복음화 이루고 교회에서는 맡은 일에 최선을 다 하는 선한 청지기로 충성한다.

청지기는 오직 '섬김과 충성'이다(고전4:2). 죽기까지이다(계2:10).

「여자는 3대 영향을 끼친다: (갈비뼈의 위치는 오장육부 보호 하듯이 여성 역할 중요함)

① 남편-평강 공주와 바보 온달

② 자녀들 - 왕대밭에 왕대 나온다. 김유신 장군과 어머니의 충고(삼국통일)

③ 모세 - 요게벳 어머니의 신앙교육(민족 출애굽)

④ 시집(가문): 룻의 재혼으로 나오미 가문 번성-다윗-예수탄생」

⑤ 영국 바이킹 족: 영국 조상은 해적떼였다-한 어머니의 신앙심으로 영국
　변화로 당대의 대영 제국이 되었다.

11) 한 아내의 남편이 되어= 한 남편의 아내가 되어(딤전3:12)

기독교인들은 이혼을 금한다. 그래서 이혼한 남자와 여자는 교회 직분을 맡을 수 없다. 교회의 덕을 위함이고 또한 성경의 명령이다. 그러므로 혹 교인 중 이혼한 경우 본인이 겸손히 직분을 사양하는 것이 본인 자신이나 교회에 상처를 막을 수 있다. 꼭 기억할 것은 교회 직분 갖고 천국 가는 것 아니다. 이는 바로 교회 공동체의 거룩성과 덕을 위함이기 때문이다. 특히 말세에 성도덕 타락과 윤리의식 부재로 세상은 온통 음란이 유행병처럼 퍼져 나간다(롬1:26-27, 13:13, 14). 말세 현상은 성적 타락과 방종이다. 불신자 세상의 주부들 얘기 들어 보라! 타락한 주부는 가정을 타락시키고 사회의 망국을 가져오고 국가의 존폐까지 영향을 준다.

12) 자녀와 자기 집을 잘 다스리는 자(딤전3:12)-장로 직분(딤전3:4-5) 동일함

교회 집사도 교회 중직자로서 먼저 자기 집을 잘 다스려야 한다. 즉 가장으로서 권위를 잃지 않아야 한다. 그리고 가장은 가정의 제사장 위치에서 신앙으로 자녀 교육을 잘해야 한다.

고사 성어 중 '가화만사성'(家和萬事成)은 모든 직분자들에게 해당된다. 아니 이 말은 세상의 모든 사람들에게도 해당된다.

곧 집사는 자치(自治) 가치(家治) 교치(敎治)를 잘해야 한다.

4. 안수집사의 임무

집사의 직무는 목사 장로와 합력하여, 빈핍 곤궁한 자를 권고하며, 환자와 간

힌 자와 과부와 고아와 모든 환난당한 자를 위문하되, 당회 감독 아래서 행하며 교회에서 수급한 구제비와 일반 재정을 수납지출 한다(롬16:23).

5. 집사의 칭호

1) 시무 집사: 본 교회에서 임직 혹은 취임 받아 시무하고 있는 집사

2) 휴직 집사: 본 교회에서 집사로 시무하다가 휴직 중에 있거나 혹은 사임된 자

3) 은퇴 집사: 연로하여 은퇴한 집사

4) 무임 집사: 타 교회에서 이명 와서 아직 취임을 받지 못한 집사이니, 만 70세 미만인 자는 서리 집사직을 맡을 수 있고, 본 교회에 전입하여 만 2년이 경과하고, 공동의회에서 집사로 피선되면 취임식만 행하고 안수 없이 시무집사가 된다.

제2절 집사와 충성의 자세

1. 충성의 실제

1) 당회(목사) 협력자(갈6:6, 빌2:25-30)

2) 위계질서: 월권하지 말라(행6:3)

3) 구제, 재정을 투명성 있게 하라(행6:2-3)

4) 끝까지 충성자가 되라(행6:5)

5) 신앙생활 본이 되라(요3서1:3, 12)

6) 끝까지 충성하라(스데반, 빌립)

7) 교회에 거치는 자 되지 말라(요3서1:9, 10)

8) 신앙의 진보를 보여주라(딤전4:15, 16)

　• 원불교인 되지 말라-원망, 불평, 교만, 인색하면 선한 청지기 아니다.

(1) 가정생활: 부부 화목, 자녀 교육, 부모 공경.

- 가정예배는 신앙교육: 아버지는 가정의 제사장: 영적권위 세움

(2) 절제 생활: 금주(주 집사) ,금연, 마약, 향락, 음란물 중독

(3) 경제생활: 근검절약, 선한 직업, 부지런함(인생 돈이 전부 아님)

(4) 교회 생활: 예배 생활, 새벽기도, 특별기도, 성수주일

(5) 헌금 생활: 십일조, 주일헌금, 선교헌금, 건축헌금, 절기헌금

(6) 전도 생활: 스데반(행6:10), 빌립(행8:26-39)

- 헌법에 세례교인 25명 장로 1인 세운다. 집사들은 오늘부터 장로임직까지 새신자 25명 전도하라.

(7) 봉사생활

① 월1회 가족끼리 교회 청소(화장실 청소, 화단 정리, 주변 청소, 주차 정리)

② 월1회 동네복지관(장애우, 요양원, 노인정: 안마, 목욕, 말벗)

③ 월1회 다문화 가족 초청 관계 맺기

(8) 경건 생활

① 가정예배-신앙훈련강화, 가정교육, 대화 소통 기회

② 가훈을 정하고 실천하라

③ 기독교 가치관을 심어주라

④ 신본주의 삶을 심어주라

⑤ 섬김 의식을 심어주라

⑥ 이단사상 배격 훈련 교육

⑦ 신전 의식 사상(잠16:2)

2. 충성의 유형(롬14:8)

1) 구경꾼: 방관주의자(마25:24-30)(명목상 제직)

2) 말썽꾼: 훼방꾼(요삼1:10)

3) 싸움꾼: 파당 짓는 자(투사로 착각)(롬5:17-18)

4) 정탐꾼: 부정적 여론 몰이꾼(민13:31, 14:1-5)

5) 사기꾼: 성도들의 것을 속임(인천 ○○ 교회집사 부부)

6) 일 꾼: 충성맨! 순종맨!(요삼2-3, 잠25:13, 고전4:1-2)

3. 충성의 방향

1) 하나님 중심으로 충성(하나님 기쁘시게)

2) 말씀중심으로(내 생각 포기하라)

3) 교회중심으로 하라(교회에 유익 되게)

4) 목회자 중심으로 봉사(질서 있게 봉사)

5) 섬김 중심으로 봉사(보상 기대 금물)

4. 충성의 실천 각오

1) 인간 중심으로 일하지 말라

2) 투표한 교인들 배신하지 말라

3) 교회 파당 짓지 말라(고라 자손의 비극)

4) 자기 부인 자세로 충성

5) 전인적 자세로 충성(몸, 마음, 물질)

6) 덕을 나타내는 봉사

7) 교회 직분 계급으로 오해 금물(장로직분)

8) 영웅 의식 버리고 섬겨라

9) 청지기 공통적 명령(권면):원/불/교/인/이 되지 말라

10) 교회에 유익되고 하나님 영광 되도록 충성하라

「미국 달라스 제일침례교회 W. A. 크리스웰 목사는 젊었을 때 개인적 취미로 사냥을 좋아했다.

휴무 날 사냥할 때 움직이는 물체가 보여 노루인 줄 알고 총을 쏘고 쫓아가 확인해보니 사람이 쓰러져 있는 것이 아닌가! 목사님은 민 형사 책임을 피할 수

없음과 동시에 윤리적 책임을 지게 되고, 또한 담임목사직을 사임해야 하는 극도의 불안감과 절망감에 빠졌다. 목사님의 예측대로 교회는 목사님 사임을 주장하는 분위기였다. 어떻게 사람을 죽인 목사가 목회를 할 수 있겠느냐고 사임을 요구하였다. 결국 교회는 목사님의 사임에 대하여 교인회의(장로교: 공동의회)를 통하여 표결로 묻기로 했다.

그 때에 교회에서 기도 많이 하고 모범적으로 신앙생활 하는 집사가 "여러분! 오늘 결론을 내리기 전에 목사님께 일말의 반성과 기도할 수 있는 기회를 드리고 또한 우리도 목사님 위해 더 많이 기도합시다. 그리고 우리가 그동안 목사님의 사랑을 받았는데 이제 우리가 목사님의 허물을 덮고 용서합시다"고 호소하므로 목사님 사임 결정은 유보되었다. 그 후 목사님은 교인들의 사랑을 받고 하나님께 회개 기도드리니 더 큰 은혜 받고 설교 때마다 감사 눈물 회개 눈물로 설교했다. 교인들은 설교를 할때 목사님과 온 성도들도 함께 울어 교회는 종종 눈물바다로 변했다.

그 이후 목사님도 철저히 회개하고 사냥 취미도 포기했다. 대신 예전보다 더 많이 성경연구와 기도에 몰두하시므로 목사님의 영감 있는 설교로 교인들은 매번 은혜가 충만하였다.

교회는 날로 부흥되므로 세계 최대의 침례교회로 급성장 하고 교회 영향 아래 댈러스지역 복음화가 이루어지고 목사님은 침례교 총회장을 비롯해 세계침례교연맹 총회장까지 지내는 목사가 되었다.

그 분이 당대에 유명한 크리스웰 목사님으로 저서 『목회자의 지침서』는 모든 목회자들에게 사랑 받는 저서로 필자도 신대원생 재학 시절에 탐독한 바 있다. 교회가 목회자의 실수를 덮어주므로 당대 성자 목사님이 나오게 되었다는 교훈은 시사해 주는 바가 크다. 목사의 실수와 허물을 덮어주는 미국 달라스 제일 침례교회 교인들과 중직들이 훌륭하다. 그 목사님은 50년간 담임 목사로 사역하였고 무려 54권의 저서를 출간하기도 하였다.

"세상에 완전한 목사 없다. 다만 완전해지려고 노력할 뿐이다"(호태석)(목사도 약점 허물 있다).」

5. 충성의 상급

1) 아름다운 지위를 얻음. 13A

(1) 하나님께 타인보다 더 높은 지위를 보상받는다(삼상2:30, 약4:10, 벧전5:6).

(2) 교회로부터 존귀함 받음(살전5:12, 13)

2) 믿음의 담력을 얻음. 13B

(1) 두려움 없이 담대히 복음 전파(행4:13-21)

(2) 죽음 앞에서도 담대히 복음 전파(순교)(행7:54-60)

3) 주인의 잔치에 참여함(마25:23, 계2:10, 21:4)

4) 상급이 약속 됨(계2:10)

6. 안수집사 정견 발표

1) 만약 ○○가 된다면?(if)

2) 만약 ○○억 주신다면 이렇게 사용하겠습니까?(선서식)

성경 연구

1. 집사의 충성 자세를 말하라.

2. 집사의 경건 생활을 말하라.

3. 집사의 유형과 충성 실제를 말하라.

제3절 남, 녀서리 집사

교회의 목사나 당회가 신실한 남녀로 선정하여 집사 직무를 맡기고 임기는 1년이다.

1. 서리 집사와 충성의 자세

1) 기쁨 감사로 충성(딤전1:12).

2) 자기 위치 지킬 것(월권하지 말라).

3) 영웅심에 미혹되지 말라(요삼9).

4) 하나님을 기쁘시게 하는 자가 되라(히11:6).

5) 독불장군 되지 말라(빌2:1-5).

6) 거짓말 하지 말라(정직한 생활) (잠16:8)

7) 용두사미가 되지 말라(행6:6,7).

8) 충성의 기회를 잃지 말라(엡5:16).

9) 교회에 으뜸 되려고 하지 말라(요삼11).

10) 이단에 속지 말라(행6:6, 계2:15).

2. 서리 집사의 충성 각오

1) 받은 은사대로 충성하겠습니다(벧전4:9-11).

2) 섬김의 자세로 충성하겠습니다(막10:45, 계2:10).

3) 부지런하게 충성하겠습니다(롬12:6).

4) 어디서든지 화평을 이루겠습니다(고후2:15).

5) 말씀에 순종하겠습니다(눅5:1-11).

6) 전도 열심히 하겠습니다(행1:8).

7) 교회 안에서 화목을 실천하겠습니다(마5:9).

8) 십일조 생활 실천합니다(째째 마귀를 물리치자).

9) 새벽기도 실천합니다.

10) 예배에 목숨 걸겠습니다.

3. 서리 여집사 교회사랑 실천(계2:10)

「서울 강동구 고덕동 단지 주택공사(사장 유근창: 육군 중장 전역) 아파트 건설 추진할 때에 당시 그 지역에서 제일 오래된 교회와 보상금 문제로 협상이 난항을 겪고 있었다.

대한주택 공사는 정부 시책 사업이라는 명분으로 교회 의견 무시하고 일방적으로 불도저로 밀기로 계획하고 주택공사 사장은 측근인 참모를 불러 비밀로 작업 일자 정하고 금요일 밤 자정에 불도저로 미는데 갑자기 교인들이 교회 밖으로 소리치며 나오는데 그 중 여집사가 불도저 밑으로 들어 누웠다.

그때 교인들이 사람이 깔렸네! 라고 함성 지르니 기사가 당황하여 내려와서 보니 정말 여자 분이 누워 있는 상황 목격하고 결국은 119 부르고 불도저는 철수하였다. 불도저 밑에 들어간 여집사는 일명 종합 병원으로 금요일 철야 기도 때 목사님 안수기도 받으러 왔다가 그 광경 보고서 이래저래 "아파 죽을 몸인데 나 하나 교회 위해 이 한 몸 희생하자"고 작심하고 교회 위해 죽는 것은 순교지! 라는 생각으로 불도자 밑으로 들어갔다.

그 후로 주택공사와 교회는 원만히 해결되어 결국 교회 땅 그 자리에 서울 강동구 고덕동 '명덕성결교회'가 우뚝 세워지게 되었다. 여집사 한알의 썩는 밀알 헌신과 충성으로 교회 세워졌다(요12:24, 25).

그런데 기적은 여기서부터 일어났다. 여집사님은 교단의 선한 청지기로 모범적인 집사로 선정되어 총회임원들 목사님들이 문병 오시어 모범 집사로 축복 안수기도 해주시므로 건강이 회복되었고 또한 총회에서 격려금까지 주셨고, 더욱 감사한 것은 지금까지 가난 때문에 병원도 가지 못했는데 서울대 병원에 입원하여 병세도 호전되었고 그동안 치료비 일체를 대한주택 공사에서 해 주기로 하고 또한 적지 않은 위로금까지 받았던 것이다.

한 여집사의 희생과 헌신으로 고덕동 요충지에 "명덕성결교회"가 우뚝서 있

 청지기 훈련과 교회부흥

게 되었다.

그리고 여집사님은 건강 되찾고 교회 권사님으로 헌신하는 충성 맨이 되었다.

만약! 지금 ○○ 교회도 같은 상황이라면 여러분은 어떻게 행동하겠는가?

• 불도저 부서지라고 움직이지 못하도록 기도한다(   ).

• 손에 손잡고 사탄아 물러가라 함성을 지른다(   ).

• 물불 가릴 것 없다. 몸으로 막자하고 불도저 밑으로 들어 눕는다(   ).

• 교회 일은 나와 상관없고 관심 없다(방관형)(   ) (요12:24).

제6장

권사 청지기 훈련

1. 권사 직분

한국교회 성장으로 한국교회에서 자생한 교회 직분으로 목회자를 돕고 교인들을 심방하고 슬픈 자 위로하는 교회에 필수 직분이다(롬12:6-8).

1) 권사의 자격 (헌법)

여신도 중 만 45세 이상 된 입교인으로 행위가 성경에 적합하고 교인의 모범이 되며 본 교회에서 충성되게 봉사하는 자

2) 권사 선거

공동의회에서 투표수 3분의 2 이상의 찬성을 얻어야 한다(단, 당회가 공동의회에 그 후보를 추천할 수 있다).

3) 권사 임기

권사는 안수 없는 종신 직원으로서 정년(만 70세) 때까지 시무할 수 있다(단, 은퇴 후에는 은퇴권사가 된다).

2. 권사의 각 호칭

1) 무임 권사: 타교회에서 이명하여 아직 취임을 받지 못한 권사

(단 만70세 미만자는 공동의회에서 권사로 피선되면 취임식을 행하여 시무 권사가 될 수 있다).

2) 은퇴권사: 권사가 연로하여 퇴임한 권사이다.

3) 명예권사: 당회가 다년간 교회에 봉사한 여신도 중에 60세 이상 입교인으로 행위가 성경에 적합하고 모범된 자를 임명할 수 있다.

3. 성경에 나타난 권사 사역

1) 사렙다 과부: 엘리야 섬김(왕상18:1-16)

2) 예수님 섬긴 여성들(눅8:2-3)

3) 막달라 마리아, 요안나, 수산나, 자기 소유로 섬김(눅8:2-3)

4) 마리아 예수님 발에 향유 부음(마26:6-13): 노동자 1년 생활비

(1) 초대교회 권사

① 도르가 '선행과 구제'(행9:36-40)

② 자주장사 루디아, 바울의 '기도처'제공(행16:13-15)

③ 브리스길라와 아굴라, 바울과 천막제조 '동역'(행18:1-4), 또한 바울 위해 목숨까지 바침(롬16:4-5). 교회에 충성자

(2) 로마교회 권사

① '뵈뵈'(집사)는 로마교회 충성된 권사직분 감당한 권사 청지기(롬16:1-2) 여러 사람과 바울의 보호자(후견인)-정신적으로 지지와 격려 물질로 협력함.

② 로마교회 여러 봉사자들(롬16:1-15)

③ ○○ 교회에 자랑스런 권사님은 누구인가?

4. 권사와 어머니 역할

1) 기도의 어머니(눅2:36-38, 안나 여선지자)

2) 목회협력자 어머니(롬16:1-2, 뵈뵈)

3) 교회 위로의 어머니(롬16:1-2)

4) 희생의 어머니(요12:24)

5) 신앙의 본 어머니

6) 봉사의 어머니(눅8:2-3, 행9:36-43, 도르가)

「서울 ○○ 교회 김 권사는 아들 둘 의사: 호스피스(죽음직전 사랑으로 돌봄) 봉사 활동으로 복음전도 한다. 어느 병원의 호스피스 병동을 찾아 갔을 때 한 달 150만원 주는 간병인 있어도 영혼 사랑하는 예수님 심정으로 정성껏 돌봐 드리니 예수 믿게 되었다. 그 후 할아버지는 "당신은 하나님의 천사요" 나와 결혼합시다. 곧 돌아가실 분 상처 받을까봐 "천천히 합시다"라고 하자 할아버지는 변호사 불러 혼인 신고 하자고 우겨대자 까짓 종이 한 장이 뭐 중요할까? 대수롭지 않게 생각하고 그냥 호적초본 주었다. 얼마 후 할아버지 소천하시고 그 권사님 앞으로 거금 9억 원이 상속되었다. 깨끗한 섬김은 실용적 기적을 낳는다.」

5. 권사와 경건생활

1) 신앙생활 : 예배생활, 기도생활, 전도생활, 가정예배

2) 가정생활: 부부 화목, 자녀 교육, 시부모 공경, 형제 우애

3) 사회생활: 겸손, 양보, 배려심, 동정심

4) 덕 있는 언어생활: 하나님 자랑, 진실한 말, 칭찬, 격려

「서울 ○○교회 중등부 수련회 가서 축구 시합을 하다가 두 학생이 서로 부딪혀 한 학생은 팔 골절 입었고 다른 학생은 앞니가 금이 갔다. 두 학생의 엄마들은 교회 권사들인데 반응은 놀랍다. 팔 골절 된 엄마 권사는 담당 교역자와 부장 집사님에게 "우리 아이 때문에 수양회 차질이 생겨서 죄송합니다"하며 미안한 마음 표정. 그런데 앞니가 금간 아들의 권사님은 "누가 내 아들 앞니를 금가게 했어" 하고 부장 집사님의 뺨을 때리고 담당 부목사님은 무릎을 꿇고 사과하라고 소리 쳤다.」

5) 헌신 생활: 주님의 사역: 자신의 재산 바쳐 성결대학교 설립-홍대실 권사

6) 봉사 생활: 교회와 교회 밖에서 섬김 실천

7) 전도 생활: 전도 생활화(단12:3)

8) 섬김 생활:(롬16:1-3)

「경기 수원○○ 후배 목사님 결혼 10년차임에도 사모님 임신이 안 되는 모습 안타까워 기도하시던 부부 권사님이 목사님 부부가 허약하므로 임신이 안 되는 것으로 판단하고 부부 권사님이 강원도 정선으로 산삼 캐러 갔다가 산삼 일곱 뿌리를 캐서 드렸다.

목사님 내외분은 너무 고맙고 감사하여 산삼 드시고 열심히 기도하더니 목사님 사모님도 심봤다! 예쁜 공주님을 임신하고 출산했다는 간증을 후배 목사님으로부터 직접 들었다. 하나님은 권사님 부부 기도 응답하셨다. 목사님 두 내외분 교인들 합심 기도한 결과로 본다(마18:19, 20, 빌4:6,7).」

6. 권사와 심방 사역

1) 예배 분위기 맞추라(정리 정돈, 아기 돌봄)

2) 심방 가정에 대한 부정적 말 하지 말라(여름날 찐 계란 사건)

   (상황에 맞는 말: 독산동에서 찐 계란 먹고 토사곽란으로 사망 사건)

3) 무조건 칭찬하고 지지하고 격려해 주는 말만 하라(자녀들, 분위기)

4) 심방 대상 말을 많이 들어 주라(내용은 비밀 유지)

5) 심방 기도할 때 간단 명료 하게 하라

6) 식사기도 조심(고개숙임, 손바닥 입 가림)

7) 말을 감칠맛나게 하라: 추운 겨울날 난로와 같다.

   (1) 은혜롭고 소금 치듯 말(골4:6, 잠16:24, 20:15, 25:11)

   (2) 사랑과 감사의 말 하라

「일본 '에모투 마사루' 박사 책(물은 답을 알고 있다)에서 물이 말에 따라 반응하는 현상을 발견하였다. 즉 사랑과 감사의 말과 글씨를 보여주니 물은 '육각형 결정체'로 보여주고 반대로 악담과 악담의 글씨를 보여주니 새까만 부분이

주변을 공격하듯 이지러졌다고 하였다.

예전에 방송에서 말의 위력에 대해 실험을 보여주는데 흰 쌀밥에 칭찬하니 쌀밥은 변질되지 않았다. 그러나 옆에 있는 밥은 부정적이고 비난하는 악담을 하니 놀랍게도 곧 곰팡이가 끼었다.

말은 위력 있고 말에는 생명력 있고, 사람의 머리에 각인된다. 그래서 특히 아내의 잔소리로 남편을 변화시킬 수 없다. 특히 부부싸움하고 만든 음식은 남편(아내)을 살리는 음식인가? 부부 싸움한 날은 아내가 만든 음식 절대로 먹지 말고 화해 차원에서 외식도 해보는 지혜가 필요하다.」

7. 권사와 인간관계

1. 인간 관계(친밀감)

    1) 남편 관계: 부부의 친밀도, 가정화목 형성

    2) 자녀 관계: 신뢰감 형성, 결혼 후 잘 사는 것 감사

    3) 고부 관계: 자부와 상호소통(시어머니=권사)(고부간 10가지 수칙)

        (1) 아들과의 탯줄을 끊어라

        (2) 아들을 며느리에게 떠나 보내라

        (3) 아들 믿고 친정식구 다 포기하고 왔음을 인정

        (4) 며느리 수고 인정하라(수고한다. 고맙다. 지지하라)

        (5) 냉장고 문 절대 열어보지 말라(비자 안 나옴)

        (6) 가르치려 하지 말고 본을 보여주라

        (7) 내 딸도 말 안 듣는데 고치려 하지 말라

        (8) 집안 분위기(가구 배치, 청소, 육아 방식) 일체 언급 말라

        (9) 세대 차이를 인정하고 이해하라(자부 스타일 인정)

        (10) 단점은 눈 감고 입 닫고 신경 끄고 지내라(사람 변화 안됨)

        (11) 잔 면 비자 안나온다 (며느리 초청 못 받음: 아들집 못감)

        (12) 실수 소리 하면 즉시 하라(늦으면 마귀 틈탄다)

    4) 형제와 친적 관계 회복하라: 시집 식구 동서지간, 친척들과 화목하라

5) 생활은 지혜 품격있는 언행심사(잠14:1)

    (1) 동네 장터에서 반찬거리 물건 살 때 깎지 말라

    (2) 교회 올 때 택시비 잔액 받지 말라(기사님 박카스 한병 사드세요)

    (3) 목사 설교 오해와 비판 금지(살전2:13)

    (4) 사치 낭비하지 말라

    (5) 단어 중 '덕분에' 소리를 잘하라(외모, 품격있는 행동, 말투는 예쁘게)

    (6) 자녀 결혼 '혼수'에 시험들지 말라(사람이 최고)

8. 모든 사람과 화평하라(마5:9, 22-23, 롬12:18)

성 프랜시스 '평화의 기도'를 삶에 적용시켜 보자.

주여! 나로 당신의 평화의 도구로 삼으소서

미움이 있는 곳에 나로 당신의 사랑을 심게 하소서

상처가 있는 곳에 용서를, 회의가 있는 곳에 신앙을

절망이 있는 곳에 희망을, 암흑이 있는 곳에 빛을

슬픔이 있는 곳에 기쁨을 주소서

오 거룩하신 주여!

내가 위로 받기보다는 위로하며 이해 받기보다는 이해하며

사랑 받기보다는 사랑하며 자기를 온전히 주므로 우리가 받으며

용서함으로써 용서를 받으며, 죽음으로써 우리가 영생을 얻기 때문입니다.

• 낮엔 해처럼 밤엔 달처럼 〈복음성가〉

1. 낮엔 해처럼 밤엔 달처럼 그렇게 살 순 없을까

    욕심도 없이 어둔 세상 비추어 온전히 남을 위해 살 듯이

    나의 일생에 꿈이 있다면 이 땅에 빛과 소금 되어

    가난한 영혼 지친 영혼을 주님께 인도하고픈데

    나의 욕심이 나의 못난 자아가 언제나 커다란 짐 되어

    나를 짓눌러 맘을 곤고케 하니 예수님 나를 도와주소서

2. 예수님처럼 바울처럼 그렇게 살 순 없을까

　　남을 위하여 당신들의 온 몸을 온전히 버리셨던 것처럼

　　주의 사랑은 베푸는 사랑 값없이 거저 주는 사랑

　　그러나 나는 주는 것보다 받는 것 더욱 좋아하니

　　나의 입술은 주님 닮은 듯하나 내 맘은 아직도 추하여

　　받을 사랑만 계수하고 있으니 예수님 나를 도와 주소서

• 한국교회 권사 유래

본래 성경에는 '권사'라는 직분적인 단어가 없다. 다만 성경에서 권사의 역할 신앙을 볼 수 있다. 그리고 '한국교회의 권사' 직분은 한국교회 자체로 권사 역할의 필요성을 인지하므로 영국의 감리교 창설자 존 웨슬레에 의해서 1746년에 활용된 직분으로 그 뜻은 "권면하는 자"이다(롬12:7). 본 장로교에서는 감리교에서 활용한 '권사' 직분을 1955년 제40회 대한예수교 장로회 총회에서 결의되어 오늘에 이르렀다.

본 교단의 권사는 충성된 여성들에게 가장 존귀한 직분과 영예롭기에 안수는 없지만 목사의 기도로 취임식을 갖고 교단 헌법적으로는 '임시직'이지만 종신직으로 70세에 은퇴한다(양현표 교수『교회를 살리는 탁월한 장로 집사 권사』 p. 140 인용).

　　• 타 교단에서는 '남자 권사' 제도 있다.

성경연구

1. 교회에서 권사의 어머니 역할을 말하라.

2. 권사 심방 시 조심할 점은 무엇인가?

3. 권사와 대인관계를 말하라.

제7장

구역장 청지기 훈련

1. 구역장은 누구인가(교구장, 순장, 목장, 셀리더)

교회 지역에 따라 당회에서 정하여준 구역을 목자의 심정으로 보살피는 직분이다.

구역장으로서 구역을 돌볼 때 목사(당회) 중심으로 구역을 살피고, 받은 은사대로 구역 및 교구 식구들을 섬기고 봉사하는 직분이다(시16:3-6).

전통적으로는 구역 관리 및 구역예배(소그룹) 활동을 위해 구역장을 세웠다. 구역장은 구역 신자들의 신앙생활 돕고 영적상태 또는 구역원들의 애경사를 살피어 당회장 목사님에게 보고한다.

특히 구역장으로서 명심할 것은 구역의 목자로서 '구역 부흥은 곧 교회 부흥이다'는 것을 인식하라.

2. 구역장의 자격 요건

1) 예수를 구세주로 영접하고 고백한 자(마16:16-18)

2) 구원의 체험 확신자(롬10:9-10)

3) 하나님과 이웃을 사랑하는 자(마22:37-39)

4) 구령의 열정이 있는 자(고전9:16)

5) 섬김의 자세 갖춘 자(막10:45)

6) 친화력 있는 자(고후5:18)

7) 삶과 신앙 일치자(약2:17,26)

8) 영성 풍부한 자(롬8:4-8)

9) 영적 분별력 있는 자(요일4:1)

10) 리더십 있는 자

11) 성령 충만한 자(엡5:18)

12) 잘 가르치는 자

3. 구역장의 사명

1) 구역을 작은 교회로 인식

2) 구역예배 인도

3) 구역식구 신앙을 활성화

4) 구역예배 장소가 영성훈련 장소

5) 구역공동체 의식을 강화

6) 구역 전체를 청지기 의식화

7) 구역원 봉사를 교회 중심

8) 구역의 공동 목표 정하고 전진

4. 구역장과 구역예배

1) 구역 식구 예배 활성화(히10:25)

2) 구역 식구 신앙성숙 도모(골1:9)

3) 효과적인 성경공부(딤후3:15)

4) 성도 교제 친교(행2:)

5) 지역사회 봉사 위해

6) 지역사회 복음화 위해

7) 구역 식구 영성훈련 위하여

8) 구역원의 영적 건강(신앙상태 파악)

5. 구역장과 심방

1) 하나님의 명하심을 받아 그의 양무리를 돌보는 심정으로 한다.

2) 주 안에서 사랑과 격려를 나누는 심방을 한다.

3) 한 주간 단위로 모두를 돌볼 수 있는 일정표를 만들어 심방한다.

4) 새등록자, 환자, 이동교인, 해산, 시험당한 가정, 결석자 심방한다.

5) 사람을 사랑하고 이용하지 않는다.

6) 비평, 논쟁은 피하고 언제나 웃고, 유머를 발휘하여 재치있게 소통한다.

7) 심방일지를 만들어 매일 아침 한 번씩 확인한다.

8) 형제애 실천에 힘쓴다.

9) 목회 방침의 전달 및 협조자가 된다.

10) 금전거래는 절대 금지(계, 보험, 이자 금지! 돈과 사람 은혜 상실)

6. 구역 섬김 자세

1) 기도로 준비

2) 복장을 단정히(상가복장 화장주의).

3) 요란한 장신구는 피함

4) 인편, 전화로 사전에 연락

5) 대화분위기를 부드럽게 조성

6) 대화 시 많이 경청해 줌

7) 충고로 설교하는 것을 가능한 피함

8) 약속시간을 지킴

9) 예배는 상황에 맞게 드림

10) 덕이 되는 말을 함

11) 어르신에게는 공손하게, 아이는 칭찬해 줌

12) 심방 시간을 지혜롭게 조정함(식사 시간은 피할 것)

13) 심방 시에 보험 가입, 물질 판매 등은 금함.

14) 애경사를 함께 나눔(롬12:15)

15) 성경 말씀으로 무장함

16) 상담 시 성령에 의존함

17) 유고 가정 특별한 가정은 담당 교역자에게 보고함

7. 구역장과 공과 지도

1) 공과내용을 충분히 파악함

2) 공과내용을 보지 않고 할 정도로 암기함

3) 공과에 나오는 성경을 개인적으로나 식구 공통으로 찾아 읽게 함

4) 구역식구들에게 신앙의 동기를 부여해 줌

5) 구역원 이름을 부르며 질문하되 대답할 수 있는 것을 질문함

6) 공과공부 진행을 대화체로 인도함

7) 철저한 준비로 영적 재미(은혜)를 끼치게 함

말씀 연구

1. 구역장(목장, 교구장, 셀리더)은 누구인가?

2. 구역장과 심방할 때 주의 점을 말하라.

3. 구역장과 공과 공부에 대해 말하라.

청지기 훈련과 교회부흥

제8장

권찰 청지기 훈련

1. 권찰은 누구인가

　권찰이란 권(권할 權) 찰(살필 察)로서 구역의 청지기로서, 구역장(교구장)과 협력하여 맡은 구역을 살피고 받은 은사로 구역을 섬긴다. 자기가 맡은 구역 식구를 구역장과 함께 교인들 심방 말씀으로 권면하고 사랑과 덕으로 보살피고 슬픈 자 위로하는 청지기이다(골1:28, 고후5:20).

2. 권찰의 자격

1) 구원 확신자　　　　　　　　　2) 활동성이 있어야 함

3) 친화력이 있어야 한다.　　　　4) 융통성이 있어야 한다.

5) 인내심 있는 자　　　　　　　　6) 영혼 사랑하는 마음

7) 겸손히 섬김 의식 확실한 자　　8) 교회 중심으로 봉사자

3. 권찰의 임무

1) 구역 식구 심방　　　　　　　　2) 위로한다(고후1:3-7).

3) 구역 식구 상태 보고　　　　　4) 간호사와 역할(목사, 구역장)

5) 목회자, 구역장과 동역하는 일　6) 목회자의 눈, 귀, 발 역할을 한다.

7) 구역 식구 위해기도   8) 구역원 애경사 살핌.

9) 구역 가정 식구 전도   10) 구역 부흥 최선봉 역할

4. 권찰과 충성

1) 구역 식구 가족 매일 빠짐없이 이름을 부르며 기도한다.

2) 주중 심방으로 이상 유무를 확인하고 교회 소식 알린다.

3) 구역내 보고 사항은 구역장에게 보고한다.

4) 심방시 자신의 곤란한 형편을 말하지 말라

5) 너무 화려하거나 남루한 옷은 삼가고 몸 단장을 한다.

6) 새신자 교회 분위기에 잘 적응하도록 안내한다.

7) 목자의 심정으로 구역원 돌보고 내 몸같이 사랑한다.

8) 구역원 가정들이 집중적으로 전도하도록 지도한다.

9) 신앙생활은 구역원의 모범이 된다(기도, 예배, 전도, 봉사).

10) 항상 구역장 중심으로 봉사한다(갈6:6).

• 한국교회 권찰 직분 유래

「현재 교회 안에 권찰 직분은 대부분 여성도들이 맡고 있으며 아예 여성도들만 맡는 것으로 알고 있다. 그러나 교회 역사를 보면 남녀 권찰을 세워 교회를 섬기고 구역을 살피게 한바 있다. 그 증거로 1920년 10월 경성 안동예배당에서 회집한 제9회 총회 때 전남노회 상황 보고에서 교회 형편 3항에 "각 교회 남·여 권찰을 세워 구역마다 교우를 심방하고 낙심자를 권면하며 혹 병들어 소생하는 형제자매가 있으면 그 집에서 임시 기도회를 열고 때때로 기도하며 위로함으로 새 은혜를 입어 병 나음을 얻고 열심히 믿는 이도 많사오며"(동회의록 90쪽에)라고 기록됨(고 신세원 목사 '교회사 이야기' 기독신문 발췌 2012.12.26).

그러므로 권찰 직분은 한국교회 자생적 교회 봉사 직분이다.」

1. 권찰은 누구인가?

2. 권찰 자격과 임무를 말하라.

3. 권찰의 충성의 실제(10)가지 말하라.

1. 권찰은 누구인가?

2. 권찰 자격과 임무를 말하라.

3. 권찰의 충성의 실제(10)가지 말하라.

제9장

교사 청지기 훈련

1. 교사와 현대 사회 이해

현대사회를 포스트모더니즘 시대라고 한다. 이는 탈 규범화의 사상으로 전통과 진리를 부인하고 특히 기독교의 절대성을 부정하고 반면에 인간의 자율성을 강조하는 사상이다. 이것은 인본주의로서 자아숭배도 곧 사탄의 숭배이다(롬1:18-32, 요13:12).

포스트모더니즘에서 파생된 것은 인본주의, 세속주의, 과학만능주의, 실용주의, 물질만능주의, 종교다원주의, 탈권위주의, 문화다원주의 등으로 현대 사회는 영적혼돈의 시대가 되어 지금 지구상의 모든 교회들은 교회교육의 위기시대를 맞이하였다.

설상가상으로 몇 년 전부터는 세상은 물론 교회 안에서까지도 AI시대를 말할 정도로 지금 실용화되고 있다. 한 가지 우려는 신앙 없고 통찰력 없는 경우 자칫하면 과학의 맹신 혹은 과학만능주의에 미혹될 수 있다는 것이다.

우리 신자들은 이런 것들에 미혹되어서는 안 된다. 세상은 얼마든지 첨단 문명의 시대로 달려가고 있다. 우리가 상상을 초월하는 새로운 기술혁명으로 지금보다 더 놀라운 새로운 기술문명이 전개 될 것이다. 우리 신자들은 이런 기술혁명과 첨단과학 등이 일어날 것을 오래전에 구약 다니엘 선지자 통해 예언하셨다.

"많은 사람이 빨리 왕래하며 지식이 더 하리라"(단12:3,4) 말했다. 그리고 솔로몬은 "해 아래는 새 것이 없나니"(전1:9)라고 했다. 하나님께서는 다 만들어

놓은 것 사람들이 찾아 발견하고 발명하여 생활에 편리함을 주고 있다. 그러므로 첨단 과학 AI에 대해서 맹신이 아니라 우리의 삶에 편리하도록 활용하는 지혜가 필요하다. AI가 아무리 똑똑해도 '영혼이 없고 생명체는 아니다'는 것을 인지해야 한다.

2. 교사의 자격

1) 성경 말씀 절대성을 믿는 자(딤후3:14-17).

2) 구원의 확신자(요3:3-5, 엡2:8)

3) 가르치는 은사 소유자(고전12:28)

4) 타인의 영혼을 사랑하는 자(요21:15-17)

5) 십자가 은혜와 능력 체험자(고전1:18-22)

6) 기도하고 연구하는 자

7) 성령 충만한 자(살전5:17, 엡5:13, 행1:8)

8) 삶이 본이 되는 자(마11:28-29)

9) 주님의 심정을 가진 자(요10:10)

10) 충성심 있는 자(롬12:11, 계2:10)

교사는 한 주간 지내면서 자기 반 학생에 대하여 "1통 2문 3기"를 실천하면 한국교회 주일학교는 새로운 부흥의 국면을 맞이하게 될 것이다. 여기 1통은 교사가 자기반 학생과 주중에 1번 통화하고, 2번 문자 보내고, 자기반 아이 이름 부르며 3회 기도하자는 취지이다(123운동).

주일학교 교사가 얼마나 중요한지 당신은 아는가?

지금 여러분이 가르치고 있는 학생 중에는 장차 인물 되는 재목들이 있음을 알고 저들의 영혼을 위해 기도하며 교사 사명 잘 감당하기를 기대한다.

「미국의 카터는 침례교회 집사이자 주일학교 교사였다. 대통령 후보로 나와 전국을 참모들과 함께 돌면서 득표를 위해 연설을 해야 했다. 그런데 어느 주일날에 자기 교회에 가서 학생들을 가르치고 있었다. 참모진이 "각하 지금 한 표가 절실한데 지금 교회에서 한가롭게 학생들을 가르치십니까?"라고 하자, 그때 카터는 "대통령은 미국 국민이 뽑지만 주일학교 교사는 하나님이 세워 주셨기 때문에 나는 대통령도 중요하지만 주일학교 교사가 더 중요하다고 생각한다"고 대답했다고 한다.」

3. 좋은 교사상(모범 교사)

1) 풍부한 유머가 있는 교사

2) 일관성 있으며 이해심 많은 교사

3) 어린이 인격을 존중하는 교사

4) 어린이 눈높이에 맞추는 교사

5) 차별두지 않는 공평한 교사

6) 설득력 있고 포용력 있는 교사

7) 기도하며 어린이 영혼 사랑하는 교사

8) 성경을 재미있게 가르치는 교사

9) 인내하며 기다려 주는 교사

10) 역사의식 갖고 신앙 멘토가 되어주는 교사

4. 포스트모더니즘 시대 기독교 교육

1) 하나님의 존재 의식과 절대성 확립(창1:1)

2) 인간의 부패성(전적) 일깨움(롬3:23)

3) 구원받을 필요성의 일깨움(롬5:8-17)

4) 예수 그리스도 십자가 능력 일깨움(고전1:18-22)

5) 복음의 능력 일깨움(롬1:16-17)

6) 예수 그리스도 닮게 하는 것(엡4:15, 골1:9-10, 빌2:5)

7) 성령 충만의 삶 추구(갈5:16,22-23, 엡5:18, 마5:3-12)

5. 포스트모더니즘 시대의 교육 내용

1) 성경의 진리(딤후3:14-17)

2) 교리교육(딤후2:15)

3) 대 소요리 문답

4) 기독교윤리

5) 기독교역사

6) 기독교문화

7) 철저한 신본주의 교육(롬11:36)

「•우리 기독교인 중에서 이원복 교수가 쓴 "만화로 읽는 세계사"처럼 성경의 진리를 일반인들은 물론 특히 자라나는 어린이와 청소년들에게 쉽게 접근할 수 있는 글과 만화가 나왔으면 소망한다. 다행히 근간에 '애니메이션'성경 동화 및 기독교 내용들이 많이 보급되어 좋다. 특히 기독교인들 중 교회 내 신앙 좋고 '철저한 신본주의 신앙' 소유자를 발굴하여 기독교만화 영화나 애니메이션 감독들을 배출하면 좋겠다. 지금은 문화 전쟁이다.」 그러므로 교사들이 신본주의 신앙으로 무장하고 학생들을 신본주의 교육을 해야 한다.

「필자는 수년 전에 한국교회 어린이 청소년 대학부 장년부들의 바른 신앙 확립 위해 '기독교 교리교육' 교재를 두 아들 목사와 공동으로 펴낸 일이 있었다. 당시 장남 목사는 사랑의 교회 부목사(대학부, 청년부). 차남 목사는 목동제일교회 교육목사, 그리고 필자는 섬기는 교회와 한국교회 교인들 신앙 정체성 정립과 이단들의 미혹을 대응하는 차원에서 철저한 '교리교육'의 중요성을 일깨우기 위해 3부자 목사가 공동 집필한 '기독교교리교육' 교재는 철저한 신본주의 신앙과 개혁주의 신학 사상을 기반으로 펴냈다.」

6. 주일학교 효율적인 운영원리

1) 예배와 각종 프로그램을 어린이 눈높이로 고정하라

2) 예배순서와 프로그램에 어린이를 참여시켜라

3) 예배를 통하여 하나님의 임재를 체험시켜라

4) 교육방법을 획일화에서 다양화시켜라

5) 교육은 흥미와 함께 목표는 영혼 구원과 성숙에 맞추라

6) 분반 공부에 목숨을 걸어라(말씀 능력)

7) 교육은 삶과 적용되게 하라

8) 교사의 철저한 사명과 함께 주일학교는 성장한다.

9) 성령 충만한 주일학교가 되게 하라

10) 신자로 세상을 극복하는 신앙 강화 교육이 되게 하라

7. 포스트모더니즘 시대의 주일학교 교육전략

1) 기독교 세계관을 정립시키라

2) 기독교 가치관을 심어주라

3) 기독교 윤리관을 확립시켜주라

4) 기독교 공공성을 심어주라

5) 기독교 문화관을 심어주라

6) 기독교 역사관을 심어주라

7) 기독교 교리를 강화시켜라

8) 기독교 정체성을 확립시켜주라

9) 선한 청기기상을 갖고 섬김의 삶을 실천하게 하라

10) 천국의 일꾼이라는 인식과 기독교인으로서 소명감을 고취시켜라

「미국의 백화점 왕 '존 위너메이커'가 대통령으로부터 장관직을 제의 받았다. "당신의 탁월한 경영솜씨를 발휘해 체신부 장관직을 맡아주시오." 위너메이커는 한마디로 거절했다. 그 이유는 "나는 교회학교 교사라는 일을 무엇보다 소중하게 생각합니다. 만약 내가 장관직을 수행하다가 아이들을 가르치지 못하면 이것은 정말 큰일입니다"라는 것이었다. 이에 대통령은 교회학교 교사직을 수행할 수 있도록 해주겠다고 약속하자 그는 장관직을 수락했다. 그리고 매주 토요

일이면 비행기를 타고 고향에 내려가 어린이를 가르쳤다.

한번은 기자들이 워너메이커에게 "장관직이 교회학교 교사직만 못하느냐"고 묻자 그는 "교회학교 교사직은 내가 평생 동안 해야 할 본분입니다. 그러나 장관직은 한두 해 하다가 말 부업이지요."고 대답했다고 한다. 결국 기독교 가치관이 확실한 신앙인으로 훌륭한 교사요 선한 청지기교회에 충성! 사업에 충성으로 큰 거부가 되었다.」

8. 2026 교회학교 10대 핵심 키워드 발표

교회학교 교사 교육 · 충원 함께 가정 연계
과정 시급

주일학교사역자연구소

2026 교회학교 10대 키워드 발표

교회학교가 단순 현상 유지로는 지속하기 어려운 국면에 접어들었다는 분석이 나왔다. 주일학교사역자연구소(소장 고상범 목사)는 최근 실시한 현장 설문조사 결과를 바탕으로 2026년 교회학교 사역 방향을 제시하는 10대 핵심 키워드(그래픽)를 발표했다.

(2026. 12. 26. 국민일보 미션 인용 발췌)

말씀 연구

1. 교사의 기본적인 자격을 말하라.

2. 기독교 교육의 목표는 무엇인가?

3. 기독교 교육의 방향은 무엇인가?

제10장

성가대원 청지기 훈련

1. 찬송의 의미(엡1:3-6, 사43:21)

구원의 감격으로 하나님 은혜에 대한 감사로 찬양과 영광을 돌리는 것이다.

1) 찬송은 구원받은 천국 백성의 제사(히13:15)

2) 찬송은 십자가 승리 함성(시47:1)

3) 찬송은 신령한 제사(요4:23-24)

4) 찬송은 희락의 제사(시27:6)

5) 찬송은 입술의 열매(히13:15)

6) 찬송은 성도의 신앙고백(시150:6)

2. 찬송할 근거

1) 하나님은 찬송을 좋아하심(사43:21)

2) 주님도 찬송을 부르심(막14:26)

3) 천군 천사도 찬송했기에(눅2:13-14)

4) 죄용서 받았음(엡1:3-7)

5) 구원을 받았기에(시18:46, 사35:10)

6) 기도 응답 받았음(시60:22, 28:6, 118:21)

7) 찬송은 제물보다 더 가치가 있음(시69:30-31)

8) 성도의 의무(시84:4)

9) 감사함으로(대상16:4)

10) 환난에서 승리(출15:1-21)

3. 성가대의 자격 조건

1) 구원의 은혜를 체험한 자(시103:1-5)

2) 신앙심이 깊은 자(엡1:3-6, 느7:1)

3) 섬김의 자세가 확립된 자(고전 4:1-2)

4) 신앙 인격 구비된 자(대상15:27)

5) 청지기로 봉사하는 자(벧전4:9-11)

6) 음악적 소질이 있는 자(대하15:22)

7) 겸손한 자(벧전5:15)

8) 하나님이 주시는 힘으로 하라(벧전4:11)

9) 성령 충만한 자(엡5:18-19)

10) 자신의 봉사를 통하여 하나님께 영광을 돌리라(고전10:31)

4. 찬송 부르는 마음 자세

1) 영혼으로(시103:1, 104:1, 35)

2) 전심으로(시9:1, 111:1, 138:1)

3) 입술로(시63:3, 119:171, 54:15)

4) 기쁨으로(시63:5, 시98:4)

5) 악기로(시150:3-5, 81:1-2)

6) 거룩한 삶으로(롬12:1-2)

7) 감사한 마음으로(시100편, 136편)

8) 손뼉을 치면서

5. 찬송은 하나님과 예배자들의 소통 수단

1) 예배위원으로서 예배를 돕는 자

2) 예배를 통하여 하나님 임재를 체험하는 역할

3) 성도를 대신하여 찬송하는 임무 부여받음

4) 찬송가 주 영광이자 복음 증거이다.

5) 성가대원들과 친밀감 유지하며 찬양하는 일

6) 성가대의 찬송으로 신자들도 은혜 받는다.

7) 성가대는 교인들이 은혜 받도록 분위기 만들라

6. 찬송을 부르는 자의 태도

1) 구원의 감격스러운 마음(시149:1-5)

2) 열정적으로 부르라

3) 박수 치면서(박수는 최고의 악기)

4) 소리 높여서(소리 높일 때는 발 뒤꿈치를 들라)

5) 전인적 자세로(몸, 마음, 뜻, 의지)

6) 믿음으로(고전14:15)

7. 찬송의 결과

1) 하나님의 임재(시22:3, 슥2:10)

2) 악신(귀신)이 물러감(삼상16:23)

3) 옥문이 진동, 열림(행16:25-34)

4) 전쟁에서 승리(민10:9, 대하20:20-23)

5) 성도의 특권(복)(롬15:11-13)

6) 찬송은 최상의 가치가 됨(시69:30-1)

8. 성가대 봉사 자세

1) 사명감 갖고 임하라

2) 영성 있는 찬양 위해 기도가 있어야 한다.

3) 인내력 갖고 연습하고 봉사

4) 시간 엄수하라

5) 감사한 마음으로 찬양하도록 하라(시69:30-31)

　　• 찬송 값어치: 황소 한 마리 드림보다 더 기쁘시게 한다.

6) 예배의 동역 의식을 가지라

7) 구속 은혜 보답으로 충성하라

8) 섬기는 자세로 충성하라

9) 찬양으로 하나님 영광 위해 드려라

10) 교회봉사 보수보다 다 큰 상급 보라

(천국에서는 설교자는 없고, 찬송(성가대)은 지속되므로 얼마나 감격스러운가!)

「중세시대에 유럽의 어느 도시 성당에 새로 부임한 신부가 주일 첫 미사를 드릴 때 일이다.

성당의 성가대는 인근의 수도원의 수도사들로 구성된 성가대로 음악교육을 받지 못해 성가대 소리는 마치 자갈이 굴러가는 소리처럼 들렸다. 그래서 주임 신부는 성가대를 해체하고 그 도시 안에 있는 음악 전공자들을 모아 유급자 성가대를 조직했다. 이들의 성가는 이전 성가대보다 훨씬 세련된 찬양으로 주임 신부는 매우 만족하였다. 그런데 어느 날 신부가 깊은 밤에 환상 속에 주님을 만나게 되어 "예수님 요즈음 우리 성가대의 찬양소리 어떠세요?" 묻자, 예수께서는 "전에는 좀 투박하기는 했지만 내 귀에 잘 들렸는데 요즘은 통 들리지 않는군." 이라고 하시는 것이 아닌가. 주임 신부는 깜짝 놀랐다. 그 신부는 그 후 즉시 새 성가대를 해체 하고 이전의 수도사 중심으로 성가대를 다시 조직했다고 한다.」

요즈음 우리나라 웬만한 교회 성가대는 성가대 수준을 높이기 위해서 많은 비용을 들여 음악 전공자를 유급으로 선임하여 성가대와 오케스트라를 운영하고 있다. 그런데 믿음이나 소명의식 없이 음악적 소질만 보고 비용을 들여 불러 모든 조직한 성가대와 오케스트라가 진정으로 하나님이 기뻐하시는 찬양을 드릴 수 있는지 다시 한 번 생각할 문제이다. 그리고 생활에 여유가 있는데 교회 봉사 하면서 보수를 받는다는 것은 한 번 더 깊이 생각해 보자. 물론 당사자의 신앙에 맡긴다. 주님의 십자가 은혜를 은사와 봉사로 갚는 심정으로 봉사하면 좋은 결과를 주신다(갈6:6-9).

말씀 연구

1. 찬송의 의미를 말해 보라.
2. 성가대의 자격을 말하라.
3. 찬송의 결과를 말하라.

제11장

선교사 청지기 훈련

1. 선교의 의미

선교는 비기독교 나라에 복음을 전하고 영혼 구원 위해 교회를 설립하기도 한다.

즉 복음을 가지고 타문화권에 들어가서 영혼 구원을 목표로 하여 다양한 방면으로 직간접 복음전파 하는 것이다(마28:18-20). 또한 선교는 영적 전쟁이다.

2. 선교사 자격

1) 구원받음 확실한 자(갈1:15-17)

2) 선교사 소명감 있는 자(행11:26, 13:1-3, 행15:40).

3) 진리 말씀에 굳게 선 자

4) 인격적 소양 갖춘 자: 선교지 인물 양성

5) 학문적 자질 갖춘 자

6) 건강 양호한 자

7) 전문직 은퇴자

8) 정년 퇴직자(신체 건강)

9) 복음에 대한 열정 있는 자

10) 순교의 각오가 선 자(행20:23-24)

3. 선교 방법 유형

1) 신학교육: 교육선교 현지인 지도자 교육

2) 성경번역과 배포

3) TV. 라디오, 도서

4) 사회복지 및 의료선교: 의료선교사

5) 선교사 파송: 전문선교사, 평신도선교사

6) 현지인 초청 지도자 양육

7) 기도와 물질 후원

※ 선교비(헌금)는 영적전쟁의 큰 무기가 된다.

4. 선교사 구분

1) 목회자 선교사

2) 평신도 선교사

3) 전문인 선교사: 기술자

4) 자비량 선교사

5) 실버선교사(은퇴자)

6) 기능인 선교사: 축구

7) 교육선교사

8) 문화선교사: 음악

9) 의료선교사: 의사가 현지에서 직접 치료하며 선교(슈바이처)

10) 시니어 선교사: 필자 부부는 시니어 선교사로 직접 캄보디아인 이주민 선교 및 현지 캄보디아, 태국, 미얀마 등 선교사들을 후원하고 있다.

5. 자신의 선교지와 대상을 위한 지식 습득

1) 이·미용 기술을 익혀라

2) 자동차 정비 기술을 익혀라

3) 악기를(전통악기) 익혀라

4) 침술(수지침, 이침)을 배워라(선교 접촉제)

5) 요리를 배우라(잡채, 빈대떡, 수제비)

6) 한국어 강사 자격증 취득하라

7) 컴퓨터 기술을 습득하라

8) 경락(안마)을 익혀라

9) 한국문화 전수(기독교 문화)

10) 현지 선교사 돕는 것도 선교이다

(선교사 자녀들 한국 학교, 한국어)

「필자 부부는 은퇴 후 선교지에서 한국어, 이미용 기술, 침술을 통해 선교하려고 총회 부설 '제중원'의 '침술선교사 자격'을 취득하고 또한 중국의 산동성 산동중의 대학에서 한 주간 침술 연수도 하였다. 지금의 자격증은 선교지에서 선교 도구로 사용하는 매개체가 된다. 또한 기술은 선교지에서 선교 효과를 극대화하는 도구가 된다, 필자 부부의 선교는 현재 노인천국에서 은퇴하면 캄보디아 프놈펜 '노인천국 무료양로원'에서 불쌍한 미망인 어르신들을 섬길 계획이다: 복지선교실천」

6. 선교지에서 선교사의 태도

1) 자기중심이 아니고 타인을 돕는 성격소유자

2) 긍정적 태도를 가진 자

3) 협동심이 강한 자

4) 인내심이 강한 자

5) 친화력이 있는 자

6) 생활에 본 되는 자

7) 새로운 변화에 잘 적응하는 자

8) 유머가 있어야 한다.

9) 희생과 섬김의 자세를 가져야 한다.

10) 통찰력이 있는 자

11) 복음의 빚 갚는 심정 불타는 청지기로 선교한다.

12) 순교의 각오가 있어야 한다(양화진 선교사 묘지 필수 탐방).

7. 선교전략을 세워라

선교전략과 정책은 바로 영적전쟁 승리 작전 계획이다.

1) 인사, 기획, 담당: 선교사 후보자 선발

2) 정보담당: 피선교지 정보수집 교환

3) 교육훈련 담당: 선교지 교육, 기술제반업무

4) 보급 관리팀: 선교사 생활비, 선교비, 운영비 일체

의술에 무지한 의사가 환자를 다루는 것이 죄악이라면 병술에 무지한 장수가 많은 부하를 이끌고 전투에 임하는 것은 더 큰 죄악이다.

바울은 선교에 생명을 걸었다(행20:24, 21:13).

8. 한국인 선교사 선제적 조건

1) 언어구사력 뛰어남: 머리 우수

2) 피부색 황인종(백인종, 흑인종)

3) 잠을 잘 잔다.

4) 음식을 가리지 않는다(토끼탕, 토룡탕, 보신탕)

5) 투지력 강하다.

6) 고난의 체험이 있다.

7) 적응력이 뛰어나다.

8) 행동이 민첩하다.

9) 부흥의 체험을 하였다.

10) 정이 많다.

9. 선교사 훈련의 중요성

1) 하나님의 말씀과 복음의 확신에 대한 타 문화권 선교를 향한 헌신과 성경적 상황화의 민감성을 가질 것

2) 서구 교육제도에서 탈피하여 현지에 알맞은 효과적인 선교 훈련에 임할 것

3) 현지인들의 세계관, 사고방식을 잘 파악하여 가르칠 수 있는 다양한 교육 형태에 적응력을 갖춘 교사가 필요함

4) 2/3 세계의 경제사정과 교육 수준의 상황에서 훈련할 것

5) 기독교 공동체 속에서 서로 배울 수 있는 공동생활을 할 것

6) 주입교육과 선교지의 실제 생활 교육을 겸한 타문화권 교육 방법을 모색할 것

7) 공동체 생활 속에서 강력한 영적, 인격적 훈련을 강조할 것

8) 국제적 협력 사역 방법론을 익히는 지식과 기술을 습득하고 선교훈련이 인적자원, 비전, 문제점들, 리더십 등을 나눌 것

9) 전문인 선교사 훈련프로그램을 개발 운영하여 어려운 지역의 비자 문제 해결을 위해 노력할 것

「직장 은퇴자는 개인의 여가 누리고 여행보다는 남은 여생 주님 위해 헌신의 자세를 갖고 선교지 나가서 선교사님 보조 역할로 주를 위해 일하고(영혼 구하고) 천국에서 상급 받자(계2:10). '생명 면류관'은 한화로 168억 이상 되는 천국상급이다.」

10. 효과적인 단기선교 전략

1) 단기선교팀 구성
단기선교는 4년 이내이며 또는 동계, 하계에 약 1-2주간 실시함.
선교장소, 선교사역 및 현지선교사와 긴밀한 정보교환으로 실천
2) 선교사역의 방향과 준비
선교프로그램, 영성훈련, 현지 언어를 숙지하며 영적전쟁임을 알고 임할 것

3) 선교팀의 건강과 안전

선교지에서 물을 끓여 먹을 것, 현지음식주의, 외출 시 귀가 후 손 씻기, 현지 선교사 지시에 순응(캄보디아 현지 체험한다고 현지에서 파는 돼지고기 사 먹고 운명을 달리한 자 있다)

4) 현지 오리엔테이션

현지 선교사를 통해 현지법규, 환경문화, 위기 대처법, 비상 연락망, 사역지 탐방, 현지인 사랑하는 마음 가질 것(현지 선교사 명령 목숨처럼 지켜라)

5) 지속적인 단기선교를 위하여

단기선교가 1회성으로 끝나면 의미가 없다. 선교 후 후속 조치로 지속적인 정보 훈련이 요구된다.

※단기선교팀은 조심하라. 바캉스나 언어훈련이 아니라 영적 전쟁터의 지원병이다.

• 한국선교사는 2024년 기준으로 174개국 약 22,000명 이상 달하고 있다.

「루비 켄드릭(미국 처녀 선교사 누나): 조선 사랑 이야기

25세 꽃다운 나이에 조선 땅에 와서 불과 8개월 만에 생을 마친 처녀 '루비 캔드릭'(1883-1908) 선교사는 양화진 선교사님들의 선교묘지 무덤에 묻힌 묘비에 "만일 내게 천 개의 생명이 있다면 그 모두를 조선에 바치리라" 그 처녀 선교사는 미국의 텍사스 남감리교 소속의 독실한 믿음의 가정에서 자랐다. 그 처녀 선교사는 미국 텍사스 청년대표로 1907년에 조선땅 선교사로 내한하여 개성에서 조선말을 배우며 아동교육을 담당하였다.

1908년에 텍사스 선교대회가 열리는데 조선에서 편지 한 통이 도착하였는데 편지는 일본을 거쳐 샌프란시스코까지 선박으로 도착 후 다시 육로로 통하여 수개월 걸려 도착한 편지였다. 그 편지 내용은

"조선 땅의 기후와 아름다운 금강산을 소개하고 또한 인심이 넉넉한 조선 사람들을 극찬하면서 하루빨리 이들에게 복음이 들어가 행복한 나라가 되기를 염원한" 내용으로 가득 찼다. 그러면서 **"내게 천 개의 생명이 있다면 그 모두를 조선을 위해 바치겠다"**는 각오로 선교 열정에 불타고 있었다.

당시 선교대회장에서 그 편지를 읽을 때 많은 사람들의 감동을 주었으며 텍사스 웹청년회는 조선 땅에 선교사를 파송한 일에 대해 자부심을 갖고 더 열심히 기도하였다.

그런데 이튿날에 '**루비 켄드릭 선교사**'가 세상을 떠났다는 전보가 도착되었다.

이 소식을 들은 웹청년회는 큰 충격에 빠져 선교대회장은 온통 울음바다가 되었다. 당시 **루비 켄드릭**은 개성에서 맹장염 수술 받으러 서울로 이송하여 수술을 받던 중 조선 땅의 선교의 꿈을 접고 **꽃다운 25세** 나이에 주님의 부르심을 받고 천국 갔다.

그러나 그녀의 죽음은 결코 헛되지 않고 그녀가 떠나기 직전에 **유언으로 "만일 내가 죽으면 텍사스 청년들에게 열 명씩 스무 명씩 조선 선교사로 오라고 일러주십시오"**라는 말을 남겼다. 이 말은 선교 대회장에 전달되었고 선교현장에 참석한 수많은 청년들의 가슴에 선교의 불을 지피어 **그 계기로 20명의 청년들이 조선 땅에 선교사로 왔기에** 오늘의 한국교회가 부흥 되었고 우리가 구원의 축복을 받았다.」

한국교회여! 우리도 가든지! 보내든지 하자!

※선교는 개인 교회 모두가 주님의 사랑 빚 갚는 것이다.

말씀 연구

1. 선교사의 자격을 말하라.
2. 한국 선교사들의 성공 요인이 무엇인가?
3. 선교사의 태도를 말하라.

제12장

다문화 사역자 청지기 훈련

제1절 다문화 가족(이주민) 귀환자 이해

1, 다문화 가족(이주민)이란 누구인가?

다문화는 "많을다"(多)에 '문화'라는 단어를 넣은 말로 '여러 나라의 생활양식'을 일컫는다. 즉 고유한 한 국가나 사회 속에 다른 나라 사람이 집단을 형성한 문화를 말한다. 우리와 민족이 다른 문화적 배경을 가진 가정과 이주민으로 국내에 정착한 사람들에 대한 총체적 명칭이다.

다문화 사역자(교회)는 국내 거주하는 외국인 주재원, 노동자, 유학생, 새터민, 이주여성들, 국제결혼한 가족들의 일상생활에 필요로 하는 일체(물질, 정신적 지원) 편의를 제공한다. 또한 영적으로는 구원의 대상으로 알고 복음을 제시하고 성숙한 신앙인으로 양육하는 교회 내 다문화(이주민) 사역자(봉사자)를 말한다. 우리나라 현재 이주민은 약 270만 명 있다.

그러므로 한국교회는 이주민들을 선교하기 위해 적극적인 자세로 치밀한 계획을 세워 이주민들의 신앙을 강화하고 나아가서는 자국인 선교사로 파송할 정도로 성경과 신학공부를 시켜서 자국민의 지도자 및 선교사로 파송하는 것도 피 선교국의 선교 효과가 극대화 될 것이다.

2. 다문화 가족 형성 유형

1) 외국인 노동자(한국인 3D 대체자)

2) 국제결혼 이주자.

3) 유학생

4) 외국인 주재원 및 기업인

위와 같은 다문화 사람들은 단순히 외국인이라는 차원을 넘어 한국교회는 선교 차원에서 저들을 보아야 한다. 또한 하나님께서 저들을 이 땅에 보내 주셨음을 한국교회는 깨달아야 한다. 그리고 우리는 저들을 선교의 대상으로 알고 복음을 전하여 자국인이 자국민 선교의 효과를 기대할 수 있다. 자국인의 자국인 선교는 선교 비용도 적고 효과는 보다 더 극대화 된다. 자국인이 자국인 선교는 아주 효율적으로 이루어질 수 있다. 특히 중동지역 선교는 자국인 선교전략이 절실히 필요하다(저비용 고효과 기대된다).

3. 다문화 가족의 문제점

1) 문화 충격

2) 언어 미숙

3) 자녀 교육

4) 예의 몰이해로 공, 사 구분 혼돈과 위 어른 섬김 미숙

5) 풍습이해 부족으로 시부모 관계: 며느리 위치, 잠옷 활동

6) 남편 활동 이해 부족(한국인 저녁문화: 퇴근 후 술자리)

7) 한국인 민족성 이해 부족(사랑 표시 안 함: 마음으로)

8) 가족관계 이해 부족

9) 경제적 문제

10) 감정이해 부족으로 갈등 유발

• 이주민의 문제점 크게 4가지. 문화이해 부족, 경제적 곤란, 자녀교육, 감정이해 부족을 극복하지 못하면 갈등 유발이 지속된다.

4. 문화 충격의 현상들

1) 고독감, 외로움, 슬픔(외톨이)

2) 향수병: 가족, 고향, 친구들 그리움

3) 불면증: 불안 심리

4) 우울증: 무력감, 자신감 상실

5) 감정처리 미숙으로 타인과 갈등, 대인 기피 현상

6) 자신의 정체성 혼란

7) 자괴감에 빠짐

8) 자신감 상실(자기 기대감 상실로 인한 소외감)

9) 불안감 엄습으로 두려움에 빠짐

10) 많은 스트레스에서 헤어나지 못함

제2절 문화 충격과 극복 비결

1. 상대방 문화 이해

1) 언어를 빨리 습득하라(자녀교육, 소통 위해).

2) 문화 예절 풍습을 빨리 파악하라.

3) 자신의 정체성을 파악하라(여자는 3대 영향: 남편, 자녀, 시집).

4) 남편과 시집으로부터 인정받도록 하라.

5) 남편과 시집의 분위기를 파악하라.

6) 자녀교육에 심혈을 기울이라(자식은 수중의 화살).

7) 남편으로부터 배우는 자세를 가지라(자존심, 고집 버려라).

8) 가정, 남편, 자녀 돌봄을 최우선으로 하라.

　　• 결혼은 자신의 행복, 곧 부모 효도

• 남편 통해 친정 배려심 갖게 하라

9) 남편과 시집의 공동체 의식을 가지라(지체 의식, 섬김 의식).

10) 집안일 남편과 상의하고 행동 취하라(취업 문제, 친정 돌봄).

2. 상대방의 문화 이해와 노력

1) 아내를 인격적으로 대하라(당신의 분신이다)

　아내는 소유물이 아니고 인생 동반자 의식 가지라

2) 아내의 마음을 이해하라

• 남편 믿고 부모 형제 고국 뒤에 두고 결혼(고마워하라)

• 아내의 외로움, 고향 향수와 그리움

3) 아내의 협력자가 되고 지지해 주라(칭찬, 격려)

4) 아내의 눈높이로 보고 판단하라(아내 입장 이해)

• 내 수준으로 보면 가정불화 연속

5) 아내의 모든 미숙함을 인정하라(언어, 사고, 행동)

6) 아내의 가정교사, 상담사 역할을 하라

• 아내 이주 년차에 따라 이해하라(3년차는 3세로 이해)

7) 아내 나라 문화를 이해하라(문화충격:비복음적인 것은 비켜감)

8) 아내가 자신감 갖기까지 본을 보여라

• 명령과 지시보다는 본보기로 가르쳐라

• 예절, 시장보기 일상생활, 인간관계 유지

9) 아내의 친정집 챙겨 주라(마음, 선물, 관심, 금전적 배려)

10) 아내에 대한 고마움을 잊지 말라.

3. 다문화 사역자(내국인) 자세

1) 긍정적 자세

(1) 대상자 영혼을 사랑하고 구령의 열정 가지라.

(2) 상대방 문화를 이해하고 복음을 통해 점진적으로 변혁시켜 나갈 것.

　　• 개혁주의 문화관은 점진적 변혁이다.

(3) 상대방을 피선교지 선교 대상으로 여기고 접근하라.

(4) 한국어를 가르치라(한국어 자격증 취득하면 좋다).

(5) 한국문화와 전통을 가르치라(비 복음적인 것은 피하라).

(6) 한국 역사를 가르치라.

(7) 한국 교회사를 가르치라(예배, 새벽기도회, 금요기도회).

(8) 한국교회 정통 교리신앙을 가르치라(이단에 미혹되지 않도록 하라).

(9) 다문화 가정 구원은 대상국에 복음을 전한다는 의식을 가지라.

(10) 하나님께서 맡겨 주신 영혼으로 알고 기도하고 성경 가르치라.

(11) 친밀한 상담자 가이드가 되어라.

2) 부정적(문제점) 이해

(1) 종교적인 차이(무슬림, 불교, 힌두교, 토속종교)

(2) 문화적 차이

(3) 관습 차이

(4) 생활 습관 차이

(6) 기질과 성품차이 이해(동남아 지역은 약간 느림)

　　• 신자는 비신앙적인 모든 것을 과감히 버리도록 이해하고 교육시켜야 한다.

4. 다문화 가족에 대한 편견을 버려라

1) 문화 차이로 외국인 무시하는 경향

2) 언어 차이로 경멸하는 행위

3) 피부 색깔로 무시하는 태도

4) 신체와 외모를 통해 무시하는 태도

5) 생각과 사고의 미숙함을 이용하는 태도

6) 배타적인 마음과 태도

7) 경제적 빈곤 차이로 무시하려는 경향

「한국인의 그릇된 인식 하나는 배달(단일)민족이라는 가면에 덮어 씌어져 저 개발국가의 사람들을 무시하려는 경향이 있다. 그러나 이제는 생각을 바꾸어야 한다. 저들은 고마운 사람들이다. 지금 한국은 인구 감소와 비혼과 결혼해도 아이를 가질 수 없는 사회 구조이다. 그런데 이주민이 와서 인구 증가 및 국가 산업발전에 이바지하고 있다.」

5. 다문화 가족은 선교대상

1) 하나님께서 보내주신 구원의 대상자로 알고 섬기자

2) 주님의 심정으로 가까이 먼저 찾아가라

3) 그들의 외로움을 인식하고 친밀하게 대하라

4) 그들의 당면 문제를 파악하고 필요를 충족시켜주라

5) 자신의 집 또는 교회로 초대하라

6) 한국문화를 익혀주라(전통, 예절, 음식, 악기 등)

7) 개인 전도하라

8) 신앙으로 양육하라

9) 자국의 교회 일꾼으로 키우라(미래의 자국인 선교사)

10) 대상에 따라 교회 인물로 양성하라

6. 다문화 가족(귀환자) 선교전략

1) 귀환자 의미

지금까지 한국교회 패러다임은 보내는 선교사, 피선교지 자국민 초청 양육 후 재 파송 선교 형태였다. 이제는 시대의 변화에 부응하여 이주민이 귀국 후 자국에서 신앙생활 하도록 '귀환자 교회'를 세우는 것도 탁월한 선교전략이 된다.

'귀환자'란 한국에 이주 노동자로 왔다가 기간이 되어 본국에 자국민으로 귀국자를 말한다. '귀환자'들은 한국의 문화가 몸에 배었기 때문에 자국의 현지 문화의 부적응자로 전락되는 경우인데, 자국의 이방인으로 취급 받고 있는 상황이다.

2) 귀환자 성경 교육(신학교육)

「경기 곤지암에 외국인비전센터(명예이사장: 호태석 목사) (비전교회: 담임 윤대진 목사) 소속 다문화교회로 중국교회, 베트남교회, 캄보디아교회가 있다. 이 중에서 캄보디아교회는 40여명의 성도(노동자)들이 출석한다. 특히 캄보디아 청년 20여명을 선발하여 '아시아 리폼드신학교'를 통해 캄보디아 교회 평신도 사역자를 훈련시키고 있다.

비전센타의 '리폼드신학교'는 9년 전에 출발하여 캄보디아 신학교(캄장)와 MOU 맺어 학점을 서로 인정하고 또한 캄장신학교 교수가 내한하여 특강도 실시하고 있다.

국내 보수 신학교 유명 신학대학의 16명 교수님이 선교 열정을 품고 자비량으로 강의에 헌신해 주고 있다. 금년 강의는 구약(다니엘서), 리더십, 한국교회사, 캄보디아 선교역사, 기독교 강요, 성경개관(신약), 교회론, 강해 설교의 이론과 실제, 기독교 세계관, 성령론, 에베소서, 빌립보서, 히브리서, 마가복음, 중세교회사, 골로새서 등으로 강의를 진행하고 있다.

리폼드신학교는 토요일, 주일마다 주 6시간씩 수년간 철저한 신학수업 강의를 했다. 그동안 윤대진 목사님과 노영근 학장님 그리고 여러 교수님들과 필자의 선교 열정을 통해 약 10년간의 신학교육을 받은 결과 기나긴 신학 수업을 거쳐 졸업장을 받게 되었다. 국내 이주민 노동자로 왔다가 예수 영접하고 거듭남의 체험으로 성경과 신학 수업을 훈련 받은 이들 중에서 엄격히 선발하여 목회자로 세웠다. 그동안 '리폼드신학교'에서 성경과 신학 수업을 받은 자 11명을 엄격히 심사하고 선발하여 자국 선교사로 파송하여 지금은 캄보디아에서 열정적으로 교회를 개척하여 자국의 목회자로 사역하고 있다.

본교 출신이 자국 캄보디아에 귀환하여 자기 동네에 교회 건축을 하는 경우도 있다.

본인이 한국 노동자로 와서 힘든 일을 하면서 본 교회 청년의 전도를 받아 예수를 믿었고, 또한 본인도 목회자의 소명을 발견하고 노동을 하면서 수년 동안 성경과 신학 수업을 받고 일정 기간의 목회 수련을 받은 후 회사의 급여를 모아 자신의 고향에서 교회 부지를 사서 교회를 짓고 목회를 하는 목회자도 있다.

3) 귀환자로서 자국 선교사 명단

국내 이주민 선교에서 해외선교사(자국선교) 파송자 명단은 아래와 같다.

① 소펼 목사-예수사랑교회 ② 린나 전도사-새기쁨교회 ③ 떵플릭 목사-새소망교회 ④ 간니까 목사-글로리아교회 ⑤ 양갈렙 전도사-프놈펜비전교회 ⑥ 라닌 전도사-샘물교회 ⑦ 로타나 전도사-빛의교회 ⑧ 프락섬낭 목사-참빛교회 ⑨ 산홋 선교사-비전센타 ⑩ 훗나니(다니엘) 전도사-디모데비전센타 ⑪ 쿤스레이모 전도사-ARTI교수(통번역). 이들은 비전교회와 ARTI 신학교를 거쳐 현재 캄보디아에 '비전센터'를 세워 현재 귀환자를 비롯하여 한국의 비전교회 캄보디아 청년들의 부모 형제들이 캄보디아 비전센터(비전교회)에 나와 예배를 드리도록 유도하고 있다.

감사한 것은 비전센터에 예상 밖으로 많은 사람들이 모여들고 있어 앞으로 귀환자 교회를 통해 새로운 패러다임의 귀환자의 선교전략을 한국교회에 제시하게 될 것이다.

4) 캄보디아 선교전략

(1) 노인천국 선교전략

필자는 현재 노인천국에서 시니어 선교사 사역을 통해 노년들이 신앙 강화 훈련을 통해 천국 소망을 품고 살도록 매일 예배인도와 교육을 하고 있다. 필자가 봉직하고 있는 노인천국에서는 캄보디아 프놈펜에서 복지선교를 위해 무료 양로원 운영으로 캄보디아 노인들과 그 가족들을 선교할 계획이다. 하나님은 우리의 기도를 들으시고 캄보디아 프놈펜에 노인천국 선교센타 부지 175평을 준비하였고 등기도 '캄장신학교' 명의로 나왔다. 필자 부부는 노인천국 파송 선교사로 내정되었고 곧 선교센타 건축을 위해 설계와 함께 건축허가를 신청하고 기다리고 있는 중이다.

건축 허가 나오면 노인천국 복지선교센타 건축 후 캄보디아에서 복지 선교의 시발이 될 것이다. 캄보디아는 아직 복지에 대한 개념이 없어 우리가 자국인 노약자들을 잘 섬기면 좋은 교감이 이루어져 캄보디아에서 기독교 사회복지 실현을 기대해 본다.

(2) 청지기선교회 선교전략

청지기 선교회 청지기 복지 진흥원)는 캄보디아에 교회 개척과 목회자 양성을 목표로 선교를 준비하고 있다. 그리고 캄보디아에서 은퇴한 선교사가 캄보디아에서 생활하면서 현지 목회자 목회 지도하기 위한 방안이다. 미래의 선교는 외국인 선교보다 자국인 목회자 양성을 통해 자국민 선교하도록 하는 것이 선교의 효과가 극대화될 수 있다고 본다. 필자가 예전에 마음 아픈 소식을 접한 것이 있다. 캄보디아 청년에게서 자기의 동네에 교회가 있었는데 지금은 동네 창고로 사용하고 있다는 얘기를 들었다. 그렇다면 왜 이런 현상이 벌어졌는가?

첫째, 선교지 목회자를 제대로 양육하지 않았기 때문이다.

둘째, 한국의 선교 열정이 있었지만 역사(소명)의식이 없는 자들이 선교사로 활동하면서 한국교회의 지원을 통해 가시적인 과업을 과시하려는 지극히 인본주의적인 사고에 의한 결과물이다.

셋째, 한국교회들의 헌금이 무계획적으로 낭비한 결과이다.

넷째, 현지 교회 목회자의 생활비를 외면한 결과이다. 즉 캄보디아는 동남아 국가 중에서 아직도 저개발 국가로서 국민들의 삶이 상당히 가난하다. 그러므로 캄보디아교회 자체적으로는 자립이 시기 상조이므로 개척한 교회에서는 교회가 자립을 통해 목회자 생활비를 책임지는 수준까지 후원해야 하고 교회가 어느 정도 자립할 때까지 기다려 주어야 한다.

필자가 속해 있는 '청지기선교회'는 교회를 개척하고 교역자 생활비를 자립할 때까지 지원하도록 하는 선교 원칙을 지향하고 있다. 현재는 부분적으로 후원하고 있다.

다섯째, 숫자와 물량에 치우치는 가시적인 것이 아니라 좀 늦어도 기다려 주고 교역자가 생활 걱정 없이 목회하도록 지속적인 후원제도가 지속되면 좋겠다.

미래의 캄장 총회(공의회)의 차원에서 제도적으로 후원제도가 정착되기를 바란다.

(3) 북한교회 재건과 선교

새터민 경우 북한 선교도 귀환자처럼 신앙훈련과 성경과 신학 수업을 통해 북한 선교에 뜻있는 자들을 발굴하여 미래의 북한 선교와 통일의 역군을 양성하기를 기대한다.

특별히 북한 선교 후 통일되었을 경우 반드시 각 교단 총회 지도 아래 북한 내에 교회를 규모 있게 건축하여 북한 복음화 이루도록 철저히 각 교단 간에 상호 협약이 구성되어야 한다고 본다.

한국교회의 각 교단은 북한 선교에 대한 주도면밀한 선교계획을 미리부터 세우기를 권고한다.

그리고 한국교회는 북한 선교만큼은 체계 있게 계획하고 실천하도록 각 교단에서 총의를 모아 북한 선교가 효과적으로 이루어지도록 해야 한다. 그렇지 않으면 북한 선교가 혼선을 빚어지면 결국은 교단 파벌과 사이비와 이단들이 물량 공세로 선교 교란을 가져올 것이다. 그러면 정통교회는 귀중한 영혼들을 잃게 될 것이 우려된다.

말씀 연구

1. 다문화 가족이란 무엇인가?
2. 다문화 가족의 문제점을 말하라.
3. 다문화 가족에 대한 긍정적 측면과 부정적 측면은 어떤 것들이 있는가?

제13장

청지기 충성 원리와 실제

제1절 청지기 충성 10대 원리

1. 하나님은 천지 만물을 지으신 주인 되신다(창1:1)

1) 하나님은 천지 만물을 말씀으로 창조(창1:1. 대상29:11, 시24:1).

2) 인간의 생명과 호흡을 주셨고(창1:20-27, 2:7, 행17:25,26)

3) 인간 삶과 수명, 거주를 정하심(행17:26)

4) 선한 일에 힘써라(갈6:9, 딤전6:16,17)

5) 물질 주셨다 거두신다(욥1:21).

6) 인간의 죽음과 심판 정하심(히9:27)

7) 인간의 행동 달아 보심(삼상2:3, 시62:9)

8) 인간의 생사화복 신분 상승 보장까지 주장(삼상2:6-10)

9) 지혜로운 청지기로 충성하라(마25:14-30)

10) 부와 재물도 주셨으니 하나님 영광 위해 쓰라(대상29:12, 잠8:18).

「유일한 회장(유한양행)은 자기 재산 사회 환원하므로 존경받는 기업인이다. 미국에서 신문 배달, 아르바이트, 콩나물 장사, 고학하면서 독립자금도 지원하였다. 유 회장의 경영철학 "사업을 돈 버는 목적으로 하지 말라" 즉 국민에게 유익 주는 사업을 주장하며 질병에 시달리는 국민 위해 '유한양행' 제약회사 설립,

교육기관으로 '유한대학교' 세워 기증하고 인재 양성에 힘썼다.

유회장 유언장: 아들(유일선) 대학 가르쳤으니 자립하라.

딸: 유한중고 구내 묘소 5천 평 주면서 홀어머니 모셔라. 훗날 그 땅이 200억 되자 딸도 사회에 환원하였다. 손녀에게는 미화 1만불(대학 졸업할 때까지 학비) 그리고 자신의 주식(14만 941주)을 전부 사회에 기증하고 교육사업과 사회사업에 사용할 것(월간조선 1999년 경제전문가 109명 중 가장 존경받는 기업인으로 선정)」

2. 자신은 하나님의 선한 청지기로 인식(벧전4:9)

하나님은 천지만물을 창조하신 후 인간에게 생육과 번성, 땅 정복 다스리도록, 청지기로 불러 주셨다. 그러므로 청지기는 모든 것 하나님의 뜻대로 다스려야 한다. 하나님의 뜻은 경천애인과 더불어 자연 만물까지도 잘 보전하고 지켜야 한다(창1:27,28). 그리고 하나님께서 우리를 선한 청지기로 믿고 모든 것을 위임해 주셨다(대상29:14). 그러므로 우리는 내게 있는 모든 것(몸, 물질, 건강, 재능, 은사 ...) 하나님으로부터 온 것을 깨달아야 한다(욥1:21). 그래서 하나님의 것으로 선하게 사용하는 것은 하나님께 돌려 드리는 것이다(벧전4:10,11).

로마의 유명인 에픽테토스 어록 "당신이 소유한 것은 '신'이 잠시 맡겨둔 것일 뿐 참된 당신의 소유물이 아니다"라고 설파하였다. 즉 이 말은 현재의 소유물은 하나님께서 당신에게 임시로 맡겨주신 것이라는 뜻이다. 때가 되면 다 돌려 주어야 한다.

「1923년 미국 시카코 호텔 당대 부호 9명이 모였다. 9명 재산은 당시 미국 재산보다 많았다. 그 후 25년 지난 후 그들을 추적해 보니 3명은 자살, 2명은 파산하여 감옥, 2명은 빚더미, 1명 망명, 1명 정신병자로 생을 마감한 어리석은 자들이 되었다. 강철 왕 카네기는 "재물을 남기고 주는 자는 가장 어리석은 자이다"라고 하였다.」

모든 신자들이 하나님의 청지기인 증거는 다음과 같다(창1:28).

1) 우리에게 창세전에 하늘의 복을 주셨다(엡1:3. 창1:28).

2) 창세전 그리스도 안에서 택해 주셨다. 3

3) 거룩하고 흠없이 죄 용서 하셨다. 4

4) 자기의 아들을 삼으셨다. 5

5) 하나님 은혜 거저 받았다. 6

6) 예수 피로 구속함 받았다. 7(히9:22)

7) 하나님의 기업이 되었다. 11

8) 하나님 영광의 찬송 대상함. 12

9) 성령으로 인치심 받음. 13(고전12:3)

10) 청지기 사명 받음. 엡3:7(렘1:5, 수1:1 -9, 딤전1:12, 계2:10)

3. 자신의 모든 것 하나님 뜻대로 사용(벧전4:10-11)

하나님께서 우리에게 모든 좋은 것 다 주셨다(욥1:21).

내게 있는 것 내 맘대로 쓰는 것이 아니라 주님 뜻대로 사용해야 선한 청지기가 된다.

선한 물질 아름답고 선한 곳에 사용할 때 하나님의 뜻이 실현된다.

하나님의 뜻은 부의 축적이 아니라 때를 따라 선하게 사용하는 것이다.

우리가 헌금할 때 '째째마귀' 찾아온다-인색함(10/1조).

청지기 결심-자신을 위해서는 인색하게! 주를 위해서는 '팍팍 쓰자!

「영국 웨슬레 목사 "돈 주머니가 열리지 않고 진정한 회개가 될 수 없다"함.

신자들이 행복한 부자 되는 비결로

첫째, 부지런히 벌어라.

둘째, 부지런히 저축하라.

셋째, 부지런히 주를 위해 쓰라(선교, 선한 사업)」

2) 미국의 부호 록펠러 "나는 하나님의 창고를 맡은 청지기이다. 내게 있는

것 하나님의 뜻대로 쓰는 권리 밖에 없다"함.

우리가 알 것은 록펠러의 생을 50대 전후로 구분해서 봐야 오해가 풀린다.

50대 이전의 록펠러는 돈 버는 기계로 돈만 알았을 정도로 구두쇠였다. 그는 '로페시아'라는 암에 걸려 시한부 인생에서 입원하였을 때 지인에게 충고를 받는다. "당신은 이대로 가면 스트레스 받고 곧 죽는다. 모아 놓은 재산 좋은 일에 사용하라. 그러면 당신은 병으로부터 자유함 얻고 건강은 회복될 것이다." 록펠러는 그 뒤로 자신의 재산을 선한 일에 사용하는데 교회를 5천8백 개 건축도서관을 삼천 개 세웠다. 많은 고아원을 세웠고 '기업의 사회적 책임 강조' 기업인으로 약 100조원 상당을 사회에 기부하므로 기부 왕이 되었다.

록펠러는 뉴욕 시민의 수도세를 대신 지불해 주는 선행을 하므로 그는 건강하게 93세까지 살았다.

록펠러에 대한 '호불호'가 있는데 '나는 하나님의 청지기이다' 말에 동조한다.

4. 인생 결산의 때가 있음을 알라(마25:14-30)

하나님은 청지기인 우리에게 많은 것 은혜로 거저 주셨다. 결산의 때는 우리가 죽어서 하나님 앞에 가는 그 날(죽음)이 된다(히9:27).

하나님은 각각 맡긴 달란트(물질, 재능, 건강, 명예, 권세)의 손익계산을 하신다(마25:31-41).

그리고 주신 것으로 어디에 어떻게 사용했는지 출처도 밝히게 될 것이다. 그 결과에 따라 상과 벌을 주신다(마25:33-46, 고후15:58, 계2:10, 22:12).

"구원은 은혜로 받고 상급은 순종과 충성으로 받는다"-(천국에는 무슨 병?)

「일제 강점기 대구에 친일파 조선의 갑부가 있었다, 광복군들이 독립자금이 긴급히 필요하여 그 친일파를 비밀히 만나 조선 독립 위해 마지막 한번 기부금을 요청하였다.

친일파 부자는 흑심을 먹고 약조를 하였다. 친일파는 독립군에게 약조를 하고 일군 헌병에게 어느 날 우리 집에서 독립군이 나와 식사를 할 때 체포 하라고 밀고했다.

결국 독립군은 체포당하였다. 얼마 후 해방되자 독립군이 친일파 부자에게 찾아와 "민족의 배신자! 민족의 이름으로 처단하노라!" 친일파 부자는 비극을 맞이하였다 한다.」

오늘날도 하나님은 풍성하게 주셨다. 그럼에도 불구하고 하나님 사업하자 선교하자 교회 세우자 긍휼 사업 위해 헌금하자 하면 '원불교인'으로 돌변한다 (원망. 불평, 교만, 인색). (눅12:13-21) 20-"어리석은 자여! 오늘 밤 네 영혼을 도로 찾으리니 그러면 네 것이 뉘 것이 되겠느냐?" 여러분 답해보라!

- 만약 10억 생겼는데 오늘 밤에 내 영혼 부른다면 내 재산 어디에 쓸까?
- 본 교회(   ) • 학교(신학대학)(   ) • 선교지(   )
- 자녀유산(   ) • 사회 환원(   )

5. 변치 말고 끝까지 충성하라(계2:10)

충성은 마음을 바쳐 진실함으로 끝까지 변하지 않는 것이다.

끝까지 충성은 주님 사랑하는 마음과 감사와 불타는 사명감이 있을 때 가능하다.

끝까지 충성한 자들은 사명에 살고 사명에 죽기로 결심한 각오가 있었다.

구약의 인물로 요셉, 모세, 여호수아, 갈렙, 선지자들(다니엘: 시련과 시험, 예레미야: 감옥), 욥, 사도들. 바울은 사명따라 살았던 위대한 청지기들이다 (행20:24, 롬14:7, 8).

그러나 중도에 사명 망각하고 시험에 빠진 경우도 있다. 사울 왕, 삼손, 가룟 유다, 데마, 이들은 처음에 출발은 신실했는데 중간에 사명을 저버리고 비극을 맞았다(삼손은 마지막 회개함).

또한 모세를 향해 반역을 한 고라 자손의 비극은 우리의 거울이다(민16:11, 31-36).

「목회자들 세계에서 회자되는 말이 있다. 교회 중직자 세울 때 신뢰감 속에서 투표하고 선출했는데 결국은 교만하다 장로 되고 나서는 교인들 대변한다고 목사의 목회에 가시노릇 한다고 하는 말을 들을 때 씁쓸한 자괴감이 든다. 청지기들이여! 초지일관으로 충성하라. 교회 장로 안수 집사 권사 등 교회 직분은 목회 협력자요 교회 섬기는 직분이지 세도 부리는 훈장이 아니다」

「•이방원은 정몽주의 마음을 떠 보기 위해(하여가)

　이런들 어떠하리 저런들 어떠하리

　만수산 드렁칡이 얽혀진들 어떠하리

　우리도 이같이 얽혀져 백년까지 누리리라

•고려 충신 정몽주(단심가)

　이몸이 죽고죽어 일백번 고쳐죽어

　백골이 진토되어 넋이라도 있고 없고

　님향한 일편단심 가실줄이 있으랴」

•사도 바울의 '주심가' 있다.

　주님 복음전파 사명 위해 죽기로 각오함(행20:24)

　사나 죽으나 주를 위해 자신을 주께 드림(롬14:8)

　달려갈길 마치고 믿음 지킴이라(딤후4:7)

6. 주의 종과 함께 하라(갈6:6, 히13:17)

　주님은 피로 값주고 사신 몸이신 교회를 주의 종에게 맡겨 주었다. 목회자는 주님의 전권 대리자로 사역하고 있다(요21:15-17). 그러므로 목회자는 선한 청지기로 충성하여 주님의 양떼를 잘 돌보는 선한 목자가 되어야 한다. 주님의 심판을 명심하고 목양해야 한다(요10:10).

　그리고 모든 청지기는 목회자를 중심으로 하고 충성해야 한다. 즉 모든 좋은 일 목회자와 함께 해야 한다(갈6:6, 출17:11-16, 롬16:1-4).

　모세는 여호수아, 갈렙, 아론과 훌 같은 협력자가 있었다. 바울은 바나바, 실라, 디모데 같은 신실한 협력자가 있었다. 주의 종과 함께 충성하자.

•브리스길라와 아굴라(롬16:3-4)

• 예수님은 12제자가 있었고 그 중 베드로 요한 야고보가 있었다.

그러나 성경에서나 오늘의 목회 현장에서 배신과 불신과 갈등으로 시험받고 상처받는 교회들을 가끔씩 볼 때 마음이 아프다.

청지기들의 일생각오는 "주의 종과 원수 맺지 말라"는 충고이다. 그 이유는 주의 종과 함께 하면 복이기 때문이다(민6:23-27, 히13:17, 계1:20,2:1).

「몽골의 칭기즈칸은 황제가 되고 영웅이 되기까지 수많은 전쟁 승리와 역경을 겪었다. 특히 그는 자신과 함께 전쟁에서 생사고락을 같이한 군사들에게는 "타르탄"이라는 칭호를 붙여 주고 그들에게는 다음의 6가지 특권을 부여하였다.

하나, 황실에 언제라도 누구의 허락을 받지 않고 자신을 만날 수 있다.

둘, 전쟁 끝난 후 전리품은 갖고 싶은 것 마음대로 가져라.

셋, 평생에 모든 세금 면제해준다.

넷, 사형에 해당하는 죄를 지어도 9회까지 용서받을 수 있다.

다섯, 우리나라 땅에서 살고 싶은 땅을 언제라도 골라 가질 수 있다.

여섯, 이 모든 권리는 4대까지 물려줄 수 있다.」

우리 청지기는 주의 종과 함께 충성하므로 현세에서 번성의 축복과(시115:11-18, 갈6:6-9) 내세 영생의 천국에서 생명의 면류관을 받아쓴다(계2:10). 이 면류관의 값어치는 얼마 정도 될까?

7. 분수 지키고 월권하지 말고 순종하라(삼상13:8-14)

청지기로 충성할 때에 각자의 고유 영역이 있으므로 월권하지 말고 반드시 상호협력해야 한다.

월권과 혼돈과 갈등으로 사탄이 틈타게 될 때 교회 화평은 깨지게 된다. 교회 청지기들은 봉사할 때에 자신의 은사와 직분은 섬기고 순종하는 위치에 있음을 알고 가르침을 받는 대로 목회자 중심으로 충성해야 한다. 교회의 갈등 유발과 분쟁 발생의 원인은 청지기들의 자기 위치 이탈에서 발생한다.

하나님은 질서의 하나님으로 월권을 용납하지 않으신다. 이스라엘의 역사 속에서 하나님이 세운 왕도 폐하신 경우는 바로 자기 위치에서 벗어나 월권을 했기 때문이다.

사울 왕(삼상13:8-14) 웃시야 왕(대하26:16-21) 하늘의 천사장도 버리셨다(사14:12-14, 루시퍼, 겔28:12-17, 계12:7-9). 배신과 반역은 역사의 죄인이 된다. 그리고 배신자는 말로가 안 좋다.

고라와 다단과 아비람의 반역(민16:1-40), 가룟유다의 말로는 비참하다(마27:3-5, 행1:17-18).

「수도권의 모 교회 장로는 재력가로서 자신이 십일조를 할 테니 그 금액을 자신이 관계하고 있는 단체에 넘겨 달라고 요구했다. 교회 헌금을 자기 개인의 이름과 얼굴 나타내려는 타협은 진정한 장로 모습이 아니다. 그 장로는 자기 뜻이 관철되지 않자 목회자를 힘들게 하더니 목회자를 상대로 고소까지 하는 지경까지 이르게 되고 결국은 본 교회에서 목사와 교회를 배신하고 떠났다.」

교회의 모든 청지기는 목회자의 가르침에 순종하고(갈6:6, 히13:17) 받은 은사대로 봉사하라. 그리고 목사의 설교를 목사 말로 듣지 말고 하나님 말씀으로 아멘하고 화답하라(살전2:13).

• 시청각- 모든 신자들은 선한 청지기 되기 위해서는 주의 종의 가르침에 순종하라. 순종에 반기를 들면 사탄이 틈탄다. 필자는 목회 현장 그리고 국내외 교회 다양한 일꾼들을 본다. 평생 주의 종 섬기며 목회 협력자가 있는가 하면 평생을 목회자 헐뜯고 비방하고 밥 벌어먹는 유형도 있다.

• 모세를 괴롭힌 '얀네와 얌브레'(딤후3:8)

• 초대교회 '디오드레베'(요삼9-12)

• 바울을 괴롭힌 순 악질 교인: '후메내오, 알렉산더, 빌레도'(딤전1:20, 딤후2:17,18)

• 교회 내 반역자(대적자) 특징(유16-19)

대적자여! 세상에는 완전한 목사도 없고 완전한 성자도 없다. 다만 완전하려고 노력하는 것이다.

• 예수님 너나 잘 해라(마7:1-5), 네 눈의 들보나 빼라.

• 바울 "너는 남의 죄에 간섭하지 말고 네 자신을 지켜 정결케 하라"(딤전 5:22). 쉽게 해서 주제 파악하라는 교훈이다.

8. 모든 사역(봉사)은 영혼 구원의 목표(요10:10)

예수님은 오병이어 기적을 체험한 무리들이 왕으로 삼으려 할 때 거절하였다(요6:9-15). 오히려 종으로 섬김의 삶을 실천하셨다(막10:45, 빌2:5-8, 요13:4-15).

모세가 애굽의 왕좌보다 동족과 고난 길 택한 것은 민족구원에 초점을 맞추었기 때문이다(히11:24-26).

사도 바울도 영혼 구원에 최고의 가치를 부여하였기 때문에 자신의 육신적인 모든 조건을 배설물처럼 버리고 영혼 구원 사역에 목숨을 걸었다(행20:24, 빌3:5-14)

「•유명한 존 모트(John R. Mott)는 미국의 평신도 지도자, 세계 학생선교운동가. 당시 윌슨 대통령이 모토에게 3가지(중국대사, 대통령이 봉직했던 프린스턴대 총장, 국무장관 입각)를 요청하였다. 그런데 존 모트는 조용히 거절하였다. 그 이유는 '주의 일' 하는 것이 '더 가치'가 있기 때문이다.

• 이용규 평신도 선교사: 하버드대 박사로 교수직 포기- 몽골 선교사.

• 박보영 목사: 의사포기(의사 자격증 찢어버림) 인천에서 청소년 복지 목회.

• 영국의 로이드존스 목사도 원래 의사이었다가 목사가 되었다.

이들은 육신의 안일과 자신의 명예보다 영혼 구원의 영적 가치를 깨달은 청지기들이다.」

9. 사명이 목숨보다 귀하다(행20:24)

1) 사명자는 사명 따라 살고 사명 따라 죽는다!

2) 사명자는 사명 다할 때까지 결코 죽지 않는다.

3) 세상과 돈 따라 가지 말고 사명 따라 살자.(호태석)

그러므로 아직도 이 땅에 우리가 살아있다는 것은 사명이 남아 있음을 발견하고 깨닫고 부여된 사명에 최선을 다하자. 특히 노인천국에 오신 성도님들 "나도 예전에 다 충성해 봤어 하지 말고 아직도 달려갈 길과 사명 있음을 인지하고 사명 따라 살기를 소망합니다."

필자는 노인천국에 입소하신 400여 명 어르신들에게 날마다 종종 아래의 내용을 설교로 호소하고 복창하도록 한다.

(1) 하나님이 노인천국 보내신 것은(딤후4:6-8)

첫째, 인생 마무리! 둘째, 신앙 마무리! 셋째, 사명 마무리!

(2) 노인천국에서의 사명은(행20:24)

첫째, 예배 사명! 둘째, 기도 사명! 셋째, 선교사명! 다 하고 천국 갑시다.

(3) 노인천국 행복 주도적 삶(살전5:16-18)

첫째, 항상 기뻐하라! 둘째, 쉬지 말고 기도하라! 셋째, 범사에 감사하자!

아마도 이런 각오는 현재 신앙생활 하는 모든 청지기들에게 해당하는 내용이다.

「강유식 장로님은 처음 예수 영접하고 신앙생활 출발은 '성민교회'(기장) 출석하면서 집사가 되고 권사가 되고 여전히 충성하므로 교회에서 피택장로 되고 노회 장로 고시를 거쳐 '장로' 임직을 받았다. 특히 장로님은 지체 부자유스러운 몸에도 불구하고 하나님 중심, 교회 중심, 목회자 중심 자세로 선한 청지기로 충성을 다 하고 있다.

그런데 하나님의 축복인지에서 미국 가족 이민 초청장이 왔다. 미국은 장애자 천국이다. 당시 한국 사회는 장애자에 대한 인지도가 낮아 차별 대우를 받았던 때이다. 장로님은 기도하신 후 자신은 장로 직분을 감당하라고 장로 임직 받았는데 한 몸 편하려고 이민 간다는 것은 신앙적으로 타당치 않음으로 가족 초청 이민을 거절하고 본 교회에서 모범 장로로 '신행일치'로 충성하였다. 특히 재정부를 맡아 섬길 때 교회 헌금을 지혜롭게 잘 관리하므로 교회도 든든하고 또한 담임 목사님 은퇴 후를 내다보고 사택까지 마련해 드리므로 은퇴하신 목사님과 교회는 강 장로님의 지혜와 충성에 대하여 아낌없는 찬사를 보내고 있다. 그리고 강 장로님은 본 교회 장로 은퇴 후 필자가 섬기는 노인천국 소망교회 오셔서 명예 장로와 성가대 대장으로 충성하였다. 수년전 '노인천국(소망교회)'은 캄보디아 선교를 위하여 프놈펜에 선교센타(무료양로원운영) 부지 175평을 구입할 때 강 장로님은 평생 모은 재산을 노인천국 선교센타 위해 삼천 만원을 바치므로 선교센타 부지 마련을 위해 큰 공을 세우시고 2025년 6월 30일에 편안한 모습으로 천국 가셨다.」

필자는 강 장로님의 헌금을 통해 아래의 비밀을 깨달았다(마26:8-13).

"돈을 사랑함이 일만 악의 뿌리이다"(딤전6:10)

내게 있는 물질을 자신만 위해 쓰면 허비

"내게 있는 물질을 의미 없이 쓰면 '낭비'

내게 있는 물질 가족만 위해 쓰면 '소비'

내게 있는 물질 남을 위해 쓰면 '자비'

내게 있는 물질 주를 위해 쓰면 '기념비' 된다.

일반적으로 교회에서 충성하던 직분자(목사, 장로, 권사, 집사)들은 교단 헌법에 의해 정년제로 은퇴를 하였다. 그렇다고 사명까지 은퇴하면 안 된다.

한번 복창합시다. "교회 직분은 은퇴 있어도 청지기 사명은 은퇴 없다"(호태석).

즉 청지기의 사명은 죽을 때까지 충성하고 헌신하는 것이다.

그래서 은퇴 후 청지기 세미나, 초청 헌신예배, 노인행복 세미나를 인도할 때 예전에 느끼지 못한 행복감이 넘치고 있음을 고백한다. 성경에 "죽도록 충성하라"(계2:10) 말씀은 "직분은 은퇴 있어도 충성과 사명은 은퇴가 없으니 죽을 때까지 사명에 충성하라"는 권면의 말씀이다.

10. 감사한 마음으로 충성

사울이 바울 되어 그의 모든 인생관, 신앙관, 가치관, 세계관, 소명의식까지 180도로 변하였다. 사울은 바리새파 유대주의요 예수 핍박의 두목이었다.

다메섹 도상에서 주님을 인격적으로 만난 후 하나님의 사람 바울로 변화되어 이방인의 사도로 부름 받았음을 다음과 같이 감사로 고백하고 있다(행9:1-22).

하나, 만삭되지 못한 자(고전15:6)

둘, 지극히 작은 사도(고전15:9)

셋, 나의 나된 것은 하나님 은혜로다(고전15:10)

넷, 나는 날마다 죽노라 단언(고전15:31, 갈2:20)

다섯, 훼방자 핍박자임에도 불구하고 직분을 맡겨주심 감사(딤전1:12)

여섯, 주님 사명 위해 목숨 바침(행20:24)

일곱, 모든 일 범사 감사(롬8:28, 살전5:18)

여덟, 생사관 분명함(롬14:8, 빌1:20,21)

아홉, 복음 위해 모든 것 배설물로 여기고 버렸다(빌3:5-9)

열, 주 영광 위해 살기로 작정함(고전10:31)

바울은 자신의 삶이 복음에 빚진 자로서 오롯이 이방인 사도로 '감사충성' 하므로 주님 위해 목숨 걸었다(딤후4:6-8).

필자도 내 평생 자랑스러운 것은 군인(육사 28기)보다 영혼 살리는 목사로 영혼구원 위해 사역자로 살았음이 감사할 뿐이다((단12:3-4.행20:24).

필자는 만약 "죽어 다시 태어나도 영혼 살리는 목사" 될 것이다.

본 장에서는 필자 생애 중 축소한 10가지 감사 간증을 하기로 한다.

하나, 미천한 자를 목사로 세워 주시니 감사(삼상2:6-8, 고전15:10)

둘, 좋은 아내 주심 감사(잠14:1, 31:9)

셋, 목회 사역 중 교회 설립과 국내외교회 초청 '청지기 훈련 세미나인도'.

또한 '부모교육' 강사로 극동방송 4차 세미나 인도함 감사(부부출현)

넷, 두 아들과 두 자부도 사명자로 만남 주심 감사(딤후1:5, 렘1:5)

다섯, 아내와 두 자부도 사모로 '상담학 전공자' 감사(단12:3)

여섯, 필자 부부, 두 아들 부부 6명이 교육부인정 석·박사 학위 10개 취득과 향후 2-3년 지나면 두세 개 학위 취득 예정 감사(딤전4:15)

일곱, 아내와 두 자부들 모두 중형교회 여전도사 사역 경력자 감사(행20:24)

여덟, 아내와 두 자부 부모님들(장로, 권사) 모태신앙 감사(특히 아내의 조부님은 신의주에서 순교하심)(수24:14-15)

아홉, 두 아들의 목회 활동 감사.

장남은 연세대 재학 중 의사 꿈(외삼촌 병원장) 접고 가정예배 마치고 고백하기를 "육신의 병 고치는 의사도 좋지만, 한 영혼이 천하보다 귀한데 목사로 영혼 살리는 목회가 하나님을 더 기쁘시게 하는"것임 말하고 군목 거쳐 서울 사랑의 교회 부목사 5년 사역 후 미국 유학 마치고, 현재 미 육군 예비군 군목과 워싱톤 예수 사랑교회 부목사 사역 중이고, 차남은 군포 시민의 교회 부목사로 사역 감사해요.

열, 필자와 아내는 목회 은퇴 후 노인천국(소망교회) 시설장으로 어르신들 섬기고 큰 자부는 미국 워싱톤 중앙교회 여전도사 사역 중, 차남 자부는 발달장애 개인 코칭 사역으로 필자 가족 여섯 명 모두 각자 전공에 따라 충성하고 있다.

특히 감사한 것은 수년전 어느 모 교단의 목회자들 학위과정에서 아들 목사와 함께 강사로 초청받고 필자는 '청지기 훈련' 장남 목사는 '제자훈련'을 함께 강의한 일과 두 아들 목사와 함께 필자 부부 공동 집필로『21세기 교회와 청지기 훈련』공저로 출간하므로 하나님께 감사 영광 돌린다. 필자는 지금까지 '청지기 훈련 저서 시리즈를 20번째 출간'하고 있음에 감사하다.

제2절 청지기 충성과 10대 헌신

청지기는 말씀과 기도와 성령의 역사로 세속적인 의식구조와 세속적 가치를 갱신하여 변화를 통해 '거룩한 삶'을 산다(레11:44, 19:2, 20:7, 벧전1:16, 롬 12:1,2).

'거룩함' 같은 동의어 단어(히: 카데쉬)는 성경에 830회 이상 나온다.

거룩은 곧 '구별'과 '헌신'의 의미로 사용하는데 그 의미는 '세속적인 것이나 부정한 것으로부터' 구별하고, 신성하고 성스럽게 순수하고 거룩한 삶과 헌신을 말한다.

'거룩'은 하나님께 적용하는데 하나님은 모든 창조물로부터 구별되시고 초월하고 계신다(출3:4-5). 주의 권능과 주권이 거룩하시다. 거룩함은 하나님의 속성이다(레11:44, 벧전1:16). 거룩하신 하나님께서는 청지기들에게 강력히 요구하는 것이 있는데 '거룩함'이다.

청지기는 그리스도의 속죄를 믿는 순간부터 모든 죄를 그리스도의 피로써 용서받고 그리스도의 '의'로 말미암아 구원받음과 동시에 '거룩한 성도'가 되었다(엡1:3-14). 그래서 베드로는 구원받은 성도들은 '거룩한 나라의 하나님의 자녀요 백성임'을 말하고 있다(벧전2:9). 또한 청지기들은 자신을 거룩한 제물로 하나님께 바치고 충성해야 한다(롬12:1-2, 약1:27).

1. 거룩한 마음 드려라(롬12:1-2, 엡4:22-24, 벧전1:15-16)

우리가 그리스도를 믿기 이전에는 죄에 찌들어 사는 멸망의 자식이었지만 그리스도의 거룩한 피로 '그리스도의 보배로운 피로' 죄 씻음을 받았다(벧전 1:18). 그러므로 죄를 버리고 육체의 남은 때를 하나님의 뜻(거룩함)을 따라 살라(벧전4:1-5).

바울은 옛 구습을 좇는 옛사람 버리고 새 사람 입고(엡4:23-24), 변화된 마음(거룩함)을 드리라고 권면하고 있다(롬12:1,2).

왜 성경은 우리 마음과 생각을 지키라고 하시는가? 그 이유는 '마음은 생명의 근원'이기 때문이다(잠4:23). 우리는 그 더러운 죄에서 그리스도의 피로 깨끗이 씻음받고 거듭났다. 이제 마음으로 믿어 구원 얻고 하나님 자녀 되었다(요 1:12). 마음은 신앙의 그릇이다(롬10:9-10). 그러므로 거듭나고 변화된 청지기들의 마음에는 더 이상 타락한 마음, 세상 사랑하는 마음, 세상의 썩어질 것들을 담을 수 없다(갈5:16-21).

1) 세속적인 의식구조를 버려라(엡4:22, 약4:4)

한국교회 신앙인들의 저변에는 세속적인 의식구조가 여전히 잠재되어 있다.

즉 모든 청지기의 마음 깊은 의식 속에는 예수 믿기 이전의 옛 구습을 비롯하여 미신적인 요소의 불씨들이 남아 있다. 그래서 필자는 한국교인들 신앙형태를 '한복에 양복 입은 격'이라고 말한다. 예수 믿는 신자들의 삶속에 아직도 구태의 연한 옛 구습을 버리지 못한 마음에 세속적인 것들이 자리 잡고 있다는 것은 신앙의 모순이다. 그러므로 청지기들은 세속적 삶의 형태를 버려야 하는데 그 내용은 아래와 같다.

⑴ 점 보지 말라

점은 귀신 놀음이다. 무당은 귀신에 사로잡혀서 점을 기가 막히게 맞춘다. 바로 여기서 사람들이 귀신의 유혹을 받아 속아 넘어간다. 그런데 더 슬프고 안타까운 것은 교회를 다니는 사람들 중에서도 점집을 다닌다. 이는 하나님을 모독하는 무서운 범죄 행위이다.

스님 노릇하다 예수 믿고 목사된 분들은 서○○ 목사(합동), 김○○ 목사(감리교), 명○○ 목사(예장)가 있다. 이들은 한목소리로 "점은 귀신 놀음판, '부적은 귀신의 주민증'(수백 천만 원), 사주팔자는 귀신의 호적초본"이라고 한다.

지금 우리 한국에 점쟁이 무당들이 아마도 약 100만 명 넘을 것이라고 한다(목사는 약 10만 명). 지금 일반 주택가 보면 점집의 무당 깃발이 곳곳에 깔려 있다(레18:1-5, 신18:9-14, 계22:5). 더구나 시국이 불안하므로 대학가에 '타로점' 집이 집성을 이루고 있는 것은 안타깝다.

이제는 AI(인공지능)로 '타로 운세점'에 우후죽순처럼 번성할 것이다. 후진국에서나 발생할 수 있는 미신 문화가 이제는 AI 타로 점으로 우리 사회는 자신도 모르게 악한 영들에게 유혹 당하므로 그 영혼은 사탄의 올무에서 벗어나기 어려운 지경에 이르게 될 것이다. 이것은 우리의 현실과 미래가 불안하다는 증거로 지금 시대는 영적 혼돈 시대로 '영적 전쟁'이 치열한 시대가 되었음을 청지기들은 인지하고 믿음을 무장하라. 부끄러운 사실은 통계를 보면 신자들이 점을 많이 본다는 것이다.

「필자의 기도 동지 목사님들이 모인 세무선 선교회 전도 팀은 가끔씩 기도 회원 목사님들 교회 지역에 무당 전도하러 다닌다. 한번은 서울 인왕산으로 무당 전도하러 갔다. 전도 중 다양한 무당들을 만나는데 자기도 무당되기 전 서울 Y교회 다녔다고 하였다.

그리고 때마침(하나님 인도) 인왕산 바위 아래 신내림 받으려는 여자 무당을 만나서 진짜 신 되신 하나님을 믿으면 당신의 무당 생활은 종치게 된다고 하였더니·반응이 왔다. 여자 무당이 더 센 '신'이 있다면 나도 그 '신'을 모시고 싶다고 하였다. 우리는 성령님께서 인도하심을 믿고 복음 제시하고 신앙고백과 영접 기도까지 마치고 동지 목사님들이 무당에게 인수기도 하니 그 무당에게 성령이 강력히 임하므로 무당이 방언이 터지므로 자신도 놀라고 우리 목사들도 놀랐다.

그 후 무당은 그동안 무당 생활을 청산하고 또한 언니 무당까지 회개시키고 부모님까지 전도하여 가정이 인가귀도 되는 역사가 일어났다. 더욱 놀라운 것은 성경과 신학을 배우기 위해 본 교단의 모 지방 신학교 입학 후 신학수업 3년 마친 후 지금은 경남의 모 지역에서 여전도사로 성실하게 사역하고 있다. 하나님의 놀라운 은혜 역사로 무당을 회개시키고 신실한 여종으로 사역하고 있다.」

(2) 12간지를 믿지 말고 궁합 보지 말라

「12간지의 유래는 고대 중국으로부터 거슬러 올라간다. 12간지는 중국의 농경문화와 밀접한 관련이 있고 음력 달력과 함께 사용되었다. 12간지를 살펴보면 각 동물은 농사와 관련된 특정한 속성이나 신화를 갖고 있어 농민들과 친숙한 동물들이다. 고대 중국에서는 하늘과 지상의 조화를 중요시했으며 이를 위해 천문학과 점성술을 발달시켜 왔다. 12간지는 이런 배경 속에서 출발한 시간의 개념으로 각 동물의 특징과 시간대나 해를 상징하고 사람들의 삶에 깊은 영향을 미치고 있다.

또 다른 12간지(띠)의 유래는 석가모니 죽기 전 12짐승을 불렀는데 오는 순서에 따라 서열을 정해 주었다는 믿을 수 없는 설화이다」 (정하섭, 열두띠 이야기, 집문당 1995. p.4 발췌 인용)

① 12간지 동물의 순서와 특성

　Ⓐ 쥐(子:자): 영리함, 빠름과 지혜, 활동력, 번식력 강함(다산)

　Ⓑ 소(丑:축): 근면, 성실, 끈기로 농경문화의 상징

　Ⓒ 호랑이(寅:인): 용기, 결단, 수호신. 한국에서는 '산신령'으로 통함

Ⓓ 토끼(卯:묘): 평화, 부드러움, 달과의 관련성(달나라 토끼방아)

Ⓔ 용(辰:진): 권위, 신비, 상상속의 힘 상징(기독교는 사탄의 상징)

Ⓕ 뱀(巳:사): 지혜, 신중(동양은 신비스런 존재)-제주도 뱀 숭배 동네 있다.

Ⓖ 말(午:오): 활력, 자유, 열정, 이동의 상징

Ⓗ 양(未:미): 온순, 온화, 예술성, 화합적

Ⓘ 원숭이(申:신): 재치, 영리함

Ⓙ 닭(酉:유): 성실, 부지런함, 규율: 새벽을 알리는 동물로 규칙성

Ⓚ 개(戌:술): 충성, 정의: 인간과 가장 가까운 동물

Ⓛ 돼지(亥:해): 풍요, 복(돼지꿈), 너그러움.

그리고 각 사람은 저마다 띠를 갖고 태어나므로 결혼도 남녀 궁합(띠)이 잘 맞아야 잘 산다고 믿는 미신 행위이다. 필자는 궁합의 허구성을 알리기 3대가 스님인 분이 예수 믿고(김○○ 목사) 목사가 되었는데 우리 교회 강사로 초빙하고 은혜도 받았다. 그리고 김 목사님을 통해 개인적으로 12간지와 사주관상 궁합을 배운 것을 청지기들의 이해를 돕기 위해 도표를 만들었다. 그러니 더 이상 속지 말기를 바란다.

※12간지 자(쥐), 축(소), 인(범), 묘(토끼), 진(용), 사(뱀), 오(말), 미(양), 신(원숭이), 유(닭), 술(개), 해(돼지)를 따져 남녀의 생년 월시(사주)를 오행(목, 화, 토, 금, 수)에 꿰맞춰 길, 흉을 알아보는 것이다. 금번 세속적이고 샤머니즘 같은 주술 같은 것들은 비성경적이고 비신앙적인 산물임을 알아가는 기회가 되기를 바란다. 그리고 더이상 속지 말기를 바란다.

청지기들은 물과 성령으로 거듭나서 옛사람 벗고 새 사람이 되었으니, 모든 세속적 의식구조를 완전히 벗어 버려야 한다(롬12:1, 2, 엡4:23, 24). 12간지 놀음이 얼마나 허구성 있는지 알아보자.

 청지기 훈련과 교회부흥

〈12간지 궁합 도표〉

	쥐	소	호랑이	토끼	용	뱀	말	양	원숭이	닭	개	돼지
쥐		○					×	●				
소	○						●	×				
호랑이									×	●		○
토끼									●	×	○	
용										○	×	●
뱀		●							○		●	×
말	×	×						○				
양	●						○					
원숭이			×	●		○						
닭		●	×	○								
개			○	×	●							
돼지				○	●	×						

화합 띠=○. 불화띠=×. 남녀불혼(不婚)띠=●.

② 궁합으로 본 혼인 불화 띠

    Ⓐ 쥐띠/말띠: 말은 직립 동물로 콧구멍이 유난히 크므로 쥐가 콧구멍으로 들어갈까 봐 싫어함

    Ⓑ 소띠/양띠: 서로 뿔이 있으므로 서로 자랑하여 싫어함

    Ⓒ 호랑이띠/원숭이띠: 호랑이 산중의 왕으로 나무를 못 타므로 원숭이 싫어함

    Ⓓ 토끼띠/닭띠: 닭은 붉은 것 보면 흥분하는데 토끼 귀와 눈은 더욱 흥분케 함

    Ⓔ 용띠/개띠: 용이 승천하려는데 개가 짖으므로 방해된다고 싫어함

    Ⓕ 뱀띠/돼지띠: 뱀은 깨끗한 이슬 먹는데 돼지는 더러운 것 먹기에 싫다고 함

③ 궁합으로 본 혼인 불가 띠

    Ⓐ 쥐띠/양띠: 쥐는 양의 머리에 뿔 달린 것 아주 싫어함

    Ⓑ 소띠/말띠: 소는 말이 일하지 않고 먹는다고 싫어함

ⓒ 호랑이띠/닭띠: 호랑이는 닭 부리가 있어 싫어함

ⓓ 용띠/돼지띠: 용은 돼지 얼굴이 크고 못생겨서 싫어함

ⓔ 뱀띠/개띠: 뱀은 잘 놀라는데 개 짖는 소리 싫어함.

＊결혼은 하나님 섭리(창24:12, 룻4:13, 잠18:22, 19:14, 전9:9, 마19:4-6)

④ 이름 좋아야 잘산다는 것 믿지 말라

이름 중 27획과 이름이 "화"자 나쁘고 29획은 좋다고 하는데 미신적인 생각이다.

이름 좋아야 잘 산다고? 중소기업 사장(50세) 자살했는데 그 사람 이름 '구천수'

⑤ 하루 일진(재수)을 믿지 말라

하루 중 좋은 날과 나쁜 날이 있다고 하여 "재수"가 있다 없다 하고 이사도 손 없는 날 따진다. 청지기는 주일날 만 빼고 이사하기 좋은 날. 날마다 주와 동행하는 삶은 은혜요 축복이고 천국생활이다. 제주도는 '신구간'-신들이 새해에 옥황황제에게 업무보고 하러 가는 때라는 미신 풍습이 있다. 그래서 이사도 손 없는 날 '아흐레'(9일), '열흘'(10일), '그믐날'(30일)은 귀신들이 동(하루. 이틀) 남(사흘. 나흘) 서(닷새, 엿새), '이레, 여드레'(북)로 출장 갔기 때문에 이사, 집수리 가능함.

⑥ 회갑 잔치 하지 말라: 비성경적임(시90:10): 칠순잔치 감사예배(앞으로는 90세?)

회갑은 육십갑자가 다시 돌아온다는 예순 한 살을 말한다. 지금 60세 경로당 가면 갓난 아이 취급한다. 그러므로 회갑잔치 의미 없고 칠순잔치 하라(시91:10). 지금대로 가면 70도 의미 없고 90-100세로!

칠순잔치도 경제적 여유가 있다면 여행, 성지순례, 해외 봉사선교, 해외교회 건축, 선교우물파주기, 선교사 지원하면 본인과 자식들 신앙적으로 복 받는다.

자신의 기념일에 해외 선교지에 기념교회 하나 세우고 선교하는 데 의미있게 사용하는 것도 좋다.

⑦ 풍수지리설 믿지 말라

한국인 의식 속에는 조상 묘 잘 써야 후손이 잘된다고 믿는데 미신이다.

묘 자리 명당은 좌-청룡, 우-백호, 上-북현무(거북이), 下-남주작(봉황새) 말함.

집터는 남향과 햇빛 잘 들어오고 비 올 때 물 잘 빠지면 좋은 곳이다.

그리고 신자들은 사후에 매장인가? 화장해야 하는가? 기준을 미리 정해 두라. 필자는 화장을 권한다.

「기독신문 주관 2002.7.17. 지상토론: 주제: 화장인가? 매장인가?

토론자-총신대 이상원 교수(매장). 호태석 목사(화장)를 주장하였는데 결국 필자의 '화장' 논리가 적중되었다. 그리고 신자는 사전에 시신 및 장기기증 하여 필요로 하는 자들에게 도움 주어라. 필자는 시신기증, 장기기증 함-운전면 허증에 기록됨. 그리고 필자는 추도식 무용론자다(눅16:19-29). 단 불신자 가족과 형제 및 집안 식구들 전도와 선교 차원에서는 허용적이다. 단 살아 계실 때 부모님께 효도하라.」

⑧ 토정비결을 믿지 말라

토정비결은 조선시대 명종 때 토정 '이지함'이 만든 도참설로서 사주(생, 년, 월, 일-4기둥의 뜻) 관상으로 인간의 길흉화복을 예언하는 미신 행위이다. 「이○○ 장로(기독교장로회 장로) 초등학교 졸업. 명리학 공부. 전 국회의원(민주당), 현재 '안국동에서 점집운영' 이○○ 은 점과 사주관상으로 상대방에게 위로와 소망을 준다는 것이다.」 말은 예수 믿는다고 하지만 그 정신과 삶은 세속적인 의식구조로 차고 넘치고 있다. 기독교의 본질은 변화이다. 변화 받지 못하면 변질되어 맛 잃은 소금으로 세인들로부터 짓밟힌다.

⑨ 세속적인 문구 사용 말라

Ⓐ 서기 2025년 11월 11일-기독: 교회, 총회 모든 행정서식은 '주후'로 사용하자.

'주후 2025년 11월 31일'로 표기하라.

Ⓑ 불교- '불기 4555년' 쓴다. 부처가 열반한 해를 기점으로 한 것이라고

한다.

우리 기독교는 문화의 변혁자이다. 기독교문화를 정착시켜 나가야 한다.

⑩ 언어습관 고치라

보통 운이 따른다. 사주팔자 타령. 운명론(타고난 팔자타령). 전생에 무슨 죄가 많아서, 진화(발전), 성서(성경), 중보기도(도고: 돕는 기도), 도로아미타불, 염라대왕, 공염불, 보살 같다, 부처님 가운데 토막 같다, 신주단지 모시듯이, 도깨비장난, 터줏대감, 이판사판, 야단법석, 귀신 씨나락 까먹는 소리하지 말라, 굿판 벌였네, 팔자 핀다, 염불보다 잿밥, 시주하듯 운이 따른다, 관운이 좋다 등의 단어는 시정하자.

또한 기도할 때 '당신께서'는 '하나님께서'로 지칭하는 것이 은혜롭다.

'중보기도'는 '돕는 기도'로 중보자는 오직 예수뿐이다(딤전2:5).

⑪ 백일잔치 하지 말라.

한국인 100일 잔치는 곰이 사람 된 것 축하 의미, 단군 신화와는 허구로 진화론 사상으로 삼국유사에 45가지 설화가 기록되어 있다(중-일연). 신자는 하나님 자녀로 지음 받은 자(창1:26-28). '백일' 의미없고 생명주신 하나님께 첫돌 감사예배 드려라(엡4:22-24, 고후5:17, 롬12:1-2) 기독교는 전생이 없다(이런 생각은 비성경적인 논리이다) (단군신화: 이어령 교수).

필자는 한국 교인들의 잠재의식 속에 아직도 잔존해 있는 미신사상을 완전히 지우기 위해 자세히 나열했다. 성경은 점보는 무당을 죽이라고 할 정도로 우상과 미신을 가장 미워하신다(레18:1-5, 신18:9-14, 계22:15). 그러므로 청지기는 이제 거룩한 마음(변화 받은 마음)으로 주님을 사랑하자(전인적 하나님 사랑) 청지기는 물과 성령으로 거듭났고(요3:3-5), 그리스도피로 죄 씻음(벧전1:15-19). 새사람 입고(고후5:17, 엡4:22-24), 인격적인 변화 받아(롬12:1-2) 마음을 다해 하나님 사랑하자(마22:37-39).

2. 거룩한 몸을 바치라(롬12:1-2, 고전6:19,20)

하나님을 모를 때는 몸은 단순히 먹고 마시고 쾌락을 즐기고 살아가는 하나의 도구 정도로 여기었다. 그래서 몸의 편안함을 추구하고 몸에 좋다 하면 모든 것을 먹고 마시고 치장하고 고기 덩어리인 육신을 우상으로 섬겨 왔다. 지금도 일반 사람들은 자기(몸)를 사랑한다. 그러나 청지기는 예수 믿고 주객이 전도되었다. 이제는 우리 몸과 마음에는 주님이 좌정하고 계신 거룩한 성전이 되었다(고전6:19, 딤전2:20-21). 그러므로 하나님께서 우리 몸을 사용하시도록 드리자.

1) 하나님의 병기로 드리라(롬6:11-14)

예전에는 마귀에 속하여 마귀의 종이 되어 몸으로 불의를 행하고 죄 짓는 도구로 이용당했다. 우리가 용서받은 후로는 선한 일에 쓰임 받고 이제는 마귀를 대적하는 의의 병기가 되었다.

그러므로 우리는 그리스도의 십자가 군병으로서 하나님 나라 위해 싸우는 거룩한 용병이다. 그래서 바울은 우리를 그리스도의 군사라고 하면서 군인은 모집한 자를 기쁘게 해야 한다고 강조한다(딤후2:3-4).

2) 성령의 전으로 드리라(고전6:9-11, 19-20)

예전에는 우리 몸으로 우상에게 절하고 간음죄, 음행 죄, 도둑질 살인, 술 취하고, 담배 피우고, 마약 등 행위로 많은 죄를 지었다. 결국 죄인은 들어갈 수 없다.

우리를 자기 피로 속죄해 주시므로 예수님의 의를 힘입어 모든 죄에서 죄 씻음 받고 성령 안에서 씻음과 거룩함과 의롭다함을 받았다. 그래서 이제는 죄와 상관없는 거룩한 몸이 되자. 성령께서 우리 안에 좌정하고 계시기에 우리 몸은 '성령의 전' 즉 성령께서 계신 교회가 되었다.

성령은 거룩하신 분으로 우리와 함께 하심은 우리가 그리스도의 피로써 거룩하게 되었기 때문에 성령이 오셨다. 그러므로 우리는 더 이상 세상의 더러운 것들이 우리 몸을 더럽히지 못하도록 자기관리가 철저해야 한다. 그리고 나는 더 이상 내 몸의 주인이 아니다. 내 자아는 죄와 함께 이미 죽었다. 그러므로 내 주인은 성령님이시다. 성령이 이끄시는 대로 살자. 성령께서 하라는 대로 순종하자(살전5:16-23).

3) 자신 몸을 깨끗이 지키는 것이다(고전3:16-17, 고후7:1).

예수님은 우리를 죄에서 그 몸으로 친히 우리 죄를 담당하셨다.

그래서 우리의 몸과 영혼이 깨끗하고 거룩하게 되었다.

세상의 더러운 것에서 자신을 깨끗하게 지키는 것이 주를 사랑하는 증표이다.

- 요셉은 자신을 깨끗이 지켰다(창39:7-12)
- 다니엘도 우상제물 거부함(단1:8-20)
- 삼손의 비극-자신을 지키기 실패(나실인: 들릴라 연애)

「필자의 조카는 중국 상해 중의대 다녔다. 한국 유학생으로 두각 나타내므로 지역 신문까지 기사가 나와 많은 중국 친구들이 생겼다. 물론 여자 친구들도 많이 따랐다. 그런데 졸업반이 되자 중국 여자 친구가 자기 통장에 15억이 예금되어 있는 통장과 고급 외제차를 보여 주면서 자기와 결혼을 하자고 청혼할 때 조카는 믿음이 좋은 청년이었기에 단칼에 거절했다. 그 후 조카는 신앙 좋은 믿음 가정 이루고 효자 노릇 하고 잘 살고 있다. 필자는 조카에게 "너는 현대판 요셉이다"라고 칭찬하였다. 우리는 하나님의 영적 나실인이다.」

「신라의 화랑도 후예 김유신 장군도 젊어서 주색이 심하자 어머니는 장차 화랑도 정신으로 나라에 큰 공을 세울 자가 주색에 빠졌다는 책망 듣자, 그날부터 김유신은 기생집 출입 금지를 하였다. 그런데 얼마 후 말 타고 졸고 가던 중 말이 여전히 기생집 앞에 멈추었다. 눈을 뜬 김유신은 단칼로 말의 목을 베었고 그 후 문무를 연마하여 삼국을 통일하는 장군이 되었다.」

우리도 죄와 세상의 유혹으로부터 자신을 지키고 천국 일꾼으로 하나님 나라 확장해 나가는 청지기가 되자. 청지기는 자기 자신을 지키면 쓰임 받을 기회가 온다. 주인은 깨끗한 그릇을 사용하신다(딤후2:19-22).

4) 그리스도의 지체임을 알라(고전6:15, 12:27)

예수님은 교회의 머리요 우리는 그의 지체이다.

몸의 지체는 각자의 고유 역할이 있다. 또한 몸의 지체는 머리의 명령대로 움직인다. 교회에는 다양한 인물이 필요하다. 다양한 은사 받은 일꾼이 있어야 한다. 그렇다면 청지기는 자신은 교회에서 어떻게 무엇으로 봉사하고 충성할지 자신의 은사를 발견하고 자기 직분의 위치에서 맡은 일에 충성해야 한다(엡 5:30). 사람의 지체는 고유의 역할이 있다. 머리, 눈, 귀, 입, 손, 다리, 코 등이 있다.

중요한 것은 몸의 각 지체는 몸에 붙어 있어야 하고 또한 머리의 지시대로 움직여야 한다. 우리의 머리는 누구인가? 바로 그리스도이다. 그리스도의 말씀에 순종해야 한다. 그리고 우리는 주님의 지체로서 주님의 몸 되신 교회에 소속되어 주님으로부터 말씀의 은혜를 공급받아야 한다.

• 지체의 데모: 입만 좋은 것 다 먹는다는 성토

또한 우리 중에는 무 교회를 주장하는 잘못된 사상을 갖고 있다(히10:25).

무교회주의는 대단히 위험한 사상이다. 물고기는 바닷물에서 살아야지 물 떠나서는 죽는다.

「무디와 무교회주의 교인: 석탄 난로에서 불붙은 석탄을 밖으로 꺼내자, 교인이 "목사님 석탄을 난로에서 꺼내면 석탄불이 꺼지지요."\라고 하자, 그때 무디는 네 그렇습니다. 바로 교인도 교회를 떠나면 불 꺼진 석탄이 되는 것과 같다"고 함」

5) 세상의 유혹 배격하고 주님 따른다(약1:27, 4:4).

청지기의 참된 경건은 과부와 고아 및 어려운 이웃을 돌보고 자신의 신앙이 세속에 물들지 않는 것이다(약1:27). 또한 우리 신자가 세상을 사랑하는 것은 영적간음으로 하나님과 원수 맺는 행동으로 경고하고 있다(약4:4). 야고보 사도의 권면과 경고의 교훈은 한마디로 청지기들의 세속화 신앙을 경계하는 말이다. 즉 세속화란 무엇인가? 이는 세속주의에 빠진 것으로 바로"시대정신에 신앙을 양보하자. 세상과 타협을 하자" 뜻이다.

오늘날 한국교회는 아주 깊숙이 세속주의에 빠져 있다. 정말 미친 세상에 함께 동화되어 함께 미쳐 돌아가고 있는 슬픈 현실이 되었다. 우리 한국교회는 하나님께서 가장 미워하시는 '세속주의'에 빠져 '타이타닉호'처럼 점점 침몰해 가는 상태와 같다. 한국교회 청지기들이여! 깨어라! 일어나라! 죽은 나사로가 주님 음성 듣고 걸어 나오듯이 세속주의 무덤에서 나오라! 어서 일어나 나오라! 그래야 우리도 살고 민족도 산다!(요6:63)

한자에 '東家食西家宿'(동가식서가숙)이란 말이 있다. 이 말의 의미를 신앙에 적용한다면 '한 발은 교회, 한 발은 세상' 그래서 이스라엘의 호세아 선지자는 신앙상태를 한 쪽만 익고 뒤집지 않은 전병(밀떡)이라고 책망하였다(호7: 8).

6) 몸 바쳐 충성(헌신)하는 것이다(고전6:20, 사43:1-2, 빌1:20).

우리가 우리 몸을 깨끗이 보존하고 건강관리하여 건강한 몸으로 주를 위하여 충성하는 것은 하나님께 산 제사이다(롬12:1-2). 사도 바울은 "하나님께서는 우리를 값으로 사셨다 했다. 그러므로 우리 몸으로 하나님께 영광을 돌리라"(고전6:20)고 권면하였다.

하나님께서는 우리를 하나님의 소유로 삼으셨다. 그래서 구원의 확증으로 성령의 도장을 화실하게 인쳐 주셨고 성령께서 영원히 보증자가 되셨다(사43:1-2, 엡1:3-14). 청지기는 사나 죽으나 주님의 것이 되었다(롬14:7-8). 또한 언제나 우리 몸을 통해 그리스도의 이름이 존귀히 나타나게 해야 한다(빌1:20).

그러므로 청지기의 삶은 선한 행실로! 소금과 빛된 생활로! 착한 행실로 하나님께 영광 돌려야 한다. 하나님은 믿음을 근거로 선행의 제사를 기뻐하신다(마5:13-16, 벧전2:12, 고전10:31). 그리고 자신을 거룩한 산 제물 되는 것이다(롬12:1-2).

• 윌리엄 템플(William Temple) "기독교는 내가 아는 예수 그리스도께 내가 아는 내 전부를 완전히 바치는 것이다."

3. 거룩한 물질(헌금)을 드려라(말3:10, 고후9:7.13)

신앙생활은 물질(돈) 관리와 돈에 대한 가치판단에 달려 있다.

돈 때문에 신앙생활 실패하는 경우를 허다하게 본다. 성경은 물질(돈)에 대하여 아주 중요하게 취급하고 있다. 성경에 죄를 용서하시는 하나님! 사랑의 하나님!으로 보여 주시는데 유독 돈으로 범죄한 죄는 중범죄로 취급하셨다,

에덴동산의 선악과 범죄(창3:3-20). 아간의 탐심 범죄(수7:1,1224-26), 엘리제사장 두 아들 제물 착취(삼상2:12-17, 29), 게하시의 탐심(왕하5:22-27), 십일조 불순종을 도둑으로 책망하심(말3:10). 가룟유다 돈 때문에 선생 예수 팔았다(마26:14-15, 47-50). 아나니아 삽비라 사건(행5:11), 돈에 대한 탐심 하나님께 서원한 것을 어기다(골3:5).

하나님은 물질의 범죄는 하나님이 무겁게 다루고 있다. 그 이유는 인간은 돈을 하나님으로 섬기려 하고 마귀는 돈으로 사람들을 타락시키고 있기 때문이다(마6:24). 그러므로 청지기는 돈의 출처와 정체성을 바로 알아야 선한 청지기 노릇 할 수 있다.

1) 돈(물질)은 하나님께서 청지기에게 임시로 맡겨 주셨다.

많은 사람은 돈을 자신의 것으로 착각한다. 물론 자기가 소유하고 있기 때문이다. 그리고 이 돈을 벌기 위해서 모든 것을 희생하며 모았기 때문일 것이다. 그러나 엄밀히 말하면 나에게 있는 모든 것, 건강 명예 지식 권세 가정 자녀 물질 등 어느 것 하나 내 것이 아니었다(창1:1, 욥1:21). 성경은 경고하고 있다. "네 모든 것 가지고 자랑하는데 오늘 밤에 네 영혼을 부른다면 그 모든 것이 누구의 것 되겠느냐?"(눅12:15-21). 마지막으로 돈에 대하여 확실히 언급해 주는 말씀이 있다.

하나, 천지의 모든 것 다 주님의 것이다(대상29:11).

둘, 은금은 하나님의 것(학2:7)

셋, 돈은 인간에게 주신 선물(전3:13, 5:19)

넷, 인간은 하나님의 것 청지기(관리인)이다(창1:28).
다섯, 사용처 확인 후 심판함(마25:31-46)
모든 인간은 하나님의 재산을 맡은 청지기들이다.

2) 모든 것(물질, 생명, 재능, 명예) 하나님의 것임을 고백하라

우리는 청지기로서 하나님의 것을 관리하는 종이다. 그러므로 내게 있는 모든 것 하나님의 뜻대로 사용해야 한다. 청지기는 물질을 관리하는 자로서 물질의 의미를 알아야 한다. 하나님께서 왜 우리에게 물질을 주셨는가? 성경은 "네 재물과 네 소산물의 처음 익은 열매로 여호와를 공경하라"(잠3:9). 때로는 하나님과 이웃을 사랑하는 도구로 사용하고 우리의 양식으로 주셨다. 그래서 하나님께 마음과 몸을 드리는 제사에는 반드시 제물(물질)이 수반되는 것이 참된 제사이다.

구약에는 5대 제사(번제, 화제, 소제, 속죄제, 속건제)를 드리는데, 제사에 따라 제물의 가치와 구분이 있으나 공통적인 점은 모든 5대 제사에는 '제물'이 있다는 것이다. 물론 구약은 신약의 예표로서 신약의 제사(예배)에는 바로 예수님이 제물이 되었다(히7: 27, 9:12). 우리가 예배드릴 때 헌금은 바로 구속의 은혜 감사 보답으로 물질을 구별하여 드리는 정성이다.

3) 십일조 헌금을 반드시 바치라

말3:7-10에 보면 이스라엘 백성들은 아직도 하나님께로 돌아오지 않고 있다고 책망하시고 있는데 바로 '십일조 헌물'을 바치지 않음을 지적하셨다. 십일조 불순종은 '도적'이라고 하시고 하나님의 저주를 받았다고 말씀하셨다.

이스라엘 백성은 입술로는 하나님 사랑합니다, 우리는 '하나님의 선민'이다라고 외치지만 십일조를 도적질하는 것을 보면 위선적인 신앙 자태일 뿐이었다.

예수님께서도 "보물이 있는 곳에 네 마음도 있느니라"(마6: 21) 하셨다. 웨슬리 목사는 "돈 지갑이 회개하기까지 당신의 회개를 믿지 않겠다"고 하였다.

근간에는 신앙이 잘못되고 탐심에 사로잡혀 십일조 바치기를 아까워하는 사람들은 비성경적인 말을 한다. 저들은 "십일조는 구약시대의 산물이고 율법주의 신앙이다."라고 궤변을 하는데 십일조 헌금의 본질을 몰라서 하는 말이다.

청지기 훈련과 교회부흥

지금도 하나님은 십일조를 의무적으로 바치라 하시고(레27:30-32) 또한 절기 헌금까지 바치라 하셨다(신16:16-17). 그리고 성전 건축헌금도 드릴 것을 명령하셨다(출35:21, 36:4-5, 대상29:6-9). 십일조는 백성들과 제사장들도 바쳤다(민18:25-28).

십일조는 아브라함(창14:18-20, 시110:4, 히7:1-10), 야곱(창28:20-22), 신약의 주님도 "하나님의 것은 하나님께로 드리라" 명령하셨다. 십일조에 대한 더 큰 축복의 약속을 믿고 믿음으로 십일조 바치면 하나님께서 반드시 축복을 약속하셨다.

언필칭 이단 사이비들은 십일조는 구약의 율법주의라고 하는데, 이는 십일조 정신과 성경을 부인하는 무지에서 나오는 주장이다. 십일조는 율법이 아니고 복음이다(히7:1-3).

「이명복 집사: 시계방, 금은방(남양당) 운영-학교 문방구 자리 정도에서 금은방 운영. 하나님 주시는 물질로 지역사회 장학금, 개척 교회 후원을 한다. 절대 신앙, 절대 기도, 절대 십일조. 절대 봉사: 대로변 5층 건물 건축 : 교회 생활 모범」

4) 헌금은 받은 축복에 대한 보답이다.

(고후9:5) '연보'라고 하는데 원문은 '복'이다. 즉 헌금 바치는 것은 '복의 씨'를 심는 원리이다.

헌금은 축복의 씨앗을 심는 원리이다(갈6:7). 청지기들은 헌금 정신이 정립되어야 한다. 즉 의무감에서 주님 사랑의 실천으로 순종하자.

특히 십일조와 헌금 정신은

첫째, 내게 주신 모든 것 하나님이 주인 되심을 고백.

둘째, 구속의 은혜에 대한 감사의 보답.

셋째, 말씀 순종하는 믿음의 표시.

넷째, 섬김과 나눔 실천의 자세이다.

다섯째, 즐거운 마음으로 축복의 씨앗을 심자.

가난하고 힘들고 어려워도 눈물 흘리면서 축복의 씨앗을 심자. 반드시 기쁨으로 축복의 단을 가지고 돌아오리라(시126:5-6).

연보(헌금)는 축복의 씨앗을 천국에 심는 원리와 같다.

「미국 지미 카터 대통령은 선한 청지기로 살았다. 그리고 미국 역대 대통령 중 가장 가난하게 살았다.

그의 집은 허름한 옛집이고 가구도 낡은 것 자동차는 25년이나 탄 중고차이다. 그리고 검소하게 살고 슈퍼마켓의 할인 쪽을 이용하였다. 자신의 자산 3천만 불은 아프리카 기니 벌레의 '전염병' 퇴치를 위해 전부를 기부하였다. 은퇴 후 그의 삶은 가난한 사람들의 집을 지어주기 위해 망치를 들었다. 그는 자신의 편리함보다 타인의 고통을 생각하는 교회 집사요 교사요 선한 청지기였다.

• 우리나라 대통령들 보라! 비교가 안 된다.」

5) 모든 청지기는 탐심을 버려라(골3:6)

지금 우리 주변에 돈 때문에 부자지간, 형제지간에 다툼과 살인 소송 재산 싸움을 하고 있다. 심지어 교회의 분쟁도 돈 때문인 경우가 많다. 마귀는 떡(물질: 돈)을 가지고 인간들의 탐심을 부추기고 있다(마4:1-11). 그러므로 청지기들은 돈에 대한 성경적인 자세가 정립되지 않으면 일생동안 돈의 노예가 된다.

「지난 2025년 9월에 300억대 자산가 할머니가 두 아들(장남, 차남)에게 타살되었다.

사건 경위는 아들 3형제 둔 모친이 자신의 재산을 분배할 때 장남에게 100억 주고 차남도 100억 주고 막내 아들에게도 100억 주었다. 그리고 막내며느리에게는 두 며느리와 다르게 효심이 있어 자주 연락하고 수시로 돌보아 주는 것이 고마워서 자신이 소유한 조그마한 집을 막내아들에게 주기로 결정했다. 그런데 두 아들 장남과 차남은 다 같은 자식인데 똑같이 나누어 줘야지 왜 막내에게 더 주었느냐고 어머니 집에 찾아와 행패를 부리던 중 두 자식이 그만 감정 조절을 못해 둘이서 어머니를 폭행하여 현장에서 실신하였다. 그런데 막내며느리가 시어머니에게 전화해도 안 받아 궁금해 달려 와 보니 두 아들로 인하여 폭행 당한 느낌이 들어 즉시 경찰에 신고하였다. "탐심은 우상숭배니라"(골3:5).」

모든 청지기는 바울 사도의 권면을 들으라(딤전6:6-10, 17-19, 딤후3:1-5).

 청지기 훈련과 교회부흥

「영국의 경건한 웨슬레 목사 "돈에 대한 10훈" 소개한다.

하나, 돈은 하나님께 영광 돌리는 수단이지 탐욕 대상 아니다.

둘, 과도한 사유재산을 소유하지 않는다.

셋, 교육과 은퇴 대비로 저축한다.

넷, 근검, 절약, 절제로 계획성 있는 소비를 한다.

다섯, 빚지지 말고 있으면 먼저 갚으라.

여섯, 헌금과 구제는 감사한 마음으로 열심히 하라.

일곱, 주일은 돈 버는 일을 하지 말라.

여덟, 벼락부자 꿈꾸지 말고 투기하지 말라.

아홉, 자기 이익 위해 뇌물 쓰지 말라.

열, 돈으로 자녀를 가르치려 말라.」

4. 거룩한 은사로 섬겨라

1) 은사란 무엇인가

성령께서 주님 사역을 효과적이고 능력 있게 할 수 있도록 교회의 모든 청지기들에게 봉사하도록 주신 기능적인 선물이다(신령한 도구). (고전12:7, 엡4:7-12). 결국 교회의 모든 청지기 직분들과 각종 모든 은사는 하나님의 선물이다. 그리고 은사는 개인의 소유가 아닌 공공성 있는 영적 도구로 수여 된 것이다. 여기에 대해 미국 웨스트민스터 신학교 교수 쥬크는 "하나님께서는 모든 청지기들에게 각각 은사를 주셨다"고 하였다. 성경도 이미 교회의 모든 청지기들에게 각각 은사를 주셨다고 말한다(벧전4:10). 그러므로 은사는 성령님으로부터 온 기능적인 선물로 봉사하는 것이다(빌3:3).

2) 은사 주신 목적

영국교회 목사 '메튜 헨리'는 "신자들에게 은사 주신 목적은 자랑하라고 주어짐이 아니고 봉사하도록 주셨고, 뽐내기 위함이 아니고 덕을 세우기 위함이고, 소유자가 높아지게 함이 아니고 교회의 유익과 기독교 전파를 위하여 부여되었다"고 했다.

즉 은사 수여 목적은 개인 소유가 아니고 다만 교회 유익과 복음 전파를 위한 영적 도구다. 특히 교회 충성할 때 은사 활용은 봉사와 충성에 대한 효과가 극대화 된다.

첫째, 교회 유익(고전12:7).

둘째, 성도 온전케(엡4:12).

셋째, 봉사 일(엡4:12).

넷째, 그리스도의 몸 세움(엡4:12).

다섯째, 하나님 영광 위함(벧전4:11)이고 각종 모든 은사의 핵심 가치는 "섬김"이다.

3) 은사의 다양성

은사는 개인의 견해에 따라 9가지, 21가지, 27가지, 30가지 이렇게 나름대로 나열하기도 한다. 그런데 은사는 필자의 연구에 의하면 이보다 더 훨씬 많고 다양한 것이 분명하다. 물론 은사가 중복되어 나오는데 같은 맥락에서 이해하면 된다.

그래서 필자는 은사를 크게 4부류로 구분하였다.

(1) 봉사 은사(롬12:6-8)

① 예언은사: 설교자는 예언자적 안목으로 설교를 하고 하나님의 뜻 전달함.

② 섬김은사: 예수님의 희생정신으로 타인을 돕고 섬김 실천(막10:45).

• 깔멜수도원장: 로렌스는 주방일-수도사들 섬김으로 원장 됨.

③ 가르치는 은사: 성경을 잘 풀어 가르치는 교사 및 구역장, 구역강사.

④ 상담은사: 상처받은 자, 낙심자 권면하고 상담하여 용기를 심어줌.

• 호세아 군목 시절: 관심 병사 및 자살자 상담 결과(예수 영접).

⑤ 구제은사: 교회의 기본 은사로 규모 있게 분배하고 조직적으로 나눔 사역을 잘함.

• 성 프랜시스는 재산 몽땅 구제함.

⑥ 긍휼은사: 주님의 심정으로 남을 불쌍히 여기고 배려를 잘함.

강도 만난 자의 이웃 선한 사마리아 사람같이 자비를 베푼다.

⑦ 다스리는 은사: 지도력이 탁월하고 잘 지도함.

(2) 공공성 은사(고전12:8-10)

① 지혜은사: 하나님의 뜻을 잘 깨달음

② 말씀은사: 설교자 주석번역, 해석자

③ 믿음은사: 의심 없이 믿음

④ 병 고침은사: 영육 질병치유

⑤ 능력은사: 능력사역(축사)

⑥ 예언은사: 말씀선포

⑦ 영분별의 은사: 악령, 이단 분별(요일4:1)

⑧ 방언은사: 배우지 않은 외국말을 하고 듣게 함. 오순절 성령 충만 역사

「인신매매 때 방언하니 맛이 간 여자라고 포기함. 구미 지산교회 이규목 목사님 인도 선교비 몸에 지니고 택시 타고 가는데 2명 기사의 대화가 불안하여 기도하니 저들 대화 내용이 이해하게 되었다고 한다(가정애기). 이 역시 통변 은사로 인정하고 싶다. 」

오순절 성령강림 후 베드로 설교를 각자의 나라말로 알아듣게 한 사실(행2:4-11).

⑨ 통역은사: 방언해석과 통변함. 다니엘이 벽의 글자통역

• 스레이모: 필자 설교를 캄보디아어 통역

(3). 직분 은사(고전12:28, 엡4:11-12)

① 사도직: 초대교회 12사도(교회 창설) 및 바울 사도. 주님의 부활을 목격자. 초대교회 때 한시적 직분임

② 선지자: 하나님의 말씀 받아 전달함. 선지자 직분도 현대는 설교자로 대체됨

③ 복음 전하는 자: 목사, 선교사, 부흥사, 평신도 전도자

(딤후4:2). 평신도 선교사 시니어 선교사

④ 목사: 목사 임직자로 선한 목자로 성도양육(목회자)(요10:10)

⑤ 교사: 성경을 효과적으로 잘 가르는 자, 구역강사, 사역자

(4) 의미상 은사(독특한 은사): 은사의 단어 없지만 사역 내용(의미)을 통해 규명된다.

① 사랑은사 – 사랑 실천(고전13:1-13)

  • 손양원 목사 아들 죽인 자 양자 삼음

  • 만델라 대통령 28년 감옥 정적을 용서. 흑인 대통령, 노벨상

② 헌금은사 – 어려운 중 헌금(고후8:12, 막12:41-42)

  • 북한 소년 호텔에서 일하며 번 돈 십일조 바침

  • 캄보디아 청년들 십일조 실천

③ 독신은사 – 주 위해 결혼 포기(고전7:7, 바울) • 안나

  • 선교지의 여자 선교사님 독신으로 홀로 사역

④ 협력은사 – 타인과 잘 협력함(막2:1-12). 사람들과 좋은 관계에서 상부
상조로 맡은 일 잘함. 선교지 팀워크 선교사역

⑤ 기도은사 – 기도 사명자(눅2:37). 타인 위해 기도함(국가, 선교지)

  • 춘천 한빛교회 새벽기도 소원 이필례 집사 시각 장애자(교회 옆집
  소유기도 응답)

⑥ 찬송은사 – 감사한 마음으로 찬송함(시69:30, 31)

⑦ 대접은사 - 타인을 대접(창18:1-19)

  • 아브라함 천사 대접: 이삭 득남 소식

⑧ 칭찬은사 – 예수님 백부장 믿음 칭찬(마8:10), 바울 뵈뵈, 브리스길라,
교인(롬16:1-27)

  • 목회자, 지도자, 구역장은 칭찬 은사 발휘하라

  • 칭찬은 상대방 장점, 강점을 인정하므로 격려와 용기를 심어줌

  • 노인천국 이사장 박남주 목사님 – 언제나 직원들(약 200여 명) 격려
  와 칭찬

⑨ 행정은사 – 조직, 관리, 기획(마10:1), 선교지 선교전략.

⑩ 무소유은사 − 사유재산 포기(고전13:3, 바울, 성 프랜시스): 청빈의 삶

　• 돈 탐심으로 인생 및 신앙까지 망치는 자 많다.

⑪ 순교은사 − 예수를 위해 목숨 바침(행7:55 스데반, 주기철 목사)

　• 초대교회, 일제 강점기, 6·25전쟁 때(염산교회 77명 수장 순교)

⑫ 예배은사 − 예배 중심의 삶(요4:23, 24, 롬12:1 −2)

　• 예배에 목숨을 걸라.

　• 이인숙 권사예배 − 이성화 목사(부천서문교회 건축) 남편 장로, 사위

　　장로, 본인과 딸 권사로 충성. 손자: 의사, 손녀: 교수

⑬ 감사은사 − 범사감사(살전5:18). 감사 생활화.

　• 감사는 천삼(하루 30회 실천)

　• 감사와 웃음은 암도 이긴다(웃음은 만인과 소통된다).

⑭ 아멘은사 − 믿음의 고백(고후1:20)

　• 함태영 목사(성남둔전교회 목사, 부통령)

　　머슴살이 장로님 댁에서 신앙 출발, 장로님 따님과 결혼. 판사

⑮ 인내은사 − 시련 환란 승리. 욥(롬8:18)

　• 북한 지하 성도. 핍박받는 교인들 〈극동방송 청취〉

⑯ 헌신은사 − 주 위해 헌신 봉사를 사명으로 알고 충성함(계2:10)

　• 외국인 비전교회: 주님교회 부부집사

　• 조남숙 권사 부부(광염교회)

　• 브리스길라와 아굴라 부부(롬16:3,4)

5. 거룩한 삶 실천(롬12:1-2, 약1:27, 벧전1:15-16)

1) 거룩한 가정(엡5:25−27, 욥22:23)

(1) 부부 화목: 최고의 자녀 교육, 신앙교육

(2) 부자 화목

(3) 시부모, 형제 화목

(4) 가정예배: 최고의 신앙훈련, 인성훈련, 부모영적 권위 세움 기회

2) 착한(선한) 행실(마5:16, 벧전2:12)

  (1) 이웃사랑 실천

  (2) 도움 필요로 하는 자 도움

  (3) 찾아가서 도움

3) 빛의 열매(엡5:8-9)

  (1) 착함

  (2) 의로움

  (3) 진실함

4) 세속화되지 않는 것(롬12:1-2, 약4:4)

  (1) 세속적인 생활 배격(세상 풍습)(엡2:1-21)

  (2) 인본주의 배격

  (3) 세상문화 배격

5) 영을 좇아 사는 것(영적 삶)(롬8:4-9)

  (1) 성령 충만(엡5:18)

  (2) 성령을 좇아감(갈5:16-21)

  (3) 성령으로 봉사(빌3:3)

6) 옛사람을 벗고 새사람 입고 거룩한 생활(엡4:23,24, 약1:27)

  (1) 옛 사상 버려라(지식, 사상, 주의, 이념)(요13:1,2)

  (2) 습관적인 허물: 분노(성냄) (약1:19,20)

  (3) 모세의 분노- 가나안 못 들어 감(지도자의 실수 표본)

「서울의 모 교회 장로는 평소 성질이 사납고 급하고 '분노 조절 장애' 증상이 심각하다. 누구도 감히 충고하고 접근할 수 없다. 자신의 분노를 참지 못하고 성질까지 급하다. 어느 주일 날 거룩한 성찬식 때도 담임 목사와 악감정을 갖고 있었는데 목사님이 성찬 집례 하려는데 성찬식기를 뒤엎어 버렸다. 교회 분

 청지기 훈련과 교회부흥

위기는 완전히 수라장이 되었다. 당시에 교인들이 있었지만 하도 성질이 사납기 때문에 만류하는 사람이 없는데 당시 한 청년이 만류하므로 성찬식은 거행치 못했다. 일반 예배로 마치고 2층 계단에 내려가다가 성찬식을 훼방 놓았던 장로가 발을 헛딛고 낙상하여 앞으로 고꾸라져 119에 실려 응급실 갔는데 의사 진단 '목이 부러져 사망'했다는 결과가 나왔다. 당일 성찬식 만류한 청년은 지금 목사로 목회를 잘하고 있다. 아무리 성질난다고 거룩한 주일 날 거룩한 성찬 예식을 망쳐야 하는가? (주일: 主님의 날)

그러므로 교회 중직자 선출할 때 인격과 품성까지 탐구하고 투표하라.」

6. 거룩한 날(성수주일)

1) 안식일: 주일 지키는 것(출20:8, 렘17:24)

2) 주일(主日)날로 지키는 것(주님 위해 헌신하는 날, 마28:1)

3) 예배에 빠지지 말라(요4:22, 24, 행10:24, 25, 히10:24, 25)

4) 기도, 전도, 선행(심방)(행16:13, 롬12:15, 요5:1-9)

이단 사이비들은 십일조 바치고 주일성수는 율법주의라고 억지 주장하는데 그것은 틀린 것이다. 율법주의란 구원의 조건으로 율법을 지켜야 한다는 잘못된 사상이다. 그러나 십일조 바치고 주일성수는 복음이다. 그러므로 말씀에 순종하고 복음에 합당한 삶을 사는 것이 청지기 삶이다.

정통 기독교에서 부활 이후 안식일에서 주일을 성수하는 근본적인 요인은 예수님께서 안식 후 첫날(마28:1) 부활하셨기에 때문이다.

7. 거룩한 시간

1) 예배시간(엡5:16, 히10:25)

  • 예배에 목숨을 걸라. 예배는 삶의 우선순위가 되어야 한다.
    예배 실패는 인생 낭비! 예배 성공은 인생 축복이다.

2) 선한 일에 투자(갈6:9, 살전4:11, 살후3:10)

3) 기도 시간(행3:1-10, 10:2, 행1:14)

4) 만사에 때가 있다(전3:1-8)

5) 시간은 신속하다(시90:4-10)

〈벤자민 프랭클린〉"시간은 너의 생명이다" 시간 낭비는 생명 낭비이다.

6) 새벽기도(시46:5, 57:8)

• 기독교 역사는 '새벽'에 일어난다.

(1) 홍해가 새벽에 갈라짐(출14:21-25)

(2) 아침(새벽) 메추라기(만나) 주심(출16:1315)

(3) 여리고성 무너짐(수6:12-16)

(4) 한나 사무엘 잉태(삼상1:19-20)

• 필자는 청지기 훈련 집회 마치고 본 교회에는 '새벽기도'로 이어가는 40
일 특별 기도회 하는 전통을 이어오고 있다. 그때마다 순종한 교회들
은 교인 개인과 교회 문제들이 해결되고 교회가 부흥된다는 소식을
듣고 있다. 개척 교회가 교회 건물 구입되는 기적들이 나타난다.

• 필자는 금번까지 청지기 훈련 시리즈 20권째 집필도 새벽시간에 이루
어졌다.

8. 거룩한 첫 열매(잠3:9-10)

1) 첫 월급, 첫 십일조(잠3:9)

2) 첫 곡식 및 수확물(잠3:9, 출13:6)

3) 첫 시간(막1:35)-새벽시간

4) 초태생(출13:2-12)

5) 첫날(주일) 매월 1일(마28:1, 창8:20)

9. 가족단위 선교비 후원과 봉사(빌4:15-20)

「한국교회에서 가족 단위로 3대가 선교현장에서 선교하는 가문이 이슈다. 고

박용묵 목사님의 자손들이(박재천 목사 형제 가족들) 가족단위 인도 선교 모범을 보이고 있다. 매년 여름이면 3대가 인도에서 선교 봉사 지원하고 있다. 필자 가문도 본받고 싶어서 지금 우선 현재 3대가 선교비 후원을 하고 있다. 이제 손녀들이 성장하면 선교 도구로 쓰임 받는 인재들이 나올 줄 믿고 기도하고 있다.

필자 가족은 필자 부부와 두 아들과 두 자부 4명의 손녀로 합10명이다.

손녀들에게 어려서부터 선교의식 심어주는 신앙교육을 위해 매월 온 가족 3대가 매월 첫날 1인당 1구좌 1만 원으로 합10만 원을 청지기 선교회에 선교비를 후원하고 있다.

청지기 선교회는 여러 회원이 자발적으로 가족 단위 선교비를 후원함으로써 캄보디아, 태국, 미얀마 선교사님들을 후원하고 있다.

캄보디아 선교 실천은 무료 양로원, 목회자 양성, 교회 개척, 캄보디아 은퇴선교사 안식관 건립을 통해 은퇴했어도 현재 선교사님들은 노후가 준비 안 되었기 때문에 현지교회 목회자 지도하고 선교 협력 하면서 여생을 현지에서 보내면 선교 효과는 더 극대화될 것이다(현지 은퇴선교사 의식주 해결은 후원 교회가 책임진다)-"현지 은퇴선교사 '해비타트' 운동"계획이다.

• '현지 은퇴선교사가 선교지 교회 협력(지도) 선교사로 현지 목회자를 돕는 제도화 운동의 전개를 위해 기도하고 있다. 이렇게 되면 현지의 교회가 더 부흥될 것이고 은퇴선교사는 큰 보람을 얻을 것이다.

선교지에 개인적인 기념비로 교회를 세우는 그것은(학교. 선교센터) 가문의 축복이자 하나님 영광이다. 필자는 이런 비전을 품고 2007.4.12.에 '청지기복지진흥원(청지기선교회) 선교단체로 허가받았다(고유번호: 119-82-63566). 또한 법인 통장도 개설되었다. 후원 계좌: 국민은행 2262-0104-2576-56:예금주:청지기복지진흥원(대표: 호태석) 명의로 비영리법인으로 허가를 득했다.

• 선교는 영적전쟁! 후원은(기도, 물질) 승리의 무기!

• 내월 1일: 가족선교의 날: 자손 3대 가족후원으로 선교 동역하자.

• 1구좌(개인: 월1만원) 후원은 3대 가족의 최상 신앙교육임

• 선교: 무료양로원(양로원), 신학생 장학금, 교회개척, 목회자 후원

• 캄보디아 프놈펜: 노인천국 선교센타(부지175평) 총회 명의로 등기 완료

• 독자들도 가족단위 선교를 실천해 보기를 권면한다.

'한인세계선교사 지원재단' 2017년 실시한 조사에 따르면 한국 선교사 341명 중 62.5%는 은퇴 후 주거 대책이 없었다. 그중 37.5%는 보험이나 연금에도 가입하지 않은 것으로 나타났다(국민일보 2025. 12. 4).

선교 후원 후 자녀손들과 선교지 방문하라. 이는 최상의 선교교육이다.

10. 거룩한 사상(생각)을 드리라(롬12:1,고후5:17, 엡4:23-24, 요13:2)

1) 성경적 가치관(믿음)으로 무장(요13:2)

2) 복음(예수)없는 공산주의를 배격한다(살후3:10).

3) 세속화를(세상 사랑하는 마음) 멀리하라(약4:1-4)

4) 세속주의적인 의식구조(사고방식)를 갱신(엡4:23-24)

5) 탐심 물리쳐라(눅12:15-21, 골3:5). 가룟유다(눅22:3-6)

6) 인본주의 사상을 배격하라. 인본주의는 곧 민주주의를 말한다(계3:14-21). 「라오디게아는 곧 '민주주의'라는 의미가 담겨있다(박윤선 주석)

민주주의는 세속 사회에서는 타당한 것이지만 교회에서는 비신앙적이다.

민주주의는 국민이 나라 주인이라는 정치적 논리는 맞지만, 교회는 주님이 주인이므로 교회는 '신본주의'가 되어야 한다. 이것이 성경적 원리이다.

그래서 교회 안에는 민주주의를 내세우면 '하나님 계실 자리를 인간들이 앉아 자신들의 생각을 관철하는 것이다. 단언컨대 교회는 '신본주의 사상'! 하나님 제일주의 사상이 전부가 되어야 한다. 그러나 말세 교회가 '교회의 민주주의'를 강조하는 것은 하나님의 뜻을 저버리는 것이다.

• 칼빈-신자는 성경이 가는 데까지 가고 성경이 멈추는 데서 멈추라(고스톱)」

7) 예배를 방해하지 말라(삼상2:3,17, 29-34, 3:13,14)

"너희 온 영과 혼과 몸이 우리 주 예수 그리스도의 강림하실 때에 흠 없게 보전되기를 원하노라"(살전5:23)

 청지기 훈련과 교회부흥

"마귀가 벌써 시몬의 아들 가룟 유다의 마음에 예수를 팔려는 생각을 넣었더니"(요13:2). 자신의 사상을 잘 지키고 세상의 세속적인 사상들로 속지말라는 의미이다.

지금은 악한 사탄 마귀가 공중권세 잡고서 불순종하는 영으로 사람들을 미혹하고 성경과 반하는 공산주의 사상들로 오염시키어 양의 가죽을 뒤집어 쓰고서 교회까지 침투하였다.

그 증거로 수년전에 모 신학대학 학생이 공산주의를 찬양한 일과 지난해 서울 ○○교회 목사가 교회 강단에 인공기를 달자고 할 정도로 공산주의 사상에 미혹된 어리석은 자들이 있음이 슬프다. 공산주의는 "기독교는 인민의 아편"이라고 한다. 6.25때 공산당에 의해 수많은 신자들이 순교 당했다. 예수를 진실로 믿는 자는 공산주의는 하나님이 미워하는 사탄임을 알아야 한다(엡 5:10-17).

그러므로 청지기들은 자신의 사상이 오염되지 않도록 은혜와 진리로 무장해야 한다.

말씀 연구

1. 거룩함의 의미는 무엇인가?
2. 예수 믿고 세속적인 의식구조 변화를 말해 보라.
3. 100일 잔치에 대해 당신 생각은?

제3절 청지기 충성과 10대 원칙

1. 자신의 의(공로)를 나타내지 말라(빌3:3, 마7:12)

미국 '고든 매도널드' 목사는 "하나님으로부터 받은 재능을 100% 발휘하는 것이 충성스러운 일꾼의 소망이다"(고전4:1). 그러나 교만한 자는 자기 의를 드러내는 열심이다. 그렇게 되면 땅에서 자기 상을 다 받는 것이다. 우리가 주님 일 할 때 조심해야 한다. 내가 인정 안 해도 주님께서 다 보신다(마6:4).

「필자의 지인 친구는 ○○교회 이 장로님이다. 그 장로님은 필자가 모 대학 주임교수로 있을 때 만학도로 입학 후 무섭게 열심히 공부하더니 학부와 대학원 그리고 수년 전에는 치유선교학 박사까지 취득했다. 그리고 장로님은 신앙과 인품과 덕망을 갖춘 분으로서 필자에 대해 사랑을 베푸는데 20여 년을 한결같이 매년 설날마다 선물을 손수 만들고 정성을 다해 보내는 장로님이시다. 이 장로님은 청주 ○○교회를 섬기는데 수석 장로답게 목회자와 교인들을 잘 섬기는 장로로 본을 보이고 있다. 그리고 장로님의 아름다운 미담으로 본인 60회 생신 때 베트남에 '기념교회'교회를 세웠다.

또한 금번 70회 생신 기념으로 우간다에 '은혜 아카데미' 초등학교 건물과 교사와 학생들을 위한 기숙사를 개인 사재로 4억 이상(유치원, 초등학교, 기숙사 등 9개 건물 공사) 들여서 학생 500명 수용, 자비량으로 건축하고 있다. 현재 2026년 완공 목표로 공사가 진행 중이다. 그리고 지역사회에 본인의 토지 200평을 동네회관과 경로당 부지로 기부하므로 지역사회에서도 칭송을 통해 하나님 께 선한 청지기로 영광 돌리고 있다.

그런데 안타까운 점은 장로님이 60대 중반에 두 눈의 실명으로 시각장애 판정을 받았다. 그럼에도 불구하고 한국 고전 춤을 유명한 고수로부터 사사받아 전통 춤 익히고 몸 찬양으로 영광 돌리고 있다. 그리고 어르신이 많이 모이는 노인대학 또는 교회 초청받아 가는 곳곳마다 주님께 영광 돌리고 있다.

필자는 전화 통화 때마다 이 장로님으로부터 매번 큰 도전을 받는다. 양눈의 장애임에도 불구하고 주의 일에 열정 내는 자랑스러운 장로님의 열정 때문이다.」

2. 주의 일에 자원하고 감사한 마음으로 한다(사6:1-9).

구원 받은 청지기들은 주님의 일에 기쁨으로 자원하고 충성한다. 이것이 곧 주님의 은혜를 만분지일이라도 갚는 기회이다.

  청지기 훈련과 교회부흥

「필자 경험이다. 자녀들이 '칠순 기념'으로 성지 여행 다녀오도록 적지 않은 경비를 주었다. 그때 성지순례 포기하고 캄보디아 노인천국 선교부지 마련을 위해 몽땅 선교헌금 드렸다. 당시 필자와 강유식 장로, 윤병렬 권사, 서홍석 권사, 신영숙 권사, 문영신 권사, 이미자 권사 등 여러 분이 기쁨으로 자원하고 헌금하므로 캄보디아선교를 위해 프놈펜에 175평 대지를 마련하였다. 지금은 캄장총회 유지재단에 넣고 등기도 나왔다. 이제 설계가 들어가고 건축이 완성되면 복지선교로 무료양로원을 운영하는 선교가 진행될 것이다.」

- 영국 성 바울 대성전 건축 현장: 두 석공 일하는 마음과 자세: 불평/감사

3. 오직 믿음으로 순종하라

1) 아브라함 순종(창12:1-5, 20:1-4)
2) 여호수아, 갈렙 충성(민14:30, 38)
3) 가나 혼인집 하인들(요2:5-11)

4. 역사의식 갖고 충성하라

사람 의식하지 말고 주님이 보고 계심을 알라(계2:2-3).

자녀들에게까지 신앙과 충성 전통을 남겨 주라.

일반적으로 부자 3대 못 간다고 하는데 당대 한국의 최대 부자 경주의 만석꾼 최 부자 집은 7대 가훈으로 12대 동안 만석꾼을 이어 갔다고 한다.

① 과거를 보되 진사 이상은 하지 말라.

② 재산 만석 이상은 모으지 말라.

③ 과객을 후하게 대접하라.

④ 흉년에 남의 논밭 사지 말라.

⑤ 최 씨 가문 며느리들은 시집 온 후 3년은 무명옷 입으라.

⑥ 사방 100리 안에 굶어 죽는 자 없게 하라.

⑦ 나 혼자 배부르게 사는 것은 부자의 도리 아니다.

최 부자 자손들은 7가지 명가훈을 실천하였고, 광복 후 최 부잣집의 전 재산은 대구 영남대학 재단에 모두 기부되었고, 문화재로 지정된 경주 교동 집도 영남대학 재단 소유이다.」

우리 청지기들도 때가 되면 본인의 재산을 공익재단, 교회, 선교지에 교회를 세우는 일 얼마나 자랑스러운가!

5. 주님 우선주의로 충성하라(마21:1-5)

• 나귀새끼 주인에게 주님이 쓰시겠다 할 때 즉시 보내드림
「• 롬팔이팔(롬8:28) 유튜브 : 강원 정선 천불사를 교회에서 매입하는 기적.
교회 목사가 기도하던 중 스님에게 가서 "이 사찰 주가 쓰시겠다" 말하자 주지 스님은 그렇게 하시지요! 결국 교회에서 매입하여 교회가 세워짐.」

6. 인내하면서 충성하라(갈6:6-9)

선한 일에는 반드시 희생과 고통이 따른다. 더 심한 경우는 마귀 시험도 온다.
주님 사역에는 다양한 시험이 올 수 있기에 인내가 필요하다.
구약시대 '느헤미야'가 고국의 예루살렘에 성전을 지을 때 '산발랏'과 '도비야'와 '게셈'이 비난함(느2:18, 19, 20).
주님 사역에는 언제나 마귀가 틈타고 훼방 놓는다.

7. 봉사자들과 보조를 맞춘다(상부상조, 질서유지)(빌2:1-4).

교회 공동체는 유기체로 각자가 주님의 지체로서 각자의 은사와 재능을 주셨다. 반드시 서로 마음 모아 같은 목표를 향해 달려가자(막2:1-10).

8. 교회 유익이 되게 하라(고전10:23)

교회 일 한답시고 개인 이익을 추구하면 안 된다. 특별히 교회 건축할 때 악덕 기업 건설회사들이 있다. 특히 장로가 사장이다. 그런데 이런 말이 회자되고 있다. 계약 전에는 장로인데 계약서 쓰고 나면 건설사 사장으로 돌변하여 계약대로 시행하지 않는 경우가 있다. 이런 것은 정말 악의적이다. 그리고 교회 건축 할 때 어떤 분은 통장 잔고가 늘어나는 경우가 있다고 한다.

9. 서로 덕을 세우고 화평으로 하라(롬12:18, 벧후1:4-7)

무슨 일을 하든지 마음을 다하여 주께 하듯 하고(골3:20)

10. 하나님께 영광이 되게 하라(고전10:31)

소요리문답 제1문: 사람의 제일 된 목적이 무엇인가?

답: 하나님을 영화롭게 하는 것과 영원토록 즐거워하는 것이다(고전10:31). 그러므로 우리가 봉사와 충성을 통해 영광은 하나님께 돌려야 한다. 그 이유는 내게 있는 모든 것 물질 시간 재능 건강 등 하나님께서 내게 잠시 맡겨 주신 것 가지고 충성하였기 때문이다(벧전4:10-11).

> **말씀 연구**

1. 당신의 충성 봉사 원칙은 무엇인가?
2. 청지기는 충성할 때 누구와 협력해야 하는가?
3. 만약 당신이 죽을 때 남은 재산은 어떻게 하겠는가?

제4절 청지기와 AI시대 사명

1. AI 기술이란 무엇인가

21세기 과학첨단의 AI시대는 자칫 잘못하여 과학만능의 유혹에 빠지면 곧 우상이 될 수 있다. 세상이 아무리 발달해도 세상 모든 것은 하나님의 창조물이다. 모든 기술과학은 하나님께서 일반 은총으로 인류의 삶이 편리하게 살 수 있도록 준비해 두었다. 그래서 지혜로운 자들을 통해 발명되고 발견하도록 한 것이다.

그리고 세상이 아무리 발달해도 하나님에 대한 충성은 AI로 대신할 수 없다. 그 이유는 하나님께 예배하는 자는 신령과 진정으로 예배를 드려야 된다. 즉 인격적인 관계이고 영적인 소통이다. 성경은 종말시대가 되면 첨단과학 기술시대가 될 것을 예언해 주었다.

2,800년 전 다니엘 선지자는 "다니엘아 마지막 때까지 이 말을 간수하고 이 글을 봉합하라 많은 사람이 빨리 왕래하며 지 지식이 더 하리라"(단12:4)고 했다.

지금의 AI를 비롯하여 미래 사회에 더 놀라운 첨단과학이 생성될 것이다. 오늘의 첨단과학의 시대에서 청지기의 마음과 충성 태도는 어떠해야 하는가.

1) 먼저 세속적인 의식구조를 기도와 말씀 성령의 능력으로 갱신하여 근본적인 변화를 받을 것.

2) 변화 받은 청지기의 삶의 능력과 '거룩한 삶'이 상대방과 이웃을 변화시킬 수 있다.

3) 청지기의 삶은 모든 은혜와 은사를 통해 하나님과 이웃을 섬기고 사랑하는 것이다.

4) 청지기는 하나님으로부터 위임 받은 것을 인식하고 하나님이 주신 은혜로 한다는 위탁의식을 갖고 충성하여 하나님께 영광 돌리는 것이다.

5) AI시대에도 청지기는 성경 말씀은 일점일획도 변치 않음을 믿어야 한다.

6) AI시대가 도래되었다고 복음의 변질은 절대 불가이다.

그러므로 우리는 성경적인 청지기 의식을 갖고 주인 되신 하나님으로부터 받은 지혜와 은사들을 창의적으로 활용하여 충성의 가치를 극대화하자. 그리고 청지기는 깨어 기도하고 지혜를 얻고 말씀에 굳게 서서 좌우로 치우치지 않고 성령의 능력으로(엡5:18, 행1:8, 빌3:3) 모든 사역을 실천하고, 몸과 마음 지혜를 다하여 충성하여 하나님의 즐거움에 참여하는 자가 되는 것이다(마25:14-30, 계4:1-11).

2. 청지기와 AI기술의 신학적 이해

화란의 신학자 '아브라함 카이퍼'는 신학자이자 화란의 수상까지 지낸 사람으로 그의 청지기 개념은 교회 안의 충성된 일꾼을 넘어 하나님이 만드신 세상의 문화의 영역에까지 이르러 점진적인 변혁을 주장한다.

그는 하나님의 은혜를 두 그룹으로 구분했다. 하나. 신자들에게만 구원의 은총을 베푸신 특별은혜와 또 하나는 일반 은혜로서 인간의 타락 이후에도 세상의 완전한 부패를 막고 모든 인류가 문화와 질서를 유지하며 선을 행하도록 보편적으로 베푸시는 일반 은총이다. 그러므로 청지기들은 세상의 문화를 죄악시 여기지 말고 역동적으로 하나님의 주권을 선포하여 적극적으로 참여하고 변혁시켜 나가야 할 책임이 있다.

이와 같은 일반 은총의 관점으로 바라본다면 AI기술을 부정적 시각으로 볼 것이 아니라 역으로 생각한다면 세상의 과학과 기술은 하나님의 일반 은총으로의 선물(산물)로 인정하고, 그것이 개인의 생활 편리함과 인류의 번영과 하나님의 영광을 위해 사용할 수 있도록 적극적으로 관여하고 방향을 제시할 사명이 청지기들에게 있다.

'아브라함 카이퍼'의 사상은 모든 신자는 하나님의 문화 창달 청지기로서 AI라는 강력한 도구를 어떻게 활용에 대한 신학적 토대를 제공한 자이다.

3. AI 기술 활용을 위한 청지기의 7가지 윤리수칙

필자는 AI는 돈과 같다고 본다. 돈은 선도 악도 아닌 중용의 가치를 지니고 있다.

즉 돈은 인류에게 주신 일반적인 하나님의 선물이다(전5:19, 10:19). 문제는 돈에 대한 인간의 태도가 돈의 가치를 결정한다. 돈을 삶에 유익한 도구로 생각하면 그 돈을 의미 있고 유익한 일에 사용하면 자신에게 유익을 주고 보람을 주고 행복을 선사한다. 그러나 돈에 대하여 욕심 부리고 악하게 사용하면 그 재물은 개인을 불행하게 만들고 사회를 부패하게 만들어 혼란을 야기시킨다(딤전 4:9-19). 마찬가지로 작금의 AI 첨단과학을 개인 사회 인류를 위하고 하나님의 영광을 드러내는 일에 활용하면 인간의 삶에 퍽 유용한 도구가 될 수 있다.

그러나 AI를 사용하는 자들이 악의적으로 활용한다면 그야말로 인간을 파멸시키는 도구가 될 수 있다. 또한 하나님을 모르는 인간들은 첨단과학의 과학만능주의에 빠지게 하고 그 지식은 사람을 교만하게 만들고 또한 악을 조장하는 도구로 전락시켜 과학을 우상화시킬 것이다. 하나님께서 일반 은총으로 주신 첨단의 과학들이 악의 도구로 활용된다면 인류의 파멸을 가져올 수 있다. 그러므로 청지기는 과학주의를 경계해야 한다.

또한 청지기는 무분별하게 AI기술을 생성한 과학에 대해 우상화는 배격하고 또한 과학주의를 경계하지만 그렇다고 AI에 대하여 죄악시하고 거부할 의미도 없다. 다만 하나님의 일반은혜로 여기고 신학과 신앙의 범위에서 지혜롭게 활용하는 것을 권장하고 아래의 원칙을 고수하라.

제1원칙: 인간의 존엄성 절대적 수호

인간의 존엄성은 바로 만물의 영장으로 하나님의 형상을 입었기 때문이다.

또한 하나님은 영혼을 주셨고(전3:21) 또한 영원을 사모하는 마음을 주셨다(전3:11). 그러므로 AI는 인간의 삶이 윤택하도록 활용되어야 하고 필요한 도구가 되어야 한다.

아무리 발달한 첨단과학의 기술도 하나님께서 인간에게 맡겨 주신 통치와 청지기 직분을 전복하는데 사용해서는 안 되고 기술이 인간의 정체성 가치관 존엄성 도덕적 행위 능력을 부여해도 안 된다. 즉 청지기의 충성을 기계가 대체할 수 없다.

제2원칙: 이웃사랑 섬김과 사랑실천

이웃 사랑과 섬김 실천은 예수님의 두 번째 명령 "네 이웃을 네 몸과 같이 사랑하라"(마22:39) 명령해 주셨고 그리고 섬김의 삶의 실천은 예수님 자신이 청지기로서 '섬김' 삶을 실천하셨다(막10:45). 청지기는 AI 기술의 혜택을 편향하지 않고 모든 이웃과 공평하게 누리도록 해야 한다. 이웃 사랑의 원칙은 AI 기술이 어떤 특정 세력이나 국가 또는 특별한 계층에만 독점되어서도 안 된다. 값싼 AI교육 프로그램을 개발하고 공공 영역에서 AI기술을 활용하여 사회적 약자를 돕고 또한 편리한 AI 기술이 이웃 사랑과 섬김의 도구로 활용되어야 한다.

제3원칙: 진실성과 투명성 확증

기독교는 진실을 핵심 가치로 여기고 있다. 그러나 생성형 AI의 등장은 '진실' 자체를 위협하고 있다. 그 이유는 누군가 악의적으로 손쉽게 가짜뉴스, 허위정보, 딥페이크(조작) 영상 등을 만들어낼 수 있게 되면서 활용자는 어떤 것이 진실이고 거짓인지 분별하기 어려운 정보 환경에 처해있기 때문이다. 거짓된 정보로 개인의 명예를 실추시키는 것을 넘어 사회적 질서를 파괴하고 공동체를 분열시키는 파괴력은 엄청나게 크다. 그러므로 청지기는 진리를 수호할 책임과 사명감을 갖고 AI 기술이 진리와 진실을 왜곡하고 어지럽히는데 사용되지 않도록 하며 또한 영적 분별력으로 거짓을 구별할 수 있는 수준에까지 이르러야 한다.

제4원칙: 창조세계의 문화 창달

하나님은 천지 만물을 만드시고 아담을 청지기로 세우시고 하나님이 만드신 모든 피조 세계를 돌보게 하셨다.

하나님은 아담에게 창1:28에 "생육하고 번성하여 땅에 충만하라. 땅을 정복하라, 바다와 물고기와 하늘의 새와 땅에 움직이는 모든 생물을 다스려라" 명령은 곧 '문화명령'이라고 한다. 한때는 '정복하라' '다스려라' 두 단어에 대한 왜곡으로 인간들의 무분별한 태도로 말미암아 자연을 파괴하고 착취하는데 정당한 논리로 오용되기도 하였다.

문화혁명은 청지기의 삶이 교회안 종교 활동과 교회밖 세속의 활동으로 이원화되고 분리되는 것이 아니라 오히려 가정, 직장, 학교, 사회, 정치, 경제, 예술, 체육, 과학에 이르기까지 청지기 삶의 전 영역이 하나님의 통치 속에 하나님의 주권이 나타나고 하나님의 뜻과 하나님 나라가 임하도록 문화를 창달해 나가야 한다.

여기에 대한 성경은 창2:15에 "여호와 하나님이 그 사람을 이끌어 에덴동산에 두어 그것을 '경작하고 지키게' 하시고, 본문의 '경작과 지키게' 하셨다는 두 개의 히브리어 동사에 청지기 문화 창달의 핵심이 담겨있다.

즉 첫 번째 동사 '아바드'(abad)는 '경작'으로 번역되고 있지만 그 뿌리는 '섬기다'의 깊은 의미가 있다.

이 단어는 '하나님께 제사'를 드리며 예배하는 행위를 묘사할 때도 사용하는 단어이기도 하다. 여기서 청지기의 일(work)의 개념이 생계를 위한 고된 노동이나 부를 축적하는 수단이 아니라 일은 하나님을 섬기고 또한 하나님의 피조세계를 정성껏 섬기는 행위이면서 그 섬김을 통해 창조주 하나님을 예배하고 청지기의 모든 일터는 곧 예배의 장소가 되는 것이다. 청지기는 일터가 교회가 되고 직장은 선교지로 일터 선교사 의식을 가져야 한다.

두 번째 동사 '샤마르'(shamar)는 '지키다' '보존하다' '보호하다' 의미로 맡겨준 것들이 파손되지 않도록 잘 보존하고 외부의 위협으로부터도 보호하고 지켜야 한다. 그러므로 '아바드'와 '샤마르'는 청지기의 두 날개이다.

제5원칙: 영혼구원 활용 수단

21세기 교회는 필연적으로 AI시대를 거부할 수 없다. 그렇다고 두려워할 필요도 없거니와 거부해서도 안 된다. 한국교회는 AI기술을 목회와 선교에 적극적으로 활용하여 영혼구원 위한 수단으로 지혜롭게 활용해야 한다.

아마도 바울시대 지금의 AI기술이 생성되었다면 바울도 선교를 위해 충분히 활용하였을 것이다. 예를 든다면 교회 헌금통계, 교인 교적부 관리, 주보제작, 회의록, 행정 업무 등 얼마든지 활용하면 효과가 극대화 될 것이다.

단 AI기술은 교회의 본질적이고 영적인 것은 훼손되지 않도록 경계를 해야 한다. 즉 AI에서 영적인 것 또한 마음과 마음이 통하는 인간의 감정 등을 기대하면 안 된다.

제6원칙: 청지기의 정체성과 사명 수행 수단

청지기는 AI시대를 맞이하여 청지기의 정체성을 약화시키든지 또는 훼손하면 안 된다.

청지기는 하나님으로부터 사명을 부여받았기 때문에 "한번 청지기는 영원한 청지기"이다. 청지기는 온 마음을 다하여 뜻을 다하여 목숨을 다하여 하나님을 섬기는 예배 중심의 삶과 받은 은사대로 충성하는 것이다. 즉 청지기의 삶은 하나님을 기쁘시게(딤전1:12, 히11:6) 이웃을 행복하게(마5:22,23, 롬12:18) 자신은 맡은 일에 충성을 다 한다(고전4:1, 계2:10).

이 같은 청지기 사명 감당하는 데는 그 어느 것으로도 대체할 수 없다. 청지기의 정체성은 '섬김'과 '충성'이다. 이는 청지기의 쌍두마차이다.

제7원칙: 하나님 영광 발현

하나님은 인간에게 지혜를 주셨다. 그리고 인간은 하나님 주신 지혜로 '번성' 하였다.

그 결과는 다양하게 나타난다. 인간의 지혜는 세대가 지날수록 더 새로운 문명과 기술을 발달시킬 수 있다. 이는 하나님께서 인간에게만 주신 지혜로서 하나님의 크신 은혜이자 특혜이다.

오늘날 진정한 과학자는 하나님의 존재를 증명하는 것이 과학자의 사명이다. 또한 작금의 AI기술 발달은 하나님의 영광을 나타내는 발현이 된다.

그러므로 청지기는 AI기술을 선하게 사용하여 인간의 삶이 편리하고 행복하게 살도록 함과 동시에 하나님께 영광을 돌리는 삶을 살아야 한다(고전10:31).

(이창배,『AI 시대 청지기의 길을 묻다』, p. 66-70 발췌).

4. AI시대 결론

AI 인공지능과 데이터 과학, 생명공학은 인류의 가능성을 확장했지만, 동시에 인간의 자리를 조금씩 밀어내고 있다. 알고리즘이 판단을 대신하고, 기계가 사유를 흉내 내며, 기술은 어느새 인간의 영혼 위에 군림하려 한다. 과학은 앞으로 달려가지만, 인간은 그 속도를 따라가지 못하고 있다. 기술이 목적이 되고, 인간은 수단이 되어 가는 경향이다. 스탠포드의 또 다른 과제는 윤리다. 수많은 기술 리더들이 이곳에서 배출되었지만, 그들이 만든 혁신이 언제나 인간의 선을 향한 것은 아니다. "무엇을 만들 것인가" 보다 "왜 만드는가"를 물어야 한다. 기술은 문명의 손끝이지만, 그 손끝이 생명을 향하지 않으면 결국 스스로를 파괴할 수 있다.

제5절 청지기 충성 실제 모형

1. 군인 같은 청지기(딤후2:3, 4)

군인은 전쟁을 막고 또는 전쟁에서 승리하기 위해서 존재한다. 그리고 전쟁에는 반드시 필승이지 2등은 없다.

1) 군사(군인)처럼 충성(청지기는 영적 군사): 영적전쟁 승리!

"강한 훈련 강한 군사" 군인들이 평소 훈련 받는 것은 전쟁에서 승리를 위한 것이다.

북한군인들 3대 각오 하나, 총 맞아 죽을 각오, 둘, 배고파 죽을 각오, 셋, 얼어 죽을 각오.

(1) 모든 전쟁 승리(딤후2:1-7)

　① 진지 사수(믿음 사수). (딤후4:7)

　② 진지 점령(적지점령). (딤후4:2)

　③ 적군 방어(마귀시험, 이단배격). (딤후3:8-11)

　④ 모든 훈련 극복(역경극복). (딤후3:12)

　⑤ 공격 돌격(마귀대적). (벧전5:8,9)

　• 전쟁에는 2등 없다(생사가 달려 있다).

(2) 고난을 감수할 것(딤후2:3, 4:5)

　① 현재의 고난(훈련) 극복하라. (롬8:18)

　　• 사관학교 장교 훈련 중 탈락자 발생(일반병으로 전방 부대 배치)

　② 극한 훈련도 감당하고 극복하라. (고후1:8)

　　• 호목사 군목 훈련 중 화생방 훈련: 얌전한 군승 일탈행동(육두문자)

　③ 장래 영광 기대하라(별: 대장). (히11:24-28)

　　• 모든 군인들의 희망은 별이다.

(3) 군대는 집단생활로 사생활 금지

　① 사제옷 벗고 전투복으로 갈아입을 것. (롬13:12-14)

　② 개인생활 방식 버리고 군인으로 정신 무장. (엡4:23, 24)

　③ 민간인 모습 버리고 군인신분. (고후5:17, 골3:10)

　④ 사심(욕심, 탐심, 야심, 자만심)버려라. (약1:15, 골3:5)

　⑤ 개인적 고집(생각) 버리고 명령복종(순종). (삼상15:22, 23)

(4) 모집자 기쁘게(국가에 충성) 할 것(딤후2:4)

　① 국가에 충성-주님께 충성. (계2:10)

　② 국민에게 신뢰(기쁨)-주님 기쁘시게. (엡5:10, 히11:6)

　③ 군법 지키고 군인행동- 복음에 합당한 삶. (빌1:27)

　④ 나라 위해 목숨: 강재구 소령. 전사자-사명 위해 목숨. (행20:24)

(5) 절대 충성

　① 초지일관 충성. (고전4:1,2)

　② 변치 말고 충성. (딤후4:10)

　③ 목적 있는 충성(믿음사수). (유3)

　④ 생사가 분명한 충성. (롬14:8)

(6) 명령에 절대 복종

군대는 명령에 살고 명령에 죽는다. 전시에는 명령에 생사권 달려 있다.

모든 명령은 두 가지뿐이다: 하라! 하지 말라! 하나님 말씀도 명령이다.

하라! - 하나님을 사랑하라. 하지 말라 - 우상을 만들어 절하지 말라.

성경의 명령 많은 것 같지만 실상은 하나인데 바로 '순종'이다. 군인은 명령에 대해 따지지도 못하고 묻지도 못하고 오직 순종뿐이다. 하나님 말씀도 '절대 순종'이다(삼상15:22, 신28:1-14).

종교개혁자 칼빈-"신자들은 성경이 가는 데까지 따라가고! 성경이 멈추는 데서 멈추라!"(고스톱)

(7) 군인은 전쟁위해 무장(전신갑주로 무장) (엡6:10-17)

　(1) 진리의 허리 띠(띠: 수통, 대검, 탄피 부착): 진리

　(2) 의의 흉배(앞가슴 보호방탄 조끼: 호심경): 의(롬5:1)

　(3) 평안의 복음신발: 복음은 평화

　(4) 믿음의 방패(시청각 시범)

　(5) 구원의 투구(구원 확신). (엡2:8)

　(6) 성령의 검(총검술)(히4:12, 마4:1-11)

　　• 시청각(총검술)

　　① 마음속 죄(욕심, 미움, 시기, 질투, 탐심) 짜르고

　　② 우측유혹(세속주의, 인본주의, 세상유혹) 우손 내려치고

　　③ 좌측미혹(시험, 이단, 자유주의, 이기심) 좌손 내려치고

　　④ 앞에서 도전(사탄공경, 마귀시험): 정면 돌파-찔러총! 마귀는 꽥!

                    • 복음송: 예수이름으로! 승리는 내것일세! • 새찬송 348/구 388

(8) 전쟁에 승리한 군사에 대한 포상(상급)

① 전리품 획득(히7:1,2)

② 승리의 월계관(생명의 면류관) (계2:10)

③ 훈장 수여 됨(진급)

④ 살아서 영예(예우)

⑤ 죽어서 기념(국군묘지안장) (계20:12)

2. 경기자 같은 청지기(딤후2:5, 히12:1,2)

모든 선수들의 꿈은 올림픽에 나가서 금메달, 은메달, 동메달이 소원이다. 운동 연습과 훈련을 실전처럼 하라. 경기에서 메달을 따면 신분보장 된다. 올림픽 우승자는 상금과 함께 종신 연금 나온다. 운동선수가 경기장에서 우승하고 메달을 따려면 어떻게 해야 하는가.

(1) 규칙(법)을 잘 지켜야 한다(딤후2:5)

모든 경기 종목마다 규칙이 있다. 규칙 준수는 선수에게 생명이다.

한국 88 올림픽 육상선수 '벤 존스'가 금메달 땄는데 나중에 메달이 박탈되었음. 그 이유는 '금지 약물 복용' 증거가 나왔다. 우리 신앙생활도 똑같다(말씀 순종).

(2) 선수는 복장이 간편함(벗어 버려라) (히12:1, 롬13:12)

① 무거운 것(마11:28, 히12:1)

   • 롬1:29-32: 사형에 해당하는 죄악상 • 롬2:8 '당 짓는 자'

② 얽매이기 쉬운 죄(히12:1)

〈말라 죄〉

   a. 염려(마6:31)

   b. 두려움(사41:10)

   c. 의심(약1:6)

   d. 근심(요14:1)

   f. 비판(마7:1-5)

   g. 사람을 외모를 취하지 말라(약2:1-9).

「하버드대학 정문에 "외모로 판단하지 말라"고 적혀 있다.

한 노부부가 허름한 옷차림에 하버드 총장 면회를 갔는데, 비서가 시간을 끌다가 총장에게 보고하자 총장은 허름한 옷차림의 노부부를 억지로 만났다. 노부부는 하버드대학 1년 때 장티푸스로 죽은 아들(릴랜드 스탠퍼드 주니어)을 기념하기 위하여 하버드대에 건물하나 지어 주려고 왔다고 하니, '얼리엇' 총장은 허름한 옷차림의 노부부를 향해 "우리 학교에 건물 하나 지어 준다고 하는데 그 건물 짓는 비용이 7만 5천 달러나 드는데 당신들이 무슨 재주로 한다고 하시나요?" 부정적인 어투로 비웃는 듯한 태도를 본 노부부는 기분이 상해서 그냥 나와서 남의 건물 세워 주느니 내 건물 짓겠다고 시작한 학교가 미국 AL 스탠퍼드대학교의 출발이다. 설립자 스탠퍼드는 자기 이름을 넣고 '스탠퍼드 대학'으로 부르고 지금은 하버드 버금가는 세계적인 명문대학이 되었다. 그 후 당시 총장은 크게 후회했다고 함. 스탠퍼드 대학 출신으로 노벨상 수여자 20여명 배출하였고 현재 등록금 연 6천만 원인데 부모의 종합소득 6천만 원 이하일 경우 등록금 전액 면제+용돈까지 준다고 한다.」

   h. 4 단죄[교만(잠18:12), 자만, 오만, 거만] (잠6:17,19, 8:13, 13:10,
     16:18)

   g. 죄인들의 형통을 부러워 말라(잠23:17-18, 시73:1-20)
     • 행악자 형통(잠24:19-21)

③ 잘못된 습관의 죄. 히12:1(골3:8-10)

   a. 혈기 부리는 것(마5:22, 약1:20)-개성 지성을 버려라!(시청각: 죽여!)

　　• 노하는 자 다툼(잠29:22)　• 노하기를 더디하라(잠19:11)

　b. 부정적인 생각과 말(엡4:25-29)

　c. 불평하는 습관(민21:4-9)

　d. 원망하는 것(고전10:10)

　e. 게으름(잠6:6): 부지런하라(롬12:11)

　f. 험담, 거짓, 이간질(잠6:6-19)

　g. 비판, 정죄(마7:1-5)

　h. 욕, 비방(마5:4)

④ 불순종. 삼상15:22(사울 왕, 요나 불순종)

⑤ 어두움의 일(죄). (롬13:12) (음란죄)

⑥ 완고한 고집, 사상, 이념(삼상15:23)

⑦ 숨겨놓은 죄(아간범죄) (수7:11, 20,21, 마10:26)

박정희 대통령 시절 경부고속도로 공사 중 충청도 지역 묘 주인을 찾아 이장해 가라고 통보하였다. 가족은 이장하면서 부패된 사체의 머리 부분에서 녹슨 대못이 나왔다. 사체는 수년전 사망한 가족의 여동생 치과 여의사였다. 남편은 안과의사로서 남 부러울 것 없이 살았는데 갑자기 돌연사로 여동생이 죽어서 매장을 하였다.

그런데 처갓집에서 죽은 사체의 머리에서 녹슨 대못이 나온 것을 수상히 여겨 경찰에 신고 후 검안 결과 타살에 의한 사망으로 나왔다. 그럼 범인은 누구인가? 남편은 평소 부부가 화목하지 못한 상황에서 동창회 참석했다가 대학생 시절의 옛 여자 친구를 만나 마음이 변심하여 부인에게 못할 짓을 저질렀다. 그후 그 남편은 옛 여자 친구와 재혼하여 잘 살고 있던 중 수년전 '살인의 미필적 고의' 범죄자로 발각이 되었다.

(3) 목표를 향해 달려가라

　① 앞의 푯대에(우승) 초점을 맞추라(빌3:14, 히11:24-26)

② 뒤를 바라보지 말라(빌3:13)

③ 좌우로 치우치지 말라(수1:7-9)

④ 끝까지 질주하라(고전6:24)

⑤ 인내하라(히10:36)

(4) 모든 것에 절제하라(고전9:24-27)

① 의식주 절제(음식)

② 정욕적인 것(롬13:13,14)

③ 세속적인 것(요일2:21-23)

④ 세상의 쾌락(요일2:16,17)

⑤ 세상 유혹(엡4:14-22)

⑥ 마귀의 유혹 물리쳐라(마4:1-11)

⑦ 모든 일에 절제(갈5:22)

(5) 상급(우승)을 바라보고 달려가라

① 예수님만 바라보자(히12:2)

② 상주심을 바라봄(히11:24-26)

③ 썩지 않는 영광스런 면류관 바라자(고전9:25)

④ 상 받도록 달려라(빌3:14)

⑤ 하나님 보좌 바라보고 달려가자(행7:54-60)

⑥ 꿈을 꾸고 달려가자(마틴 루터 킹 목사) (욜2:28)

제6절 충성의 자세

1. 성령으로 봉사하라(빌3:3)

2. 믿음으로 하라(민13:25-33)

3. 절대 순종으로(민16:1-8, 히13:17)

4. 열심과 부지런함으로 할 것(롬12:11)

5. 전심전력을 기울일 것(딤전4:15)

6. 주님 뜻대로 실천할 것(마25:16)

7. 순교적 정신으로 할 것(빌1:29, 행7:54-60)

8. 은사 받은 대로 충성(롬12:3-8)

9. 부르심에 감사한 마음으로(딤전1:12)

10. 상급을 바라보면서 할 것(히11:26, 12:2)

11. 주의 종과 함께(갈6:6-9)

제7절 충성의 현실성(딤후4:2-5)

1. 시간적 충성(언제든지-엡5:17, 딤후4:2.5)

2. 공간적 충성(어디서든지-창40:9-23)

3. 사건적 충성(무슨 일든지-갈6:6-10)

4. 지사충성(죽기까지-행20:24, 계2:10)

5. 주님 기쁘시게(엡5:10)

6. 주의 종 함께하라(갈6:6-9)

7. 한 마음 한뜻(상부상조)(빌2:1-4)

8. 마땅히 할 일을 함(당위성)(눅17:10)

9. 서로 짐을 질 것(갈6:2)

10. 하나님께 영광 돌리는 충성(롬14:8, 고전10:31)

제8절 청지기의 충성과 상급

하나님은 충성만 요구하시는 분이 아니라 충성하도록 일깨워 주시고 또한
충성을 하도록 다양한 은사(청지기에게 수여 된 모든 것)를 주셨다. 그리고 충

성하는 방법론을 알려 주셨다.

또한 충성하는 자들에게 눈에 보이는 것 이상으로 많은 상급과 면류관들을 준비해 주었다. 하나님이 청지기들에게 수고하고 충성한 대로 갚아 주시고 축복해 주시는 상급은 어떤 것들이 있는가?

1. 현세의 상급(축복, 은혜)(마25:14-30)

1) 주인의 인정받음(갑절 보상). 16

2) 칭찬(착하고 충성된 종). 21

3) 더 많은 것으로 맡길 것을 약속함. 21

4) 주인의 잔치에 참여할 자격 얻음. 21

5) 충성심 보고 한 달란트 더 줌. 28

6) 풍족함으로 채워 주심. 29

2. 내세의 상급

1) 생명책에 이름 기록 됨(계20:12a)

2) 행위에 따라 상급 받는다(계20:12b)

3) 하나님이 함께 하심(계21:3a)

4) 하나님의 백성 됨(계21:3b)

5) 위로와 모든 눈물 씻겨 주심(계21:4a)

6) 사망 없음(계21:4b)

7) 애통 없음(계21:4c)

8) 곡하는 것 없음(계21:4d)

9) 아픈 것 없음(계21:4e)

10) 생명수 물 주심(계21:6a)

11) 유업 얻음(계21:7a)

12) 부자(父子)관계 형성(계21:7b)

3. 하늘의 상급이 다르다(고전15:40, 41)

오늘날 교회에서 구역 식구들 추천으로 당회에서 결의하여 항존직은 투표로 권사를 임명 하고 일반 서리집사도 임명한다. 또한 교회에서 필요에 의해 각 직분을 임명하는 경우가 있다.

흔하게 '제가 부족한데요.' 하는 교인도 있을 수 있다. 그때에 한 번 쯤 겸양으로 "제가 자신이 없습니다."라고 말할 수 있지만 결코 고집 부리지 말고 거역은 하지 말라. 교회 직분은 사람이 임명하는 것 아니고 하나님이 어여삐 보시고 나를 사용하시고자 하는 뜻이다. 주님이 뜻이라면 순종하라!

예를 든다면 대통령이 국무총리, 장차관 또는 그 외의 자리를 임명한다면 당신은 어떻게 하겠는가? 나 싫습니다! 못 합니다!라고 거절할 수 있는가? 만약 거절하면 대통령의 호의를 무시하는 처사로 괘씸죄에 걸리므로 교제는 단절될 것이다.

"주가 쓰시겠다. 하라 그리하면 즉시 보내리라"(마21:3) 주님 말씀! 주님 뜻이므로 즉시 기쁨으로 순종했다. 교회에서 임명하는 모든 직분은 하나님의 뜻이므로 감사한 마음으로 순종하자. 교회 일은 내가 하고파서 하는 것도 아니고 또는 내가 하기 싫다고 안하는 것이 아니라 다만 순종하는 미덕이 하나님의 뜻이다. 교회 직분은 하나님이 주시는 사명이자 축복이고 장래의 상급이 보장된 청지기직분이다. 교회 직분을 무슨 겸손이라는 포장아래 거부하고 거역하고 끝내 사양하는 것은 곧 교만의 소치이다. 자신도 모르게 마귀의 속삭임에 속아 넘어가는 것이다. 끝까지 사양하는 것은 결코 겸손이 아니라 하나님께 거역하고 불순종하는 것이다.

사실 교회 봉사는 억지가 아니라 자원하는 것이고 스스로 헌신하는 것이다.

우리에게 참으로 좋은 예가 있다.

첫째, 이사야 선지자(자원한 선지자)는 대 선지자가 되었다(사6:1-9). "나를 보내 주소서"

둘째, 요나 선지자(불순종자): '요나' 때문에 배 풍랑으로 본인 타인 고통당함.

셋째, 예레미야 선지자: 매 맞고 갇히고 멸시당하고 욕먹고 하면서 사명 감당함.

당신은 어떤 유형의 청지기인가?

주님은 충성된 청지기들에게 하늘의 상급(면류관) 약속해 주심(계22:12, 고전 9:24).

(1) 썩지 않을 면류관(고전9:25)

(2) 자랑스런 면류관(살전2:19)

(3) 의의 면류관(딤후4:8)

(4) 생명의 면류관(약1:12, 계2:10)

(5) 영광의 면류관(벧전5:4)

면류관은 승자에게 주어지는 영광스러운 영예요 자랑이다. 어쩌면 충성자의 보상이자 훈장이 되기도 한다. 천주교는 새 교황 선출되면 교황 대관식을 6시간 진행한다. 그때 새 교황은 아주 값비싼 보석으로 제작된 교황관을 쓰는데 그 값은 무려 '168억'이다. 그렇다면 하나님께서 믿음을 지키고 주어진 사명 감당한 청지기들에게 하나님께서 상급으로 면류관을 주신다고 하였는데 아마도 교황관보다는 더 영광스런 생명의 면류관이 교황관 가치보다 더 자랑스러울 것이다. 할렐루야 아멘!

말씀 연구

1. 청지기의 충성 유형을 말하라.

2. 청지기 충성의 자세를 말하라.

3. 청지기 상급에 대해 어떤 것들이 있는가를 말하라.

제2부

청지기 훈련과 조직신학 교육

조직신학 교육

성경론

제1장

종교에 대하여
(마22:37-39)

제1절 종교란 무엇인가

1. 종교의 정의

1) 세속적인 종교는 "초자연적인 절대자의 힘에 의지하여 인간생활 고뇌를 해결하고 삶의 궁극적 의미를 추구하는 문화 체계"라고 한다(사전적 의미).

2) 기독교 신앙은 "성삼위 하나님께서 죄인들을 구원하시는 은혜의 역사를 총체적으로 일컫는 신앙행위(예배)이다. 창조주 하나님을 신앙의 대상으로 섬기는 거룩한 행위이다(신학적 의미).

(1) "종교는 혹자의 전체의 생활면 또한 특별히 어떤 예배 행위에 있어서 그 자신을 나타내는 의식적이고 자발적인 하나님과의 영적관계이다(벌콥프).

청지기 훈련과 교회부흥

(2) 종교란 신앙 혹은 교리, 감정, 태도, 생활의 방법의 행동 양식(에릭슨)

(3) 종교란 일반 감정이나 절대적인 신뢰의 감정에 관한 것(슐라이어막허)

(4) 종교란 신에 대한 두려움과 경배에 필요한 의식을 엄숙히 지키는 삶의 방법(차영배)

참된 종교는 인간의 본질적(죄) 문제 해결로 구원과 영생을 얻고, 하나님께 영광을 돌리고 사는 경건한 삶은 참된 종교의 가치가 된다(호태석).

2. 종교의 본질

종교는 인간이 하나님께로 귀향해 가는 것으로(사19:22) 역시 하나님의 구원의 계획에 의한 작정 계획이므로 인간이 전인적(마음, 뜻, 성품)으로 하나님을 섬기고 예배로 봉사하는 거룩한 행동 양식이다. 여기는 하나님께서 베풀어 주신 은혜와 사랑의 감사 표현으로 신령과 진정한 예배(요4:23-24) 드리고 또한 이웃 사랑 실천 덕목이 진정한 종교 행위가 된다(마22:37-39).

1) 구약시대 종교: '하나님님'을 향한 두려움을 경외로 표현하고 있다(신10:12-13).

하나님에 대한 공포의 감정이 아니라 하나님을 존경히고 사랑과 신뢰가 조화를 이룬 감정이다. 구약은 율법 계시에 대해 경건한 자세를 가졌다.

2) 신약시대 종교: 우리를 구원하시기 위하여 하나님께서 그리스도 자신을 계시하신데 대한 인간의 응답으로서 '믿음과 경건'을 일컫는다(요14:6).

신약은 율법보다는 복음에 대해 반응을 나타내므로 신앙과 경건의 태도를 보인다.

즉 종교는 인간과 하나님과의 관계로 하나님의 절대적 존엄성과 무한한 능력을 의식하고 인간 자신의 비천함과 연약한 상태를 깨닫는 것이라 하겠다. 기독교는 하나님에 대한 의식적이고 자발적인 영적관계로 하나님께 대한 감사의 표시를 예배와 섬김의 행위로 하나님 경외하는 실천적 행동이다. 기독교의 모든 행위는 성령의 역사에 의한 것으로 진행된다(요4:23, 24).

3. 종교의 자리(좌소)

종교는 '마음'에 자리를 잡고 있다. '마음'은 전 인격의 중심체요, 영혼의 중심적 기관이다. 인간의 마음은 인간의 모든 사상, 생각, 의지, 행동이 여기서부터 발동된다.

1) **지성설:** 종교를 일종의 지성으로 간주하는 사상으로 즉 종교의 자리는 지식이다(헤겔).

(비평) 종교가 인간의 두뇌에서 나왔다는 것은 '지식 제일주의' 오류에 빠진다.

2) **감정설:** 종교는 지식과 무관하고 하나님에 대한 절대 종속적인 감정이다(슐라이어막허).

(비평) 종교는 감정의 요소를 무시할 수 없으나 여기에만 심취하면 '열광주의, 광신주의, 신비주의'에 빠진다(냄비 신앙).

3) **의지설:** 종교를 인간의 의지에서 찾고 '종교는 도덕적 행동'으로 본다(칸트, 알미니안, 펠라기안주의).

(비평) 종교는 도덕 이상도 되므로 일반적인 종교를 두고 말한 것이다.

4) **심정설:** 성경적인 견해(개혁주의 신학) 입장

종교는 인간의 마음에 자리를 잡고 있다는 것이 유일한 정답으로 성경은 가르치고 있다(잠4:23, 시51:10, 마5:8, 눅10:27). '마음'은 인간의 지성, 감정, 의지를 좌우한다. 즉 종교는 전인적으로 지, 정, 의를 포함한 전 인격에 자리한다. 종교는 마음에 자리한다(벌콥프).

종교는 인간의 두뇌 작용의 소산도 아니고, 감정의 느낌도 아니고, 도덕적인 의지에서 시작된 것이 아니고(고전2:13, 고후4:6, 요일5:20) 마음이 종교의 자리

  청지기 훈련과 교회부흥

이다(신30:6, 마22:37, 롬2:13, 히11:6, 시28:7).

개혁주의 신학은 종교(기독교)의 자리는 '마음'에 두는 '심정설'을 믿는다. 또한 하나님께서 타락한 인간에게 찾아와 구원의 은총을 베푸심으로 인간은 자발적으로 하나님을 경외하고 예배를 통해 하나님과의 영적으로 바른 관계를 맺고 하나님을 마음을 다하여 섬기는 것이다.

또한 하나님께서는 자신을 알리기 위해서 일반계시와 특별계시를 주심을 믿고 성경은 하나님의 영감으로 기록된 말씀으로 믿고 사도신경을 고백하는 것이 개혁주의 신학 입장이다.

4. 종교의 시작(기원)

1) 역사적 기원

  (1) 정령숭배사상: 조상들 영혼숭배(스펜서)

  (2) 자연숭배사상: 장엄한 자연에 대한 숭배(플라이더)

  (3) 서물숭배사상: 서물(돌, 나무, 뼈다귀, 뱀, 메기)들 숭배에서 시작됨(콩트)

  (4) 제사, 통치자의 간교: 지배하기 위한 간교에서 출발(볼테르)

   • 세속적인 종교는 인간이 어떻게 종교적 인간이 되었고 또한 자력으로 신을 향해 나가는 것으로 종교의 기원을 설명한다.

2) 심리적 기원

  (1) 의존적 감정: 자신보다 우월한 존재에 대한 의존감정 발로(슐라이어막허)

  (2) 가상적 절대의 힘을 향한 동경심이 발로인데 이는 '인격적 신'이 될 수 없다.

종교는 사람이 자신의 경험이나 능력으로는 설명할 수 없는 초월적인 힘을 믿고 의지함으로 마음의 안정과 평화를 얻고자 하는 것이다. 인간에게 닥치는 갖가지 문제 가운데 가장 근본적인 것을 해결하려는 것이 종교이다. 곧 고뇌나 죽음과 같이 인간에게 있어서 가장 근본적인 문제를 절대자에게 의지하여 해결하려는 것이 종교이다. 자연과 인간을 포함한 존재의 바탕, 인생의 가치, 이상적인 인간관계 등과 같은 문제를 해결하기 위한 것이다.

3) 성경적 견해(개혁주의 입장)

성경은 하나님께서 창조주로서 피조물로부터 예배를 받기에 합당하신 유일하신 하나님만이 예배의 대상임을 계시해 주고 있다. 그런데 성경은 타락한 인간이 자기 능력으로 하나님을 찾을 수 없었기 때문에 자연을 통해서(자연계시) 또는 자신이 기록한 거룩한 말씀(특별계시)을 통해서 자신을 계시하셨음을 명확하게 말씀해 주고 있다.

또한 창조주 하나님께서는 피조물 인간에게 합당한 예배와 봉사를 요구하고 계시며, 어떤 예배와 봉사를 기뻐 받으시는가를 하나님 자신이 결정하신다고 성경은 말씀하고 있다(벌콥프).

즉 하나님께서는 인간에게 자신을 계시하여 주셨고(일반계시, 특별계시), 또한 하나님은 인간에게 계시의 영을 주셨다(엡1:17-18). 즉 하나님과 인간의 관계를 자각할 때 진정한 종교(신앙)형성으로 출발한다. 그래서 참된 종교는 하나님과 인간의 교통과 교제가 지속된다.

5. 일반 종교와 기독교 차이점(기독교의 독특성)

1) 기독교는 종교의 자리를 마음에 두고 있다(잠4:23).
2) 기독교는 인격자 되신 삼위일체 하나님을 믿는다.
3) 기독교는 피조물로서 창조주 하나님을 예배한다.
4) 기독교는 타락한 인간에게 하나님이 찾아오심을 믿는다.
5) 기독교는 일반계시와 특별계시를 믿는다.
6) 기독교는 성경의 영감설을 믿는다.
7) 기독교는 예수만을 유일한 구원자로 믿는다.
8) 기독교는 성육신의 모든 역사를 믿는다.
9) 기독교는 예수 십자가 공로로 구원받음을 믿는다.
10) 기독교는 사도신경을 믿는다.

1. 종교의 의미와 종교가 자리하고 있는 곳은 어디인가?

2. 일반적인 종교의 시작은 어디서부터 출발하였는가?

3. 기독교 신앙의 출발과 기독교 독특성을 말하라.

제2장

계시에 대하여
(벤후1:21)

제1절 계시의 정의

1. 계시의 의미

'계시'는(헬: 아포칼립시스) 본래, 이전에 알려지지 않았던 것이 드러나는 것을 의미한다. 기독교 신학에서의 '계시'는 하나님께서 인간에게 신적인 진리를 전달하시는 수단이다. 즉 하나님께서 '계시'를 통해 자신의 뜻을 나타내 보인다. 그래서 기독교는 '계시 의존적 종교'이다. 만약 하나님께서 자신을 계시하지 않으시면 우리는 하나님을 전혀 알 수 없다.

"계시는 하나님께서 인간에게 자신의 정체성 및 진리를 피조물 인간에게 알려 주시는 행위이다"(박형룡). 또한 하나님께서는 계시의 말씀과 내용을 알게 하신다(엡1:17-19).

2. 계시의 종류

1) 일반계시

일반계시는 하나님께서 자연 사건과 자연법칙을 통하여 알려 주신다. 특별계시보다 앞서 온 것이다. 성경은 일반계시에 대하여 아래와 같이 말씀하고 있다.

"일반계시는 하나님에 관한 충분한 지식과 영적인 일에 대한 지식을 전달하여 주지 못하므로 인간이 영원한 미래를 건설할 수 있는 확고한 기초를 제공해 주지 못한다. 즉 일반계시의 문제는 예수 그리스도가 참 구원자요 유일무이한 구원의 길이 되심을 밝혀 주지 못한다."(시19:1-2, 롬1:19-20, 2:14-15).

한편 일반계시로 말미암아 자신들이 하나님의 후손임을 깨닫고 자연을 통해 하나님의 실제를 증거해주는 기능도 있다(행17:27-28, 롬1:19-20, 롬2:14, 요1:19, 창6:3).

(1) 일반계시의 가치

자연 속에서 하나님의 영원한 능력과 신성을 보이며(시19:1-6, 롬1:19-20) 본성(양심)으로 율법의 일을 수행하고(롬2:14) 인간은 자신이 하나님의 소생임을 느끼고(행17:28) 하나님을 찾도록 하고 전도할 때도 자연계시를 통해 하나님의 실존을 증명하는 도구가 된다(히3:4).

(2) 일반계시의 불충분성

펠라기우스파, 합리주의자들 그리고 자연신론자(범신론)들은 일반계시만으로 현재 인간의 욕구를 충족시키는 데도 충분하다고 주장한다. 하지만 개혁주의 신학 입장에서는 일반계시로는 종교성이 많은 인간의 영적 욕구에 대해 불충분하다고 말한다. 즉 일반계시로는 인간의 구원문제를 해결할 수 없고 다만 하나님의 선하심과 지혜와 능력을 약간 전달하는 수준이지 인간의 구원은 오직 예수 그리스도만이 유일하고 예수만이 참 소망 되고 영생을 준다는 길을 제시하지 못한다(요14:6, 행4:12).

2) 특별계시

특별계시는 '구속사적'인 계시로서 거룩하고 자비로운 하나님께서 스스로 자신을 구원할 수 없는 인간에게 '거룩한 선물' 주시겠다고 약속한 복이다. 특별계시의 최고 절정은 성육신 하신 그리스도께서 인간의 죄를 짊어지고 대신 십자가에서 죽으시고 인간을 의롭다 하시기 위하여 부활하심은 특별계시의 확고한 중심이다.

(1) 특별계시의 의미

① 하나님께서 자신을 드러내는 역사

  A. 그리스도의 성육신 사건(마1:18-21)

  B. 하나님의 전지하심과 전능성(렘18:1, 겔12:1,8,17)

② 하나님의 뜻 알리는 것(엡3:5, 눅17:30, 살후2:8)

  A. 자신의 뜻을 인간에게 깊게 알리는 것

  B. 그리스도의 성육신 알리는 방편

③ 특별계시에 의해 성경 기록됨

성경과 계시는 불가분 관계로서 성경은 계시를 해석하고 또한 계시의 구체화가 바로 성경이 된 것이다(딤후3:16-17).

(2) 특별계시의 필요성

특별계시는 인간의 타락으로 인하여 죄가 세상에 들어와 절대 필요하게 되었다.

성령의 역사(초자연적)로 성경에서 구체화 되어 있는 완전한 계시로(딤후 3:16, 벧후1:21) 타락한 인간의 구원하는 길을 제시하고 있다. 타락한 죄인 구원은 오직 특별계시에 의해서 구원의 길이 보장되었다. 또한 하나님의 뜻을 전달하기 위해 천사가 직접 나타나든지 또는 하나님의 이적 등이 특별계시에 속한다. 즉 일반계시로서는 인간을 구원하시기에 불충분 하기에 그리스도의 성육신과 같은 특별계시가 필요한 것이다.

(3) 특별계시의 목적

특별계시는 타락한 인간을 구원하고 죄인에게 구원의 길을 제시하기 위하여 하나님을 나타내 보이셨다. 또 인간과 하나님과의 관계를 회복하고 타락한 인간과 만물을 새롭게 하므로 죄인을 완전히 갱생시켜 하나님의 형상을 회복하게 하기 위함이다(창1:26,27).

(4) 특별계시의 내용

① 구속사적 계시

타락한 인간의 구속을 위해 필요하고 그 중심은 구속사이며 이런 죄인을 구원하시기 위한 하나님의 계획으로 그리스도를 통해 하나님과 인간의 화목을 위한 그리스도의 구속사역은 성령의 역사임을 보여주고 있고(고전12:3) 특히 죄인 구원은 삼위일체 하나님의 조화로운 사역이다.

② 능력적 계시

특별계시는 말씀과 교리로 형성되면서 하나님의 나타나심, 직접적인 말씀, 이적과 기적, 그리고 그리스도의 구속 사역의 실제를 계시하고 있다. 또한 구원의 역사를 말씀과 교리로만 아니라 죄인의 삶을 갱신하는 능력의 계시이다.

③ 역사적 계시

인간의 구속역사는 구약의 언약과 신약의 성취를 보여주고 있고, 이런 역사적 사건은 그리스도의 성육신으로 보이시고 결국 그리스도의 십자가 죽으심으로 구속의 완성을 이루었다.

(5) 특별계시 방법

① 하나님의 현현(나타내심)

특별계시는 하나님께서 직접 자신을 나타내시는 것이 가장 큰 계시이다. 구약 시대는 하나님께서 자신의 존재하심을 불, 연기, 구름(창15:17, 출3:2, 19:9, 시78:4, 출33:9, 시78:14, 99:7) 폭풍(욥38:1, 시18:10-16) 세미한 음성(왕상19:12). 우림과 둠림 방법으로(출28:30, 민12:6, 27:21, 6, 사6:1-8) 하나님의 임재(실제)를 나타내 보이셨다. 구약에서 하나님 나타내심은 삼위일체 하나님 제2위 되신 여호와의 사자의 나타나심이 자주 등장한다(창16:13, 31:11, 출23:20-23, 말3:1).

인간 속에 나타나신 하나님의 인격적 나타나심은 그리스도의 성육신에 이르러 최고 절정에 이르게 되었다. 그 실제는 그리스도의 성육하신 육체 속에 온전한 신성 곧 하나님의 본질과 속성이 계신 것이다(요1:14, 골2:9, 창12:7, 26:2, 출3:2, 19:9, 욥38:1).

② 하나님의 뜻 직접적 전달

하나님은 인간이 직접 하나님의 음성을 들을 수 있도록 말씀하신다(신5:4).
또는 제비(삼상10:20-21, 행1:26) 꿈 예언 환상 및 궁극적으로는 그리스도를
중보자로 사용 하시면서 뜻을 전달하셨다. 또한 성령의 감동으로 예언자 선지자
들을 통해 자신의 말씀을 전하기도 하셨다(벧후1:11).

특히 그리스도는 자신이 제2위 하나님으로서 자신이 말씀(Logos)이며 참된
선지자로 성령과 함께 특별계시의 원천이 되셨다(요1:1, 행28:25, 벧후1:21).
또한 주님의 사도들은 성령으로 감동 입어 하나님의 뜻을 전달하는 거룩한 도
구로 사용되었다(요14:26, 고전2:12-13, 살전2:13).

③ 이적(기적)

성경에 종종 나타난 이적은 하나님의 영광과 권능을 나타내며 자신의 존재를
나타내 보이는 수단이었다. 천지 창조, 인간 창조, 우주를 주관하시는 그 역사 자체
가 하나님의 위대하심을 나타내시는 것이다.

특히 그리스도의 성육신으로 십자가의 대속, 부활, 승천은 하나님의 특별계시
의 핵심이다(딤전3:16, 계21:5).

말씀 연구

1. 계시의 의미와 종류를 말하라.
2. 특별 계시의 목적과 내용은 무엇인가?
3. 하나님의 계시 방법들은 어떤 것이 있는가?

제3장

성경에 대하여

1. 성경은 하나님 말씀

1) 하나님 아들이 하나님 말씀(요1:1, 14, 계19:18)

성자 하나님은 그분의 인격과 말씀으로 우리에게 하나님의 성품과 하나님의 뜻을 표현해 주신다.

"태초에 말씀이 계시니라 이 말씀이 하나님과 함께 계셨으니 이 말씀은 곧 하나님이시니라"(요1:1).

"말씀이 육신이 되어 우리 가운데 거하시매"(요1:14)

"또 그가 피 뿌린 옷을 입었는데 그 이름은 하나님의 말씀이라 칭하더라"(계19:13).

2) 하나님 말씀이 곧 하나님

(1) 하나님 작정

하나님의 작정은 사물 존재와 사건들이 발생하게 하는 칙령이다. 또한 만물 창조와 보존 섭리를 포함한다. "하나님이 이르시되 빛이 있으라 하시니 빛이 있었고"(창1:3)

"하나님이 이르시되 땅은 생물을 그 종류대로 내되 가축과 기는 것과 땅의 짐승을 종류대로 내라 하시니 그대로 되니라"(창1:24, 시33:6, 히1:3).

① 하나님이 직접 인간의 언어로 말씀(창2:16, 17, 3:16-19, 출20:1-3, 마 3:17)

② 인간 입술 통한 말씀(신18:18-23, 렘1:17, 19, 출4:12, 민22:38, 왕상 20:36, 대하20:20, 25:15, 16, 사30:12-14, 렘6:10-12, 36:29-31, 겔13:1-7).

③ 기록된 말씀(출32:18, 34:1, 28, 신31:9-13, 24-26, 수24:26, 사30:8, 렘30:2, 요14:26, 고전14:37, 벧후3:2, 수1:8, 시1:1-2, 딤후3:16).

상기와 같이 하나님 말씀을 기록할 경우 몇 가지 유익이 있다.

하나, 하나님 말씀을 후대를 위해서 더 정확하게 보존할 수 있다.

둘, 하나님 말씀을 계속 살피고 연구하고 토론할 수 있다.

셋, 더 많은 사람들이 하나님의 말씀에 접근할 수 있다.

하나님은 특별계시를 성경에 기록하게 하심으로 인간의 구원을 위하여 허위와 오류에서 영원히 수호될 것이며 또한 손실과 부패로부터 성경을 영원히 완벽하게 보존되게 하실 것이다. 즉 하나님께서 작정하신 구원에 대한 계시를 오래 보존할 필요성에 의해 특별계시로 성경을 기록하게 하신 것이다.

2. 성경이 하나님 말씀인 증거

1) 성령의 영감으로 기록(성령 조명)

영감이란 성경 기자들로 하여금 하나님의 말씀과 정확한 계시의 내력을 기록하시도록 지시하신 하나님의 초자연적인 감화 감동이다. 즉 하나님께서 구원에 대한 메시지를 인간 저자들로 하여금 언어, 경험 등을 자유롭게 사용하되 '오류가 없도록 저자들을 성령으로 조명'하고 '감화 감동'을 통해 기록하게 한 것이다.

그래서 모든 성경은 하나님의 영감으로 기록되어 믿음과 행위에 완전한 절대 표준이다(딤후3:16, 벧후1:21, 엡1:17-19).

(1) 구약의 영감 증거

구약 성경의 저자인 모세 외의 많은 대소 선지자들은 하나님께서 명령하신 것을 하나님의 감동 곧 영감에 의하여 모세오경과 대 소선지서를 기록하였다, 선지자들은 자신에게 하나님 말씀이 임재한 것을 인식하였기에 "여호와의 말씀이..."(출34:27, 민33:2, 34:27, 렘36:27, 겔26:1)라고 했다.

(2) 신약의 영감 증거

신약 성경은 사도들이 말로 행한 가르침에 있어서 영감 되었다는 사실을 증거하고 또한 복음전파를 위하여 성령을 보내주시기로 약속하고 성령을 충만히 받았기에 자기들의 말을 '하나님 말씀'이라고 권위 있게 가르쳤다(마10:19, 살전2:13, 딤후3:16).

3. 성경 기록과 영감의 방식

1) 잘못된 영감 방식(비성경적 영감 주장하는 학설)

(1) 기계적 영감

성경의 기자들이 성경을 기록 당시 성령이 불러 주신 것을 그대로 받아썼다는 것이다.

즉 성경의 기자들은 성경 기록 당시 그들의 정신 활동은 중지되었고 그들은 기계적인 필기자에 불과한 것이다. 그러나 성경은 개인적인 경험, 문제, 역사적 연구 결과 등이 나타나 있다.

예로서 구약의 선지자들의 개인적 경험이 다르고 사도들의 성경 문체가 다른 점은 기계적 영감의 주장이 잘못 된 것을 증명해 주고 있다.

(2) 동력적 영감

동력적 영감은 성경의 일반적인 영감만 주장하고 특별영감을 부정하는 학설이다. 즉 성경의 영감은 일반적인 영감과 본질적으로 다를 바 없고 정도의 차이뿐이며 성경의 각 부분도 영감의 차이가 있다는 것이다. 그래서 이 학설의 주장자들은 교리보다 역사서에서의 오류의 가능성을 인정하려고 한다. 이 학설은

성경의 특별영감을 부인하여 일반계시의 선까지 끌어 내려서 성경의 무오성을
부인하려는 것이다. 즉 성경의 오류 가능성을 인정하려는 것이다.

2) 바른 영감 방식(성경적인 학설)

(1) 유기적 영감

유기적 영감은 하나님께서 저자의 전 인격을 사용하시되 오류가 전혀 없도록
성령께서 감동 감화로 영감을 주신 것이다. 그래서 성령께서는 저자들의 기질과
성격 재능 교육과 교양, 용어와 문체까지도 그대로 활용하여 조화를 이루게 하
셨다. 또한 성경 각 권마다 저자들의 독특성들이 나타나 있는 것은 성령의 조명
이 증거하고 있다(칼빈).

(2) 축자영감설

성경의 원저자 성령께서 기자들의 용어 문체 표현에 대하여 영감하셨다는 것
이다. 이는 기계적 영감을 뜻하지 않고 글자 한자라도 오류에 빠지지 않도록 유
기적으로 영감을 주었다는 것이다.

예수님과 바울은 한 개의 낱말을 근거로 이론을 전개하셨음을 볼 수 있다
(마22:45, 요10:35, 갈3:16).

그리고 축자영감설은 유기적 영감과 함께 개혁주의 신학 입장이다. 혹자는
축자영감설을 완전 영감설이라고도 부른다(개혁주의 입장).

4. 성경 영감의 범위

1) 사상적 영감

성령께서는 기자들의 모든 것을 주장하시어 성경을 완전하게 기록하도록 기
자들의 인간적인 모든 것들을 선하게 활용하시고 그들이 성령의 감동으로 기록
하여 오늘의 성경을 완성하였다. 그러나 성경을 비판하는 학자들에 의하면 성경
의 기자들의 사상에만 영감되었고 언어의 표현에는 영감되지 않았다는 사상이

다(비성경적인 주장).

2) 부분적 영감

성경에서 도덕적, 영적 사건들만 영감되었고 역사적, 연대적, 고고학적, 과학적 사실에 대해서는 영감되지 않았다고 주장하는 이론으로 이들은 성경의 어느 부분만의 영감을 인정하고 그 외의 것은 부정하려는 것이다.

예를 든다면 구약 성경을 제외한 신약 성경만의 영감이나 특정한 성경만의 영감을 주장하는 경우이다. 그러나 성경은 교차적으로 인용되고 있음은 모든 성경은 하나님 말씀임을 증명하고 있다. 그러므로 성경의 부분적인 영감설도 비성경적인 것이다.

3) 완전축자 영감

성경의 모든 부분들 문자, 사상들 모두에 영감되었다는 것으로 성경 자체가 증명하고 있다(벧후3:16, 딤후3:16). 축자영감 교리는 완전히 성경에 근거한 것으로 모세와 여호수아에게 기록된 것을 실제로 알려준 것들이다(레6:1, 24, 7:22-28, 수1:1, 4:1, 6:2, 렘1:9, 겔3:4, 10-11, 고전2:13, 마22:43-45, 요10:35, 갈3:16).

5. 성경의 특성

개혁주의자들은 성경의 권위가 영감된 하나님의 말씀 자체에 있다고 주장한다. 또한 성경은 신앙 및 행위, 예배, 인간 구원에 대한 계시로서 완전하다고 믿는다.

1) 권위성(사8:20)

성경의 권위성이란 성경의 모든 말씀이 모두 하나님이므로 성경의 어떤 말씀이라도 불신하고 불복하는 것은 하나님을 불신하고 불복하는 것과 동일하다.

(1) 성경은 하나님 말씀으로 신적 권위 있다

구약 성경 "여호와께서 가라사대! 여호와께서 이르시되!"라는 말을 통해 절대복종해야 할 하나님 말씀임을 밝히고 있다(민22:38, 신18:18-23, 렘1:9, 렘14:14, 23:16-22, 29:31, 32, 겔2:7, 13:1-16, 왕상14:18, 왕하16:12, 34:9, 14:25, 렘37:7, 12, 왕상21:19).

신약 성경은 구약의 모든 성경은 하나님 말씀이라고 함(벧후1:19-21, 마1:22, 사7:14, 마4:4, 마19:5(창2:24), 행1:16(시69, 109), 행2:16-17(욜 2:28-32).

성경은 기자들이 하나님의 영감으로 기록하였기 때문에 하나님 자신이 기록하신 것이다. 그러므로 성경 자체가 신적 권위를 지니고 있다(출3:4, 6:1, 수4:1, 딤후3:16, 고전2:13, 요10:35).

(2) 종교개혁자들은 성경의 권위는 교회 위에 있음을 강조한다.

가톨릭에서 교회는 시간적으로나 논리적으로나 성경에 선행하며 성경이 존재하기 전 교회가 있었고 성경은 교회로부터 나왔다고 주장한다. 그러나 종교개혁자들은 이 오류를 시정하기 위해 교리를 발전시켰다. 성경의 권위는 모든 것을 초월하며 그것은 신적이기 때문에 절대적인 권위를 가진다.

2) 성경의 필요성

(1) 하나님의 뜻을 알리기 위함

성경은 복음을 제시하고 복음에 대한 지식을 얻기 위함과 나아가서 죄인에 대한 주님의 구속역사의 진리를 알기 위하여 절대적으로 필요(롬2:14-15. 고전 8:10, 히5:14, 1022, 딤후4:2, 딛2:15, 신29:29, 시1:2, 요15:3, 롬10:13-17, 요14:6, 행4:12, 딤전2:5,6).

(2) 하나님 말씀을 안전하게 보존하기 위함

각 시대마다 인간의 수명 제한과 노쇠로 인한 기억력 상실과 인간의 거짓된 마음과 잘못된 사상, 전통 등이 위협하는 위험으로부터 하나님 말씀 보존 전달 위해서 절대적 필요함.

(3) 하나님 말씀을 온 세상에 전파하기 위함

하나님 말씀은 한 시대의 사람들에게만 필요한 것이 아니고 전 인류 각 시대마다 모든 인간에게 전파되어야 하기 때문에 절대 필요함.

(4) 하나님의 말씀을 인간의 망각에서 보호하기 위함

사도들은 그들의 복음 전파의 역사를 통하여 하나님의 말씀을 전 인류에게 보급하고 보존시킴으로 인간의 망각에서 잊혀지지 않고 또한 이단들의 미혹으로부터 성도들을 보호하기 위한 수단으로 필요함(요일4:1).

(5) 바른 교훈

소요리문답 제2문: 하나님께서 무슨 규칙을 우리에게 주시어 어떻게 자기를 영화롭게 하고 즐거워하는 것을 지시하는가?

답: 신구약 성경에 기록된 하나님의 말씀은 어떻게 우리가 하나님을 영화롭게 하고 즐거워하는 것을 지시하는 유일한 법칙이다.

또 우리 헌법의 신조 1항 "신구약 성경은 하나님의 말씀이니 신앙과 본분에 대하여 정확무오한 유일의 법칙이다"고 말한다(딤후 3:16). (헌법)

(6) 구원의 길 안내서

성경은 유일한 구원의 길을 제시하고 있다. 타락한 인간의 구원은 유일하신 구원자 예수 그리스도의 십자가만이 구원의 길임을 유일무이하게 제시하고 있다. 그러므로 성경은 구원을 갈망하는 모든 사람들에게는 절대적인 말씀이다. 또한 구원을 얻은 신자들에게는 신앙생활의 법칙이 되고 있다(요14:6, 행4:12).

3) 충족성(시19:6)

(1) 구원에 필요한 말씀으로 충족함(딤후3:15, 벧전1:23).

(2) 그리스도 구속의 진리로서 충족함(요14:6).

(3) 신앙과 실천의 규범으로 충족함(딤후3:16,17).

(4) 영감으로 기록된 유일무이한 책으로 충족됨(딤후3:16, 벧후1:22,23).

(5) 사도 요한이 계시록으로 충족성 명시함 "누구든지 성경에 가감하면 보응을 받는다"고 경고하였다(계22:18-19).

4) 명료성(시19:7, 119:105,130)

성경은 정확 무오한 하나님 말씀으로 성령의 조명으로 누구나 진리의 말씀을 명확히 깨달을 수 있다. 또한 인간 구원에 필요한 진리를 명료하게 기재했기에 교회나 사람의 해석에 의존할 필요가 없다(시19:7-8).

5) 정확 무오성

(1) 성령의 영감으로 기록하기 때문에 아무런 오류 없음(딤후3:16,17).

(2) 과학적, 역사적, 윤리적, 무오성 및 해석과 인용에도 무오함.

(3) 통일성도 무오하고 난제에도 오류가 없다.

말씀 연구

1. 성경은 어떤 계시에 속하고 성경이 하나님 말씀인 근거를 말해보라.
2. 영감의 뜻과 영감의 방식들은 어떤 것이 있는가?
3. 성경의 필요성을 말하라.

제2권
신론

제1장
하나님에 대하여(요일5:20)

1. 하나님에 대한 지식

1) 선천적 지식(생득적 지식)

인간은 하나님에 대한 선천적 지식을 갖지만 피조물인 인간이 하나님을 알만한 능력 또는 하나님을 아는 어떤 지식 능력을 갖고 태어난 것도 아니다. 다만 일상적인 상태에서 피조물인 인간에게 하나님에 관한 일정한 지식이 자연적으로 생겨났다는 것을 의미한다. 단 선천적 지식은 일반적인 지식 정도이다.

2) 후천적 지식

하나님에 대한 일반적 계시 및 특별계시를 통하여 하나님에 대한 신지식을 얻는다.

선천적 신지식은 하나님에 대한 인간의 의식적이고 계속적인 추구로 이루어진다. 또한 후천적 지식은 인간 출생이 하나님을 알 수 있는 능력을 갖고 태어나기 때문에 가능하고 선천적 지식의 영역을 뛰어넘는다.

(1) 하나님께서 인간에게 자신의 존재를 계시하심(롬1:19).

(2) 하나님 아는 지식은 그분의 계시를 통해서 얻음(마11:27, 고전1:21, 고전2:14)

(3) 하나님 아는 지식은 성경 통해서 얻음(롬1:18-25)

(4) 피조물 인간이 창조주 하나님의 존재하심을 전제로 하고 나아가고(창1:1) 또한 하나님에 대한 믿음을 갖고(히11:1) 영적으로 거듭나면 하나님을 알게 된다(요3:3).

2. 하나님의 존재하심에 대한 여러 증명

1) 성경의 증거(시19:1, 롬1:20)
특별계시의 성경은 하나님에 대한 모든 것을 실제적으로 보여주고 있다.

2) 양심의 증거(롬2:15)
인간의 양심은 하나님의 거울과 저울이 되고 선악의 계기판이다. 그러나 양심이 화인 맞으면 마비되어 감각과 의식이 없다.

3) 생명의 증거
생명은 생명을 낳는다(시36:9).

모든 생명은 하나님으로부터 나온다. 그러므로 생명의 시작은 하나님으로부터 나온다. 그 하나님은 생사를 주장하신다.

4) 유신론적 증명

(1) 존재론적 논증
인간의 의식 속에 상상을 초월한 하나님께서 영원하시고 존귀와 영광을 가지신 최고의 하나님에 관한 사상이 있음을 볼 때 우주를 통치하시는 하나님의 존재를 알 수 있다(롬1:19-20).

(2) 목적론적 논증

우주 만물이 어떤 목적 하에 설계되고 창조되어 조화와 통일을 유지하면서 질서 정연하게 움직이고 있다(시8:3, 19:1, 행14:17).

(3) 도덕적 논증

인간의 양심은 도덕적 존재를 암시하고 상선벌악의 배후에는 하나님의 존재를 나타냄(롬1:32, 2:14-15, 시38:4).

(4) 우주론적 논증

존재하는 모든 만물의 결과는 각각 제1원인의 작용에 의하여 움직이고 있음은 곧 창조주가 존재하고 있음을 증명함(히3:4). (벌콥프, 반틸, 찰스 핫지)

5) 특별계시에서 말하는 하나님의 존재에 대한 지식

전지전능 하신 하나님은 무한 완전한 영이시다.

(1) 하나님은 영이시다.

하나님은 영적인 존재로 육체적인 감각을 만지거나 눈으로 볼 수 없는 거룩하신 영이시다(요4:24).

(2) 하나님은 인격자

하나님은 도덕적이시며 지적이시고 이성적이시고 지적인 영이시다. 하나님의 인격성은 지적이시고 정적이시고 의지적인 분으로 말씀하시고 모든 것을 아시고 스스로 판단하시고 행동하신다. 그리고 우리의 모든 사정을 아시는 인격자이시다(요14:19, 사40:28-31, 41:10, 49:14-17).

(3) 하나님은 무한히 완전자

하나님은 무한히 완전하신 창조주로서 모든 피조물과는 구별 되신다(출15:11, 삼하22:26).

⑷ 하나님은 단일성을 가진 분

단일성은 하나님의 근본적인 특징으로 하나님은 오직 '한 분'이시다(신6:4, 마12:32, 막12:29, 약2:19).

말씀 연구

1. 하나님에 대한 신지식을 말하라.

2. 하나님의 존재를 증명하는 내용들은 무엇인가?

3. 하나님은 어떤 분인가?

제2장
하나님의 명칭과 의미

창조주 하나님은 사람과 모든 사물에 대하여 명칭을 붙이셨는데 그 명칭들은 각각 고유한 의미를 갖고 본성을 밝혀 준다. 마찬가지로 하나님 자신도 하나님의 명칭과 함께 거기에는 하나님의 존재성과 속성 등을 밝혀 주고 있다(출20:7, 마5:16, 6:9).

1. 구약의 명칭과 의미

1) 구약의 하나님 명칭

구약은 하나님의 이름이 다양하게 나타나 있다. 그 다양한 이름 속에는 창조주 하나님으로서의 전지전능 하시고 존귀와 탁월하신 하나님의 의미이고, 또 하나는 존귀하신 창조주 하나님은 피조물과 친교를 위한 하나님으로 표현되고 있다.

(1) 엘: 하나님은 위엄과 권위와 능력 있는 분으로 경외 대상(창1:1)

(2) 엘로힘: 세상 만물의 창조와 통치자(엘로힘은'엘'의 복수형 위엄을 나타냄)

(3) 엘 엘리온: 숭고한 분으로 숭배와 예배의 대상(사14:14)

(4) 아도나이: 모든 인간의 소유주와 지배자인 '주'를 뜻함(시86:8)

(5) 엘샤다이: 자기 백성의 위안과 축복의 근원자(출6:3)

(6) 여호와(야훼): 자존자 하나님은 언약의 불변자(출3:14, 말3:6)

(7) 만군의 여호와: 힘과 영광의 하나님(삼상1:3): 많은 천사의 수 가리킴

(8) 여호와이레: 여호와가 준비하신다는 뜻(창22:23-24)

(9) 여호와닛시: 여호와는 나의 깃발(승리)(출17:15)

(10) 여호와 샬롬: 여호와는 나의 평강의 뜻(삿6:24)

(11) 여호와 메카디쉬켐: 거룩케 하시는 여호와(출31:3)

(12) 여호와로이: 여호와 나의 목자(시23:1)

(13) 여호와 치드케누: 여호와는 우리 '의'(렘23:6)

(14) 여호와 엘 게뮬로트: 보복의 하나님(렘51:56)

(15) 여호와삼마: 여호와는 거기 계시다(겔48:35)

(16) 엘 로이: 나를 감찰하시는 하나님(창16:13)

(17) 엘 올람: 영원하신 하나님(사40:28)

2. 신약의 명칭과 의미

1) 신약의 하나님 명칭

(1) 하나님(요20:28)

모든 신자의 하나님으로 신약 성경에서는 보편적인 칭호이고 이는 구약에서는 국가적인 형태로, 신약의 개인적인 형태로 호칭되고 있다(나의 하나님-개인적인).

(2) 주(主)

'주'는 하나님뿐 아니라 예수님께도 적용되고 있다(계4:8). 구약에서는 '아도나이'(나의 주), 신약에서는 천지만물의 주인, 통치자, 소유자, 전능자 권세를 가지신 하나님의 칭호이다.

(3) 아버지

구약에서도 이스라엘 백성과 특별한 관계(부자관계)의 표현으로 사용되고(신32:6, 사63:16), 신약에서는 모든 신자들의 아버지 되신다. 부자관계 친밀감

(마6:9, 고전8:6, 엡3:14, 히12:9, 약1:17, 요14:11, 17:1).

1. 구약의 하나님 명칭과 의미를 말하라.

2. 신약의 하나님 명칭과 의미를 말하라.

3. 하나님은 어떤 분이신가를 말하라(자신의 경험 근거)

제3장
하나님의 속성

하나님의 속성은 하나님만이 소유하신 고유한 특성으로 하나님의 속성을 통하여 하나님에 대하여 세밀하게 말씀하고 계신다. 하나님의 속성 중에는 하나님만이 소유하신 '비공유적' 속성과 제한적이고 상대적이지만 인간도 갖고 있는 보편적인 속성들인 '공유적' 속성으로 구분하고 있다.

1. 비공유적 속성(절대적 속성: 하나님만 소유한 속성)

1) 자존성(독립성)(출3:14)

하나님은 자신의 존재 필요성에 의해서 독자적으로 존재하신다. 그러나 모든 피조물은 하나님에 의해서만 존재한다(창1:1, 행17:24-25, 욥41:11, 시50:11-12, 출3:14).

2) 유일성(단순성)(신4:35)

오직 한 분이신 하나님은 한 분으로 분리될 수 없는 분이시다.

3) 불변성(약1:17)

하나님은 존재의 목적, 약속에 있어 변치 않으신다. 때로는 하나님께서 그의 계획을 변경하시고 후회하시는 모습으로 표현되는데(출32:14, 삼상15:11), 이는 인간적인 화법인 동시에 하나님과 인간의 관계가 변화된 것뿐이다.

4) 완전성(욥11:7-10)

하나님의 존재나 본질은 무한히 완전하시다. 그 지혜와 사랑 거룩하심에 있어 제한을 받지 않으신다(시145:3).

5) 영원성(시90:2)

하나님의 무한성을 시간과 관련시켜 말할 때 하나님의 영원성이라고 부른다. 영원은 시간의 끝없는 연속이고 시간을 초월한 것이다. 하나님은 과거나 미래가 아닌 영원한 현재로 존재하신다.

6) 무한성(편재성)(렘23:24)

하나님의 무한성은 시간과 장소에 구애받지 않고 모든 공간 지역을 초월하여 존재하신다(사66:1, 시139:7-10).

2. 공유적 속성(보편적 속성: 하나님과 인간 공통의 속성)

공유적 속성은 하나님은 완전하시지만 인간에게서 발견되는 속성으로 유한하고 불완전한 속성이다. 그 이유는 인간은 불완전하기 때문이다.

1) 영성: 영은 볼 수 없는 것이고 생명성, 인격성(요4:24)
2) 지성적 속성: 지식, 지혜, 진실(의식적, 지적인 존재) (시39:1-16,)
3) 도덕적 속성: 성, 의, 선(눅18:19, 시100:5, 시106:1, 요일4:11)
4) 지혜(롬11:33, 엡3:10)
5) 하나님의 선(시23:6, 119:68, 대상16:34)
6) 하나님의 사랑(엡1:6-7, 2:7, 딛2:11)
7) 하나님의 오래 참으심(롬2:4, 9:22, 벧후3:15)
8) 거룩하심(삼상2:2, 시22:3, 벧전1:16)
9) 의(롬1:17, 10:3, 요일1:9, 시71:2)
10) 진실성(시25:1, 117:2, 36:5, 신7:9)

11) 주권적 의지(고전12:4-11)

    (1) 창조물 보존(계4:11)

    (2) 통치(잠21:1, 단4:35, 엡1:11)

    (3) 그리스도 고난(눅22:42, 행2:23)

    (4) 선택과 유기(롬9:15-16)

    (5) 중생(약1:18)

    (6) 성화(빌2:13)

    (7) 성도 고난(벧전3:17)

    (8) 생명과 운명(행18:21, 롬15:32, 약4:15)

12) 주권적 능력(창18:24, 렘32:27, 마19:26, 눅1:37)

    (1) 거짓말 못하심(민23:19, 삼상15:29, 히6:18)

    (2) 변절 못하심(삼상15:29, 히6:17, 약1:17)

    (3) 자기 부인 못하심(딤후2:13)

• 하나님의 아름다운 불가능(선하고 진실하시기 때문임)

말씀 나눔

1. 비공유적 속성과 공유적 속성의 차이는 무엇인가?

2. 하나님의 비공유적 속성은 어떤 것들이 있나?

3. 하나님의 공유적 속성은 어떤 것들이 있나?

제4장
삼위일체에 대하여

삼위일체 교리는 기독교의 근간이 되고 골격과 진리가 되고 심장이 되는 교리이다.

그리고 죄인에 대한 하나님의 구속역사, 성도들 신앙고백, 예배시의 축도, 성례실시, 신앙과 기도의 대상, 구원의 완성 등의 제반 문제에 관하여 본 교리가 항상 적용 되고 있다. 그러므로 본 교리를 믿고 사수하는 신앙은 참 신앙이다. 하지만 삼위일체 교리에 대하여 부정하거나 수정하면 곧 이단의 자리로 빠져 타락한 자가 된다.

초대교회부터 현대까지 누구든지 삼위일체 교리를 훼손하면 이단으로 정죄 받았다.

1. 삼위일체 교리의 정의

1) 하나님의 본체는 한 분이고 삼위로 계신다. 한 본체와 한 권능과 한 영원성이시다(웨스트민스터 신앙고백).

2) 하나님의 신격에 삼위가 계시니 성부와 성자와 성령이시다. 이 삼위는 한 하나님이시다.

본체는 하나요 권능과 영광은 동등하시다(소요리문답 6답).

3) 하나님은 본질적으로 한 분이시고 한 분 안에 성부 성자 성령 삼위가 존재하시고 . 이 삼위는 보편적 의미로 세 분이 아니다. 즉 그분들은 세 개체가 아니라 오히려 신적 본질이 그 안에 존재하는 세 가지 양상과 형태를 갖고 있는 동시에 서로 인격적 관계를 맺고 연합되어 있다. 또 어느 한 위가 다른 위에 종속됨이 없다. 다만 일정한 순서가 있는데 성부 제1위, 성자 제2위, 성령 제3위로 구별하지만 본질상 그 어느 한 위가 다른 위에 종속되는 일이 없다(벌콥프).

삼위일체 교리 최초 주장은 터틀리안(160?-220?)이 서기 325년에 ‘니케아 회의’에 감독 약 318명 모여 세계 최초로 삼위일체론 결의하고 ‘니케아 신조’라 함.

• 어거스틴의 삼위일체 교리 해설: 어거스틴은 햇빛이 비춰므로 식물이 자라는데 해는(성부 하나님) 빛은(성자 예수님) 싹 나고 자라고 열매 맺음(제3위 성령님)으로 삼위일체 하나님을 아주 평이하게 설명하고 있다.

2. 삼위일체 교리의 성경적 근거

1) 구약의 근거

하나님은 자신을 ‘우리’라는 복수 인칭대명사로 사용하셨다(창1:26, 3:22, 11:17). ‘여호와의 사자’도 신적 인격으로 묘사되었다(창16:7-13, 18:1-21, 19:1-22). ‘여호와의 영’도 인격으로 묘사되었다(사48:16).

(1) 창조역사 ‘우리’ 사용함(창1:26-27)
(2) 여호와의 천사(창16:7-13, 31:11-13)
(3) 성령의 인격성(사40:13)
(4) 하나 이상의 수(사63:7-11)

2) 신약의 근거

삼위일체 하나님의 배경은 예수님 세례 시(마3:16-17, 눅3:21-22), 예수님

고별 강화(요14장-16장), 예수님의 지상명령(마28:19), 축도(고후13:13), 기타 (눅1:35, 고전12:4-6, 벧전1:2, 요일5:6-9).

(1) 하나님은 유일하심(요10:30, 엡4:6).

(2) 삼위가 동격으로 나타나심(눅1:35, 요15:26).

3. 삼위일체의 각 하나님의 개별적 고찰

1) 제1위 성부 하나님

(1) 명칭 의미

만물의 근원으로 아버지(고전8:6, 히12:9, 약1:17), 이스라엘의 아버지(신 32:6, 사63:16), 성도들의 아버지(마5:45, 6:6, 9, 14, 요1:12, 롬8:15). 되시는 삼위 하나님께 적용된다.

성부의 독특한 특성은 그가 영원으로부터 성자를 낳으신 것이다(벌콥프). 그래서 하나님은 예수님의 아버지(요1:14, 8:42, 17:5-21) 그리고 모든 믿는 자 의 아버지시다(요1:12, 15:1, 20:17, 갈3:26).

2) 사역

하나님은 자신을 계시하실 때 자연(시19:1), 성경(요5:39), 성자를 통해 계시하셨다(요1:18). 성부 하나님은 구속역사와 설계, 창조의 설계와 섭리로 아래 와 같다.

성부의 독특한 특성은 천지창조와 함께 인간 구원의 계획이시다(엡1:3-11).

(1) 구원을 창세전 예정하심(엡1:4, 벧전1:2)

(2) 창조: 말씀으로 無(무)-有(유) (창1:1, 사43:7)

(3) 섭리하심(사31:3, 시33:11, 엡1:11)

3) 제2위 성자

성자 예수님은 태초부터 성부 하나님과 함께 계셨던 말씀으로 하나님 되심과 성육신 하셨다(요1:1-4). 성자는 성부의 독생자(요1:14, 18, 3:16, 18, 갈4:4), 선택된 메시야(마8:29, 26:63, 요1:49, 11:27), 성령으로 잉태와 출생 예고 받음(눅1:32,35). 성자의 특성 중 하나는 그가 영원 전부터 성부에게서 출생하신 것이다(시2:7, 요1:14, 행13:33, 히1:3).

(1) 명칭 의미: 성령으로 잉태, 메시야 사명(마1:18-21)
(2) 사역: 성자의 사명은 중재 사명으로 그는 창조 사역을 중재(요1:3, 10, 히 1:2-3) 그리고 구속 사역도 중재하였다(엡1:3-14).
　① 성부의 구속계획을 집행(요6:35-40)
　② 성자 구속 수행(삼중직) (히7:27, 9:12)
　③ 성령구속 적용(고전12:3, 요3:3-5)

4) 제3위 성령

성령을 왜곡하는 자들은 마치 성령이 단순한 하나님의 능력이나 영향력이라고 말하지만 사실은 성령은 인격을 갖고 계신 분이다. 또한 성부 성자 성령은 동격이며 완전한 하나님이시다(마28:19, 고후13:13). 성경은 성령의 신성에 대하여 다음과 같이 말씀하고 있다.

(1) 성령의 신성
　① 영원성(히9:14)
　② 전지성(고전2:10, 요14:26)
　③ 전능성(눅1:35)
　④ 편재성(시139:7-10)

(2) 성령 호칭의 다양성
　① 하나님의(영광) 영(롬8:9, 고전2:11, 벧전4:14)
　② 그리스도의 영(롬8:9)
　③ 보혜사(요14:16, 26, 15:26, 엡4:30)

④ 진리의 영(요14:16-17, 16:13)

⑤ 약속의 영(눅24:49, 엡1:13)

⑥ 거룩(성결)의 영(롬1:4)

⑦ 여호와의 영(사11:2)

⑧ 살아계신 하나님의 영(고후3:3)

⑨ 아들의 영(갈4:6)

⑩ 예수 그리스도의 영(빌1:19)

⑪ 예수의 영(행16:7)

⑫ 소멸하는 영(사4:4)

⑬ 은혜의 성령(히10:29)

⑭ 영원하신 성령(히9:14)

⑮ 생명의 영(롬8:11)

(3) 성령의 인격성

① 인칭대명사 사용(엡1:14)

② 가르침 생각나게 함(요14:16-17,26)

③ 인격 소유하심(엡4:30, 약4:5)

④ 우리 위해 간구하심(롬8:26-27)

⑤ 인격 3요소: 지식(요14:26), 감정(엡4:30), 의지(행16:7)

⑥ 그 뜻대로 은사 주심(고전12:3-11)

(4) 사역

① 생명 발생, 새 생명(중생)(창2:7, 요3:3-5)

② 인간에게 재능 부여(출28:3)

③ 성도 위해 간구(롬8:27)

④ 구속 적용 자녀 증명(롬8:14-16)

⑤ 교회 시작과 유지(행2:1-14, 엡1:22)

⑥ 성경 영감 기록함(딤후3:16)

⑦ 수태고지 예언(눅1:35-38)

⑧ 보혜사로 임마누엘(요14:16)

⑨ 은사 주심(고전12:3-11)

⑩ 능력 주심(행1:8)

⑪ 성령충만(엡2:1-4, 엡5:18)

⑫ 사역 방향 제시(행16:6-15)

(5) 삼위일체 하나님의 사역 비교표

삼위 공동사역	성 부	성 자	성 령
세상의 창조	시102:25	요1:3	창1:2
인간의 창조	창2:7	골1:16	욥33:4
그리스도의 죽음	사53:10	요10:18	히9:14
그리스도의 부활	행2:32	요2:19	벧전3:18
영감	히1:12	벧전1:10,11	벧후1:21
신자 의 마음에 내주	엡4:6	골1:7	고전6:19
내주 하심 권위	고후3:4-6	딤전1:12	행20:28
신자 보호	요10:29	빌1:6	엡1:13-14

(6) 삼위일체의 속성 비교표

속 성	성 부	성 자	성 령
편재성	렘23:24	마28:20	시139:7-12
전능성	롬1:16	마28:18	롬15:19
전지성	롬11:33	요21:17	요14:26
불변성	말3:6	히13:8	학2:5
영원성	시90:2	요1:1	히9:14)
거룩성	레19:2	히4:15	거룩하다는 호칭
사랑	요일3:1	마9:36	보혜사 호칭

말씀 연구

1. 성부 하나님의 독특한 사역은 무엇인가?

2. 성자 예수님의 독특한 사역은 사무엇인가?

3. 성령 하나님의 독특한 사역은 무엇인가?

제5장
하나님의 작정과 예정

1. 하나님의 작정

하나님의 작정이란 하나님께서 창세전 세우신 영원하신 계획이나 목적을 말한다. 하나님은 작정을 통해 장차 일어날 모든 사물의 운명을 미리 결정하신 뜻을 말한다.

소요리문답 제7문에 "하나님의 작정은 그 뜻대로 하시는 영원한 경륜인데 이로 말미암아 자기의 영광을 위하여 모든 되어가는 일의 운명을 미리 정하였다"(엡1:11).

2. 하나님 작정의 특징

1) 자신이 영광 받기 위함

소요리문답 제1문, 사람의 제일 된 목적은 무엇인가? 답: 사람의 제일된 목적은 하나님을 영화롭게 하는 것과 그를 영원토록 즐거워하게 하는 것이라.

하나님께서는 창조주 하나님으로 모든 일에 영광을 받으시기에 합당하시다(민14:21, 고전10:31, 계4:11).

결국 신자의 삶은 사나 죽으나 주를 위해 살고 죽고 천국에서도 영원까지 주 영광 위해 사는 것이다(롬11:36).

2) 영원적이다.

하나님의 작정은 영원적이며 하나님의 신적 존재의 완전성으로부터 필연적으로 수반되는 것이다. 하나님은 시종일관 내다보시며 영원 속에서 거하시는 하나님은 시간의 경과에 대한 영향을 받지 않으시며 하나님의 계획이나 목적은 시간의 시작 이전에 이미 형성되어 영원히 지속되는 것이다(엡1:4-5, 딤후1:9).

3) 불변적이다.

하나님께서는 지혜와 권능이 무한하시기 때문에 그에게 예견치 않으셨던 위험이나 부당한 방법이 생길 수 없으며 하나님은 신실하시기 때문에 자신의 계획을 변경하시는 일은 절대로 없으시다(잠19:21, 시33:11, 눅2:22, 행2:23, 약1:17).

4) 실현적이다.

하나님께서 작정하신 모든 일은 실현된다(행2:23, 엡1:20, 2:8, 잠19:21). 늦추거나 지연되는 법이 없다.

5) 무조건적이다(엡2:8-9, 벧전1:2).

하나님의 구원 작정은 사랑에 근거한 은혜로 조건 없이 사랑해 주시고 용서해 주시고 구원의 자녀로 삼아 주셨다(요1:12).

6) 포괄적이다.

하나님의 작정은 모든 것을 포함한다. 인간의 선악의 행위, 우발적 사건 목적과 방법, 인간의 생명의 제한과 거처 등을 망라한다(엡1:4, 2:10, 행2:23, 행16:1-15, 17:16-27).

(1) 천지의 규례(렘33:25, 행27:16, 시74:17, 104:9, 잠8:29)

(2) 인생여정(시37:23, 39:4, 욥14:5)

(3) 심판(행17:31, 히9:27)

(4) 선택자와 유기자(행13:48, 시49:14)

(5) 순종과 악행(행2:23, 벧전2:8)

(6) 목적과 수단(살후2:13, 엡1:4)

(7) 우발적인 사건(창45:8, 50:20, 잠16:33)

7) 죄악에 대해 허용적이다.

하나님께서는 인간에게 자유의지를 주셨다. 이것은 하나님의 은혜이다. 인간 자신이 자유의지를 선하게 사용하면 행복하다. 그러나 자유의지를 남용하면 범죄에 빠져 세상은 악하게 되고 그 책임은 자신이 감당해야 한다. 오늘날 세상이 악한 것은 인간이 자유의지를 악하게 사용했기 때문이지만, 하나님은 허용적이다(시78:29, 106:15, 행14:16, 17:30).

〈작정교리에 대하여 반대하는 자들의 답변〉
A, 인간의 도덕적 자유와 모순된다.
  답: 인간은 자유의지를 주셨기 때문에 자신의 모든 행위에 대한 책임이 있
     음을 교훈하고 있다(창50:19-20, 행2:23, 4:27-29).
B. 인간의 구원에 대한 노력을 제거한다.
  답: 인간의 노력과 열심을 통하여 작정이 성취됨.
C. 하나님을 죄의 조장자로 만든다.
  답: 자유의지를 주셨기에 허용적(묵인) (행14:16)

3. 하나님의 예정

하나님의 예정은 타락된 인간과 천사와 마귀, 중보자 되신 그리스도까지 포함되었다. 하나님께서 주권적으로 선택하셔서 영원히 구원하시는 특별한 계획이며 선택과 유기나 영벌도 하나님의 예정 교리에 포함된다.

1) 예정의 대상
  (1) 개인 및 집단(롬8:30, 9:11, 엡1:4)
  (2) 선악의 천사(막8:38, 딤전5:21, 벧후2:4)
  (3) 중보자 그리스도(눅22:29, 롬8:29, 벧전1:20,2:4)

2) 선택과 유기

(1) 선택

하나님의 선택은 사랑과 은혜두고 무조건적으로 선택하셔서 영원한 구원을 받도록 하시는 하나님의 경륜을 의미한다. 선택은 하나님의 주권적 사역으로 무조건적이고 불가항력적인 것이다.

① 구약 이스라엘 백성(신4:37, 7:6-8, 10:15, 호13:5)

② 특별한 직무 위해 헌신자(신18:5, 삼상10:24, 시78:70, 요6:70, 행9:15)

③ 자녀 삼기 위한 개인(마22:14, 롬11:5, 엡1:4, 고전1:27)

하나님께서 선택의 목적은 영혼구원을 통해 자신의 영광을 누리기 위함이다.
하나님 선택의 특징은

A. 영원한 것이고(엡1:4),

b. 불변적이고(요6:37-39),

c. 불가항력적이고(빌1:6),

d. 하나님 주권적이고(롬9:16),

e. 무조건적임(엡1:11, 롬9:16). 모두가 '예수 그리스도 안에서' 시작되고 성취된다. 바울은 서신에 '그리스도 안에서…'라는 문구를 즐겨 사용하였다(엡1:1-14).

(2) 유기(버림)

선택은 하나님의 주권으로 특정한 한 인간을 구원하시려고 계획하셨다면, 결과적으로는 그 선택자 외에는 구원하시지 않으려고 계획하신 것은 유기로서 이 또한 하나님의 주권이다(롬9:13, 11:7, 벧전2:8).

그러나 하나님의 유기에 대하여 인간은 항거할 수 없다(마20:14-15, 롬9:14, 21).

그리고 유기는 이중적인 목적이 있다.

① 구원의 은총을 베푸심에 있어 어떤 사람을 간과하심.

② 유기자들의 죄를 따라 그들을 벌하시기 위함.

3) 칼빈주의 예정론과 알미니안주의 예정론 비교표

	칼빈주의	알미니안주의
인간상태	전적부패	자유의지잔존/전적부패 부인
예정	무조건선택	예지예정
속죄 범위	제한속죄(제한적)	만인속죄
은총	불가항력적 은혜	가항력적임(거부할 수 있음)
구원	성도의 견인	궁극적 부인

말씀 연구

1. 작정의 의미와 특징은 어떤 것들이 있는가?

3. 하나님의 예정과 선택을 말하라.

3. 칼빈의 예정론을 말하라.

제6장

하나님의 천지 창조

창조 사역은 삼위 하나님께서 기존 자료를 전혀 사용하지 않고 하나님의 권능과 지혜로 무에서 유인 물질세계와 영적 세계를 창조하셨다. 하나님의 우주 창조는 하나님의 자의적이요 주권적 의지 행동으로 하나님 자신의 영광을 나타내실 목적으로 창조하였다. 특히 창조 사역은 삼위일체 하나님의 사역으로 성취되었다(창1:2, 욥26:13, 33:4, 시33:6, 사40:12-13, 요1:3, 고전8:6).

1. 창조의 의미

1) 전능하신 하나님은 말씀으로 창조

하나님께서 무에서 유를 창조하셨다는 것은 우주 창조하시기 전에는 하나님 자신 외에는 그 어느 것도 세상에 존재하지 않았음을 뜻한다(창1:1, 요1:3, 시33:6-9).

2) 하나님 자신의 영광 드러내기 위함

하나님께서는 그의 영광을 위해 우주 만물을 창조하시고 또한 그 창조하신 만물을 다스리도록 하게 한 인간을 만드심으로 자신의 위엄을 나타냈다(사43:7, 계4:11).

3) 창조는 삼위 하나님의 위대하신 사역이다.

창조 사역은 삼위 하나님의 연합과 공동의 창조로서 일반적인 존재는 성부

하나님의 역사, 사상과 이념은 성자로부터 말미암고, 생명은 성령께서 주신 것
으로 규명된다.

(1) 하나님의 창조 역사

성부 하나님은 창조역사의 주도적 역할로 작정, 예정, 계획, 목적을 주도하신
다(창1:2, 시139:14, 요1:3, 고전8:6, 계4:11).

(2) 성자의 창조 역사

성자는 성부께서 작정, 예정과 계획 하신대로 만물을 지으셨으며, 만물은 성부
로부터 성자로 말미암아 성령 안에서 나왔다(시33:6, 눅22:39, 요1:3, 골1:15-
16, 엡1:11, 히1:2).

(3) 성령의 창조 역사

성령 하나님도 성부 하나님의 영으로 역시 창조 사역에서 '생명'(생기)은 성령
으로부터 나왔다(창1:2, 욥26:13, 33:4, 시104:30).

2. 창조의 목적

창조의 궁극적 목적은 자연계에 하나님의 영광을 나타낸다.

또는 인간이 자연으로부터 평안과 행복을 만끽하고 창조주 하나님께 감사와
찬양을 드리므로 영광을 받으시는 데 있다(사43:7, 60:21, 61:3, 겔36:21-22,
39:7, 눅2:14, 롬9:17, 11:36, 고전15:28, 엡1:4-14, 3:9-10, 골1:16).

3. 창조 교리를 부정하는 3가지 이론

1) 이원론

본래 물질은 영원한 것인데 이 물질로부터 세상이 우연히 또한 고도의 직접
적인 힘에 의하여 발생했다는 것이다. 이는 하나님과 물질은 영원하다는 것이다.

2) 유출설

본래 하나님과 세상이 본질상 하나인데 유출되었다는 이론.

3) 진화론

모든 생명의 시작이 창조가 아닌 진화로 된 것이라 함.

상기의 3가지 이론들은 비성경적인 사상들이다.

4. 영적 세계 창조

삼위 하나님은 물질세계와 영적세계도 창조하셨다. 하나님은 인간과 동식물들과 함께 천사들과 하늘에 속한 우주전체를 창조하셨다(시148:2-5, 행4:24, 계10:6). 성경 34권 이상에서 275회 이상으로 천사의 존재를 말하고 예수님께서도 천사의 존재를 말씀하고 있다(마28:10, 26:53).

1) 천사 창조

(1) 천사들의 인격성(시103:20-22, 148:2-5, 느9:6)

    ① 지성(마24:36, 벧전1:12, 삼하14:20, 눅20:36, 계14:10)

    ② 감성(눅2:13, 15:10)

    ③ 의지(눅1:13, 9:26, 유1:6)

(2) 천사들의 특성

    ① 영적 존재(마8:16, 12:45, 눅7:21, 8:2, 11:26, 행19:12, 엡6:12, 히1:14)

천사들은 섬기는 영으로 구원받은 신자들을 섬기고 보호한다. 천사는 영적존재로 매이거나 결박되지 않고 또한 시공을 초월한다.

    ② 능력 부여됨(벧후2:11, 계20:1-2)

천사는 하나님으로부터 능력을 부여 받았다. 그래서 하나님의 사람들을 섬기고 보호하고 어려움에서 구출하기도 한다. 닫힌 감옥에 들어가고 나오기도 한다

(행5:19, 12:7). 천사는 능력 있기 때문에 신자들을 위급한 상황에서 돕는다. 또한 생사 능력에 참여함(행12:23).

③ 남녀 구분 없고 결혼하지 않음(마22:30, 막12:25)

천사는 영적 존재로 결혼의 의미가 없다. 결국 우리 신자들도 천국 가면 신령한 변화의 몸이 되어 천사와 같다(눅20:35-36).

④ 인간보다 먼저 창조됨(욥38:4,7)

하나님은 우주 만물 창조 전 영적 세계를 먼저 창조하시고 천사는 인간 피조물보다 먼저 창조되었다.

⑤ 죽지 않음(눅20:36)

⑥ 천사는 강하다(시103:20, 왕하19:35, 삼하24:15-16).

⑦ 천사들은 계급과 서열이 있다(유1:9).

미가엘(천사장), 천사들, 주권자들, 권세들, 주관들(단10:12-21, 골1:16, 살전4:16, 벧전3:22).

⑧ 천사의 수는 셀 수 없이 많다(계5:11, 히12:22, 마26:53). 12군단, 각 군단 3,000명-6,000명으로 구성됨(왕하6:17).

(3) 천사들의 사역

〈그리스도에 대하여 섬김〉

(눅1:26-33, 2:13, 마2:13, 4:11, 26:53, 28:2,6. 눅22:43)

〈하나님과 신자들에 대한 봉사〉

① 하나님께 찬양 영광(욥38:7, 사6:2-3)

② 하나님의 뜻 수행(히1:7)

③ 성도와 교회 보호(시34:7, 히1:14)

④ 하나님 특별계시 전달(단9:21, 23, 슥1:12-14)

⑤ 성도들에게 축복 전달(시91:11, 사63:9)

⑥ 원수들 심판(창19:1, 13)

⑦ 하나님께 영원히 봉사(계21:1-2)

⑧ 베드로 구출(행12:7)

⑨ 복음전도(행8:26)

⑩ 성도 사망 후 천국인도(눅16:22)

⑪ 발람의 길 막음(민22:22)

⑫ 은혜 자리로 인도(행8:26)

⑬ 엘리야 돕고(왕상19장)

⑭ 다니엘 사자굴(단6:22)

⑮ 예수님 수종(마4:11, 눅22:43)

⑯ 주 재림 동행(마25:31, 살후1:7,8)

⑰ 율법 전달(히2:2, 행7:53, 갈3:19)

〈불신자에 대하여〉

① 심판 알림(창19:13, 계14:6,7)

② 심판 형벌 집행(왕하19:35, 행12:23)

③ 심판 날 추수꾼(마13:39)

(4) 천사 분류

① 그룹 천사: 하나님 거룩성 지킴

　A. 낙원보호(창3:24).　　B. 속죄소 덮고(출25:18).

　C. 천국과 하나님 보좌 호위(창3:24, 시18:10, 99:1, 사37:16)

② 스랍: 하나님 수종

　하나님 보좌에서 시중 들고 하나님 찬양(사6:2-3)

③ 가브리엘/미가엘

　가브리엘은 하나님 계시 전달(단8:16, 9:21, 눅1:19,26). 미가엘(천사장)은 군대 전투 임무(단10:13,21, 유9, 계12:7)

④ 정세, 권세, 보좌, 주관

　천사들의 등급 나타내는 표현(엡1:21, 3:10, 골1:16, 2:10, 벧전3:22)

〈 천사 타락의 비극 〉

천사는 영적 존재로 인간보다 먼저 창조됨(욥38:6-7, 골1:16). 천사 일부가 타락함(벧후2:4, 유1:6, 사12:14-20). 사탄은 악한 천사들의 두목이 됨(마9:24, 25:41, 엡2:2).

말씀 연구

1. 천지 창조의 재료는 무엇인가?
2. 창조의 목적은 무엇인가?
3. 천사들의 존재와 사역은 무엇인가?

2) 사탄과 귀신들

보통 사람들은 선하신 하나님이 왜 사탄을 창조하고 죄를 짓게 하고 인간에게 고통을 주는가? 라고 하면서 하나님에 대해 오해를 한다. 그래서 본 장에서는 사탄의 기원과 배경에 대해 설명하고 특히 선하신 하나님은 결코 사탄을 창조하신 분이 아님을 성경적으로 규명한다.

(1) 사탄의 기원(욥38:6-7, 골1:16, 겔28:12-19)

사탄은 본래 천사들 중 하나로 높은 지위를 받았다(겔28:11-15, 사14:13).

그러나 자신의 탐욕과 교만으로 하나님 같이 되려다 하나님의 진노를 받아 천국에서 축출당한 후 하나님을 대적하고 성도들 미혹시켜 타락을 조장하는 악한 존재가 됐다(엡2:2, 딤전3:5, 욥1:6-12, 슥3:1, 계12:10).

(2) 사탄의 다양한 명칭

① 사탄(마4:10, 계12:9, 욥1:6)

② 마귀(벧전5:8, 계12:9)

③ 바알세불(마12:24)

④ 벨리알(고후6:15)

⑤ 악한 자(요일5:19)

⑥ 시험하는 자(살전3:5)

⑦ 미혹하는 자(계2:10, 딤전4:1, 요일4:6)

⑧ 이 세상 임금(요12:31)

⑨ 이 세상 신(고후4:4)

⑩ 공중 권세 잡은 자(엡2:2)

⑪ 대적자(벧전5:8)

⑫ 참소자(계12:10)

⑬ 사기꾼(계12:9)

(3) 사탄의 별명 속의 속성

① 뱀(계12:9) ② 용(계12:3) ③ 계명성(사14:12) ④ 빛의 천사(고후 11:14), ⑤ 우는 사자(벧전5:8) ⑥ 공중 권세 잡은 자(엡2:2) ⑦ 어두움의 권세자(골1:13), ⑧ 이 세상의 임금(요14:30) ⑨ 세상의 신(고후 4:4) ⑩ 구덩이의 왕(계9:11)

(4) 사탄의 특성

① 피조물(겔28:14) 영적존재(엡6:11-12), 그룹 서열에 속함(겔28:14), 천사들 중 뛰어남(사14:13).

② 사악한 인격소유자

살인자(요8:44) 거짓말쟁이(요8:44) 도적질 죽이고 멸망시키는 자(요 10:10) 처음부터 범죄자(요일3:8) 참소자(계12:10) 미혹자(계20:10, 딤전4:1, 요일4:6) 대적자(벧전5:8)

③ 실패자

A. 하나님 통제받음(욥1-2장).

B. 대적하면 피함(약4:7).

C. 예수께 결박(마12:29)과 패배(요일3:8, 마4:4-11, 요12:31).

D. 신자들 승리(요일2:13).

E. 신자는 공격 못함(요일5:18).

(5) 사탄의 악행

　① 예수님에 대해

　　　A. 예수님께 대적(창3:15)

　　　B. 시험(마4:1-11)

　　　C. 구속사역 방해(마2:16, 16:23, 요8:44)

　　　D. 유다 통해 예수님 배신과 팔게 함(요13:2,27)

　② 민족들에 대해

　　　A. 만국미혹(계20:3)　　　B. 아메겟돈 전쟁 발발(계16:14-16)

　③ 불신자에 대하여

　　　A. 어두운 마음(고후4:4)　　　B. 불신자 역사(엡2:2)

　　　C. 말씀 빼앗아 감(눅8:12)　　　D. 인간 앞세워 하나님 대적(계2:13)

　　　E. 미혹(계13:14, 18:23)　　　F. 이적으로 미혹(계18:23, 19:20)

　　　G. 세상지배(요일5:19, 요12:31).

　④ 신자들에 대하여

　　　A. 미혹(딤전4:1, 고후11:3, 계20:20)

　　　B. 이단자 통해 미혹(마24:4-5, 24)

　　　C. 범행(고전7:5)　　　D. 방해(살전2:18)

　　　E. 대적(엡6:11-18)　　　F. 거짓말함(행5:3)

　　　G. 참소(계12:10)　　　H. 가라지(마13:38-39)

　　　I. 박해(계2:10)　　　L. 삼키려함(벧전5:8)

　　　M. 나쁜 교리 뿌림(마13:25,30)　N. 혼미(고후4:4)

　　　O. 시험(눅22:31)　　　P. 육신 파괴(고전5:5)

　　　Q. 사람들 선동(계12:12)

3) 마귀(귀신) 출현

(1) 마귀(귀신)

앞에 사탄의 기원에서 설명하였듯이 본래 사탄은 하나님의 천사(사자)로 창조되었다(시148:1-5, 골1:16). 그런데 타락한 천사가 자신의 지위를 떠나 자리를 지키지 않으므로 하나님께 저주받아 하나님의 보좌에서 추방 당했다(엡2:2, 6:12, 계12:7-12).

자기 처소를 떠난 천사들은 큰 날의 심판까지 영원한 결박으로 흑암에 가두셨으니(유6) 결국 타락한 천사는 사탄이 되어 하나님을 반역하고 타락한 천사들의 큰 두목(지도자) 되므로 여기서부터 죄의 원흉이 발발하였다(창3:1, 계12:7-9, 20:2).

(2) 마귀 귀신들의 조직

타락한 천사들은 사탄, 마귀, 귀신, 악령으로 존재하는데 사악한 사탄의 무리들도 천상의 법도를 흉내내기 위해 각자의 임무를 위해 조직체로 움직이고 있다.

① 사탄: 대적자, 분쟁자(계2:9)

② 마귀(벧전5:8)

③ 귀신((마7:22, 딤전4:1)

④ 악령(엡6:12, 딤전4:1, 계18:2)

이와 같은 사탄의 조직으로 활동하고 있으나 일부는 지옥에 감금시켜 마귀들의 활약을 제한시키고 있다(벧후2:4). 한편 하나님의 허용 아래 사탄의 지배 아래 활동한다(욥1:6-12, 2:1-10, 마12:24-28, 25:41).

(3) 마귀 귀신들의 사악한 행동

① 거짓의 아비(요8:44, 고후11:14)

② 더럽고 음란함(막9:25, 고전7:5)

③ 사악함(눅11:26, 마8:28, 엡6:12)

④ 불안, 번뇌(삼상16:14, 18:14)

⑤ 미치게 함(막5:15)

⑥ 병들게 함(눅13:11, 막9:18,25)

⑦ 점치게 함(행16:16)

⑧ 제사 지내게 함(고전10:20)

⑨ 미혹에 빠지게 함(딤전4:1)

⑩ 올무에 빠지게 함(딤전3:7)

⑪ 교만함(딤전3:6)

⑫ 권세, 권능(엡2:2, 창3:1, 고후11:3, 눅8:29, 약4:7, 요일2:13, 욥1:9)

(4) 마귀의 다양한 활동

① 불신자들 대상

A. 마귀가 소유함(눅22:3).　　　B. 욕심 부림(요8:44),

C. 자식 삼음(행13:14, 요일3:10).　　D. 마음 미혹(계20:7,8).

E. 멸망 인도(마25:41).　　　F. 질병 줌(마9:33, 눅4:40).

G. 미치게 함(눅8:35).　　　H. 죽임과 멸망(눅9:22, 요10:10)

I, 마술(행8:9-11).

사탄의 사악한 행동은 하나님을 대적하고 사람들을 미혹하고 죄 짓게 하고 지옥으로 끌고 가는 것이 사탄의 전략으로, 불신자들은 이미 사탄 마귀에게 속박되었다. 신자들은 전도를 통해 사람들을 사탄의 속박에서 구출하는 것이 신자들의 거룩한 임무이다.

많은 사람들이 마귀에게 속아 멸망과 지옥으로 끌려가고 있음을 알아야 한다.

② 신자들 대상

사탄의 본질은 사악한 존재로서 신자들을 타락하게 하는 것이 본연의 임무다.

A. 의심케 함(죄)(창3:1).　　B. 격동시켜 죄 짓게 함(대상21:1).

C. 괴롭힘(시기)(욥2:7).　　D. 대적(슥3:1).

E. 미혹함(고후11:13).　　F. 하나님 일 방해(단10:10-14, 계16:13-16).

G. 영적생활 방해(엡6:12).　　H. 미혹(딤전4:1, 고전7:5).

마귀는 신자를 끊임없이 시험하고 미혹하므로 영적으로 깨어 있어서 마귀를 대적해야 함(고후2:11, 약4:7, 벧전5:9, 요일2:2:13, 계12:10-11).

(5) 마귀와 귀신 들림(질병) 유무

　① 사람 속에 잠재(몸주)(막5:2, 8, 13, 눅11:26, 막16:9)

　② 돼지에게 들어감(막5:13)

　③ 사람 미치게 함(막5:5, 15)

　④ 간질병으로 죽게 함(막9:18-22)

　⑤ 각종 질병 유발(막9:20-35, 눅4:40-41)

　　(어떤 질병은 마귀가 주는 것도 있다)

　⑥ 신자 성령 소멸 후 악령에 잡혀 있을 수 있다(삼상16:14, 마12:45).

　⑦ 심신이 약한 자 귀신 들게 함

(6) 사탄, 마귀, 귀신의 능력 발휘

　① 점치는 일: 귀신 속이는 영(레20:7)

　② 술법: 죽은 자 접촉(삼상28:8, 대하33:6, 레20:6)

　③ 거짓예언(겔21:21)

　④ 마술: 최면술(창41:8)

　⑤ 요술(사47:9-13, 행19:18-19)

　⑥ 분쟁(갈 5:20, 삼상15:23)

(7) 사탄(마귀, 귀신)의 신자들 공격유형 (무기)

　① 게으름: 정신적 무력감(잠21:25, 롬12:11)

　② 육신 일 분주로 수면부족(엡5:16)

　③ 일의 압박감: 의기소침(갈5:20)

　④ 신경질: 귀신은 마음과 정신 혼란시킴(유혹)(창2:17, 3:4)

　⑤ 마음의 파괴(고후4:4)

　⑥ 쓴 뿌리(히12:15)

　⑦ 죽음: 사탄은 살인자(욥1:12, 18-19)

　⑧ 자살: 죽음 유도함(마4:4)

　⑨ 변덕: 변덕은 사탄의 무기(창3:1)

⑩ 사치심, 쾌락(시간, 돈 낭비)(딤전5:6, 약4:4)

⑪ 부정적 사고와 언어: 못해 신앙(빌4:13)

⑫ 혼돈과 회의(무질서: 불법)(마7:23)

⑬ 잘못된 이상(허황된 야망)(약4:13-17)

⑭ 악한 생각(요13:2), 정욕, 욕심(약1:15, 4:1-2)

⑮ 교만한 마음(잠4:23-27, 약4:6)

⑯ 비판, 비난, 비판은 남 정죄(마7:1)

⑰ 실패와 낙심(시42:5)

⑱ 원망 불평(행6:1)

⑲ 병, 늙음(자괴감, 무능감), 자기 학대(딤전6:11)

⑳ 돈, 탐심(딤전6:10, 골3:5), 세상 성공(약4:13-16)

• 말씀 순종 기도 없는 신앙생활! 충성없는 신앙! 종교는 취미생활뿐이다.

(8) 마귀에 대한 신자의 태도

① 마귀는 십자가로 멸함(골2:15, 요일3:8)

② 대적할 것(벧전5:8)

③ 싸우기 위해 전신갑주 입을 것(엡6:11-18)

④ 성령 능력으로 쫓아 버림(마12:28)

⑤ 주의 이름으로 제어할 것(눅12:17-20)

⑥ 주의 이름으로 쫓아 낼 것(막16:17)

⑦ 하나님 손을 힘입어 쫓아 냄(눅11:20)

⑧ 사도들처럼 귀신 축사하라(행8:7)

⑨ 말씀과 기도(명령)(마4:1-11, 막9:29)

⑩ 예수 피와 보혈 찬송(계12:11)

⑪ 마귀에게 틈을 주지 말라(엡4:27)

⑫ 그리스도로 옷 입을 것(롬13:14)

⑬ 성령 인도 받으라(갈5:16)

⑭ 예수 이름으로 축귀(축사)(눅9:42)

(9) 사탄의과 마귀 최후

　① 천사 지위 박탈(겔28:16)

　② 하늘에서 축출(계12:7-13)

　③ 심판예고(창3:14-15, 요12:31, 요일3:8)

　④ 천사가 결박(계20:1-3)

　⑤ 무저갱 감금(눅8:31, 계9:11, 20:2)

　⑥ 영원한 불못(벧후2:4, 유6, 마25:41, 계20:10)

이 세상에서 사탄 마귀 귀신들 악인들이 하나님의 일시적 허용 아래 잠시 득세하는 것 같지만 결국 하나님은 영원한 파멸로 심판해 버리신다.

「탈렌트 J○○ 가정: '인다리' 사건으로(한 집안에 줄초상: 아들, 딸 죽음, 부인 자살 소동, 본인 자살 시도) 두려워서 무당 되었다 함」

말씀 연구

1. 사탄의 명칭에 대하여 말하라.

2. 사탄(마귀) 임무 어떤 것들이 있는가?

3. 신자들이 사탄에 대해 어떤 자세를 취해야 하는가?

5. 물질 세계 창조

창세기는 성삼위 하나님의 창조사역 현장이다(창1:1).

창조 사역은 하나님의 능력으로 아무런 재료 없이(히: 바라) '무에서 유'를 만들어 내신 것이다. 즉 히브리어 '바라'는 성경의 창조 교리이다.

1) 창세기는 인간 구원의 원리가 담겨져 있다.

　(1) 하나님에 대한 계시의 시작(신론)

　(2) 천지 창조의 시작(우주론)

　(3) 인류와 인종의 시작(인간론)

　(4) 죄악의 시작(죄악론)

(5) 구원의 시작(구원론)

(6) 문화의 시작(문화론)

(7) 선민의 시작(선택론)

2) 6일 창조 역사

하나님께서 창조하신 기간은 6일 창조이다. 그 근거는 하나님의 십계명 중 제5계명(출2:8-11)에 엿새 동안 일하고 이레 되는 날에 쉬라고 하신 것은 곧 하나님 자신이 세상을 엿새 동안 창조하신 의미이다.

(1) 제1일: 첫째 날-빛(창1:3)

(2) 제2일: 둘째 날-궁창(창1:7)

(3) 제3일: 셋째 날-물, 뭍, 초목(창1:9,11)

(4) 제4일: 넷째 날-해, 달, 별(광명)-(창1:14-16)

(5) 제5일: 다섯째 날-조류, 어류(창1:20)

(6) 제6일: 여섯째 날-짐승, 사람(창1:25-27)

성 삼위 하나님께서는 6일간의 창조 사역을 마치시고 매우 좋아 하시며 7일째는 안식하셨다(창2:3).

• 창조 교리를 부정하는 '진화론'은 허구이다, 그 근거는 종에서 종으로 변할 수 없다. 만일 원숭이가 사람으로 진화되었다면 원숭이와 사람 사이의 중간 형태가 지금도 발견되어야 할 것이다.

6. 섭리

1) 섭리의 뜻

하나님께서는 세상을 창조하신 후 창조 세상이 창조의 목적대로 잘 유지되고 나갈 수 있도록 이끌어 가시는 하나님의 사역이다.

2) 섭리의 3요소

(1) 보존

하나님의 보전은 창조의 지속적인 것으로 자연계와 인간을 보존하시고 지탱하시는 사역(시136:25, 느9:6)
  ① 예수님께서 권능으로 만물을 붙잡고 계신다(히1:3, 눅5:24-25, 골1:17, 행17:28)
  ② 하나님은 인간들게 호흡 주심(욥34:14-15, 시104:29)
  ③ 하나님께서 우주 만물이 유지될 수 있는 근거를 주신다(벧후3:7).

(2) 협력

인간의 행동은 자유의지 결정 하에서 책임 있게 진행되지만 근원적으로는 하나님의 섭리 아래 이루어진다. 이런 경우에 인간의 범죄 행위는 물론 인간 자신에게 있다. 그 이유는 모든 인간은 자유의지를 가진 책임적 존재라는 사실도 하나님의 섭리 질서의 하나님이기 때문이다(신8:18, 시104:20-21, 30, 암3:6, 마5:45, 10:29, 행14:17).
  ① 무생물 창조(마5:45, 시135:7, 148:5, 8)
  ② 동물에 대한 사육(마6:26, 시104:27, 욥38:39-41)
  ③ 인간의 일상생활 선처(마6:11, 빌4:19, 마6:31-33, 시139:16)
    (갈1:5, 렘1:5, 행17:28, 잠20:24, 렘10:23, 시76:6-7, 눅1:52-53)

(3) 통치

하나님은 역사의 주인공으로서 선악간에 통치하시고 역사를 주관하시며 심판을 하신다. 하나님은 과거 현재 미래도 심판하신다. 또한 하나님의 통치는 그가 다스리는 피조물의 성질에 맞도록 자신의 법칙을 적용시킨다.

그리고 하나님의 특징은 개인 국가는 물론 전 우주적이고(시103:19, 단4:34-35) 가장 미약하고 무의미한 것까지 포함된다(마10:29-31). 때로는 우연 같지만 결코 세상은 우연이 아니고(잠16:33) 인간의 선악간 일체의 행위도 통치하신다(창50:20, 행14:16, 빌2:13).

하나님의 통치는 하나님의 주권사역으로 자신의 뜻대로 만물 통치하신다(단4:35, 엡1:11, 시103:19, 롬8:28).

4) 섭리에 대한 잘못된 이론

(1) 자연신론

하나님께서 우주를 창조하시고 그것을 버리고 생명체에 대한 주관을 하지 않으시고 자연 현상에 대하여 관여도 하지 않고 초자연적 계시를 주지 않는다는 이론. 이 이론은 하나님이 방관하고 계시다는 것이다.

(2) 범신론

피조물이 독자적으로 있는 것이 아니라 피조물은 신의 일부라는 것이다. 이 논리에 의하면 신과 우주와의 구별이 없다고 한다. 이 견해는 인간이 행한 행동도 신의 행동이 되고 따라서 인간의 도덕적인 행위에 대한 책임도 인간에게 있지 않다는 것이다.

7. 하나님의 기적(비상 섭리, 이적)

1) 기적

하나님은 어떤 목적을 이루기 위해서 때로는 자연의 법칙을 초월하여 이적을 행하신다. 이를 초자연적인 권능이라고 말한다. 비상 섭리인 기적에는 세 가지 의미가 있다.

(1) 표적

하나님의 특별한 행동이나 권능을 말한다(행4:30, 5:12, 히2:4, 출7:3).

(2) 기사

인간이 경탄할 수 있는 하나님의 역사(시72:18, 135:9, 136:4, 신6:22, 롬15:18).

(3) 능력

하나님의 위대하신 권능(행2:22, 고후12:12, 히2:4)

2) 기적의 목적

기적의 목적은 하나님께서 복음의 확증을 위하여 그리스도와 및 그의 제자들 통해 이적과 기적을 행하심으로 불신자들이 기적을 보고 하나님의 실존을 믿게 하고 그리스도를 영접하고 구원받게 하려는 것이다. 사실 구약 신약을 보면 하나님께서는 그 상황에 맞게 기적을 보여주신 목적은 아래와 같다.

(1) 복음 메시지 확증: 오병이어 기적(요6:1-15)(행8:6, 9:14, 히2:3)

(2) 하나님 나라 도래 확증(마4:23, 10:7-8, 12:28, 눅9:1-2)

(3) 긍휼한 마음과 상대방 간청(마14:14, 20:34, 눅7:13-14)

(4) 사역 방해 제거(마8:15, 행9:40)

(5) 하나님 영광(마9:6-8, 요2:1-11, 9:23)

말씀 연구

1. 천지창조의 기간은 몇 일인가?

2. 하나님 섭리는 무엇인가?

3. 기적의 목적을 말하라.

제3권
인간론

제1장
인간의 기원

1. 인간 창조의 목적

1) 하나님 자신의 영광 위함(롬11:36)

하나님께서 만물을 창조하시고 하나님 형상 닮은 인간을 창조하신 것은 하나님 자신의 영광을 위함이다(사43:7, 고전10:31).

2) 하나님의 찬송을 부르게 하심(사43:21)

하나님은 인간을 창조하신 분으로 예배 대상이 되신다(엡1:3-5).

3) 인간이 하나님의 복을 누리고 살게 함(창1:28)

인간으로 창조된 것 자체가 복을 받은 것이다. 그 이유는 하나님의 형상을 입었기 때문이다(창1:26).

4) 인간이 모든 창조물 다스리게 하도록 지음 받았고(창1:28)

결국 인간의 삶은 주신 복을 누리며 하나님께 영광을 돌리며 살아야 한다(고전10:31).

'소요리문답' 제1문: 사람의 제일 된 목적이 무엇인가?

답: 하나님을 영화롭게 하는 것과 영원토록 그를 즐거워하는 것이다.

2. 하나님의 형상 닮은 인간

1) 하나님 형상

하나님의 창조물 중에서 인간만이 하나님의 형상 따라 그 모양대로 창조되었다.

하나님은 원형이고 인간은 그의 '모형'이다(창1:26, 고전11:7).

그런데 인간의 범죄 후 하나님의 형상은 손상되었으나 아직도 그 잔재는 남아 있다(고전11:7, 약3:7).

2) 하나님 형상이란 무엇인가(개혁파 견해)

(1) 자연 형상

자연 형상은 넓은 의미의 형상으로 범죄 후 파괴된 하나님의 형상이며 이성, 지성, 양심, 만물 통치권 등이다(고전1:20, 2:13-15, 롬3:10-18).

(2) 도덕적 형상

도덕적 형상은 좁은 의미의 형상으로 범죄 후에 잃어버린 하나님의 형상이며 참 지식, 의, 거룩이다. 이는 그리스도에 의해서 다시 회복되는 것이다(엡4:24, 골3:10).

3) 하나님 형상에 대한 실제

(1) 육체적인 견지에서 본 인간이 소유한 하나님 형상

하나님은 영이시다. 그러나 인간의 육체는 생식력, 시각, 촉각 등 의사소통을 하므로 하나님의 형상을 반영할 수 있는 기능을 가진다(출33:20). 그리고 인간의 자손 번식은 하나님께서 인간을 창조하심과 유사하다(15:44). 즉 하나님은 인간에게 자신의 형상을 주신 것은 인간이 사회적인 성질을 통해 인간과 소통하고 교제를 갖기 위함이다. 그래서 인간의 교제와 하나님과의 친교를 원하시고 또한 인간을 통해 영광을 받으시기 원한다.

(2) 정신적 견지에서 본 인간이 소유한 하나님의 형상

하나님은 영이시다. 인간도 영혼을 갖고 있다. 영혼의 본질적인 속성은 이성, 의식, 의지이다. 한 영혼은 이성적 도덕적 자유 의지적 대리자이다. 하나님께서는 그 자신의 형상대로 인간을 창조하실 때 하나님의 공유적 속성을 부여하심(전3:11).

즉 우리는 동물과 달리 논리적으로 생각하는 능력이 있고 추상적인 복잡한 언어를 사용할 수 있으며 먼 미래에 대한 의식이 있고 미술 음악 과학 기술 등 각 분야에서 창조성이 있으며 동물들과 달리 강력하고 복잡한 감정을 드러낼 수 있다.

(3) 도덕적인 견지에서 본 인간이 소유한 하나님의 형상

인간은 하나님의 형상을 가지므로 모든 생물 중에서 신적인 모양을 소유했고 지적이고 우주를 지배하는 권한을 가졌다. 즉 본질적인 하나님의 형상을 가졌다. 인간은 의와 거룩함으로 창조되었다(창1:31, 전7:29, 엡4:24, 골3:10). 즉 우리는 우리의 행동에 대하여 하나님 앞에서 도덕적인 책임을 져야 할 피조물이다. 다른 동물들과 달리 옳고 그름에 대한 내면적 감각이 있다.

(4) 사회적 관계에서 본 인간이 소유한 하나님의 형상

결혼을 통해 가정을 이루고 가정과 교회의 공동체 속에서 서로 교제하는 능력이 있다.

남녀의 결혼은 동일하게 중요하지만 역할이 다른 면에서도 하나님의 성품을 반영한다.

우리는 만물을 다스리는 권한이 있고 예수님이 재림하시면 천사들까지 다스리는 권한을 얻을 것이다.

4) 하나님 형상을 입은 인간에게 주신 특권

모든 창조물 중 유독 인간에게만 하나님의 형상을 주신 것은 인간으로서는 큰 은혜와 복이 아닐 수 없다. 이는 하나님의 절대적인 특권이자 은혜이다. 그 특권은 무엇인가. 인간은 '영혼'이 있기에 영생을 누리고 살도록 하였고(**영생의 특권**), 또한 하나님과 교통하며 교제를 나누며 에덴동산에서 영생의 복을 누리고 하나님께 영광을 돌리고 살게 하시고(**교제특권**), 하나님 대리자로 청지기 위치에서 만물을 관리하고 다스리도록 위임해 주셨다(**통치특권**).

3. 인간의 본질과 구조

1) 인간의 구성

하나님은 인간의 육체에 '생기'를 불어 넣으므로(창2:7, 3:19) 인간은 물질적 육신과 비물질적인 영혼으로 구성되었다. 그리고 인간의 원소는 흙이다. 흙은 96가지 성분이 있는데 사람 몸 역시 흙과 같은 96가지 성분이 있음은 인간이 흙에서 왔다는 증거이다(창3:19).

그래서 인간은 영혼과 육신으로 통합되어 있다(창2:7, 마6:25, 10:28, 고전 5:3-5, 전12:7). 영혼과 몸은 죽음 외에는 분리될 수 없다. 단 육체는 죽으면 썩고 부활하므로 썩지 않을 새로운 몸으로 변화된다(고전15:42). 결국 주님 재림 때 모든 사람이 다 부활하되(요5:28-29) 믿는 자는 영생으로 불신자는 영원한 형벌로 심판을 받는다(계20:13-15).

또한 인간의 구성은 이분설과 삼분설이 있다.

(1) 이분설: 인간은 육신과 영혼으로 구성됨

성경에는 영과 혼과 영혼이 서로 구별 없이 교환적으로 사용되었다.

① 하나님께서 인간의 코에 넣으신 '생기' '기운'은 단일본질(동일본질) 이분설이다(창2:7, 욥27:3).

② 성경에 영과 혼과 영혼이 구별 없이 교환적으로 사용되었다(창41:8, 시42:6, 요12:27, 13:21, 눅1:46-47, 히12:23, 벧전3:19, 계6:9, 고전5:3, 마10:28, 요3:1-2, 마16:26, 눅23:46).

③ 인간이 죽을 때 영혼 떠남(창35:18, 왕상17:24, 22:24, 시31:5, 눅8:55, 사52:12, 행7:59, 눅12:20, 23:46, 전12:7, 요19:30).

〈성경적인 근거〉

① 창2:7 인간 창조 ② 슥12:1, 고전2:11 몸과 영 구별,

③ 창35:18, 왕상17:21 혼, 영 구분 없음 ④ 마6:29, 전12:7 신체, 영, 혼, 전인 말함.

결론 (영+혼=영혼)+(육신)=사람.

(2) 삼분설: 인간은 육체, 영, 혼 삼요소로 구성 됨

삼분설은 육체는 물질적 요소이고 혼은 인간내의 동물적 생명의 원리이며, 영은 혼보다 고등한 인간의 이성적이며 불멸적인 생명의 원리라고 한다. 삼분설은 인간이 사망하면 육체는 흙으로 돌아가고 혼은 존재함을 중단하고 영만이 부활 때 육체와 결합한다고 함.

삼분설은 헬라 철학의 사상으로 미국과 독일의 몇 신학자들에 의하여 채택되었다.

〈근거 주장〉

살전5:23(영, 혼, 몸), 히4:12(혼, 영, 관절...)

• 비평 •

① 살전5:23, 인간의 다른 면(인격 전체를 가리킴)으로 표현한 것이다.

또한 몸, 혼, 영은 적용상 구분이지 실제는 구분이 아니다(영+혼= 동의어).

그렇다면 예수님 말씀은 (막12:30, 마음, 목숨, 뜻, 힘) 4분설이 되는가? 이는 인간으로 하여금 전인적으로 하나님을 사랑하라는 강조로 하나의 '영혼'으로 해석함이 순리이다.

② 히4:12(영, 혼): 하나님의 말씀의 능력이 인간의 은밀한 부분, 영, 혼, 관절, 골수 및 마음까지 침투하는 능력을 가졌다는 의미이지 '삼분설'이 아니다.

4. 영혼의 기원

인간의 영혼이 언제부터 존재하기 시작되었는가에 대한 세 가지 학설이 있다. 그 학설은 아래와 같다.

1) 영혼 선재설

인간 영혼은 육체가 지음받기 이전에 선재하다가 아기가 모체의 배속에서 자랄 때에 아기의 육체와 연합시킨다는 설이다.

이 선재설은 동양 종교에 근거한 영혼의 재래설과 유사한 매우 위험한 사상으로 비성경적이다(인간 전생설은 사탄에게 속는 것임 : 전생 왕비 등... 비성경적).

(1) 비평

① 육체를 경시하고 경멸　　② 인류의 통일성 파괴
③ 인간은 전 세상 없다.　　④ 이교 철학의 산물임
⑤ 비성경적임(성경은 하나님 형상 지음 받음)

2) 영혼 유전설

천지 만물을 창조하신 하나님께서 우리 인간을 창조하실 때 그 자신의 형상대로 창조하셨기에 누구든지 하나님의 형상을 입은 인간은 같은 인간을 낳을 수 있다는 것이다. 그래서 아담과 하와도 그들의 형상대로 육체와 영혼을 가진 자손들을 생산하였기에 그 자손들의 영혼도 아담과 하와로부터 왔다는 것이다.

(1) 주장하는 근거

① 창1:28,2:7, 아담의 영혼 창조 후 번식하게 함

② 창46:26, 자손들은 조상의 몸에 있었다 함

③ 부모와 정신적인 면이 닮았다.

④ 원죄 유전의 기초

(2) 비평

① 영혼의 단순성이 깨진다.

② 그리스도의 인성이 유죄하게 됨

③ 원죄 전가의 기초 아님(조상의 죄를 자손이 담당)

④ 성육신 교리 설명 불가능

⑤ 부모 중 누구의 영혼 유전 설명 불가

⑥ 부모를 영혼 창조자라는 모순. 영혼 유전설도 비성경적이다.

3) 영혼 창조설

하나님께서 각 개인의 영혼을 창조하시고 각 개인이 모태의 잉태로부터 출산까지의 어떠한 중간 시점에서 그 개인의 육체 속에 넣었다. 이 견해는 훌륭한 신학자들로부터 찬동 받는 학설이다(제롬, 칼빈, 벌콥프 등).

(1) 성경적 근거

① 전12:7 '영'(영혼)을 주신 하나님

② 히12:9, '모든 영의 아버지'

(2) 창조설의 장점

① 유전설의 기독론적인 모순을 극복

② 창조설 언약을 설명하기 좋음

③ 영혼의 성질을 잘 설명함

④ 인류의 통일적 기원을 설명하기 좋음

⑤ 성육신 교리와 조화를 이룬다.

(3) 창조설 반대 이론 내용

① 하나님을 악의 창시자로 만듦

② 부모의 특성 유전을 설명 불가

③ 육체마다 특성 있는 영혼 창조 설명 불가

④ 하나님의 창조 사역은 이미 끝났다 함

　　• 하나님의 인간 영혼 창조는 지속적임.

4) 영혼, 혼, 마음, 양심, 육에 대한 용어 이해

(1) 영혼, 혼: 성경에 구별 없이 교차적으로 사용되었다. 단지 '혼'은 생리적이고 감정적인 면으로 사용되었고(렘31:25) '영'은 고등한 면으로 사용되었다(롬8:16).

(2) 마음: 영혼과 같은 의미로 사용되었으나(마26:41) 하나님이 거하시는 장소(사탄도)의 개념으로 사용되었다(롬1:28, 엡3:17, 고후1:22, 행5:3).

(3) 양심: 도덕적인 표준의 역할을 한다(롬2:15, 벧전3:21). 그러나 항상 완전한 지침은 아니다(벧전2:19, 히10:2).

(4) 육신, 육체, 육: 비물질적인 개념으로서 죄의 본성을 의미하는 경우도 있다(고전2:1, 43:3).

말씀 연구

1. 인간의 창조목적?

2. 인간의 본질과 구조에 대하여 말하라.

3. 창조설의 성경적 근거(전12:7, 히12:9).

제2장

죄와 인간

1. 죄의 의미

인간이 하나님의 계명과 그의 도덕률에 불순종하여 불법을 행하는 것이다(요 8:31, 롬6:16, 20, 23, 요일3:4). 죄의 결과는 파괴와 고통을 초래하는 것으로 악이라고 규정함. 죄에는 두 가지 유형이 있다.

1) 원죄

원죄는 인류의 조상인 아담이 하나님의 언약 곧 도덕률을 위반하여 금단의 선악과를 따 먹으므로 시작되었다. 아담은 대표 원리로 인류의 대표자로서 범죄하자 그 죄 책임은 자연히 그가 대표한 모든 인류에게 전가되었다.

그 결과로 모든 인간은 생득적으로 출생하면서 죄인 신분으로 출생한 상태를 말한다(롬5:12).

(1) 원죄의 요소
　　① 죄의 전가: 아담 범죄로 모든 후손 정죄(롬5:14)
　　② 죄책 오염: 원시적 '의' 박탈당함으로 추악해 짐

(2) 원죄의 영향
　　① 원죄의 죄책과 오염을 내포함
　　② 전 영혼에게 전적 부패의 영향 줌
　　③ 원죄는 모든 인간을 전적으로 무능케 함.

2) 자범죄

원죄의 부패성이나 타락성은 자범죄의 원천이 되고 있다. 자범죄는 인간의 외적 행위에 의한 범행은 물론 내적인 마음의 자세에 따라서 자범죄가 형성된다. 자범죄는 인간의 개별적인 죄이므로 다양하다. 즉 죄의 오염의 결과로 인한 개인 자신의 외적인 범죄 행위를 말한다.

(1) 자범죄의 행동 양식

    ① 외부의 행위에서 발생함

    ② 원죄의 죄성에 의한 심리적 작용

    ③ 개인적 욕심에 의해 생기는 죄(약1:15)

2. 죄의 본질

1) 죄의 성향

(1) 죄는 특별한 종류의 악(요일3:4, 롬6:23, 8:2, 엡21:1)

(2) 죄는 절대적 성향 있다(정죄 아래 있음).

(3) 죄는 하나님의 뜻 위배 행위(롬5:19, 엡2:3)

(4) 죄책은 오염을 내포함(롬8:7, 엡4:18)

(5) 죄는 마음에서부터(마5:22, 28, 갈5:24)

(6) 죄는 외부적 행위만이 아님(마5:22, 28, 롬7:7, 갈5:17, 24)

2) 인간의 최초 범죄 결과

(1) 하나님과의 교통단절로 분리의 비극(창3:24)

(2) 전적 부패로 신체 및 영혼의 모든 기능 손상(창2:17)

(3) 하나님의 형상(원의) 파괴와 상실(창3:6)

(4) 죄책에 의한 공포심 유발(창3:8)

(5) 영육의 사망과 고통 초래함(창3:16, 19)

(6) 양심 마비로 도덕적으로 해이함(창3:5)

(7) 인간과 자연 모두 저주를 받고 신음함(창3:17-19)

3. 죄의 기원

인간의 최초의 죄는 하나님 말씀 불순종으로부터 시작되었다.

1) 아담의 최초 범죄로 유발됨(창2:16-17, 3:16)
아담의 범죄는 에덴동산에서 하나님이 지시하신 금단의 선악과 따 먹으면서
유발되었다. 이 죄는 인간의 원죄와 타락을 의미한다.

2) 최초의 범죄 동기는 뱀(사탄)의 간계(유혹)에 의함
① 하와의 지식을 미혹함(창2:17, 3:4)

② 하와의 도덕 기초를 미혹함(창3:6)

③ 뱀의 간계는 인간 범죄의 세 요인

A. 지성: 하나님 불신 조장으로 유혹

B. 감정: 열매 먹음으로 사악함을 만끽함

C. 의지: 하나님과 같이 되려는 교만함

4. 죄의 전가

1) 아담 범죄는 전 인류에게 전가로 죄와 사망 초래함
① 모든 사람 죄인으로 사망(롬5:12-14)

② 그리스도 순종으로 모든 사람 의인 됨(롬5:18-19)

③ 아담의 대표 원리로 전 인류 죄인 됨

④ 죄 전가에 대한 성경적 답변(롬5:18-19)

2) 죄의 전가는 타락의 본성을 갖게 됨(시51:5, 58:3)
① 인간 본성 전적 타락 부패(렘17:9, 롬7:18, 엡4:18)

② 선 행함에 무능함(롬3:10-12, 7:18, 8:8)

3) 전가된 원죄의 보편성

　① 모든 사람 죄인(롬3:23, 갈3:22, 요일1:8)

　② 어린이 까지 죄 오염(시51:5, 58:3, 요3:3)

　③ 모든 인간은 육으로 태어 남(요3:6, 시51:5)

　④ 모든 인간 유죄로 판결(엡2:1-5, 요일5:12)

5. 죄의 결과(형벌)

1) 영적 사망: 하나님으로부터 분리되어 교제 단절(창3:23-24)

2) 육체 사망: 육신과 영혼 분리(롬5:12)

3) 영원한 사망: 영적인 사망의 최후로서 육체와 함께 그 영혼이 영원한 지옥의 불 못에 들어감(마25:46, 계20:10, 21:8, 22:15)

4) 인생 길 고난: 고통 질병 시련(창3:17-19) (남자-수고, 여자-해산 고통)

6. 죄의 치유책

성부는 율법과 양심을 통하여 죄를 깨닫게 하고, 예수는 십자가에서 속죄 사역을 이루시고, 성령은 복음 전파를 통하여 죄인이 믿고 회개하게 하신다. 그러므로 신자는 모든 죄 고백하면 용서받고 그리스도의 의를 전가 받아 하나님 앞에서 의인 된다(요일1:7-9, 롬8:12, 갈5:18, 엡5:18). 그러므로 하나님 앞에 회개하면 용서받지 못할 죄는 하나도 없다(행2:38, 고전6:10-11). 단 성령 훼방(모독) 죄는 용서 받을 수 없다(마12:32, 막3:29, 눅12:10, 히6:5-6, 10:26).

말씀 연구

1. 원죄와 자범죄를 말해보라.

2. 죄의 결과(형벌)를 말해보라.

3. 죄 치유(해결) 방법은 무엇인가?

제3장

언약 안에 있는 인간

언약은 둘 이상의 당사자 간에 맺는 약조(협약)로 하나님이 자기를 낮추어 성경에는 행위 언약, 구속 언약, 은혜 언약을 말한다.

1. 행위 언약

1) 행위 언약의 의미(호6:7)

하나님과 아담이 맺은 언약이다. 아담은 인류의 행위 언약의 대표자이다(롬5:12-21). 그리고 아담과 더불어 모든 인간은 행위 언약을 실천할 의무가 있다.

2) 행위 언약의 요소

(1) 언약의 당사자: 하나님과 아담(창2:15-16)

(2) 언약의 조건: 인간의 순종(롬5:19)

(3) 언약의 상징: 생명나무

(4) 약속: 영생과 축복(창1:28, 3:28)

(5) 언약 위반: 형벌(창2:17, 롬5:12-18)

① 뱀: 배로 다니고 흙 먹음(창3:14)

② 사탄: 여자 후손에 의해 머리 상함(창3:15)

③ 인간: 아담 수고, 하와 해산(창3:16-19)

3) 행위 언약의 효과성

무죄하신 그리스도께서 우리를 대신하여 하나님의 언약을 완전하게 준수하시므로 우리는 영원한 생명을 얻었다(레18:5, 롬5:8-19, 10:5).

2. 구속 언약

1) 구속 언약의 의미

삼위 하나님 상호간에 언약으로 성부와 성자와의 계약이다. 성자는 피택자들의 보증이 되시고 그리스도를 믿는 믿음을 통하여 구속을 약속하셨다. 그러므로 구속언약은 은혜언약의 영원한 기초가 된다.

2) 구속 언약의 실제

(1) 구속을 위한 하나님간의 상호 협약(엡1:4, 살후2:13, 딤후1:9, 벧전1:2)

(2) 죄인 구원을 위한 언약(요3:16, 6:40, 17:3, 고전15:22)

(3) 그리스도의 희생으로 언약 실천(시2:7-8, 요6:38, 17:5-6, 행13:33, 빌 2:9-11, 히10:5-7)

(4) 구속 언약은 메시야 사상(삼상7:13-14, 사42:6-7, 요1:29)

3) 구속 언약 성취의 과정과 결과

구속 언약의 성취는 성 삼위 하나님의 협동으로 완성

(1) 성부는 피택자 작정 예정 및 그리스도 보냄(엡1:3-5, 요3:16, 사42:1-2, 히10:5)

(2) 성자는 죄인 구원 위하여 십자가 죽으심(롬3:25, 빌2:8, 히10:10)

(3) 성령은 성령기름 부으심과 구원 적용 역사(눅4:1, 14, 요14:16, 24. 행1:8, 고전12:3)

3. 은혜 언약

1) 은혜 언약의 의미

구속 언약을 기초로 한 것으로 피택자들 구원하시기 위하여 그리스도 안에서 하나님과 피택자 간에 세운 언약.

2) 은혜 언약의 내용

(1) 그리스도의 십자가 대속에 의한 속죄 언약에 근거하여 성취됨(요3:16, 15:26, 행2:33)

(2) 성령이 믿는 자에게 구원을 이루어(적용) 주심으로 성취(요3:5, 계3:20)

(3) 행위 언약 반대로 무조건 은혜로(롬3:24, 4:4-8, 엡2:8, 갈3:2)

(4) 언약중보자는 그리스도(딤전2:5, 히8:6-9, 9:15, 12:24). 누구든지 주의 이름 부르는 자는 구원을 얻음(롬10:13)

3) 은혜 언약의 특징

(1) 삼위 일체성: 성부의 선택, 성자의 중보, 성령의 보호

(2) 무조건적 은혜(엡2:1, 5, 8, 요1:16-17, 히9:15)

(3) 영원한 언약 폐기될 수 없다(창17:19, 히13:20, 삼하23:5)

(4) 택한 자 그 자녀들(약2:5, 요15:19, 엡1:4, 골3:12, 롬9:4, 행16:31)

(5) 신구약 동일한 언약은혜(창3:15, 행4:11-12, 갈3:9, 히13:8)

(6) 유기적: 그리스도와 한 몸 되는 것

4) 은혜 언약의 배경과 여러 유형

〈구약〉

① 아담에서 노아(창3:15, 21, 8:22, 9:11)

② 아브라함과 언약(창15:6, 갈3:6, 롬4:12)

③ 시내산(모세) 언약

　　A. 모세에게 십계명(출20장)

B. 죄의식 고취(롬3:20, 4:15, 5:13, 갈3:19)

C. 그리스도에게까지(갈3:24)

〈신약〉

① 그리스도 속죄(기독론)

② 성령의 역사(구원론)

③ 천국까지 연속됨(계21:3)

(말씀 나눔)

1. 행위 언약이란 무엇인가?

2. 구속언약에 대하여 말하라.

3. 은혜 언약이란 무엇인가?

기독론

제1장
그리스도의 본성과 명칭

1. 예수 그리스도의 위격

예수 그리스도는 한 위격 안에 완전하신 하나님이시며(신성) 또한 완전한 인간이시다(인성). 그러므로 그리스도는 양성을 갖고 계신 분이다. 또한 그리스도께서는 하나님과 인간 사이에서 중보자로서 양자를 화해시키기 위하여 참된 인간 되심과 동시에 하나님 되어야만 한다. 그리고 하나님과 인간과의 화해는 그리스도의 성육신을 통해서만 성취된다.

〈A. D. 451년 칼케돈 종교회의에서 예수 그리스도의 본성에 대한 요지〉
1) 그리스도는 양성(인성/ 신성) 소유자
2) 신성은 성부 하나님과 동질로 창세전에 성부 하나님으로부터 영원히 탄생
3) 인성에 있어서는 동정녀 마리아 태생
4) 양성은 연합하고 불변하시고 단일 인격체 분리되지 않고 결합되심.
5) 그리스도는 하나의 인격체로서 하나님의 독생자이시다.

2. 그리스도 인성

1) 그리스도의 인성에 대한 성경 증거
    (1) 구약 증언(창3:15)
    (2) 선지자들 예언(사7:14)
    (3) 예수님 자신(요8:38)
    (4) 사도들 증언(마1:1-17, 롬5:15)
    (5) 예수님 심신 성장(눅2:40, 52)

2) 그리스도 인성의 필요성(요일4:2-3)
    (1) 우리를 대표자로 순종하기 위함(롬5:18-19)
    (2) 우리 죄 대속 위함(히2:14-17, 7:26-27)
    (3) 중보자 사역(딤전2:5)
    (4) 피조물 정복(창1:28, 히2:6-8)
    (5) 인간 삶 본(요일2:2:6, 벧전2:21, 3:18)
    (6) 부활의 열매되기 위해(고전15:23, 골1:18)
    (7) 고난자 돕기 위함(히2:18)

3) 인성 소유자로 동정녀 탄생(마1:18)
    (1) 구원자 예수는 여인 통해 오심(창3:15)
    (2) 동정녀 탄생 양성(갈4:4)
    (3) 동정녀 탄생 예수 무죄(요일3:5)
    (4) 육체와 영혼 소유(눅2:40, 52, 23:46, 히10:10, 마26:38, 막8:12, 요11:35, 13:21, 마4:2, 요4:6, 19:28)

4) 인성의 실제
    (1) 주리심(마4:2, 21:18)
    (2) 목마르심(요19:28)

(3) 주무심(마8:24)

(4) 피곤하심(요4:6)

(5) 우심(요11:35)

(6) 고민하심(마26:38)

(7) 분노하심(거룩한 분노) (막3:5, 10:14, 요11:33)

(8) 고난, 시험 당하심(히2:10, 18, 4:15, 5:7)

3. 그리스도의 신성

1) 그리스도의 신성에 대한 증언

(1) 구약의 예언(사9:6)

(2) 예수님 자신(마11:27, 요1:1,13, 히1:12)

(3) 사도들의 증언(마1:23, 롬1:4, 요8:58)

(4) 하나님이란 칭호(요1:1, 18, 20:28, 롬9:5, 단2:13)

(5) 주(하나님 동의어 6,814회)(눅2:11, 고전8:6, 계19:16)

(6) 전능성(마8:26, 14:19,21, 요2:9)

(7) 전지성(요2:25, 6:64, 16:30, 21:17)

(8) 불멸성(요2:19, 10:18, 히7:16)

(9) 경배대상(빌2:10, 히1:6, 계5:12)

2) 신성의 필요성

(1) 속죄물 되기 위함(히10:10-20)

(2) 예수만이 구원자 되기 때문(행4:12)

(3) 신인 중보자 되기 때문(딤전2:5)

(4) 예수 신성(인성)은 절대적이다(구세주의 유일성)

3) 예수님의 신적 칭호

(1) 하나님(딛2:13, 롬9:14, 빌2:6, 요일5:26)

(2) 하나님 아들(마16:16, 26:61-64)

(3) 만왕의 왕, 만유의 주(계19:16)

(4) 주(마22:43-45, 행2:36, 고전12:3, 빌2:11)

4) 그리스도의 신적 특성

(1) 전능성(마11:28)   (2) 전지성(요1:48)

(3) 무소부재(마18:24)   (4) 생명(영원)(요1:14)

(5) 진리(요14:6)   (6) 불변성(히13:8)

(7) 편재성(마18:20, 28:20)   (8) 통치성(막2:5, 마11:27-28)

5) 예수님의 신적 사역

(1) 창조(창1:1, 요1:1-3)   (2) 보존(골1:17)

(3) 사죄권(눅7:48)   (4) 죽은 자 살림(요5:25)

(5) 심판자(요5:27)   (6) 성령 파송(요15:26)

(7) 성부와 동등(요10:30, 14:23)

(8) 성령과 동등(마28:19, 고후13:13)

4. 그리스도의 각 명칭

예수님의 본질적 존재성과 본성 및 사역의 의미

1) 예수: 구원자(슥3:1, 마1:21).

2) 그리스도(메시아): 기름 부음 받은 자(막1:10, 눅1:35)

(1) 선지자(왕상19:16)

(2) 제사장(출29:7)

(3) 왕(삼상10:1)

① 성령의 기름부음 받음 의미(사61:1, 슥4:1-6)

   청지기 훈련과 교회부흥

② 기름 부음은 성령임재 상징(삼상10:6, 10, 16:13, 14).

3) 인자: 예수님 통상 명칭으로 본인 사용 함(단7:13, 마16:27-28, 26:64, 눅21:27).

4) 하나님의 아들

(1) 예수님 2위로 하나님(마11:27, 16:16, 26:63)

(2) 성령으로 잉태(마1:20, 눅1:35)

5) 주: 왕(통치, 경배)(행2:36, 롬10:13, 고전12:3, 빌1:11)

(1) 절대 주권자(요11:17-25)

(2) 절대 전능자(창1:1, 마8:1, 14,26)

(3) 십자가 죽음 ,부활, 승천, 재림, 심판

6) 독생자: 신성과 독특한 출생과 사역(마16:16, 요3:16)

말씀 연구

1. 예수님의 인성에 대해 말하라.

2. 예수님의 신성에 대해 말하라.

3.예수님의 신적 특성을 말하라.

제2장
그리스도의 성육신

1. 성육신의 의미

1) 성육신 의의

그리스도의 성육신은 하나님 되신 그리스도께서 동정녀 마리아로부터 성령으로 잉태하심을 말한다(사7:14, 마1:18-21, 눅1:35, 요1:14, 행3:20, 17:3, 18:5, 요일4:2).

즉 하나님께서 사람 되셨음을 말한다.

(1) 창세전 말씀으로 계신 예수 그리스도

성부 하나님으로부터 영원히 나신 성자 예수님은 창세전에 말씀으로 성부 하나님과 함께 계셨고, 성부 하나님이 세우신 작정, 영원하신 계획 혹은 목적에 의하여 성부와 함께 천지를 창조하셨다(창1:1, 요1:1-3).

(2) 구약에는 여호와의 아들 및 여호와 사자인 그리스도

삼위일체 하나님의 제2위이신 성자 하나님에 대해 언급할 때에 '여호와의 아들' '여호와의 사자' 등으로 표현되었다.

① 하나님 아들(시2:7)　　② 여호와의 사자(창16:7, 22:11)

③ 야곱(창31:11-13)　　④ 모세(출3:2-5)

⑤ 이스라엘(출14:19, 23:20)　　⑥ 엘리야에게(왕상19:5-7)

⑦ 앗수르 진영 진노(왕하19:33)　　⑧ 여호수아에게(슥3:1)

2) 그리스도의 성육신 필요성

그리스도는 동정녀 탄생의 실현, 구약성경의 계시 실현, 그리스도께서 대제사장 이 되시기 위함, 인간과 하나님과의 화해를 위한 중보자 되기 위함, 우리의 대속주가 되시고 삶의 본이 되시기 위해서 그리스도의 성육신이 절대적으로 필요하다.

3) 성육신의 중요성

성육신은 구속 사역 시작과 완성이다. 그러므로 인간 구원을 위해 절대적으로 중요하다.

그 중요성은 다음과 같다.

    (1) 하나님의 언약 성취함(창3:15, 사7:14, 9:6, 갈4:4)

    (2) 하나님 아버지를 계시하기 위함(마6:32, 요1:8, 14:9)

    (3) 대제사장 수임(히2:17, 5:5, 10)

    (4) 구속사역 감당(막10:45, 히2:9, 9:26, 요일3:5)

    (5) 마귀 멸함(고전15:25-26, 요일3:8, 계20:9-14)

    (6) 거룩한 삶 모범 보임(마11:29, 벧전2:21, 요일2:6)

4) 성육신의 목적

    (1) 영원한 속죄제 제물로(마20:28, 히10:1-10)

    (2) 마귀 일 멸함(요일3:8)

    (3) 하나님을 보이기 위함(요1:18)

    (4) 언약성취 위함(눅1:31-33)

    (5) 인간 구원(딤전1:15)

5) 성육신의 방법

    (1) 하나님의 약속(창3:15)

    (2) 그리스도의 순종

    (3) 성령으로 잉태하심(마1:18)

(4) 동정녀 몸(마1:23)

2. 그리스도 인격의 단일성

1) 그리스도 인격의 단일성 의미

그리스도 인격의 단일성은 매우 신비한 교리이다. 그리스도는 두 개의 본성 곧 신성과 인성이 한 위격 속에 연합되어 하나의 인격체를 조성한 것을 말한다 (빌2:6-7).

2) 그리스도의 양성(신성/인성)의 연합

(1) 그리스도 양성 연합의 성경적 증거

그리스도는 완전하신 하나님이시고 완전한 사람이시다. 즉 신성 인성을 가진 분으로 성경은 증거해 주고 있다.

(신성)

① 인자(단7:13): 예수의 특수성 의미

② 전능하신 하나님(사9:6)

③ 내 아버지(마11:27): 독특한

④ 말씀: 하나님(요1:1-3)

⑤ 성결의 영(하나님 아들)(롬1:4)

⑥ 하나님 아들(마16:16)

(인성)

① 여자의 후손(창3:15)

② 처녀가 잉태하여 아들 남(사7:14)

③ 말씀이 육신되심(요1:14)

④ 성령으로 잉태(마1:18, 눅1:35)

⑤ 육신적 성장(눅2:40, 52)

그리스도의 신성과 인성이 연합된 그리스도의 특성은 양성을 계속적으로 유지하시면서 하나의 인격체로서 역사하고 계신다.

3) 신인 양성의 교리 필요성
(1) 인성의 필요성

    ① 형벌 담당 위함(히2:14)

    ② 시험 받는 자 도움 위함(히2:17-18)

    ③ 속죄물(히7:26)

(2) 신성의 필요성

    ① 하나님의 진노에 구속적 대처(롬7:1)

    ② 사역의 적용(구원 사역 적용)(요16:7)

    ③ 율법의 완전한 순종을 위하여(히10:2)

4) 양성 교리 중 인격의 통일성에 대한 성경의 증언
    (1) 예수님과 아버지는 하나(요10:30)

    (2) 신성과 인성의 교체가 다른 경우는 없음(요17:23)

    (3) 인간적 행동과 속성이 신적 칭호로 표시된 인격 적용(행20:28)

    (4) 신적 행동과 속성이 인적 칭호로 표시된 인격에 적용(요3:13)

5) 양성 연합 결과에 의한 삼중 전달
    (1) 속성: 신성 인성이 그리스도 인격에 나타남

    (2) 행동: 양성 소유로 부활, 승천, 고난, 교육 가능

    (3) 은혜: 인성이 그리스도 위에 구속되어 은혜와 영광에 참여

3. 예수 그리스도의 품성

1) 그리스도의 절대적인 신성(눅1:35, 요8:29, 행3:14, 행4:27, 히4:15, 벧

전1:15)

  2) 순수하고 극진한 사랑(막10:21, 요13:1, 10:11, 14:31, 롬5:8, 8:37, 엡
3:18)

  3) 겸손과 비천 (마20:28, 눅9:58, 고후8:9, 빌2:6-8)

  4) 온유함(사42:2-3, 마11:29, 고후10:1, 딤후2:24)

  5) 온전한 균형을 갖춘 삶(사53:3-4, 요15:11, 히12:2)

  6) 늘 기도(마14:23, 막1:35, 눅6:12, 22:44)

  7) 복음전파(마5:1-2, 8:16-17, 막9:25, 1:38, 눅19:9, 요5:17-18, 8:2, 9:4)

말씀 연구

1. 예수님의 성육신 필요성을 말하라.

2. 예수님의 신성과인성의 필요성을 말하라.

3. 예수님의 품성을 말하라.

                 청지기 훈련과 교회부흥

제3장

예수 그리스도의 속죄

1. 그리스도의 속죄 정의

1) 속죄의 의미

속죄는 하나님께서 죄인들로 하여금 하나님과의 화해를 갖도록 하기 위해 희생제물 바치므로 죄인들이 죄 사함을 받도록 하는 것을 말한다. 예수님의 속죄 사역은 우리를 죄에서 구원하시기 위하여 예수 그리스도께서 그의 일생과 죽음을 통해 이루신 거룩한 사역이다.

즉 대속적 속죄로 죄인을 구원하시려는 하나님의 주권적 사역이며, 그리스도께서 인간의 죄의 대가를 대신 치루어 죄를 속죄하는 것이다(사53:10, 골1:19-20).

2) 속죄 동기: 대속을 위함(요3:6, 롬3:25-26, 갈1:4, 골1:19-20)

3) 속죄의 필요성: 그리스도의 희생과 속죄(마26:39, 눅9:26, 히9:26)

4) 속죄의 성질

(1) 하나님께 만족을 드림(히7:27-28)

(2) 대신(대리적) 속죄(레1:4, 4:20, 31, 35, 5:10, 16, 6:7, 17:11)

　　(사53:5-6, 요1:29, 히9:28)

(3) 그리스도의 능동적(적극적) 순종(사53:8, 롬4:25, 5:19, 8:4, 10:4, 갈

3:13, 벧전2:24, 고후5:21, 갈4:4-7)

(4) 그리스도의 피동적(소극적) 순종

① 그리스도 전 생애 수난(사53:3, 요11:35, 히5:8)

② 십자가상 육체 고통(사53:1-12, 막15:23-24)

③ 인간의 죄 지고 고통(사53:6-12, 요1:29)

④ 유기에서 오는 고통(마26:38, 56)

⑤ 하나님 진노 당함(롬3:25-26, 요일4:10)

5) 그리스도 죽음과 속죄의 중요성

(1) 그리스도 죽음 구약성경 예언(사53:5)

(2) 성부 하나님의 계획(사53:6, 10, 롬5:8, 고후5:21)

(3) 우리 죄 값 완불(요19:30, 롬8:1)

(4) 그리스도 보혈은 속죄 가치(히10:19, 벧전1:18-19, 요일1:7)

(5) 우리의 대속 죽음(사53:5, 막10:45)

(6) 성육신 목적 성취(히2:9, 9:26)

(7) 복음의 본질과 근본주제(고전15:2-5)

6) 그리스도의 죽음은 죄인 구속의 충족

(1) 속죄제물(히9:26)

(2) 화목제물(요일4:10)

(3) 중보자(고후5:18)

(4) 구속주(고후5:19, 히9:28)

7) 구속 사역에서 삼위의 역할

구속 사역은 삼위일체 하나님의 사역으로 사랑에 근거함(요3:16)

(1) 성부: 구원계획(엡1:4)

(2) 성자: 구원 집행(요6:35-40)

(3) 성령: 구원 적용(롬8:14)

2. 그리스도 속죄의 범위

1) 보편적 속죄교리

그리스도의 속죄가 우주적이고 보편적이라는 것이다. 즉 그리스도께서 모든 사람을 위해 죽으셨다는 것은 종국적으로 전 인류를 위한 대속적 죽음으로 본다. 저들은 성경이 제공하는 복음은 전 인류를 위해 기록된 것이며 또한 죄의 대가도 이미 그리스도의 십자가 보혈로 완불되었기 때문에 그리스도의 대속은 모든 사람에게 유효하게 적용되어야 한다는 것이다.

만일 그리스도의 속죄가 제한적이라면 전 인류를 위한 복음이 잘못되는 것이라 함(요1:29, 3:16, 6:51, 딤전2:6, 요일2:2). (가톨릭, 루터파, 알미니안)

(1) 보편적 교리 전개와 비평

① 주장: A. 속죄는 피택자만이 아니라 전 인류 위함.

　　　　　　 B. 전 인류 구원은 하나님 뜻 계획달성 미흡.

② 보편적 속죄 근거

　　A. '세상'을 온 인류 개개인들로 해석(요3:16)

　　B. '많은 사람' 지상의 인류로 해석(롬5:18)

③ 비평

　　A. 요3:16의 '세상'은 유대주의를 탈피하여 모든 이방인들에게도 복음의 빛이 비취어 축복을 누릴 수 있게 되었다는 뜻.

　　B. 롬5:18의 '많은 사람'은 문맥상으로는 그리스도 안에 있는 자들을 말한다. 즉 그리스도 안에 있는 남녀노소 모든 사람을 의미함 .

　　C. 보편적 속죄교리는 하나님의 목적이 좌절되었다는 결론에 이른다.

　　D. 제한 속죄의 논리와 성구를 참조 요망.

2) 제한 속죄 논리

그리스도의 속죄는 하나님께서 구원하시기로 예정하신 선택된 사람들은 그리스도께서도 그들의 죄를 대속하시기로 예정하신 자들이며, 성령께서도 피택자들을 위하여 그들이 그리스도의 구속 사역의 수혜자가 될 수 있도록 역사하신다는 것으로 곧 제한 속죄를 의미한다(요6:37-39, 10:11-15, 17:9, 롬8:33, 엡1:4).

즉 그리스도의 속죄는 선택한 자만 구원하는 것이 삼위일체 하나님의 뜻이다.

(1) 제한 속죄교리 진술

① 개혁파는 속죄범위를 피택자들에게 제한함(성경)

② 그리스도 죽으심은 택한 백성 위함(롬5:10, 엡1:7)

③ 그리스도는 충족적으로 모든 사람을 위하여 죽으셨으나 효과적으로는 피택자들만을 위함(웨스트민스터 신도게요 8장)

(2) 성경적 증거

① 자기 백성 위하여(마1:21)

② 나의 양(요10:26)

③ 자기 교회(행20:28, 골1:24)

④ 하나님이 택하신 자들(롬8:33)

⑤ 그리스도의 몸된 교회(골1:24)

3) 속죄 목적

(1) 하나님의 공의와 율법요구 만족(요3:16)

(2) 모든 인간 율법 즉각 집행을 중지함

(3) 천상계 그리스도 안에서 통일(엡1:10, 골1:20)

(4) 속죄 최종결과는 새 하늘과 새 땅 도래(롬8:19-20)

말씀 연구

1. 예수님과 속죄의 중요성을 말하라.

2. 제한적 속죄를 말하고 그 증거의 말씀은 어디 있는가?

3. 속죄의 목적을 말하라.

제4장
그리스도의 신분

1. 낮아지신 신분

그리스도는 하나님과 동등됨을 버리시고 종의 형체로 오셔서 율법의 수여자이신 그가 율법의 요구와 율법의 저주 아래 굴복하심이 예수님의 낮아지신 신분이다(갈3:13, 4:4, 빌2:6-8).

1) 성육신

성육신은 하나님 되신 분이 하나님 아들로 인성을 입고 세상에 오셨다. 그래서 성령으로 잉태하셨다. 그리스도의 성육신 동기는 세상에 죄가 들어와 죄인을 구원하시기 위함(사7:14, 마1:20, 눅1:34-35).

2) 고난의 종

그리스도가 성육신을 입고 이 땅에 오심 자체부터 삶의 여정과 마지막 십자가의 고난은 곧 영육의 고난을 의미한다.

특히 십자가상의 절규 기도는 성육신하신 죽음 고통 절정이고 또한 머리에 가시관, 양 손발 못 박히고 허리에 창 찔리시고 목마름의 갈증을 비롯해, 더 큰 고통은 제자들의 배신행위이다(사53:3, 마26:47-56, 69-74).

3) 십자가의 죽으심

그리스도의 십자가 죽으심은 곧 십자가의 형벌이다. 곧 우리의 구원을 위해 대신 십자가에서 저주를 당해 죽으셨다(신21:23, 사5:12, 갈3:13). 그리스도는 십자가에서 마지막 "다 이루었다" 하시고 운명하셨다(요19:30).

4) 장사 지내심

그리스도의 죽음으로 장사 지냈다(시16:10, 행2:27, 31, 13:34,35).

5) 음부에 내려가심

우리의 사도신경에는 "그가 음부에 내려가시고"란 내용이 빠져 있다. 가톨릭은 이 문구를 그리스도께서 구약 성도들을 해방하기 위해서 그들이 갇혀 있는 선조 '림보'에 내려갔다고 주장함. 루터교는 그리스도께서 그의 죽으심과 부활 기간에 흑암의 권세에 대한 승리를 선포하고 기념하기 위해 내려가셨다 함(벌콥프).

• 소요리 문답 27문: 그리스도의 낮아지심은 곧 그의 강생하심인데 또한 비천한 지위에 나서서 율법 아래 복종하시고 금생에 여러 가지 비참함과 하나님의 진노하심과 십자가에서 저주의 죽음을 받으시고 묻히셔서 얼마동안 죽음의 권세 아래 거하신 것이다(빌2:6-8, 갈4:4, 마27:46, 눅22:41-44, 고전15:3-4).

2. 높아지신 신분

1) 부활

(1) 그리스도의 부활

그리스도의 부활은 기독교 교리의 핵심이자 뿌리이다. 그리스도의 부활은 기독교의 영광이며 자랑은 그리스도의 빈 무덤이다. 기독교의 유일성은 부활이 증명한다. 신약성경은 부활에 대해 104회나 언급하였다.

(2) 부활 증거

① 구약: 예언성취(왕하20:5, 시16:10, 호6:2)

② 신약: 예수님 자신 예언(마12:40, 16:21, 17:9, 20:19, 눅9:22, 18:33,

요10:18)

  ③ 부활 증명(막16:9, 눅24:36-43, 행1:4-8, 고전15:1-8)

  ④ 사도들 증거(요20:29, 행2:32, 3:15, 5:30, 10:30, 13:30-35, 26:16)

  ⑤ 교회 창설이 증거(행2:14-17)

  ⑥ 안식일의 변경이 증거(행20:7, 고전16:2)

(3) 부활의 가치

  ① 기독교 신앙의 구속의 핵심(행2:24, 3:15, 10:40, 고전15:13, 17)

  ② 구원적용 요소(행1:5, 5:30-31, 롬5:10, 엡1:20-21)

  ③ 신적 능력(행2:24, 엡1:20)

(4) 부활의 의의

그리스도의 부활은 죄 값 대속 완불과 사망 권세 승리로 신자들에게 구원과 영생의 보장이 되었다(눅24:31, 요20:19, 고전6:14, 15:20, 45).

① 부활 성질

  A. 신체: 영적 육체가 됨(눅24:31-39)

  B. 영혼: 생명 주는 영이 됨(고전15:45)

② 부활은 삼위 하나님의 역사

  A. 성부 하나님 역사(행2:24, 롬6:4, 갈1:1, 벧전1:3)

  B. 성자 하나님 역사(요2:19, 11:25, 10:17-18)

  C. 성령 하나님 역사(롬8:11)

③ 부활의 사실

  A. 실세사건(막15:45-46, 눅24:38-39, 요19:33-34, 20:6-7, 고전 15:3-8, 계1:18)

  B. 육체부활(마28:9, 막16:6, 눅24:5-6, 요20:27).

(5) 부활의 결과

　　① 신성 증거(마12:40, 롬1:14, 요2:19)

　　② 구속사역 완성 제시(롬4:25)

　　③ 중보자 구속자(롬5:9, 8:34, 엡1:20-22, 딤전2:5)

　　④ 다양한 은혜 수여(요5:22-23, 6:40, 16:7-8, 롬8:11, 행2:3, 17:31)

　　⑤ 부활과 생명 영생 입증(요11:25)

　　⑥ 부활신앙 전수(고전15:12-22)

(6) 그리스도의 부활 후 승천(승천의의)

　　① 하늘의 본향으로 귀환(행1:11)

　　② 구속사역에 대한 성부 인정(막16:19)

　　③ 그리스도 왕국 보편성(요19:36)

　　④ 대제사장직 수행(히9:11-12)

　　⑤ 보혜사 보내심(요16:7)

　　⑥ 신자 승천 영생 회복권(엡2:6, 히2:7-9)

　　⑦ 신자 처소준비(요14:2-3)(승귀의 단계)

　　⑧ 하나님 우편 앉으심(마26:64, 히1:3)

　　⑨ 심판주로 재림(마24:29-31, 행1:11)

(7) 하나님 우편 좌정

그리스도는 승천 후 하나님의 보좌 우편에 앉아 계신다(엡1:20, 히10:12, 벧전3:22).

하나님의 우편은 하나님의 영광 권세로 볼 수 있고 예수님께서 그런 영광을 누리고 계심을 말한다. 그리고 땅에 있는 자들을 성령 통해 교훈하심(선지자사역). 십자가 사랑 적용과 중재 사역(제사장 사역). 지상의 교회와 신자들 보호 인도하신다(왕권:통치). (행7:52-57) 예수님의 삼중직이 나타남.

(8) 재림의 목적

① 의인 부활 위해(요5:20)

② 신자 공중 휴거(살전4:15-17)

③ 어린양 혼인잔치(살전4:17)

④ 신자들 상 주심(딤후4:8)

⑤ 악한 세상과 죄인들 심판(마24, 36-50)

1. 그리스도의 낮은 신분은 무엇인가?

2. 그리스도의 높아진 신분은 무엇인가?

4. 부활의 성질과 재림의 목적을 말하라.

제5장

그리스도의 3가지 직분

1. 선지자 직

1) 선지자의 의미

선지자는 하나님께로부터 받은 계시의 말씀을 백성들에게 전하고 율법을 도덕적인 면과 영적 양면으로 해석해 주고 죄와 싸우며 백성으로 하여금 본분을 다 하도록 가르치고 백성들로 하여금 하나님께 순종하고 소망을 갖게 한다.

즉 하나님께서 인간에게 전달하시고자 하는 특별계시를 성령의 감동 아래 받아 백성에게 전달하는 자(민12:6, 신18:15, 눅13:33, 행2:32).

2) 그리스도 선지자 직 성경적 증거

    (1) 구약 예언(신18:15-17, 사61:1-2)

    (2) 구약 예언 성취(눅4:18, 24:27, 행3:22-23)

    (3) 예수님 자신 증거(눅13:33)

    (4) 백성들이 인정(마21:11,46)

    (5) 사역이 증명(요4:34, 5:19, 14:10, 눅7:16)

2. 제사장 직

1) 제사장의 의미

제사장은 백성의 대표자로 하나님으로부터 임명받아 백성들을 대신하여 하나님에 관련된 종교예식을 담당하고 백성들의 속죄를 위하여 하나님께 희생제물을 드린다. 또한 하나님과 화친을 위한 중보자 역할도 하고 백성들을 축복한다(레9:22-23, 민6:22-27, 16:40, 삿17:13, 히3:1, 4:14, 5:1, 7:1, 27).

2) 제사장 직에 대한 이해

(1) 구약에서 제사장의 역할 그리스도께 적용(사53:10-12, 시110:4)

(2) 그리스도 자신이 제물 되심(히7:27, 9:12,26, 10:4)

(3) 우리를 하나님께로 인도(히6:19-20, 9:24, 10:19-20)

(4) 제사장 되심(히10:12)

(5) 우리 위해 중재적 역할하심(히7:25, 요일2:1, 계12:10)

① 사탄에 대한 우리 변론(슥3:1, 히9:24-26, 계12:10)

② 중보기도(요17:9, 롬8:29-34, 히7:25)

3) 그리스도 제사장직의 영원성

(1) 단번의 제사로 신자들 완전케 함(히7:27, 9:26)

(2) 신자들의 영원한 중보자(롬8:33-34)

(3) 중보로서 성부와 영원한 교통(딤전2:5-6)

4) 그리스도 제사장 직의 특성

(1) 그리스도만이 참 제사장(히9:11-12)

(2) 구약의 제사장은 그리스도의 모형(히8:4-5)

(3) 주님만이 유일한 중보자(딤전2:5)

• 신약 교회는 만인 제사장으로 목사는 목자의 역할이다(벧전2:9).

3. 왕 직

1) 왕 직 의미

성자 예수님은 성부 하나님으로부터 두 개의 중보적 왕권을 부여 받았다.

하나는 하나님의 백성과 교회를 다스리는 영적 왕권, 다른 하나는 우주 만물을 통치하시는 왕권이다. 즉 하나님의 영광을 위하여 하나님의 구원계획 실행을 위하여 천지만물을 통치하시는 직권을 말한다(벌콥프).

2) 그리스도의 왕직 수여와 통치

(1) 그리스도의 왕직

요단강 세례시에 성령이 비둘기 형상으로 내려와서 그리스도 위에 머물렀다는 것은 곧 왕직을 수여받았다는 상징이다. 곧 성령의 기름 부으심은 곧 그리스도의 대관식이었다(마3:16-17, 마28:18, 눅19:28, 엡1:20-22, 요일2:20, 27).

구약시대의 기름 부음 직분: 제사장, 선지자, 왕인데, 그리스도의 요단강 세례는 곧 3직(제사장, 선지자, 왕)의 대관식 장면이다.

(2) 백성과 교회 통치하는 왕권(사9:7, 눅13:32-33, 17:20-21, 롬14:17, 벧후1:11)

(3) 우주 통치함(마28:18, 고전15:24-26, 엡1:20-23)

3) 그리스도 왕 직 요의

(1) 다윗의 위를 소유하신 분(눅1:31-33, 마3:2)

(2) 하늘과 땅의 모든 권세를 소유(마28:18)

(3) 사탄 마귀 타도까지(고전15:24-28)

    ① 영적 왕권: 그 백성과 교회 통치(미5:2)

    ② 우주적 왕권: 하늘과 땅 권세(마28:18)

말씀 연구

1. 예수님의 3가지 직분과 사역을 간단히 말하라.

2. 예수님 제사정직은 언제까지인가?

5. 예수님의 왕직은 우리에게 어떤 미래를 보장하는가?

성령론(구원론)

성령의 본질

1. 성령의 신격성

1) 삼위일체 하나님 성령(창1:1-2, 마28:19, 고후13:13, 고전12:6)

2) 창조사역(창1:1-2, 26)

3) 예수 성령 잉태(마1:18-21)

4) 그리스도를 알게 함(요3:3-5, 고전21:3)

5) 하나님 영, 그리스도의 영 호칭(행5:3-5, 고전2:11, 롬8:9)

6) 은사 수여자(고전12:4-11)

7) 성령은 성부와 그리스도의 영으로 우리 안에 역사하심

성령은 성부와 성자로부터 영원히 나오시는 영으로서 그의 영적 역할에 관한 가장 풍부한 성경적 증거는 성령께서 인간의 마음속에서 역사하시는 것이다.

8) 성령은 성부, 성자와 연합하여 삼위일체 하나님으로 역사(마28:19-20, 고후13:13, 벧전1:2, 행2:33, 고후1:21-22, 롬12:4-6, 엡3:14-17, 살후2:13-14).

• "본체와 능력과 영원성에 있어서 동일한 삼위가 단일한 하나님으로 계시니 성부의 하나님과 성자의 하나님과 성령의 하나님이시다. 성부는 아무에게도 기

원하지 않고 ,나시지도 않으며, 나오시지도 않으셨으나 성자는 성부에게서 나오시고 성령은 성부와 성자로부터 영원히 나오신다.”

(A. D 325년 니케아 종교회의에서 150명의 감독이 모여서 삼위일체론을 결의함) (롬8:11, 딤후3:16, 벧후1:21)

2. 성령의 인격성

1) 인칭대명사 사용(요15:26, 16:13-14, 행13:2)
2) 신앙고백 대상(롬8:9, 11, 15-16)
3) 보혜사로서 그리스도와 동등한 사역(요14:16, 26, 15:26)
4) 성령은 인격 소유자
   (1) 지성(요14:26, 고전12:3)
   (2) 감정(엡4:30, 롬8:26)
   (3) 의지(고전12:11, 벧전1:21)
   (4) 인격적 감수성(살전5:19, 마12:31, 엡4:30)

3. 성령의 속성

1) 창조성(창1:1-2, 시104:30, 욥26:13)
2) 전지성(고전2:11, 요14:26, 16:13)
3) 전능성(눅1:35, 요3:3-5, 16:8, 롬15:18-19, 고전2:10)
4) 영원성(히1:11-12, 9:14)
5) 편재성(시139:7-8)

제2장

성령 역사의 고찰

1. 구약의 성령 역사

1) 천지창조(창1:1-2, 창1:26, 욥26:13, 33:4, 시33:6, 104:30, 사32:15, 40:7)

2) 선지자들에게 예언의 말씀 기록케 함(삼상10:6, 10, 겔2:2-5, 24:1-2, 민 24:2-3, 욜2:28)

3) 지혜와 기술 전술(출31:2-7, 슥4:6)

4) 지도자에게 은사 부여(창41:38-40, 민11:25, 신34:9)

5) 사사들에게 능력 부여(삿3:10, 6:34, 14:19)

6) 왕권(삼상10:10, 16:13)

7) 백성들 중 임재(느9:20, 시51:10-11, 143:110)

8) 메시야에게 기름 부음(사11:25, 42:1, 61:1-3, 욜2:28-29)

2. 신약의 성령 역사

1) 예수님과 깊은 관계 속에 역사

   (1) 탄생(마1:18-20, 눅1:35)

   (2) 하나님 아들 증거(마3:16-17, 막1:10, 눅3:22, 요1:32)

   (3) 시험 동참(마4:1-11, 막1:12, 눅4:1, 14-15)

   (4) 이적(눅4:18-19, 요3:34, 마12:27-28)

   (5) 성령세례(마3:11, 막1:8, 행1:5, 2:1-4)

2) 신자와 관계

　　(1) 새생명 부여(시104:30, 요3:3-7, 롬8:11)

　　(2) 사역 능력 부여(민27:18, 삿3:10, 삼상11:6, 행1:8)

　　(3) 선지자 사도에게 말씀과 계시(민24:2, 겔11:5, 벧후1:21)

　　(4) 신자들에게 임재(요1:32, 행2:1-4, 19:6, 고후1:22, 롬8:14-16)

　　(5) 가르치고 조명(요14:26, 15:26, 눅12:12, 행21:4)

　　(6) 중생 회심 성화(요3:3-6, 16:8-11, 롬8:14)

　　(7) 성령세례(행1:8, 2:38, 41, 롬8:14-16)

　　(8) 은사수여 (고전12:3-11)

3. 성령의 내주 역사

1) 예수 알고 믿게 하고 예수 영접 신앙고백 하게 함(고전12:3.요1:12)

2) 중생케 함(요3:3-5, 딛3:5-7)

3) 신자 몸 내주(고전6:19-20, 엡1:13, 4:30)

4) 예수 믿을 때 임재(행10:43-44)

5) 오순절 성령 충만(행2:1-4, 행8:16-17, 19:5-6, 고전12:13)

6) 특별한 사명과 성령 충만 사람들(엡5:18)

　　(1) 브살렐(출31:2-3)

　　(2) 세례 요한(눅1:15-16)

　　(3) 방언(행2:1-4)

　　(4) 베드로(행2:41, 4:4), 스데반(행7:55)

　　(5) 사모하고 기도할 때(행4:29-31)

　　(6) 성도 진리로 인도(요14:13-17)

　　(7) 성령세례 성령 충만 주심(행2:1-4, 엡5:18)

　　(8) 신자들 유무상통(행2:44-47)

　　(9) 말세 신자들에 은혜 주심(욜2:28-30)

　　(10) 믿는 자에게 성령 부어 주심(눅24:40)

(11) 자녀들에게 예언 능력(미래의 통찰력)

(12) 젊은이(청년) 환상(거룩한 비전) 보고 도전하라

(13) 노인들에게 꿈 주심(욜2:28; 가정의 꿈, 교회의 꿈, 국가의 꿈,
통일 꿈)

(14) 사명과 능력 주신 자(행1:8, 빌4:13.)

4. 성령과 각종 은사 수여

1) 교회 직분 수여(엡4:11, 12, 고전12:28-31)

(1) 가르치는 직분: 사도, 선지자, 복음 전하는 자, 목사, 교사

(2) 섬기는 은사: 감독(목사), 장로, 집사

(3) 기능적 은사: 고전12:3-11, 롬12:6-13

(4) 교회 직분 수여 목적

① 성도들 온전케   ② 봉사하도록   ③ 그리스도 몸 세움(엡4:11,12)

2) 은사 수여 목적

(1) 교회 유익(고전12:7,11)

(2) 교회에 덕(고전14:12)

(3) 직분과 사역 감당하도록 능력(은사)주심(딤전1:12, 빌4:13)

5. 성령에 대한 경고

1) 성령을 소멸치 말라(살전5:19)

2) 성령을 근심케 말라(엡4:30, 사63:10)

3) 성령 훼방 죄(마12:28-32)

"사람의 모든 죄와 훼방은 사하심을 얻되 성령을 훼방하는 것은 사하심을 얻
지 못하겠고, 말로 성령을 거역하면 이 세상과 오는 세상에서도 사하심을 얻지
못하리라"

(1) 구약의 예(삼상16:14, 사63:10)

(2) 신약의 예(마12:31,32, 막3:29, 30, 히6:4-6)

• 성령론 깊이 더 연구하려면 『개혁주의 성령론』(호태석, 기독신문사) 참조

말씀 연구

1. 성령님에 대하여 말하라.

2. 성령 역사를 구약과 신약에서 구분하여 말하라.

3. 성령의 인도 없이 예수를 믿고 구원 받을 수 있는가?

제3장

성령과 구원 사역

1. 구원 사역 전개

1) 구원의 의미

모든 죄와 그 죄의 결과로부터의 구출로서 삼위일체 하나님의 특별하신 은혜로 구원의 단계(선택, 소명, 중생, 회심, 신앙, 칭의, 입양, 성화. 견인, 영화)를 거쳐서 부활된 새로운 몸을 가진 사람으로서 새 창조를 하시는 삼위일체 하나님의 특별하신 사역이다.

2) 구원의 시제와 종류

예수 믿는 모든 신자들은 구원을 얻은 천국 백성이 되었고 하나님의 자녀들이 되었다.

(요1:12) 이미 얻은 구원을 시제적으로 구분할 수 있다.

(1) 과거의 구원

타락한 인간은 죄 아래에서 영원한 형벌만을 기다리는 존재였다.

하지만 그리스도의 속죄로 말미암아 객관적으로 구원이 성취되었다(요19:30). 주관적으로는 성취된 구원을 믿음(은혜)으로 얻었다(엡2:5-8).

즉 신자는 믿는 순간부터 과거의 죄로부터 용서받았기 때문에 믿는 순간에 과거의 죄로부터 구원 받았다(엡2:1-5).

과거의 구원은(요3:36, 5:24, 행15:9) 모든 믿는 자에게 차별이 없다(롬3:22).

(2) 현재의 구원

신약성경은 죄의 지배 아래 있는 자들에게 현재의 구원을 이루라고 명령한다 (빌2:12, 벧전2:2). 신자는 믿는 순간에 모든 죄로부터 해방되었다.

그렇다고 방심하면 안 된다. 신자에게는 지속적인 영적 싸움이 진행된다. 이것이 바로 '선한 싸움이다'(딤전6:12). 현재의 구원은 지속적이고 전인적인 헌신이 요구된다.

그러므로 신자는 자신의 육체의 정욕을 극복하기 위해서는 성령을 좇고 성령의 열매를 맺는 삶을 살아야 한다. 또한 죄와 싸워 승리하도록 역사하신 분도 주님이시다(고후2:14, 롬14:8). 즉 죄로부터 승리와 성화의 삶이 현재적 구원의 방편이다(빌2:12). 즉 성화의 삶은 계속 진행형이다.

(3) 미래의 구원

신자는 과거의 죄로부터 해방되어 구원을 받았다(요5:24, 엡2:8,9). 그리고 현재의 죄로부터 구원은 성화의 삶이다(롬12:1-2). 미래는 죄의 실제로부터 구원을 얻게 될 것으로 영화의 구원이다(롬8:30).

미래의 구원은 하늘의 형체를 입으며 주님의 재림 나팔에 신령한 몸으로 변화를 받는다(빌3:20-12, 고전15:49-51). 미래의 구원은 예수를 구세주로 믿고 영접한 자들에게 새 생명을 부여 받은 영화의 구원이다(롬8:30, 요6:40, 요일5:12, 요11:25).

3) 구원의 필요성

(1) 하나님의(뜻) 요청(딤전2:4)

(2) 하나님 구원의 길 제시(창3:15)

(3) 하나님 형상 회복 위함(엡4:24, 골3:10)

(4) 믿는 자들에게 구원 능력주심(롬1:16)

(5) 독생자 세상에 보내심(요3:16)

(6) 악인 죽는 것 기뻐하지 않음(겔33:17)

4) 구원의 방법

    (1) 주를 믿음으로(엡2:8-9)

    (2) 주를 믿고 회개함(눅19:8-10)

    (3) 그리스도 통함(엡2:5, 살전5:9)

    (4) 예수 이름으로(행4:32, 요4:6)

    (5) 성령의 은혜(고전12:3, 엡1:13)

    (6) 구원 하나님 선물(엡2:8-9)

    (7) 복음은 믿는 자에게 구원 주신다(롬1:16).

5) 구원의 결과

    (1) 죄에서 구속함 얻음(엡1:7, 골1:14)

    (2) 영생과 생명 얻고(요5:24)

    (3) 신분회복(요1:12)

    (4) 하나님과 화목(엡2:13-19)

6) 구원 받은 자의 삶(구원 이후)

    (1) 새사람 입음(엡4:24)

    (2) 성령을 좇고(롬8:17)

    (3) 성령열매 맺음(갈5:16-24)

    (4) 선행실천(엡2:10)

    (5) 거룩함 유지(롬12:1-2, 벧전1:15-16, 히12:14)

(말씀 나눔)

1. 구원의 의미와 방법은 무엇인가?

2. 구원의 시제를 말해보라.

3. 예수님만이 구원자 되는 근기는 무엇인가?

2. 선택과 유기

1) 선택의 교리

하나님께서 구속역사를 인간에게 개별적으로 적용시키신 순서의 첫 번째 단계를 '선택'이라고 말한다. 그 이유는 하나님께서 창세전에 이미 구원받을 인간을 선택하시기로 '예정'하셨기 때문이다(엡1:4-5).

2) 작정과 선택

작정과 선택은 하나님의 절대 주권적인 역사로(창1:1, 45:5-8, 엡1:11) 모든 역사의 배후에는 하나님의 깊은 섭리가 있다(요15:16, 롬11:5).

또한 예정은 작정의 일부로서 역시 하나님의 주권 사역이다. '선택'과 '유기' 곧 '천국'과 '지옥'을 내포하고 있다. 즉 선택은 천국에 들어갈 자에게 베푸는 은혜이고 '유기'는 지옥에 들어가는 자에 대한 교리이다(암3:2, 롬8:29-30, 행13:48).

작정(예정)은 선택자들에게는 위로(롬8:20-30, 엡1:5,6,12, 살전1:2.4, 살후2:13) 전도 확신을 준다(딤후2:10, 행18:9-11).

3) 구원의 적용

    (1) 선택–하나님께서 구원 받을 사람을 창세전 선택

    (2) 소명–복음 메시지로 부르심

    (3) 중생–성령으로 다시 태어남

    (4) 회심–회개와 믿음

    (5) 칭의–법적으로 의롭다 선언

    (6) 입양–하나님의 양자

    (7) 성화–의롭게 되는 과정

    (8) 견인–그리스도인으로 최후까지 남는 것

    (9) 죽음–그리스도와 함께 살기 위해 천국으로 감

    (10) 영화–부활체를 받음

구원은 선택에서 시작하고, 유기는 하나님께서 구원받지 못할 사람들을 지나가 버리시고 죄대로 처벌하는 것이다. 선택과 유기를 합해서 '예정'이라고 한다.

3. 성경의 예정 교리(선택)

1) 구약성경(말1:2-5)

"내가 야곱을 사랑하였고 에서는 미워하였으며"(출20:5, 34:14, 신4:24, 수24:19)

2) 신약성경

(1) 전도 현장 "믿기로 작정된 자"다 믿더라(행13:48, 롬8:28-30).

(2) 바울(롬9:11-13, 롬11:7)

(3) 바울서신(엡1:4-6,12, 살전1:4,5, 살후1:4,5, 2:13, 딤후1:9)

(4) 베드로서(벧전1:1, 2:9)

3) 선택교리 오해

(1) 숙명론

숙명론은 우리가 아무리 무엇을 열심히 해도 미리 정해진 대로 되기 때문에 아무것도 바꿀 수 없다는 것이다. 숙명론에서는 인간의 선택권도 없고 도덕적 책임도 없다.

(2) 기계적 시스템

비인격적 우주가 비인격적 힘에 의해서 오래전부터 정해진 대로 움직인다는 것이다. 그러므로 인간은 진정한 인격자가 아니라 기계나 로봇에 불과하다는 것이다. 기계론도 역시 인간의 인격적 선택을 무시하고 인간이 책임질 동기를 제거한다.

(3) 하나님 선택은 인격적이다.

그렇기 때문에 하나님을 대적하는 자도 인격적으로 돌보신다(엡1:5, 겔33:11,

마11:28, 계22:17, 요5:40, 마23:37).

(4) 우리의 선택은(신앙/불신앙)영원한 결과를 초래한다(요3:18).

(5) 복음전파 할 것–영혼 이 좌우 된 삶(행18:9-11, 롬10:14.17, 살전1:4.5, 딤후2:10)

4) 유기의 교리

유기는 창세전에 하나님께서 슬픔 중에 혹자들을 구원하시지 않기로 결정하시고 그들의 죄를 인하여 심판 작정과 하나님 자신의 공의를 나타내시고자 하신 하나님의 주권적인 결정이다(롬9:21-22, 요3:18, 5:40, 롬9:11-18, 17:4, 유1:4, 벧전2:8)

성경은 유기 교리가 있다(유1:4, 롬9:17-23, 벧전2:8, 마11:25,26). 성경은 유기의 원인이 죄인들에게 있음을 말한다(롬9:20-23, 겔33:11, 요3:18,19).

성경의 선택 원인은 하나님께 있고 유기의 원인은 죄인들에게 있다.

그리고 선택의 근거는 하나님의 은혜이고(엡1:3-6), 유기의 근거는 하나님의 정의이다(요5:40).

4. 구원과 선택

구원은 하나님의 절대적이고 무조건적인 불가항력적인 은혜에 의해서 주어지는 영적 축복이다(칼빈).

소요리문답 제20문: 하나님께서 모든 인류를 죄와 비참한 지위에서 멸망하게 버려두셨는가?

답: 하나님께서 그 선하신 뜻대로 영원부터 구원받을 자들이 영생을 얻도록 선택하시고 은혜의 언약으로 예수님을 통해 우리 죄와 비참한 상태에서 건지시고 구원해 주셨다.

5. 선택 교리의 성경적 근거

1) 창세전 선택(엡1:4-6, 요17:24)

2) 선택자 유기자(마24:22, 롬11:7, 벧후1:10)

3) 영원 전 은혜 주심(딤후1:9)

4) 선택자들에게 지위를 깨닫게 함(벧전2:9)

5) 하나님 목자로 인도(시23:2, 잠16:23)

6) 왕권으로 구원(시74:12, 욘2:9)

6. 선택의 특징

1) 선택은 창세전(영원)(엡1:4, 딛1:2)

2) 그리스도 안에서(엡1:4)

3) 죄 없고 거룩 위함(엡1:4)

4) 아들 삼으려고(엡1:5, 요1:12)

5) 구속의 복(엡1:7, 시32:1)

6) 선택증거(확신)(엡1:17, 고전12:3, 마16:16)

7) 선택목적(엡1:14, 고전10:31)

8) 선택을 통한 구원 보장(엡1:13, 고전6:19-20)

7. 선택 받은 신자의 삶

1) 전적 하나님 은혜(신29:29, 엡1:3-14)

2) 하나님의 뜻과 은혜임(딤후1:9)

3) 무조건적 은혜(롬9:11-13, 엡1:4-5)

4) 평생 영원토록 감사(시103:1-15, 100편, 살전5:16-18)

말씀 연구

1. 구원의 시작은 어디서부터인가?

2. 선택과 유기의 성경적 근거는 무엇인가?

3. 선택의 목적은 무엇인가?

제4장

구원의 서정(구원의 적용 순서)

선택은 하나님께서 창세전에 우리를 구원하시려는 결정이다. 구원의 서정은 하나님의 선택과 구원을 근거로 한 구원의 과정을 순차적으로 배열한 것을 말한다.

구원의 서정 순서는 학자들에 따라 약간 차이가 있다. 필자들은 총신대신대원의 개혁주의 입장을 따라서 아래와 같이 구원의 서정을 나열한다.

제1절 소명

1. 소명의 의미

소명은 삼위일체 하나님의 은혜로운 행위로서 죄인들로 하여금 그리스도를 통해서 제공된 구원을 받도록 초청하시는 삼위일체 하나님의 거룩한 부르심이다. 즉 그리스도를 통한 구원을 믿음으로 수용하도록 죄인들을 초청하시는 하나님의 은혜로운 사역이다.

   1) 예수님은 죄인들을 부르러 오심(마9:13)

   2) 예수님은 죄짐 지고 가는 죄인들 부르심(마11:28)

   3) 예수님은 목마른 자 오라 하심(요7:37-39)

   4) 성령이 부르심(마10:20)

2. 소명의 주체자

1) 성부 하나님(고전1:9, 살전2:12)

2) 성자 예수님(마11:28, 눅5:32, 요7:37)

3) 성령 하나님(마10:20, 요3:5, 15:26, 고전12:3, 계22:17)

3. 소명의 종류

1) 외적 소명(복음)

외적 부르심은 죄 용서, 영생을 얻도록 믿음으로 그리스도를 영접하도록 하는 열망적인 권고이다. 또한 죄인들을 향하여 그리스도 안에 있는 구원을 제시한다.

즉 회개하고 믿는 자 영생을 약속함(민23:19, 시81:13-16, 잠1:24, 사1:18-20, 겔18:23, 32, 33:11, 23:37, 딤후2:13)

(1) 하나님 말씀의 도구

(2) 복음전파

(3) 전 인류에게 전파

(4) 성령의 특별한 활동 없고

(5) 인류의 자연적 생활에 영향을 준다.

비록 사람을 통하여 모든 사람들에게 전달되지만 하나님으로부터 오는 것으로 소중하다. 그렇기 때문에 인간이 외적 소명을 거부하면 죄인에게 책임 있다. 그 이유는 하나님은 외적 소명으로 죄인도 회개케 하고 믿도록 하는 방편을 삼으셨기 때문이다(롬10:14-17, 마28:19, 22:14, 눅14:16-24, 행13:46, 살후1:8, 요일5:10).

2) 내적 소명(유효적 소명)

선택된 사람에게 임하며 성령의 특별하신 역사로 인간의 영적생활에 영향을 준다.

즉 죄인을 그리스도께 인도하는 삼위일체 하나님의 특별 은혜의 사역이다.

    (1) 불가항력적 하나님의 은혜(요6:37, 롬11:29)

    (2) 구원을 얻게 함(행13:48, 고전1:23-24)

    (3) 후회가 없고 영원불변함(롬11:29)

    (4) 주님과 교제(요15:1-8, 고전1:9)

    (5) 영적생활 변화(딤전6:11-14)

    (6) 축복계승(벧전3:9)

    (7) 자유를 얻게 함(갈5:13)

    (8) 화평을 위함(고전7:15)

    (9) 소망을 위함(엡4:4)

    (10) 하나님 나라 영광 이르게 함(살전2:12)

3) 외적 소명과 내적 소명의 특성

(1) 외적 소명의 특성

    ① 복음 듣는 모든 사람(시86:5, 욜2:32)

    ② 성실한 부름(민23:19, 마22:14)

    ③ 복음적 소명(복음제시)(눅5:32, 행16:31)

(2) 내적 소명의 특성

    ① 특별한 소명(구원은혜)(롬11:29, 요6:37)

    ② 유효한 소명(엡4:4)

    ③ 신령한 소명: 거룩한 교제와 삶(살전4:7, 벧전1:15)

(3) 외적 소명과 내적 소명의 공통점

    ① 발령자는 하나님

    ② 공작자는 성령님

    ③ 기구는 하나님 말씀

(5) 외적소명(외소)과 내적소명(내소)의 차이점

	외 소	내 소
대상	하나님 말씀 듣는 모든 사람	하나님 선택하신 자
영역	외적인 자연생활에 영향을 줌	내면적인 영적생활에 변화
기능	죄용서와 구원 약속 제시	구원 성취에 효과를 나타냄
성령공작	성령의 공작에 의해 발생함	발생된 것이 유효하게 됨

(6) 소명자의 실천생활

① 회개 실천(마3:8, 행26:20)

② 기도실천(마26:41, 벧전4:7)

③ 사랑실천(막10:45, 눅10:27)

④ 감사실천(골3:17, 살전5:18)

⑤ 영적전투(롬7:13, 엡6:10-17)

⑥ 성령의존과 열매 맺는 삶(갈5:16-23)

말씀 연구

1 소명의 뜻과 발령자는 누구인가.

2 소명의 두 가지 내용을 설명하라.

3 외적소명과 내적소명의 차이점을 말하라.

제2절 중 생

1. 중생의 의미

하나님께서 죄와 허물로 죽었던 우리의 영혼 속에 새로운 영적 생명을 부여하시는 신비로운 행위이다(요3:3-5,8, 엡2:1, 벧전1:3). 즉 중생은 어린아이가 세상에 출생할 때 아무런 역할을 하지 못하듯이 중생도 역시 피동적이다.

1) 성령으로 거듭남(요3:3)

2) 하나님으로부터 남(요일5:4)

3) 썩지 아니할 씨로 거듭남(벧전1:23)

2. 중생의 본질

1) 전인적인 변화

전 인격의 변화로 영적 새 생명으로 새롭게 출생하는 것(고후5:17, 엡2:5, 골3:10, 빌2:13, 벧전1:3, 시42:1-2)

2) 중생은 순간적이며 단회성(요3:8)

3) 영혼의 주관적 성향의 근본적인 변화(롬6:17, 시51:10)

근본적인 변화로 전 인격에 영향을 줌.

4) 성령으로 새롭게 하심(딛3:5)

5) 옛사람 변하여 새사람 되는 것(엡4:22-24, 갈6:15)

3. 중생의 성질

1) 중생은 복음 듣고 예수를 믿고 회개함과 동시에 새 생명의 원소를 심고 영혼의 주관적 성향을 거룩하게 하는 성령의 역사이다(엡1:19).

2) 중생은 영적으로 새로운 생명을 심령 속에 심어주는 것이다. 그 결과로 새 생명으로 영혼의 지배적 성향의 근본적 변화로 새롭게 된다(고전2:14, 고후4:6, 빌2:13, 벧전1:8). 즉 새 창조의 사역(고후5:17)

3) 중생은 사망에서 생명으로 들어감(요일3:14)

4) 신비한 인격적 변화의 결과 인식(요3:8)

4. 중생의 특징

1) 중생은 영혼의 근본적인 변화(골2:13)

2) 중생은 순간적이고 즉각적이다(요일3:14)

3) 중생은 신비한 변화를 가져 옴(요3:8)

4) 중생은 단회적이다(요3:3-5).

5) 선택자만 받는 은혜(시33:11, 사46:10)

6) 불가항력적 은혜로 취소 불가함

7) 전인적 변화

    (1) 지성적 변화(고후4:6, 골3:10)

    (2) 감정적 변화(마5:4, 벧전1:8)

    (3) 의지적 변화(살후3:5, 히13:21)

5. 중생의 필요성

1) 인간의 죄성(창6:5, 롬7:18, 3:9-10)

2) 죄의 결과로 죽음(창3:19, 롬5:12, 6:23, 엡2:1)

3) 영적 변화(고전2:14, 갈6:15, 요3:3, 벧전1:16)

4) 구원 필수과정(요3:3-5, 고전2:14, 갈6:15)

6. 중생의 방편

1) 하나님의 의지(요1:13, 약1:18)

2) 예수님 죽음과 부활(요3:14-16, 벧전1:3)

3) 하나님 말씀(엡5:26, 약1:18, 벧전1:23, 딛3:5, 행10:47, 2:38)

4) 복음 전도자(고전4:15, 롬10:14, 갈4:19)

5) 성령(요3:5, 딛3:5, 롬9:16, 빌2:13, 행16:14-15)

7. 중생의 결과(삶)

1) 예수를 구주로 믿음(고전12:3, 요일5:1-5)

2) 죄 이김(요일1:9)

3) 세상 유혹 이김(요일5:4, 5:18)

4) 사회생활 변화(시119:97, 마5:44, 요일5:1).

5) 하나님 자녀 후사(롬8:15-17, 마7:11, 요일5:18, 엡1:13)

6) 회심 경험(요3:3, 요일3:9, 4:7)

7) 성령열매 맺음(갈5:22-23)

말씀 연구

1. 중생의 뜻과 중생의 본질에 대해 말하라.

2. 중생의 특징을 말하라.

3. 왜 중생이 필요한가?

제3절 회심(회개)

1. 회심(회개) 의미

회심은 죄와 허물로 죽었고 하나님으로부터 멀어졌던 인간이 하나님의 소명을 받고 중생하면 하나님께로 돌아오기 위하여 각자의 죄를 회개하고 믿음으로 구주를 영접하고 하나님 부르심에 의지적으로 응답하게 하시는 하나님의 재창조의 역사이다.

즉 죄인이 자기의 죄악에서 떠나 하나님께로 돌아가는 의식적인 변화를 말한다(마3:2, 요일3:9, 겔18:30).

1) 자신의 죄를 깨닫고 뉘우쳐 슬퍼 돌아옴(시51:13, 렘8:6)

2) 옛 생활 청산하고 새롭게 출발(롬12:2, 엡4:20-24, 골3:8-10)

2. 회개의 근거

1) 하나님의 사죄 약속(사1:18)

2) 예수님의 사죄를 통한 안식 약속(마11:28-19)

3) 성령님의 임재(행2:38)

4) 죄는 죽음과 저주가 됨(롬6:23)

5) 회개 없으면 고통 임함(시107:10-11)

6) 천국이 가까이 옴(마3:2)

7) 사도의 권면(행3:19)

8) 이방인 회개 기회 주심(행26:20)

9) 회개치 않으면 망하기 때문(잠14:11)

10) 회개는 천국의 관문이기 때문(마3:2).

3. 회개의 필요성

1) 하나님은 거룩하신 분(레11:44-45)

2) 하나님의 요구(사1:18, 욜2:12-13)

3) 예수님의 첫 선포(마4:17, 눅13:3)

4) 회개는 믿기 전 온다(막1:15).

5) 이방인에게도 회개 기회 주심(행11:18, 20:31)

6) 회개는 구원 이르게 함(고후7:10)

7) 회개는 용서 축복(눅24:47)

8) 하나님 회개 기회를 주심(행17:30)

9) 택자 망하지 않기 위함(눅13:3, 벧후3:9)

10) 하나님 관계 회복 위함(사59:1-2)

4. 회개의 중요성

1) 하나님의 명령(사55:7, 겔18:30, 32, 행17:30)
2) 죄인이 죄로 망하는 것 기뻐하지 않음(겔18:30-32)
3) 사망 면하기 위함(롬6:23)
4) 회개는 천국의 입문(마3:1-2)
5) 제자들의 외침(막6:12)
6) 성령 선물과 기쁨 얻음(행2:38)
7) 사죄축복(시32:1-5)

5. 회심의 3 요소

회개는 본질적으로 말씀에 의한 의식의 변화이다. 회심의 조성자는 하나님이시며, 협력자는 사람이고 피동적이다. 회심은 속사람에 관계된 하나님의 사역이다. 그리고 회심에는 반드시 아래의 3가지 요소가 수반되어야 진정한 회개이다.

1) 지성적 요소(죄를 인식)
(1) 죄 의식에 대한 지적인 변화를 인지함(시51:3)
(2) 자신의 과거의 삶이 죄악의 생활이라고 생각함(롬3:20)

2) 감정적 요소(죄를 슬퍼함)
(1) 죄의식에 대한 감정의 변화로 자신의 죄에 대해 괴로워함(행2:37)
(2) 거룩하고 공의로우신 하나님께 범죄에 대한 슬픔(고후7:10)

3) 의지적 요소(죄에서 떠나 방향전환)
(1) 죄의식에 대한 의지적 변화로 의지적 결단(렘25:5)
(2) 죄의 자리에서 회개하고 주께로 돌아감(행2:38)

6. 회심의 특징

1) 각성 의식에서 출발함

2) 재창조의 동작임

3) 구원 과정의 필수이고 한 부분임

4) 하나님의 초자연적 역사(성령)

5) 단회적인 변화

7. 회개의 3요소 실제 사례(탕자의 회개)

(1) 지성적 요소

① 내가 아버지께 죄 얻음(눅15:18)

② 선악의 기준 말씀(창2:17)

(2) 감정적 요소

① 굶주려 죽는 구나(눅15:17, 시38:18)

② 쥐엄 열매 먹음(창3:18)

(3) 의지적 요소

① 아버지께로 돌아감(눅15:20)

② 회개하며 돌아감(창3:21, 행26:18)

8. 회개의 실제

(1) 구약:

나아만(왕하5:17), 므낫세(대하33:13, 욥42:6), 다윗(시51:10), 이사야(사
6:5), 요나(욘2:9)

(2) 신약:

탕자(눅15:20), 세리(눅18:13), 삭개오(눅19:8), 강도(눅23:42)

9. 회개의 결과(은혜)

회개는 하나님의 은혜로 죄인들에게 주신 특권이다. 그 실례가 니느웨성 사람들의 회개인데, 하나님께서 회개하는 이방인도 용서하시고 사랑하신다는 증표가 되고 있다(욘3:1-10, 행11:18).

1) 하늘에서 기뻐함(눅15:7-10)
2) 죄에서 승리(요일5:4), 회개열매(마3:8)
3) 긍휼함 받음(잠28:13), 축복열매(눅15:22-24)
4) 하나님 사랑(잠8:17), 기쁨열매(시125:6)
5) 성령선물(행2:38), 성령열매(갈5:22-23)
6) 용서와 사죄 은총(사55:7, 행3:10)

10. 회개자의 삶의 모습

「고재봉: 1963년 강원도 인제 대대장 일가족 6명 살인사건으로 사형언도 받고 예수 영접 후 교도소 2,000명 죄수 중 1,800명 전도함. 사형당시 요3:16 암송함. 인애하신 구세주여(279장-통합 337장)」

말씀 연구

1. 회개의 뜻과 필요성에 대해 말하라.
2. 회개의 3요소는 무엇인가 말하라.
3. 회개자 받는 특권은 무엇인가?

제4절 신앙(믿음)

1. 신앙의 의미

신앙은 성령의 은혜로 예수를 구세주로 알고(고전12:3), 예수님을 믿음으로 구원을 얻는 것으로 결국 믿음은 하나님의 선물이다(엡2:8-9). 즉 죄에서 구원 얻기 위하여 그리스도를 받아들이는 영혼의 운동으로서 하나님의 약속을 성심적으로 신뢰함이다(요3:16, 롬4:3, 합2:4, 롬1:17, 갈3:11, 히10:38).

2. 믿음의 필요성

1) 구원의 조건이 됨(엡2:8)
2) 믿음은 영생 가져 옴(요3:16)
3) 하나님 기쁘시게 함(히11:6)
4) 가족의 구원 이룸(행6:31)
5) 세상을 이김(요일5:4)

3. 믿음의 원천

(하나님 편)
1) 성부 하나님(요6:44, 롬12:3)
2) 성자 하나님(눅17:5, 히12:2)
3) 성령 하나님(고전12:9, 갈5:22)

(인간 편)
1) 말씀(복음) 들을 때 믿음 발생(롬10:17)
2) 말씀 들을 때 믿음 촉발(행4:4)

3) 사도들 믿음 요청(눅17:5)

4) 믿는 자에게 믿음 역사(막9:23-24)

5) 바라는 것(히11:1)

4. 믿음의 종류

1) 역사적인 믿음

(1) 역사적 사실만을 인식함

(2) 도덕적 영적인 목적도 없고 순전히 지적으로만 진리를 인식하는 신앙.

(3) 진리를 진정성 있게 수용하지 않고 진리에 대한 진정성 부재(행26:27-28, 약2:19)

2) 일시적 믿음

(1) 중생한 심령에 신앙 뿌리가 박지 못하고 일시적 용납

(2) 감정적으로 일시적 수용하나 곧 식어짐

(3) 시련, 핍박, 환란으로 믿음 포기

(마13:20, 딤전1:19-20, 히6:4-6, 요일2:19)

3) 이적적인 믿음

(1) 자기와 자신을 위해 이적을 행할 것 확신함

(2) 구원적 믿음 수반할 수 있고 없는 경우도 있음(마8:11-13, 17:20, 막16:17-18, 요11:22-27, 40, 행14:9)

4) 구원적 믿음

(1) 중생자의 마음에 뿌리 박혀 있다.

(2) 성령의 역사를 그대로 수용함

(3) 하나님에 대한 절대 신뢰(마13:20-21, 롬10:9, 엡2:8)

5. 신앙의 3요소

구원적 믿음의 요소는 3가지 있다.
믿음은 하나님의 선물로 주어진다(고전12:8-9, 갈5:22, 엡2:8).

1) 지성적 요소(지식)
(1) 진리인식과 영적통찰력 소유
(2) 진리와 계시 성령의 역사들을 믿음(시9:10, 롬1:19, 10:14-17, 히11:1)

2) 감정적 요소(찬동)
1) 성경의 가르침을 깨닫고 인격적 관계 유지 노력함
2) 죄인에게 구원 받는 지식의 특성을 지지함(시106:12, 마14:28, 막12:32, 요8:30, 11:27)

3) 의지적 요소(신뢰)
(1) 그리스도에 대한 인격적 신뢰
(2) 죄인이 그리스도에게 항복(요8:32, 행16:31).

6. 믿음의 절대적 가치

1) 구원의 절대조건(엡2:8)
2) 영적싸움 절대 능력(요일5:4)
3) 영육축복 절대 축복(요삼2)
4) 하나님을 절대 기쁘시게 함(히11:6)

7. 믿음의 결과

1) 믿음으로 의롭다 얻음(창15:16, 롬5:1)

2) 믿음으로 구원 얻음(엡2:8, 벧전1:5)

3) 믿음으로 그리스도 영접함(요1:12)

4) 하나님 아들 확인 됨(갈3:26)

5) 거룩하게 됨(행26:18)

6) 하나님 보호 받음(벧전1:5)

7) 영혼 안식에 들어감(히4:3)

8) 기적을 체험함(요11:40, 히11장)

9) 기도응답(막11:24)

10) 치유 역사 체험(마15:28)

11) 선행의 원동력(딛2:14, 3:8, 엡2:10, 약2:22, 26)

말씀 연구

1. 믿음의 필요성에 대해 말하라.

2. 믿음의 유형을 말하라.

3. 믿음의 3요소를 말하라.

제5절 칭의

1. 칭의의 의미

칭의는 하나님께서 죄인을 의로운 상태로 회복시켜 주시는 것이다. 즉 예수 그리스도의 '의'에 기초로 하여 죄인에 관한 모든 율법적 요구가 만족된 것을 선언하시는 하나님의 법정적 선언이다(롬3:22-24, 4:1-8, 8:30, 5:1, 갈2:16).

2. 칭의의 성경적 증거

칭의는 그리스도의 의를 기초로 하여 죄인에게 선언하시는 하나님의 재판적 행위, 곧 의롭게 만드는 것이 아니라 의롭다고 인정하는 것을 의미한다(벌콥프).

1) 인간의 의는 죄로 더럽혀지고 낡은 옷가지 같다(사64:6). 예수님은 하나님의 '의'로 오셨다(롬1:17). 그 의를 믿는 자들에게 전이시켜 주었다. 또한 예수님의 '의'를 입은 자들이 '의'를 위해 핍박받으면 복과 함께 천국 소유한다(마5:10).

2) 신자의 '의'는 율법 철학 종교적 전통에 의함이 아니고 오직 그리스도를 믿음으로 얻는 '의'이다(롬5:1, 빌3:9).

3. 칭의의 성질

1) 법정성
   (1) 하나님의 법정적 선언(판사 재판)
   (2) 신자가 의인 되는 것은 하나님께서 의롭다 하심(롬8:30)

2) 은혜성
   (1) 그리스도 의에 기초한 하나님 사랑
   (2) 인간 공로 없이 하나님 은혜로(롬3:24)

3) 최종성
   (1) 반복되지 않는 최종 확정
   (2) 신자를 예수로부터 빼앗을 자 없음(요10:28)

4. 칭의의 특성

   1) 외부의 단행: 하나님의 법정에서 단행(롬5:1)

2) 죄인 형벌 사면(벧전2:24, 사53:5, 롬8:1)

3) 하나님, 죄인 화친(롬8:16, 약2:23)

4) 그리스도 의가 신자에게 전이(롬1:17, 3:20-24, 5:1, 17, 창15:6)

5) 단회적(롬3:22-24, 4:3)

6) 단번에 단행: 점진적 반복 아니고 즉각적임(롬5:9)

5. 칭의의 요소

1) 소극적 요소(죄 용서)
(1) 그리스도의 용서는 과거, 현재, 미래 모든 죄에 적용(시103:12, 사 44:22, 롬5:21, 8:31, 32-34, 히10:14)

(2) 사죄의 확신을 주심(시25:7, 32:5, 51:1, 마6:12, 약5:15, 요일1:9)

2) 적극적 요소(자녀로 양자)
(1) 칭의로 자녀삼음(요1:12, 롬8:15)

(2) 하나님 후사로 영원한 상속권(롬8:17, 벧전1:4)

(3) 하나님의 일방적 단독 역사로 유업 약속(갈4:5-7)

6. 칭의의 방법

칭의 교리는 구약 신약 동일한 믿음 '의'이다(창15:6, 롬4:3).

1) 율법 아닌 믿음(롬3:20, 갈3:24)

2) 은혜로(롬3:24, 딛3:5-7, 엡2:4)

3) 그리스도 보혈(롬4:25, 5:9, 갈4:4-5, 요일2:1)

4) 이신칭의(창15:6, 롬3:28, 5:1, 10:10, 갈2:16, 3:8)

7. 칭의의 결과

1) 그리스도의 전이(롬3:22-24, 4:5, 5:17)

2) 형벌사면, 화친(롬4:5-6, 5:1, 8:1, 고후5:19, 약2:23, 갈3:26, 히2:11)

3) 하나님 후사(요1:12, 롬8:14-16, 빌1:11, 딛3:7, 요일3:7)

4) 영생 얻음(요5:24, 3:16)

5) 죄인 구원 영화(롬5:9, 8:30, 마13:43, 갈5:5)

8. 칭의와 중생 차이점

칭의	중생
외부적으로 단행	내부적 사건
법정적 선언	새생명 주입
성부의 사역	성령의 사역
죄인-의인	옛사람-새사람

9. 칭의와 성화 비교표

칭의	성화
신분 변경	상태의 변경
원죄 해방	본죄(자범죄) 해방
완성적임	미완성적임
하나님 자녀	하나님의 형상화
순간적 갱신	과정적인 갱신
죄책의 제거	오염의 제거

말씀 연구

1. 칭의 의미와 성질을 말하라.

2. 칭의 특성과 요소를 말하라.

3. 칭의 결과를 말하라.

제6절 양자(수양)

1. 양자의 의미

신자의 과거 신분은 마귀의 자식(요8:44, 요일3:10) 죄의 종(롬6:16)으로 저주의 대상이었다. 그러나 그리스도의 속죄를 통해 믿는 자들에게 새 생명을 주시고 의롭다 함을 선언하시고 영적으로 하나님의 자녀로 삼아 주시고 주안에서 하나님과 함께 영생의 복을 누리고 살게 하셨다(요1:12, 롬8:15, 갈4:5-7).

1) 세속의 가족을 하나님 자신의 가족으로 전입시키는 하나님의 행위(칼빈)
2) 자녀로서 권리, 지위, 신분, 특권을 누리게 함(소요리문답 34문)
3) 법적 자녀이나 출생의 자녀와 동등한 권리 부여 받음(롬8:15-17, 갈4:5, 엡1:5)
4) 모든 신자는 그리스도 피로 맺은 영적가족(영가족)이다(오정현 목사).

2. 양자의 성경적 증거

1) 하나님의 약속과 실행(요1:12)
2) 예수님의 말씀(요20:17)
3) 성령의 증거(롬8:16)
4) 사도 요한의 증거(요1:12, 요일3:1-2)
5) 바울의 양자 예찬론(롬8:14-16, 23, 9:4, 엡1:5, 갈3:26, 4:5)

3. 양자의 시기

1) 창세 전(과거) (엡1:3-5, 롬9:11)
2) 현세(지금) (롬8:15-16, 요1:12, 갈4:4-6, 3:26, 요일3:2)

3) 주 재림 후 완성(미래) (롬8:23, 빌3:20-21)

4. 양자에게 주어지는 특권

1) 과거: (1) 율법, 죄로부터 속량(갈4:5)
         (2) 그리스도의 피로 구속 받음(엡1:7)
2) 현재: (1) 구원의 은혜 보증(엡1:13-14)
         (2) 그리스도와 교통(마28:20)
3) 미래: (1) 영원한 영생(요6:40)
         (2) 하나님의 후사(롬8:17, 갈3:6, 4:7)

5. 양자의 성질

1) 법적으로 양자 됨
   (1) 신자는 믿음으로 양자 됨(요1:12)
   (2) 양자 입양 주권자는 하나님(요일3:1)

2) 영적으로 양자
   (1) 거듭남에서 자녀로(갈4:6, 요3:3-5)
   (2) 아버지 보호(롬8:31)

6. 양자의 이전과 이후의 삶

1) 양자 이전의 상태
   (1) 죄의 종(으로부터 자유)(롬6:16-22)
   (2) 허물과 죄(에서 살리심)(엡2:1-9)
   (3) 죄 사망(에서 해방)(롬8:2)
   (4) 진노(에서 은혜 입음)(엡2:3)

2) 양자 이후의 삶

    (1) 아버지와 아들 관계(갈4:5-6, 요일1:37)

    (2) 성령인도 받음(롬8:14)

    (3) 정과 욕심 십자가 못 박음(갈5:24)

    (4) 열매 맺는 삶(갈5:22-23, 엡4:8-9)

    (5) 담대함 당당함(엡3:12)

    (6) 사랑 실천(요일5:1)

    (7) 하나님 나라 유업(갈4:7)

7. 양자의 기업과 특혜

1) 자녀 권세(요1:12, 롬8:15)

2) 청구권(기도)(눅11:10-13)

3) 예배특권(요4:23-24, 계4:1-11)

4) 마귀 제압권(눅10:19, 약4:7, 벧전5:8)

5) 보호권(사49:15, 시121:8, 롬8:31)

6) 천사 부리는 권세(히1:14)

7) 하늘 기업 후사권(롬8:17, 갈4:7)

8) 예수이름 사용권(요15:16)

9) 승리권(고후2:14)

10) 보좌 면담권(히4:6, 6)

11) 왕권 누림(계20:6, 22:5)

12) 세상 끝날까지 보호 받음(시49:15, 27:10, 시121:0)

8. 양자의 결과

1) 믿는 자 성령 주심(갈4:6, 엡1:13)

2) 양자의 영 주심(롬8:14-17)

3) 신자 영친가족(마12:10, 롬8:29, 고전1:10)

1. 양자의 뜻과 성경적 근거를 말하라.
2. 양자의 시기와 특권을 말하라.
3. 양자의 결과를 말하라.

제7절 성화(거룩함)

1 성화의 의미

칭의 된 신자를 죄의 오염에서 건지고 전 인격과 성품으로 하나님의 형상을 닮게 하는 성령의 사역이다(롬8:14). 또 성화나 거룩함은 성령의 역사로 성취되는 거룩함으로 곧 분리(구별)를 말한다. 즉 성화는 하나님께 구별하여 드림(레27:16)과 악한 것으로부터 분리되는 것이다(대하29:5, 15-18).

2. 성화의 근거

1) 하나님이 거룩하심(레11:44, 계4:8)
2) 하나님의 요구(출22:31, 레11:45)
3) 사도의 요청(롬12:1)
4) 주 앞에 서기 위함(히12:14)
5) 우리를 부르신 목적(살전4:7)
6) 주님의 요청(요17:17)
7) 말세에 신앙 보수(딤후3:1-5)
8) 믿는 순간부터 재림까지(살전5:23)

9) 주님께 쓰임 받기 위함(딤전2:21)

3. 성화의 중요성

1) 하나님 거룩하심(출3:4-5)
2) 신자의 의무(고후7:1)
3) 세상에서 빛들의 자녀로 보이기 위함(빌2:15)
4) 인간의 죄성 말살 위함(롬7:21. 요일1:8)
5) 말세의 삶 필수(딤후3:1-5)

4. 성화의 성질

1) 하나님의 초자연적 100% 역사(엡4:24)
2) 신자의 협력과 노력 (고후7:1, 빌2:12-13)
3) 전 인격에 영향(살전5:23)
4) 중생은 영적 출생, 성화는 성숙(골1:10, 엡4:15)
5) 성화는 내적변화와 거룩한 생활(고후7:1)

5. 성화의 본질

1) 구별과 봉헌(출13:2, 벧전2:9)
2) 도덕적 삶에서 순결(엡4:22-29)
3) 하나님 형상 닮게 함(롬8:29)

6. 성화의 주최자와 특징

(하나님의 주도적 사역)
1) 성부 하나님의 사역(살전5:23, 히13:20-21)

2) 성자 하나님의 사역(고전1:30, 엡5:26, 히10:10, 13:12)

3) 성령 하나님의 사역(롬8:2, 갈5:16, 22, 살후2:13)

4) 성령의 100% 역사와 인간의 순종(빌2:12-13, 롬12:2)

(신자 성화(변화)의 삶)

1) 옛사람 소멸(롬6:6, 갈5:24, 엡4:22)

2) 새 사람으로 창조 됨(갈1:19-20, 엡4:23-24)

3) 전인적 변화(고후5:17, 골3:10)

4) 성령지배(롬8:14-17)

5) 성령열매(갈5:22-23)

6) 성령 충만의 삶(엡5:18)

7) 사랑 실천(마22:37-39)

7. 성화의 방법

1) 하나님 말씀으로(요17:17)

2) 그리스도의 피(히13:12)

3) 징계를 통해(히12:10-11)

4) 자신을 의에게 드림(롬6:19)

5) 하나님에 대한 두려움(고후7:1)

6) 자기관리(딤후2:20-21)

7) 경건훈련(딤전4:7-8)

8) 절제의 생활(고전9:24-25)

9) 자기 몸 쳐 복종(극기)(고전9:27)

10) 자신은 하나님의 성전인식(고전6:19-20)

11) 자기 부인(마16:24)

12) 자아 죽이기(고전15:31, 갈2:20)

13) 지속적인 기도(렘33:3, 시81:10, 50:15)

8. 성화의 시기와 3 단계

1) 단계: 출발단계–신분적 성화

(1) 그리스도의 구속(고전1:30, 3:1, 히10:10)

(2) 새롭게 됨(딛3:5, 고전1:2, 6:11)

2) 단계: 경험단계–점진/전진적 성화

(1) 전 생애 통해 점진(골3:8-14)

(2) 자신을 드림(롬6:13, 12:1)

3) 단계: 완성단계–미래적 완전성화

(1) 현세는 미완성(전7:20, 요일1:8-10)

(2) 신자 사망 후 영혼 성화(계14:4-5)

(3) 재림 때 완성(고전15:49, 빌3:21, 살전3:13, 5:23)

9. 성화와 전인격 영향

1) 지성에 영향(골1:9, 3:9-10)

2) 감정에 영향(롬14:17, 갈5:22-24)

3) 의지에 영향(겔36:27, 빌3:13-14)

4) 영과 육에 영향(고후5:17, 7:1, 살전5:23)

• 성화는 전인적 변화와 함께 생활에서 성령 열매 등 선한 행위가 나타난다.

10. 성화와 중생 비교표

유형	성화	중생
구분	영적 성장	영적 출생
방향	거룩한 성향 강화	거룩한 성향 입식
상태	회복의 진보	본질적 변화
과정	성령 역사에 신자 협력과 점진적	성령의 단독사역과 순간적

11. 칭의와 성화 비교표

	칭의	성화
정의	그리스도의 구속의 은혜를 기반으로 하고 죄인에 대한 율법적 요구가 충족된 것을 하나님의 법정적인 선언	칭의 된 신자를 죄의 오염에서 건지고 전 인격과 성품으로 하나님의 형상을 닮게 하는 성령의 사역이다(롬8:14). 또 성화나 거룩함은 성령의 역사로 성취 되는 거룩함으로 곧 분리(구별)를 말한다
성질	은혜성 : 하나님의 사랑 법정성 : 하나님의 결정 선포성 : 하나님의 선언 즉각 완전 최종성 : 최종 확정	하나님의 초월적인 사역 성령님의 공작과 신자의 협력 신자는 의식적으로 성령님께 순종
특징	인적 외부에서 단행(신적재판) 성부의 선고 : 성부사역 단번에 단행 : 순간완성 범위 : 모든 죄책 제거 하나님 자녀, 영생과 기업 부여 함	인간 내부에서 진행되는 신적 행동 성령의 사역 영혼에 호소와 점진적인 영적 성장 죄의 오염제거(악의 원소제거) 전인적 영향 줌(신 형상에 일치하게)

말씀 연구

1. 성화 의미와 성경적 근거를 말하라.
2. 성화의 본질과 방법을 말하라.
3. 성화의 시기와 3단계를 말하라.

제8절 성도의 견인

1. 견인의 의미

하나님께서는 창세전부터 택하신 우리를 구원하기 위해서 모든 죄로부터 그리스도의 피로써 깨끗하고 거룩하게 하셨다. 또한 자녀의 권세를 회복시켜 주시고 이 땅에서도 천국 백성으로서 살도록 은혜를 주시고 계신다. 또한 신자들의 영원한 구원이 세상과 마귀로부터 빼앗기지 않도록 위해 신자들을 끝까지 보호하신다.

즉 하나님은 택함을 받은 신자들을 기필코 구원을 얻게 하시는 하나님의 사랑과 인내 사역이다(성경:요6:37, 10:22-29, 엡1:3-14).

2. 성도 견인에 대한 성경적 증거

1) 구약 증거

(1) 하나님 형상으로 창조 됨(창1:26-28)

(2) 하나님의 선하심(시23:6, 71:18, 121:8)

(3) 하나님의 무궁한 사랑(렘31:3)

(4) 하나님의 복의 대상(렘32:40-42)

(5) 하나님의 뜻 일정하심(욥23:13)

(6) 하나님의 언약(사49:14-16)

(7) 하나님 목자 되심(시23:16)

2) 신약의 증거

(1) 창세전 구원 작정하셨다(엡1:3-14).

(2) 자녀들 잃지 않음이 주님의 뜻(요6:39-40)

(3) 하나님의 부르심과 구원의 과정(롬8:30)

(4) 사랑 끊을 수 없다(롬8:35).

(5) 채찍과 징계는 견인의 수단(히12:5-13)

(6) 신자의 본성 변화는 구원 과정(요3:16, 36, 10:28, 롬6:6, 고후5:17)

3. 교리적 근거

혹 죄를 짓고 낙심할 때도 성령께서는 회개의 영을 통해 회개하고 용서의 은

청지기 훈련과 교회부흥

혜를 주시고 위로를 해 주신다. 그래서 성도는 자신은 부족해도 하나님께서는 성도의 구원을 끝까지 책임지고 천국까지 인도하신다. 단 견인에는 하나님의 사랑과 인내가 존재하기 때문에 가능한 것이다. 즉 택함 받은 성도의 구원을 위하여 사랑으로 안내하시고 도우시므로 결국은 구원에 이르게 하는 하나님의 거룩한 사역이자 하나님의 인내의 은총이다.

인간의 구원은 하나님의 궁극적 사역으로 변함없다. 그 증거는 아래와 같다.

1) 선택의 교리(사43:1-2, 엡1:3-14)

선택은 불변적으로 피택자의 구원을 확신케 한다.

2) 구속 언약의 교리(창3:21, 히9:11-12, 22)

성부와 성자가 구속의 당사자이면서 성자가 중보하심으로 성도의 견인은 확실함

(1) 삼위일체 하나님의 궁극적 사역은 의롭다 하신 자들 구원함(욥23:10, 요6:39-40, 10:28, 롬8:30-33, 약1:17-18)

(2) 그리스도의 중보 사역으로 구원(롬4:25, 5:9-10, 8:34, 히7:25)

(3) 하나님의 보전 능력으로 구원(빌1:6, 살전5:23, 딤후1:12, 벧전1:5, 유1:24)

3) 마음에 성령과 말씀 역사

성령의 인치심과 말씀으로 교훈(요15:26, 16:13, 고전6:19, 엡1:13-14, 4:30)

4) 임마누엘 교리(사14:17, 마28:18-20, 요14:16, 롬8:31-39)

5) 하나님 자신과의 약속 실현(히6:13-20, 약1:17)

4. 견인의 당위성

1) 하나님 형상 입은 존재(창1:26)

2) 창세전 구원자로 택함(엡1:4-5)

3) 하나님 부르심 후회 없음(롬11:29)

4) 진리로 낳으심(약1:18)

5) 믿음의 은혜 구원(엡2:8-9)

6) 하나님 유업 받을 자(갈4:7)

7) 하나님의 후사(롬8:17)

8) 자녀 됨(롬8:14-17, 30)

9) 자기 피로 구속(엡1:7, 행20:28)

10) 신자는 성령의 집(고전6:19-20)

11) 주님과 영생을 누림(계22:1-5)

5. 견인에 대한 실제 역사

1) 의롭다 하심 받는 자 다 구원함(롬5:1-10)

2) 중보자 되신 주님의 은혜로 구원(롬4:25, 8:34)

3) 하나님의 보호하심(유1:24,벧전1:5, 빌1:6, 딤후1:12)

4) 새로운 피조물로 지음 받게 함(고후5:17, 롬6:6, 요10:28, 3:16)

5) 믿는 순간부터 영원한 생명 갖는다(요3:36)

6) 하나님의 보호 능력 받음(사54:10, 요17:11-15)

7) 주 사랑 단절 못함(렘32:40, 롬8:35-39)

8) 주님의 약속(요6:37-40)

9) 성령의 인치심(엡4:30)

6. 견인을 통한 은혜 역사

1) 하나님의 소유(사43:1-2)

2) 하나님의 인치심(고후1:12, 엡1:13)

3) 성령 열매(롬8:23, 갈5:22-23, 고후5:5)

4) 하나님의 기업 약속(골1:2, 벧전1:9)

5) 믿는 자 영생(요3:36)

6) 시험에서 건져주심(마6:9-13)

7) 축복의 시험을 하심(창22:1-14, 말3:10)

8) 하나님 절대의지 위해 연단(신8:11-18)

9) 징계를 통한 회복 역사(시107:10-20, 룻1:18-21, 욘1:1-17, 히12:5-13)

7. 견인 통한 구원 보장

1) 우리를 끝까지 책임지고(마24:13)

2) 주님 앞에 서게 함(살전5:23-24)

3) 성령의 도우심 역사(마24:13, 히2:1, 빌2:20)

4) 하나님의 사랑과 인내(빌1:6, 벧전1:3-5, 벧후3:9)

5) 주님의 기도(히7:25, 벧후1:10-11)

6) 성령의 인치심(엡1:13-14, 4:30)

7) 악한 자가 만지지 못함(요일5:18-19)

「성도 견인 시청각: 아빠와 아들

하나님은 절대 구원의 손 놓지 않는다(사41:10, 행7:54-60).」

8. 견인은 신앙심 강화 발로

1) 구원 보장으로 감사 기쁨 생활(살전5:16-18)

2) 고난 중에도 낙심하지 않음(시42:5)

3) 범죄 회개(시34:17-19, 요일1:9)

4) 신앙의 담대함(시118:6, 히10:34-39)

5) 환란에서도 기도(시50:15)

6) 주님의 불변의 사랑(히13:8)

7) 인내심 발휘 기회(히10:34-39)

8) 7전8기 신앙(잠24:16)

9) 충성심 발로(계2:10)

10) 천국 영광 상급(히11:24-26)

11) 순교신앙 촉발(행7:54-60, 히11:33-38)

• 구원의 축복은 아무도 빼앗거나 흔들 수 없다(옥한흠 목사)

9. 견인에 대한 반대(부정) 의견

1) 견인 교리는 신자를 방종과 태만하게 할 수 있다

혹 신자가 습관적으로 죄를 짓는다면 중생하지 못했기 때문으로도 볼 수 있다(요10:27, 롬6:1-2, 요일3:9).

2) 견인 교리는 성경에 위배된다는 주장에 대하여

(1) 배교를 경고하는 성구들이 있다(마24:11-13, 딤전1:19-20, 딤후4:10, 벧후2:1, 요일2:19).

신자들 견인교리에 협력토록 경각심을 주기 위한 것임. 한편 성경에 기록된 배교자들이 신자였다는 증거가 없고 또한 성경은 믿음을 고백하여도 믿음이 없는 자들의 실태를 보여 줌.

(2) 신자들 성화 과정에서 권고하는 성구가 있다(잠12:15, 19:20, 27:9, 히3:14).

상기 성구들은 하나님께서 자기 목적을 달성하기 위하여 도덕적인 권징, 권선 징악의 방편으로 사용하심을 시사함.

(3) 성경은 구원에서 탈락한 훈계와 경고를 내포함(겔18:24, 마24:13, 히

6:5-6, 10:26, 벧후2:20).

그리스도를 알고 범죄를 행하면 전혀 구원받을 수 없다고 경고하고 있다. 그러나 가짜 신자의 행세를 하는 경우가 있다는 것이다. 만일 혹자가 진실로 구원을 받았다면 그의 상태는 그대로 계속될 것이고, 구원을 받지 못했다면 구원의 상태로 계속될 수 없으며, 결국은 참된 중생 회심의 단계를 거쳐서 끝까지 견디는 자는 다 구원을 받을 것이다.

3) 견인 교리는 방종과 방탕 생활 막아준다.

결코 그렇지 않다, 오히려 경각심을 갖게 하고 때로는 회개를 통해 대각성을 갖게하기도 한다(롬13:11-14).

4) 칼빈주의와 알미니안주의 비교 도표

구분	칼빈주의	알미니안주의
인성	전적타락	자유의지 여존
예정	무조건 예정	예지예정
속죄	제한된 선택 구원	무제한 선택 구원
은총	불가항력적 은총	가항적 은총
견인	신자 견인으로 구원 보장 및 완성함	신자 타락할 수 있음(견인 부정)

〈특주〉

1. 알미니우스주의(Arminianism)와 자유의지 사상

「Jacobus, Arminius(1560-1609)에 의하여 형성된 기독교 교리의 하나로 그는 인간에게 누구라도 억제할 수 없는 '자유의지'가 존재함을 주장하였고 한 때는 칼빈 예정론을 강경하게 지지하였던 자로서 점차적으로 자유주의적 신학자로 전락되었다.

그가 사망 후 그의 제자들이 교리를 세웠는데 그 주안점은 칼빈의 '무조건 선택'의 교리에 대항하여 믿음에 의한 선택교리를 주장하였고 유효적 은혜 교리를 거부하였다. 또한 그리스도의 구속역사는 택한 자 위한 것인데 이를 부정하고 이를 만민에게 유효하다고 주장함.」

2. 칼빈주의 예정론 교리(칼빈의 5대 교리)

1) 전적타락(전적무능력)

인간은 원죄로 인하여 구원 얻을만한 선행을 행할 의지력이 상실됨.

2) 무조건적 선택

하나님의 작정과 그의 영광을 위하여 어떤 사람들과 천사들은 영생을 얻도록 예정되고 어떤 자들은 형벌 받도록 예정되었다.

3) 제한적 속죄

택함 받은 자는 그리스도에 의하여 구속된다.

4) 불가항력적 은혜

영생에 이르도록 작정된 자는 하나님의 말씀과 성령으로 확실히 부르사 죄를 회개하고 그리스도로 말미암는 은혜와 구원에 이르게 한다.

5) 성도의 견인

예정된 자는 궁극적으로 하나님의 은혜 상태에서 타락될 수 없다.

말씀 연구

1. 견인의 의미와 성경의 근거를 말하라.
2. 견인의 교리적 근거를 말하라.
3. 견인신앙의 발로와 반대의견을 말해보라.

제9절 영화

1. 영화의 의미

영화는 그리스도께서 재림하실 때 그리스도 안에서 죽은 모든 신자들의 육체를 부활시키고 그들의 성화 된 영혼과 육체를 재결합하게 한다. 또한 살아있는 신자들의 육체는 주님 재림 때 신비한 몸으로 변화 되어 그리스도와 같은 완전 무결한 부활의 몸을 입고 영화롭게 되는 단계이다(롬8:30, 살전4:13-18).

즉 영화는 주님 재림 때 하나님의 자녀들의 영혼과 육체가 함께 죄와 사망의 세력으로부터 완전히 해방되는 (영과 육) 구속의 최종 단계이다(롬8:31, 고전 15:49-53, 빌3:21, 살전4:16-17, 요일3:2).

"영화는 그리스도께서 재림하실 때 한하여 전체 성도들에게 발생할 것이다." (John Murry 교수, 웨스트민스터신학교, 조직신학교수)

2. 영화에 대한 성경적 증명

1) 구약의 증거

구약의 신자들은 비록 부활의 주님을 보지는 못했어도 부활에 대한 확고한 소망과 믿음을 가지고 있었다(욥19:25-26, 시49:15, 73:24-25, 사26:19, 잠 23:14).

2) 신약의 증거

영화는 주님 재림 때 주안에서 죽은 자들의 부활과 함께 살아남은 신자들은 순간적으로 신비한 몸으로 변화 되는 것을 확실히 증거해 주고 있다. 신약성경은 세 곳에서 설명해 주고 있다.

첫째, 예수님 자신의 부활 예고와 실제(마16:21, 17:23, 28:1-6, 요11:25-26)

둘째, 사도 바울 부활 주님 만남(고전15:22-52, 살전4:14-17-부활과 휴

거장)

셋째, 요한 사도(요5:28-29, 6:39)

3. 영화가 신자들에게 주는 은혜(영향)

1) 신자들 영화에 대한 확고한 신앙 고취(롬5:9-10, 8:23, 엡1:13-14, 벧전
   1:5)
2) 영화는 도의적 영적으로 온전케 함(고전1:8, 골1:22, 엡1:4, 유1:24-25)
3) 신자들 지적으로 온전케 함(고전13:12, 요일3:2).
4) 신자들 영혼과 몸을 온전케 함
   (1) 신자들 몸 썩지 않고 변화 영광(고전15:42-52, 계21:3-4, 마13:43,
       17:1-2, 살전4:16-17)
   (2) 신자들 몸 강력한 능력 소유(고전15:43)
   (3) 영적이고 주님 부활 몸 같음(고전15:44-49, 롬8:29, 요일3:2)
5) 영화는 신자와 만물들까지 새롭게 됨(창3:17-18, 롬8:19-22)

4. 영화의 시기와 순서

1) 영혼의 영화 시기
   (1) 예수 그리스도의 재림 때(살전4:16)
   (2) 홀연히 순간적으로(고전15:51)
   (3) 죽은 신자들 먼저(살전4:14-16)
   (4) 남은 신자들(살전4:17)

2) 육체의 영화 시기
   (1) 부활 때(살전4:16)
   (2) 죽은 자 영화(마27:52)
   (3) 살아있는 자 영화(살전4:17)

(4) 영화 상태는 신령한 몸(빌3:20)

(5) 즉각적인 변화(고전15:51, 살전4:17)

5. 영화의 두 영역

1) 영혼의 영화

(1) 육체 죽음 후(눅23:43, 고후5:6-8, 빌1:21-23)

(2) 완전히 완성(고후1:8, 요17:24)

(3) 믿고 죽는 순간(눅23:40-43)

2) 육체의 영화

(1) 주님 재림 부활시(사59:2, 계14:13, 고전15:42-44)

(2) 부활 몸 영화(빌3:21)

(3) 영원한 영화 누림(계22:1-5)

6. 영화의 두 종류

1) 영화와 신자의 죽음

성경에 보면 불신자의 죽음은 범죄의 결과로 비극적인 영원한 형벌이지만 신자의 죽음은 성화를 통한 영화의 완성으로 그 영혼은 천국으로 입성한다(눅16:22-29).

사실 성경은 신자의 죽음을 복으로 칭하고 있다(고후5:1, 롬8:29-30, 계14:13, 시116:15).

그 이유는 육신의 모든 수고가 끝나고 영화를 누리기 때문이다. 그리고 천국에서 주님과 함께 왕 노릇 하기 때문이다(계20:4-6).

2) 영화와 신자의 부활

신자의 부활은 영화로운 부활로 그 몸은 신령한 몸으로 주와 함께 영화로우며 영원하리라(고전15:40, 51-54). 그리고 사망을 비웃는 때이다(고전15:55-58). 그리고 부활의 신비한 몸으로 주님 위로와 영생을 누린다(계21:17).

1. 영화의 의미와 성경적 증거를 말하라.

2. 영화의 시기와 순서를 말하라.

3. 영화의 두 영역과 두 종류를 말하라.

제6권
교회론

제1장
교회의 본질

1. 교회의 정의

웨스트민스터 신도게요의 교회에 대한 정의는 무형교회와 유형교회의 두 국면으로 구분하고, 과거 현재 미래를 총망라하는 피택자들의 총수를 말한다.

즉 교회는 모든 시대 모든 참된 신자들의 공동체이다. 교회는 신약시대뿐 아니라 구약시대 참으로 구원받은 모든 사람들의 공동체로 하나님의 부르심을 받아 예수 그리스도의 복음을 믿고 구원받은 무리를 말한다.

교회는 예수 그리스도께서 친히 자신이 교회를 세우시겠다고 하셨다. 교회는 인간의 노력으로 세워지는 것이 아니다. 구약시대에도 하나님은 자기 백성을 부르시고 하나님을 섬기게 하셨다. 구약시대에도 하나님을 자기 백성을 '교회'로 생각하셨다. 그래서 스데반 집사는(행7:38) '광야교회'라는 말을 썼다(마16:16, 행2:47, 신4:10, 행7:38, 히2:12, 12:1, 11:4-32, 엡2:14,15,19).

우리들이 예배시간마다 신앙고백을 하는 사도신경의 내용 중 "성도가 서로 교통하는 것과"는 교회 정의를 한마디로 축약한 고백이다.

1) 교회 어원적 의미

(1) 구약: '카할'과 '에다'이다. '카할'은 하나님에 의해 그분의 구원으로 부름 받은 백성들의 모임을 나타내는 이상적인 상태의 교회이고, '에다'는 현실적 상황에 있는 교회이다(출12:3). (헤르만 바빙크).

(2) 신약: '에클레시아'(불러내다)와 '쉬나고게'이다. '에클레시아'는 부르심을 받은 자들의 집단이고, '쉬나고게'는 예배의 회중과 장소를 의미한다.

2) 교회 실제 의미

(1) 하나님의 소명 받은 백성(신4:10,마16:16-18)

① 구약의 가정교회(에덴동산-구약시대): 가장은 제사장직 수행(창4:26, 7:1, 12:1)

구약교회 형성은(에덴동산 타락 이후)(신4:10) 광야교회(행7:38)

신약의 가정교회(롬16:5, 고전16:19, 골4:15)에서 오순절 성령강림(행2:1-44)

② 지역교회: (행9:31, 고전1:2, 16:1, 살전1:1)

③ 세계교회는: 하나님의 소명을 받고 한 성령으로 중생, 회심, 세례를 받아 그리스도와 한 몸으로 연합된 자들이고 천상에서 그리스도와 영적으로 연합된 전 세계 신자들을 가리킨다(고전12:13, 엡1:22, 골1:18).

(2) 택함 받은 모든 신자들의 공동체

① 구약교회(신4:10)

② 신약교회(마16:18, 행2:47, 엡5:25)

2. 교회의 구별

1) 가견적 교회(가시적: 유형교회)

가견적 교회는 지상에 있는 신자들이 눈으로 볼 수 있는 교회로서 그리스도 안에서 신앙을 고백하며 예배를 드리기 위하여 함께 모인 신자들의 집단이다

(세례, 성찬, 성례, 권징)(마13:29, 25:32, 롬15:19, 고전1:2, 살전1:1).

2) 불가견적 교회(불가시적: 무형교회)

눈에 보이는 가견적 교회와 보이지 않는 교회를 통털어 구원받은 백성들의 총회이다. 본질적으로 영적인 교회를 의미함. 즉 하늘에 기록된 장자들의 총회와 천국에 있는 하나님의 백성들의 총회를 의미함(엡1:22-23, 골1:18).

3. 교회의 속성

1) 사도성: 사도들의 신앙 토대 세우심(마16:16-18, 엡2:20, 벧전2:20)

2) 거룩성: 그리스도 안에서(출19:6, 고전3:16, 벧후1:1, 벧전2:9)

　　교회는 하늘에 속한 거룩한 집단(엡4:1-32)

3) 통일성: 모든 교회는 그리스도 안에서 하나(고전12:28)

　　몸은 하나이나 지체는 많다(고전12:12).

　　교회는 하나이다(롬12:5).

4) 보편성: 교회는 차별이 없고 빈부귀천 남녀노소 지식의 유식무식 차별없이 모든 죄인들에게 차별 없는 은혜가 역사(롬10:12-13, 갈3:28, 엡3:10).

4. 교회에 대한 은유적 표현

1) 주님의 몸: 생명관계로 주님은 머리, 신자는 지체(고전12:12, 엡1:22-23)

2) 교회는 영가족 모임(딤전5:1-2)

3) 그리스도 신부(엡5:25)

4) 포도나무와 가지(요15:5)

5) 하나님의 성전(롬8:9, 고전3:16, 벧전2:4-5, 요7:38)

6) 진리의 기둥과 터(딤전3:15)

7) 새 예루살렘(히12:22-23, 계21:2)

5. 교회의 표지 3가지

1) 말씀의 선포: 교회의 가장 중요한 최고의 표지이다(요일4:1-3, 요8:47).

2) 성례 집행(세례와 성찬) (고전12:24-26)

(1) 세례의미

　　① 죄 씻음을 뜻하고 또한 물세례는 그리스도와 함께 죽고 그와 함께 부활함을 뜻하는 것(행2:38, 22:16, 히10:22, 벧전3:21)

　　② 새 언약에 참여: 그리스도의 피로 죄 사함 받는 것(롬6:3-4).

(2) 성찬의 의미(마26:26-29)

　　① 주님의 살과 피를 먹고 마심(요6:53)

　　② 주님의 죽으심 기념(고전11:23-25)

3) 권징의 신실한 거행

　① 권징은 교회와 진리의 순수성을 지키기 위한 것(롬2:24, 고전5:1-2, 5:12-13, 고후6:6, 벧후3:14, 엡5:27, 3:10, 4:13, 고전11:27-34)

　② 범죄한 교인 회개를 통한 신앙회복을 위함(롬16:17, 딛3:10, 고전5:1, 갈6:1, 살후3:6-10, 14-15, 딤전1:20, 요이1:19,11, 약5:20, 히12:6)

　③ 죄의 확산 방지책(고전5:1-7, 딤전5:20, 히1:5)

　④ 이단 근절책(요이1:10,11)

「합동총회 2025년 9월 110회 총회: 정○○ 목사(침례교회)이단 결의함.

　이유: 킹제임스 성경만이 유일한 성경이라고 주장하고 현재의 정통교단에서 사용하는 성경은 오류가 있다는 그릇된 사상을 전파함.」

(1) 교회 중직자 권징은 보다 더 신중할 것(마18:21, 22, 딤전5:19-21)

　교회의 권징은 어떤 경우에도 온유하고 겸손하고 신중해야 한다. 우리 자신도 약하다는 의식을 갖고 또한 우리도 동일한 범죄를 범할 수 있음을 인지하고 두려움으로 이루어져야 한다. 징계하는 교회는 자신들도 그런 시험에 빠질 수 있음을 두려워하라(갈6:1).

• 작금의 한국교회 비극은 교회의 권징이 실종된 것이다.

말씀 연구

1. 교회의 정의 및 교회의 실제 의미를 말하라.

2. 교회의 속성을 말하라.

3. 교회의 세 가지 표지를 말하라.

제2장

교회와 정치

1. 교회의 직원

1) 교회의 특수 직원

(1) 사도
① 주님으로부터 직접 임명(마10:1-7, 행1:2,3, 26:15-18, 갈1:1)
② 주님 부활 목격(고전9:1, 15:7-9)

(2) 선지자
하나님의 말씀 받아 전하고 또는 교회 건덕을 위해 미래의 사건을 예언함.
초대교회 한시적으로 존재한 직분이다(행11:28, 13:1, 15:32, 엡2:20, 4:11).

(3) 전도자
사도들과 동행 협력 사역함(행21:8, 딤후4:5).
• 상기 3가지 직분은 교회 창설시에(초대교회) 한시적으로 존재한 직분

2. 보통 직원(일반적 직원)

1) 목사, 장로, 감독
위 3가지 직분은 동일한 의미로 교차적으로 사용한 동일 직분임(행11:30, 14:23, 15:2,6,22, 16:4, 20:17-18,28). 혹 장로는 나이든 연장자를 의미하고

감독은 교회 감시자로서 직무를 강조한다. '목사'는 주님의 양들을 돌보는 '목자'로 나온다. '감독'은 '감독하는 자'의 뜻으로 사용되었다. 상기의 직분들은 모두 가르치기를 잘함(빌1:1, 딤전3:8).

① 목사(엡4:11): 목양과 가르침(교사)
② 장로/감독(행14:23, 15:2, 행20:17-28, 벧전5:1-3, 딤전3:1-2), 행20:28, 딛1:7)
③ 장로(목사/감독) 직무(딤전3:4, 5, 벧전5:2, 엡4:11-12, 딤전5:17)
④ 장로 감독 목사의 자격(엡4:11,딤전3:2-7, 딛1:6-9)
　　• 제1부 목사와 장로 자격론 참조하라.
⑤ 장로와 목사는 항존직(안수로 임직 받음)

(2) 교사(엡4:11,12)

목사와 교사는 서로 다른 직분이 아니라 서로 관련 있는 동일한 의미이다.
(딤전3:2, 5:17, 딛1:9, 딤후2:2, 3:2).

(3) 집사(Deacon)로 '종'(Servant)의 의미와 봉사자(재정, 구제), 사도들 협력자) (행6:2-3, 딤전3:8-9)

　　• '팀 켈러'는 "집사 사역은 곧 자비 사역이라고 단언하고 특히 교회 공동체뿐 아니라 교회 밖의 가난한 이들을 섬기며 돌보도록 우리의 시선을 돌려야 한다"고 그의 책 『집사를 말한다』(팀 켈러)에서 밝힌다.

제3장

교회의 권세

교회의 권세는 위로부터 부여 되는 성령의 역동적인 권세이다(행20:28, 요20:22-23, 고전15:12-13, 고후10:4). 또한 그리스도로부터 부여받은 권세이다.

1. 교회 권세의 특징

1) 권세의 원천: 예수 그리스도
2) 권세의 성질: 영적 권세로 성령에 의해 부여되는 신령성(행20:28)으로 말씀 선포
3) 성례거행 및 권징 시행이 목회적 사역성을 가진다(롬10:14, 고전5:4).

2. 교회 권세의 유형

1) 교리권(교훈권)

교회는 진리를 사수하고 또한 세상을 향해 전파해야 함(딤전1:3-4, 딛1:9-11, 사3:10-11, 고후5:20, 딤전4:13). 신조 및 신앙 고백도 있어야 하고 미래의 제자와 일꾼과 사역자 훈련 한다(딤후2:3).

2) 치리권(입법권, 사법권)

교회는 진리를 보호하고 범죄를 예방하고 또한 비진리를 배격하기 위해서는 교회 치리해야 한다(고전14:33, 40, 요21:15-17, 행20:28, 벧전5:2, 마16:19,

18:18, 딛3:10).

권징의 목적은 개인영혼 보호와 교회 질서와 순결 유지를 위함(마18:15-18)
한국교회는 권징이 없으므로 결국 교회의 거룩성과 순결성이 상실되었다.

3) 봉사권(사역권)

교회는 말씀 전파, 및 전도를 함과 동시에 주님의 권세로 병도 고치고 구제를
한다.

또한 각자에게 주신 은사대로 봉사한다(마10:1, 8, 눅9:2, 10:9, 17, 고전
12:9-19, 28,30).

초대교회는 말씀(전도)과 봉사(구제)를 병행하였다(행6:1-7). 특히 가난한
자들에 대한 봉사를 하였다. 현대 교회는 사회복지 실천은 필수이다. 그러므로
교회에서는 지역사회를 아우르는 전략이 필요하다.

「교회 사회복지 실천에 대해 구체적으로 알고자 하면 필자의 저서를 참조하
라. 호태석,『교회 사회복지 실천론』, 갈릴리출판사, 2006. 참조 요망.」

3. 교회의 임무

1) 예배(요4:23, 24, 행2:42-47)

(1) 예배는 하나님의 존전에서 마음과 찬송으로 하나님을 영화롭게 하는 행위
이다.

(2) 신자의 삶 전체가 예배가 되게 하라(출7:16, 20:5, 사2:2-4, 엡1:12, 골
3:16, 계22:8,9).

(3) 예배의 초점은 하나님이어야 한다(사43:21, 요4:23, 24).

(4) 하나님을 기쁘시고 영화롭게(시27:4, 16:11, 73:25, 84:1, 행2:26, 눅
24:52,53).

2) 말씀선포와 전도(딤전3:15, 마28:19)

(1) 계시된 하나님 말씀 선포(딤후3:15-17)

(2) 하나님 말씀+복음은(롬1:16)

찰스 하지 교수는 "진정한 기독교는 성경이 많은 사람들에게 읽어지고 그 진리가 대중 속에 확산되어 가는 정도에 비례하여 번성하고, 하나님 말씀이 전파되지 않는 곳에는 구원, 성화가 존재한다는 증거가 없으며 다만 암흑의 세상만이 존재한다"고 하였다.

3) 성도 교제와 봉사(행2:46, 6:1-7)

교회 신자들은 교회 임무를 통해 신앙 향상이 있어야 한다. 그렇게 되기 위해서는 아래와 같은 실천이 필수적이다.

(1) 주일성수(예수님 부활 기념일), 예배(행2:42-47)

(2) 봉사실천(롬12:11)

(3) 전도실천(행1:8)

(4) 성경말씀 애독(딤후3:15-17)

(5) 기도 실천(살전5:17, 벧전4:7)

4. 교회 정치의 형태

1) 무교회주의: 퀘이커

2) 국가예속 형태: 공산당 내의 교회

3) 감독정치: 초기 중세교회, 영국교회, 감리교

4) 교황정치: 천주교

5) 회중정치: 침례교

6) 국가교회: 독일, 화란

7) 장로정치(대의정치): 장로회 정치는 각 지교회가 장로들을 선출하여 당회를 이룬다. 목사는 당회 장로들 중의 한 사람이다. 당회 위에 노회가 있고, 노회 위에 총회가 있다(장로교회 오해: 교회 장로가 교회 주인으로 착각하는 경우가 있음).

1. 교회 창설 직분을 말하라.

2. 교회의 권세를 말하라.

3. 교회 임무와 각 교단의 정치 형태를 말하라.

제4장
교회 은혜의 방편

1. 은혜 방편의 특징

은혜의 방편이란 하나님께서 신자들에게 더 풍성한 은혜를 주시고자 이용하시는 교회의 공동체 안에서 활용(활동)하시는 수단들을 말한다.

1) 성령께서 주도적으로 역사(행2:1-4)

2) 은혜 언약의 본질적 요소

3) 죄인들 갱신하여 칭의하는 특별 은혜의 기구

4) 교회에서 공적으로 시행되는 은혜의 방편

5) 독자적 은혜의 방편

6) 하나님 은혜의 지속적인 기구들

2. 각 교파의 은혜 방편에 대한 특이점

1) 천주교: 말씀보다 성례에 중심

　천주교 7성례: 세례, 성찬, 견진성사, 고해성사, 결혼, 종부성사, 안수

2) 루터파: 말씀에 치중

3) 신비주의자: 은혜 방편에서 벗어나 내적 광명 중시 함(은사체험...)

　말씀에서 떠난 은사는 신앙탈선 요인(광신자)

4) 정통교회(개신교): 은혜의 수단은 하나님 말씀이 원천, 은혜의 방편을 통해 특별한 은혜체험(말씀, 성례, 기도)

3. 은혜 방편의 수단

1) 하나님 말씀

말씀은 은혜의 본질이고(딤후3:15-16) 신앙생활의 유일 무일한 법칙이자 척도이다(기차: 철길).

(1) 복음

복음은 죄인들로 하여금 예수 그리스도에게로 와서 믿고 회개하도록 권고하며, 진정으로 회개하고 믿는 자에게 구원을 주신다는 내용임(롬1:16).

(2) 율법

율법은 인간으로 하여금 죄를 깨닫고 회개하게 하고 또한 우리 자신들의 무능함을 인식시키며 우리를 그리스도께로 인도하는 가정교사 역할을 한다. 율법은 신자들의 일상생활의 규정이 되며 성도들의 의무감을 환기 시키고 구원으로 인도하는 역할을 한다. 율법으로는 죄를 깨닫게 함(롬3:20, 요1:17, 롬4:15, 갈3:24, 2:16).

(3) 성도 교제와 봉사(행2:46, 6:1-7)

(4) 하나님 말씀과 성례

말씀과 성례는 신앙생활 필수이다(행2:37-41).

성례는 그리스도께서 세우신 거룩의 예식으로서 세례와 성찬을 말한다.

(5) 말씀과 성례 일치점

① 창시자 하나님　② 그리스도가 중심임　③ 신앙으로 수용하게 됨

(6) 말씀과 성례의 차이점

① 완전성: 말씀은 은혜수단으로 완전/ 성례는 미완성

② 범위: 말씀은 세계에 전파/ 성례는 신자

③ 필요성: 말씀은 절대적 필요/ 성례는 그렇지 않음

④ 효력: 말씀은 믿음 일으킴/성례는 신앙강화 요인

2) 세례

(1) 세례 의미

신앙을 고백한 신자가 믿기로 공개적으로 자백할 때 세례 시행함(소요리94문).

세례는 삼위일체 하나님의 이름으로 신자들은 죄 사함을 받고 성령을 선물로 받아 누리는 축복이다(마28:19-20, 행2:38, 19:5-6, 롬6:3-4, 골2:12). 즉 세례의 본질은 "죄를 씻어 정결케 하다"이다.

(2) 유아세례

구약의 영아 할례가 신약의 세례로 대치됨(행2:39, 골2:11-12). 고넬료 가정, 옥사장 가족의 세례는 유아세례의 근거가 됨(행16:33, 고전1:16).

그리고 유아세례 의미는 신자의 가족으로 축복에 동참함과 주의 사람이 되기로 약조하는 표시이며, 하나님의 뜻대로 양육하도록 부모에게 책임 지우는 것이다.

단 반드시 선택된 자라고는 할 수 없고, 다만 부모가 약조대로 준행할 때 큰 효과가 있다(딤후1:3-5).

3) 성찬의 의미

세례는 일생에 단 한번으로 신앙생활 출발하는 거룩한 예식이나 성찬은 신자들이 평생 주님과 지속적인 교제를 위한 예식으로 신앙생활에 큰 은혜를 주는 예식이다.

(1) 성찬예식의 역사적 배경

(성찬은 예수님이 제정하셨고 바울은 성찬의 전통을 계승하고 구약에서도 하

나님 앞에서 먹고 마셨다는 기록이 있다. 하나님께서 이스라엘 백성에게 십계명 주시기 전에 하나님은 이스라엘 지도자들을 산으로 부르셨고, 그들은 하나님 앞에서 먹고 마셨다. 이스라엘 백성들이 해마다 곡물의 십일조를 바친 후 곡식과 포도주와 기름과 가축의 첫 새끼를 하나님 앞에서 먹었다(출24:9-11, 신14:23,26).

에덴동산에서도 하나님과 교제하며 하나님께 영광 돌리기 위해서 먹은 모든 음식이 하나님 앞에서 행한 식사 예식이었다.

죄 때문에 교제가 깨어지고 난 후에도 하나님께서 하나님 앞에서 먹을 음식을 주셨다.

구약시대의 제사 음식은 죄 값이 아직 지불되지 않았음을 계속 가르쳐 주고 있다.

그러나 성찬은 죄 값이 이미 지불되었음을 회상시켜 주고 있으며 성찬은 미래에 하나님 앞에서 먹을 교제식사를 내다본 예식이다. 그 때는 다시 죄를 짓지도 않을 상황에서 더 기쁘게 식사 교제 할 것이다.

신구약 성경은 하나님은 자기 백성이 하나님과 교제하셨는데 교제의 즐거움을 나누는 것 중에 하나님 앞에서 먹고 마시는 것이 있다(히10:1-4, 마26:29, 계19:9).

(2) 성찬이 주는 깊은 뜻

① 그리스도의 죽음

성찬은 그리스도의 죽음을 상징하는데 떡 뗄 때 그리스도의 몸이 상한 것을 상징하고 마실 때 우리를 위해 흘리신 그리스도의 피를 상징한다. 성찬식에 동참할 때마다 그리스도의 죽으심을 선포한다(고전11:26).

② 그리스도의 죽음의 혜택에 참여

우리가 성찬에 동참할 때마다 그리스도의 죽으심의 혜택을 받아들인다.

③ 영적양식

물질적인 음식이 육의 양식이 되듯이 성찬이 우리의 영혼의 양식이 된다. 우리가 성찬에서 먹고 마시면서 예수님의 몸을 먹고 피를 마심으로 우리 영혼이 양식 섭취하는 것이다(눅22:19-20, 마26:27-28, 고전10:16, 11:29).

④ 신자들과의 연합

신자들이 성찬에 함께 동참함으로 서로가 하나 됨 보여줌(고전10:17).

⑤ 주님의 사랑 확인

성찬에 참여한 자들은 주님이 사랑하신다는 표시이다.

⑥ 구원의 축복이 나를 위해 준비됨을 확인함

성찬 참여는 만왕의 왕 식탁에 가족으로 참예하는 영광스런 자리다.

⑦ 주님에 대한 신앙 확인

성찬에 동참하면서 "나는 주님이 필요합니다. 나는 주님을 신뢰합니다. 내 죄를 사해 주시고 내 영혼에 생명과 건강을 주신 주님을 믿습니다."라는 고백을 확인한다.

3) 성찬에 대한 다양한 입장

구약 유월절(출12:8-10, 마26:26-29, 고전11:23-25). 초대교회(행2:42-46). 중세교회는 화체설 발전됨(천주교), 종교개혁 이후 루터(공재설), 쯔빙글리(기념설: 상징설), 칼빈(영적 임재설: 신비설). 아래와 같은 주장들이 있다.

(1) 화체설(천주교)

천주교는 떡과 포도주가 실제로 예수님의 몸과 피가 된다고 말한다. 성찬의 식을 통해서 은혜가 성찬 참여자들에게 전달된다는 것이다. 미사를 할 때마다 그리스도의 제사가 반복된다는 것인가? 그것이 그리스도가 십자가에 드리신

　　　　　　　　　　　　　　　　

제사와는 같지 않아도 실제의 제사라는 것이다.

(비평)

① 천주교는 상징적 의미를 모르고 있다.

"나는 참 포도나무, 나는 양의 문이다. 나는 하늘에서 내려온 떡이다"라는 상징처럼 성찬에서 내 몸! 내 피!는 상징적 의미이다.

최후의 만찬에서 "이것이 내 몸이다."라고 하실 때에 자신의 몸은 따로 있고 상징적으로 그렇게 말씀 하셨다는 것은 제자들도 다 알고 있다(요15:1, 요6:41, 요10:9, 눅22:20).

② 주님의 십자가 죽으심은 우리를 위한 단회적 최종적 완전한 제사임을 모른다.

천주교의 미사가 예수님이 드린 제사를 반복하는 것으로 보는 것은 구약의 반복적인 제사로 회귀하는 것인데, 그리스도의 속죄 사역은 단회적 단번에 성취된 것이다(히9:25-28, 요19:30, 히10:3,12).

③ 성찬은 하나님을 위한 제사가 아니라 신자들을 위한 영적 양식이다.

이스라엘이 출애굽 하여 광야의 만나를 먹고 반석에서 나오는 물을 마시므로 광야를 통과한 것처럼, 신자도 구원 받은 후 광야 같은 이 세상에서 믿음 사수 위해 계속적으로 하나님 은혜를 받아야 한다(요6:55-56).

(2) 공재설(루터파)

루터는 천주교 화체설을 비판하면서 문자적인 의미를 인정했다.

"이것은 내 몸이다"고 하신 예수님의 몸이 성찬의 떡 안에, 함께, 밑에 실제로 있다는 것이다. 물은 스폰지가 아니지만 스폰지 속에 있는 것처럼, 그리스도의 몸이 성찬의 떡 "안에, 함께, 밑에" 있다는 것이다.

(비평)

① 루터는 신인 양성 속성 교류를 주장한다.

② 예수님의 신체적인 몸은 하늘에 계신데 예수님은 성찬에 물리적인 물체로 오신다는 것(떡과 피)(고전10:16, 요1628, 17:11, 눅22:20).

(3) 기념설: 쯔빙글리는 성찬이 그리스도의 죽음을 기념식으로 생각한다.

(4) 상징설/영적 임재설(개혁주의 입장)

성찬의 떡과 포도주는 그리스도의 몸과 피를 실제로 가지고 있는 것이 아니라, 그리스도의 몸과 피를 상징하고 그리스도께서 영적으로 임재한다는 것이다.

개혁주의 신학자 찰스 하지 "성찬식에 그리스도의 몸과 피가 능력으로 임한다. 이는 마치 태양이 하늘에 있으면 땅에 태양의 빛과 열이 임하는 것과 같다. 그리스도의 능력이 성찬에 참여하는 자들에게 임한다"고 하였다(고전11:23-26).

(성찬에 대한 교훈)

① 성찬식은 예수님의 명령(고전11:23-26) "이것을 행하여" 두 번 나옴.
② 주님의 구속사역을 기념하라(고전11:24-25)
③ 성찬은 주님의 죽으심 전파(고전11:26)

4) 성찬의 효능

성찬은 말씀의 은혜 위에 은혜의 분량을 풍성하게 하고, 성례는 영혼에 새 생명의 원소를 강화한다.

5) 성찬 참여자의 주의

(1) 죄 회개(고전11:28)
(2) 자신의 믿음 점검(고후13:5)
(3) 양심 깨끗할 것(시26:2, 139:23)

6) 기도

신앙생활에서 기도는 절대적이다. 그래서 기도는 영혼의 호흡이라고 하고 또는 찬양은 곡조 있는 기도라고 한다.

(1) 기도하는 이유

　　① 하나님의 요구(사40:31, 렘33:1-3)

　　② 주님의 명령(마7:7-9)

　　③ 문제 해결(빌4:6-7)

　　④ 하나님의 뜻 성취(마6:10, 26:39, 요15:7, 요일5:14)

　　⑤ 역전의 인생체험(대상4:10)

(2) 기도 태도

　　① 찬양 감사 마음(마6:9, 빌4:6-7, 골4:2)

　　② 죄 회개(눅18:13-14)

　　③ 겸손(약4:6,10, 벧전5:5, 눅18:14)

　　④ 믿음으로(막11:24)

　　⑤ 간구의 마음(잠8:18, 눅22:44, 히5:7)

　　⑥ 강청의 기도(눅11:5-13)

　　⑦ 금식기도(사58:6-12, 느1:4, 에4:3, 단9:3, 눅2:37, 행13:2-3, 14:23)

　　⑧ 철야기도(창32:24-32)

　　⑨ 의심 버림(약1:6-8)

　　⑩ 예수이름(요14:13, 마6:9, 유20)

　　⑪ 정욕으로 구하지 말라(약4:2)

(3) 기도응답 유형

　　① 즉시 응답(왕상3:10-12)

　　② 부정적 응답(고후12:7-10)

　　③ 대기 응답(기다림)(시37:7)

④ 무응답

• 신자들 기도생활은 3기 실천임(기도+기대+기다림)

1. 은혜 방편의 특성은 무엇인가?

2. 은혜방편의 수단에 대하여 말하라(기도).

3. 기도응답의 유형을 말하라.

제5장

예배

1. 예배의 의미

예배는 하나님의 존전에서 신령과 진정으로 하나님을 영화롭게 하는 거룩한 행위이다. 예배는 예배자가 전인적으로(몸, 마음, 뜻, 목숨) 하나님을 영화롭게 하는 행위로서 우리의 삶의 전체가 예배가 되어야 한다.

1) 구약

하나님께 대한 봉사로서 하나님의 선민이 하나님께 예배를 통해 하나님을 영화롭게 하는 것이다(출4:31, 출7:16, 20:1-2, 34:14, 24:1, 33:8, 대하7:3, 20:18, 29:29, 느8:6, 사48:11).

2) 신약

하나님 경배, 섬김(마4:10, 눅1:46, 롬12:1, 고전3:16, 골3:16, 엡1:12, 계4:11, 22:8-9, 벧전4:11). 또한 위로는 하나님과 영적교제, 아래로는 신자와 신자의 친교이다(행2:43-47, 요4:23-24, 고전10:31).

2. 예배의 요소

1) 말씀(느8:1-18, 롬8:32-33, 행16:31)
2) 신앙고백(마16:16: 사도신경)
3) 찬송(행2:44-45, 골3:16, 시69:30-31)

4) 기도(왕상3:1-10, 행16:25)

5) 헌금(고후8:2)

6) 교제(히10:25)

3. 예배자의 자세

예배는 그리스도의 피와 성령의 임재 속에서 신자의 경건한 마음(히12:28-29)

1) 참회와 용서(시95:6)

2) 감사의 고백(시100편)

3) 희생과 헌신(롬12:1-2)

4) 봉사(충성) 삶(롬12:3-13, 고전12:7-11)

5) 윤리적 삶(롬12:14-20)

4. 참된 예배의 결과

1) 하나님 기뻐하심(시16:1, 사43:21, 벧전4:11, 요4:23-24, 계5:12)

2) 하나님께서 우리를 기쁘게 하심(창1:31, 삼상2:30, 사62:3-5, 습3:17)

3) 하나님께 당당히 나아감(히9:1-7, 10:19-22, 12:18-29)

4) 하나님의 임재(사6:1-6, 대하5:13-14, 시22:3)

5) 우리를 돌보아 주심(고전14:26, 골3:16, 엡5:19, 히10:24-25, 벧전2:5, 고후3:18, 히4:16)

6) 적군으로부터 지키심(삼상7:5-14, 대하20:21-22)

7) 불신자들도 하나님의 임재를 느끼게 됨(행2:11, 고전14:23-25)

「신자는 하나님이 기뻐하시는 참된 예배를 어떻게 드려야 할지 거룩한 고민을 해야 한다. 즉 신자는 참된 예배다운 예배를 드리는 방법을 찾고 노력하고 힘써야 하고 준비해야 한다. "예배는 궁극적으로 영적인 활동이라" 성령의 능력으로 드릴 수 있다. 우리는 성령께서 우리 속에서 예배를 바르게 드릴 수 있는 능력을 주시도록 기도해야 한다. 특히 '영'과 '진리'로 예배드린다고 할 때 '영으로' 드린다는 것은 '성령안에서' 드린다는 것이 아니라, '영적인 영역에서' 드린다는 것이다. 참된 예배는 우리의 육체뿐 아니라 우리의 영혼이 들어가야 한다는 뜻이다. 하나님은 영적 영역에서 하나님을 예배하는 자들을 찾고 계신다. 이런 예배는 선택이 아니라 필수이다. 우리는 반드시 '영과 진리로' 예배 드려야 한다"고 말함(권성수)」

말씀 연구

1. 참된 예배의 의미를 말하라.
2. 예배의 요소와 태도를 말하라.
3. 요4:23-24에 대한 신령과 진정의 의미를 말하라.

제6장

성령의 역사

제1절 일반적인 영적 은사

영적인 은사는 신앙생활과 사역에 필요에 따라서 성령께서 주신 은사(능력)를 말한다.

그러므로 성령의 영적 은사는 모든 신자들에게 필수적인 은사이다. 특히 말세에는 성령께서 "말세에 내가 내 영으로 모든 육체에게 부어 주리니 너희 자녀들은 예언할 것이요 너희 젊은이들은 환상을 보고 너희 늙은이들은 꿈을 꾸리라"(욜2:28) 약속해 주셨다.

그 약속의 실현은 곧 오순절 성령강림 역사이다(행2:1-5, 행1:8, 롬12:6-8, 고전12:8-10, 28).

또한 각 사람에게 성령은사 주심은 유익하고 덕을 세우기 위함이라고 했다(고전12:26).

1. 구약시대 영적 은사(성령역사)

구약시대 성령역사는 모세, 사무엘, 다윗, 엘리야, 엘리사 등 소수에 제한적이었다.

그러나 한편 하나님의 모든 백성들에게 성령이 임할 것 예언해 주었다(민11:29, 욜2:28, 마3:11).

2. 신약시대 영적 은사(성령역사)

신약시대 영적 은사는 모든 믿는 자들에게 허락해 주신다(보편성).

성령의 은사는 그리스도가 재림할 때까지 교회에 지속적으로 부어 주신다.

즉 교회가 능력 있게 복음 전하고 하나님의 나라 확장하고 나가도록 절대적으로 필요한 은사이자 능력을 주시기로 약속하였다(행1:8, 2:33, 고후1:22).

특히 예수님의 사역은 곧 성령 충만과 성령의 능력으로 출발하였다. 그래서 사탄의 왕국을 점령하였고 악령을 쫓아 내셨다(눅4:14, 마12:28, 요일3:8).

그리고 12제자들도 오순절 성령 충만 역사로 초대교회는 능력의 역사가 있었다(마10:7,8, 눅10:1-12, 행1:4, 5:32-35).

초대교회시대 성령은사는 교회의 복음 전도에 절대적인 영향을 주었다.
1) 사역에 필수 은사 (고전12:28)
2) 신앙생활에 필수 은사(고전12:8-10)
3) 교육 사역에 필수 은사(엡4:11)
4) 봉사에 필수 은사(롬12:6-8)
5) 전도에 필수 은사(행2:37-41, 4:4)

제2절 영적 은사 이해

1. 영적 은사 영속성 문제

은사는 성령의 주권 역사인데 주신 은사를 거두어 가실 경우도 있다. 또한 은사들은 현세에만 필요한 것이기 때문에 은사는 영속적이지 않다(고전12:11). 또한 은사는 사라질 수 있지만 사랑은 영원하다(고전13:8-13).

그리고 영적 은사의 가치는 복음 전도와 봉사이다(벧전4:10, 빌3:3, 4:13).

2. 특별한 영적 은사 유형

1) 예언

신약의 예언은 어떤 미래적인 사건보다는 개인적 심령과 혹은 죄를 지적하고 격려하고 위로도 한다(행11:28, 21:11, 고전14:1-4, 39). 그리고 예언을 성경보다 더 신뢰하지 않도록 조심해야 한다. 혹 예언은 주관적일 수 있기 때문이다. 또한 예언은 하나님 말씀이 완성된 이후 개인적 예언은 의미가 없다. 진정한 예언은 하나님 말씀 믿고 순종하도록 안내 하는 것이다.

• 진정한 예언은 하나님 말씀이다.

2) 가르침(교육)

가르치는 은사는 성경을 설명하고 생활에 적용하는 능력을 부여하는 것이다.

가르치는 은사는 예나 지금이나 어디서든지 필수적이다(행15:35, 18:11, 히5:12, 딤후2:2, 3:16, 살후2:15, 딤전4:2, 딤4:11). 더구나 진리의 부정과 왜곡의 시대가 되어서 복음의 본질을 잘 가르쳐야 이단에 빠지는 것을 방지할 수 있다.

3) 기적

기적은 교회 시대에 복음을 능력 있게 전파하고 진리를 확증하고 하나님의 긍휼과 사랑을 드러내 하나님을 영화롭게 하려는 목적이다. 특히 하나님의 능력을 드러내는 것으로 하나님의 실존을 보여주는 기회이다(행5:19, 20, 행12:6-11, 왕상17:1-16). 또한 기적은 하나님 역사와 능력을 보여주는 기회가 된다(행16:18, 눅10:17).

예수님 공생애 시작\하실 때 가나 혼인잔치 집 '물로 포도주' 만든 기적을 행하셨다(요2:1-10).

4) 병 고침(신유)

예수님께서 십자가에 죽으심으로써 먼저 우리의 죄를 속량해 주시므로 영적

치유가 이루어졌고, 또한 우리의 질병까지 짊어지고 죽으심으로 육신의 질병도 치유된 줄 믿는다(사53:4-5, 벧전2:24, 마8:16,17).

예수님의 십자가 죽으심으로 우리 죄와 육체의 질병까지 완전히 해결되고 치유되었다. 가장 중요한 것은 그 사실을 믿을 때 역사가 일어난다(눅4:40, 8:48, 마15:28, 약5:15).

특히 예수님도 전도 하시고 가르치고 병을 고치시는 3대 사역을 실천하셨다(마4:23-25).

또한 예수님 제자들도 치유 사역으로 복음 확장하였다(행3:1-10).

그리고 교인 중 신유은사 있으면 교회에서 치유 사역을 하도록 장려해 주면 전도에 큰 효과가 있다.

(한국교회 70-80년 대: 현신애 권사 치유사역 함) •치유은사(병 고침)는 복음전도 및 부흥회에 큰 은혜의 수단이 된다(필자가 첫 부흥회 중 치유역사의 소문으로 부흥회를 30년 다니게 된 동기가 되었다).

치유 은사는 치유를 통해 상대방의 성화를 이루어 가기도 하나 또는 질병이 치유되지 않아도 그 상태에서 성화를 이루어 간다. 사도 바울은 '육체의 가시' 치유되지 않았지만 오히려 하나님은 바울의 질병 '가시'로 하여금 바울이 자고하지 않고 겸손하게 일하는 동기가 되도록 하였다(고후12:7-9, 딤전5:23, 약1:2-4).

5) 방언과 통역

오순절에 성령 충만이 임하자 제자들이 방언을 하고 또한 대중들이 베드로의 설교를 자국 말로 알아들었다. 오순절 성령 방언이 만민에게 가서 만민이 그리스도를 통해서 구원받게 하려는 하나님의 뜻이 방언을 통해서 상징적으로 나타났다(행2:4,11).

방언이란 무엇인가? "방언이란 화자가 이해하지 못하는 언어로 하는 말이다. 방언은 기도나 찬양이나 권면으로 나타난다. 방언은 통역하기 전에는 화자가 이해하지 못하고 인간 언어로 될 경우 청자 중 알아들을 수 있는 사람도 있겠지만 아무도 알아듣지 못하는 언어로 나타나기도 한다(고전14:2-19). 특히 방언을 비판하는 자들은 '액스타시(황홀함)'상태에서 하는 줄로 착각하는데 이는 아니다. 방언하는 사람은 자신을 통제하고 절제하기도 한다" 권성수 교수(전 총신대 교수)는 방언에 대해 긍정적으로 말하고 있다.

그리고 방언의 유익은(고전14:21-23, 27-28) 혼자 기도할 때 은혜가 되는데 하나님과 영으로 1:1로 깊은 기도를 할 수 있기 때문이다. 타인이 있을 경우는 반드시 통역자 있을 때만 하라. 그 이유는 방언을 이해 못하는 사람들은 방언을 오해하기 때문이다. 즉 방언의 가치를 모르기 때문이다(고전14:4,5).

(1) 방언은사에 대한 찬반 두 가지가 있다

① 방언 찬성파(고전14:12, 18)

성경에는 방언으로 말하는 것 금지한 경우가 있다. 또한 현재도 교회 안에는 방언 은사가 임하므로 방언하는 신자들도 많다. 방언은 성령께서 주시는 은사로 거부할 의미가 없다. 그러므로 성령의 은사와 능력을 제한시키면 안 된다. 방언 은사는 개인 신앙생활에 많은 유익을 주고 있으며 장시간 기도 하는데 대단히 좋은 은사이다. 오히려 지금 시대는 성령의 능력이 더욱 절실한 시대가 되었다(엡5:18).

② 방언 반대파(고전13:8-18)

소위 은사 중지론자들이다. 성경과 성령을 제대로 알지 못하는 자들이 흔히 방언 은사를 비판한다. 바리새인들이 예수님의 사역을 비판하였듯이 성령은사(방언)를 비판하는 것은 성령님을 무시하는 행위이다(살전5:19). 신학은 학문이 아니고 전부가 성령 역사이다(고전2:10-14). 아마도 예수님 재림하는 때는 부분적인 것들이 폐하여진다고 말씀하였기에 방언을 부정하는데, 아직은 주님 재림 이루어지지 않았으니 성경 말씀을 속단하지 말라.

제3절 영적 은사 활용 결과

1. 신앙생활 강화

1) 믿음의 확신(롬1:11)

2) 기쁨이 증가(행5:14, 6:15, 롬14:17)

3) 주님 일에 담대함(행4:19-20, 빌4:13)

4) 주의 일에 적극적(열심)(롬12:11)

5) 사역(봉사) 효과 극대화(빌3:3)

6) 본인 신앙과 교회 부흥 체험(행2:43-46)

7) 타인 유익 주며 섬김(고전10:33)

8) 은사 확인과 점검도 필요하다(요일4:1)

9) 교회 일할 때 마음이 즐거운 것은 은사 확인하라(벧전4:10)

10) 성령열매 맺는다(갈5:22-23)

2. 영적 은사(성령 은사) 체험 비결

1) 하나님 약속을 믿으라(욜2:28)

2) 주님 약속 믿고 기다려라(행1:8, 눅24:49)

3) 사도들의 약속 증언 믿으라(행2:38)

4) 사모하라(행1:4-5, 2:1-4)

5) 말씀 듣고 순종(행10:44-48)

6) 믿고 기도하라(행1:14, 막11:23-24)

7) 안수(행8:16-17, 19:1-7)

> **말씀 연구**

1. 성령은사란 무엇인가?

2. 은사의 유형을 말하라.

3. 당신은 어떤 은사를 받았다고 하는가?

- 성령은사에 대해 더 알고자 하면 필자 저서: 『개혁주의 성령론』, 기독신문사 발행 참고하라.

제7권
종말론

제1장
종말의 유형

제1절 개인적 종말(죽음)

종말론은 개인적 종말론과 일반적 종말론으로 구분된다. 개인적 종말은 육체의 죽음부터 부활시까지, 일반적 종말은 그리스도 재림부터 새 하늘과 새 땅 그리고 영원한 천년왕국을 말한다.

1. 육체의 죽음

영혼이 육체로부터 분리(전12:7, 눅9:31, 23:46, 요13:37, 행7:59)

2. 영적인 죽음

인간이 하나님으로부터 분리되는 것(롬5:12, 6:23, 엡2:1-5).

3. 영원한 죽음

영혼이 하나님으로부터 영원한 추방과 최종적 고통이다(마10:28, 계20:15).

제2절 신자에게 죽음의 가치

1. 신자 죽음의 의미

1) 새로운 영적세계 천국입성(눅16:22)
2) 신자의 죽음은 형벌 아님(롬8:1-2)
3) 훈련, 징계, 영화 과정(히12:6, 롬8:30)
4) 영원한 삶의 시작(행7:54-60)
5) 영원한 복된 삶 출발(행7:54-60, 히11장, 계14:13, 20:6)
6) 이 땅 모든 수고 종결(고후5:1)
7) 영광스런 부활 동참(고전15장)

2. 죽음 맞이하는 신자의 자세

1) 죽음을 두려워 말라(고후5:1)
2) 내세의 소망(계21:4)
3) 남은 생애 사명 완수(엡5:16, 고전4:1, 계2:10)

제3절 영혼 불멸설

1. 구약성경 증언

(창1:28, 2:9, 17, 전3:11, 시73:24-25, 16:10, 49:14-15, 단12:2, 출3:6, 욥19:26, 시16:10, 17:15)

2. 신약성경 증언

(마10:28, 눅23:43, 요11:25, 요14:3, 눅16:22, 마13:43, 마25:34, 11:24,
롬8:8, 12, 눅16:22-23, 요5:25, 고후5:10, 요5:29, 살전4:16, 빌3:21, 행24:15,
계20:12, 21:4, 22:3-4)

제4절 영생에 대한 증언

1. 구약의 증언

1) 인간 하나님 형상 입음(창2:17)

2) 스올의 교리(눅16:23)

3) 사후 하나님 교제(욥19:25)

4) 죽은 자 부활(사26:19)

5) 별세의 묘사(창5:24)

2. 신약의 증언

1) 그리스도의 부활 동참(고전15장)

2) 영혼 존재(마10:28, 고후5:1)

3) 천국의 생활(마13:43)

4) 죽음과 부활은 영생으로 돌입 길(빌3:21)

말씀 연구

1. 죽음의 유형을 말하라.

2. 신자의 죽음에 대한 가치는 무엇인가?

3. 영혼 불멸설과 영생에 대해 말하라.

제2장

중간기 상태의 교리

제1절 중간기 상태

인간의 육체적인 죽음(사망)으로부터 그리스도의 재림에 의한 부활의 몸을 입기까지의 중간기 상태를 말한다.

1. 기독교 입장

종교 개혁자들은 천주교의 연옥설을 부정하며 주 안에서 죽은 자들은 천국에 가서 영생복락을 누리지만 구원받지 못하고 죄 속에 죽은 자들은(불신자들) 지옥에 떨어진다고 한다(성경).

1) 의인의 죽음: 즉시 천국

(1) 의인의 죽음은 안식의 생활이 시작되고 하나님을 곁에서 잘 섬기고 세상의 시험은 없다(눅16:22).

(2) 천국에 있다가 신체 부활의 상급을 누린다.

「웨스트민스터 신앙고백 "신자들의 육체는 사망 후에 흙으로 돌아가지만 그들의 영혼은 사망하거나 수면하는 것이 아니라 불멸적인 존재로서 즉시 창조주인 하나님께로 돌아간다" 함」. (창3:19, 눅23:43, 고후5:8, 12:4, 빌1:23, 눅16:19-31, 살전4:14)

2) 악인의 죽음: 즉시 지옥

(1) 악인은 죽음과 동시에 형벌을 받고 또한 하나님의 심판에 의한 형벌의 영구화를 앞두고 있는 고통의 상태이다(눅16:23).

(2) 천국과 지옥의 대기 장소에 대한 성경적 근거 없다.

「웨스트민스터신앙고백 "불신자의 영혼은 지옥에 떨어져 고통과 완전한 흑암 속에서 대심판의 날을 기다리고, 또한 육체와 분리된 영혼들은 또한 두 장소 곧 천국과 지옥 외는 성경에 기록 된 다른 곳은 없다"고 한다(눅16:23, 벧전2:9)」.

3) 중간 상태로서의 '스올'과 '하데스' 개념 이해

구약성경에 자주 나오는 '음부' '스올'(욘2:2)은 '히브리어' 동사인 스올(Sheol, 묘지)로부터 유래된 것이며 이것은 70인 역본에서 헬라어인 '하데스(Hades)'로 번역되었다. '하데스'는 다시 '음부'나 '지옥'으로 번역되었으며 두 단어 '스올'과 '하데스'는 동의어이므로 결국 '음부'나 혹은 '지옥'의 의미를 내포하고 있다(욘2:2, 잠15:24, 호13:14, 시49:15, 계20:13, 잠23:14).

• 시9:17(형벌의 장소), 눅16:23(형벌의 장소), 삼상2:6(죽음의 상태 묘사)

(1) 음부에 대한 설명은 다음과 같다.

　① 죽음상태

'음부'라는 말은 성경에서 항상 처소만을 지시함이 아니고 신체와 영혼의 분리된 추상적 의미로도 사용된다.

　② 지옥/무덤

음부가 문자적으로 진정한 처소를 지시하는 때에 이것은 일반적으로 '지옥' 혹은 '무덤'을 의미한다.

(2) 낙원에 대한 설명

　① 천국을 말함(눅23:43-46, 히9:24)

　② 바울이 계시 받은 곳(고후12:2-7)

③ 생명나무가 있는 곳(계2:7, 22:1-2)

2. 천주교의 중간기-비성경적

1) 연옥설
완전히 성화되지 못한 영혼이 거처하는 곳이다. 천국에 들어가기에 합당하도록 정화의 과정을 거치는 곳이다. 친구나 친척의 기도로 이곳에 있는 기간이 단축될 수 있다고 한다(신자들이 조심할 것은 죽은 자들에 대한 기도는 의미없다는 것이다-영적인 영역).

2) 지옥
세례 받지 못한 장년들과 세례는 받았으나 그 은혜를 잃어버린 자들과 교회에 화목하지 못한 자들이 가는 곳이다.

3) 림보
천주교의 신학 중 '림보'라고 하는 아무런 죄과도 없는 자들의 영혼이 천국에 들어가지 못하고 지옥 주변에 살고 있는 곳이다.

(1) 선조림보
그리스도께서 부활하실 때까지 구약의 성도들의 영혼이 유치되어 있던 곳이다. 그리스도께서 죽으신 후 이곳에 오셔서 이들을 해방시켜 주시므로 그들이 천국에 올라갔다고 한다(비성경적).

(2) 영아림보
세례 받지 못한 모든 아이들의 영혼이 거처하는 처소이다. 이들에게는 적극적 형벌이 없으나 천국의 축복에는 제외되므로 아무런 소망 없다고 한다.

(3) 천주교의 연옥설과 림보설 비평

　① 연옥설

　　A. 예수님의 대속교리 부족하다는 논리(히7:27)

　　B. 믿음으로 의에 이른다는 성경 위배(롬3:28)

　　C. 자신의 선행공로를 타인에게 선사한다는 사상

　　D. 교회가 내세의 고난을 경감, 종결시킨다는 사상

　② 림보

　　A. 성경에 '림보' 용어 자체가 없다.

　　B. 벧전3:18-20은 그리스도의 복음이 구약 시대에도 전파되었는데 불순
　　　　종하여 구원 받은 숫자가 적다는 뜻.

　　C. 죽은 영아들에 대한 상상과 동정의 산물

　　D. 세례 중생설의 오류에서 나온 것으로 세례 받지 못하면 천국에 갈 수
　　　　없다는 주장을 합리화하기 위함(요3:3-5)

3. 기타 교리

(1) 영혼 수면설

사후 영혼은 의식을 갖고 활동적이다. 그러나 비성경적 입장을 취하는 자들
은 신체의 부활까지 무의식적 수면 상태에 있다가 신체 부활 후 심판 악인멸절
(여호와증인, 안식교)(마9:24, 행7:59-60, 고전15:51, 살전4:13, 고후5:8, 눅
16:23).

(2) 영혼 소멸설

본래 인간은 영생하도록 창조되었으나 죄 가운데 죽은 영혼은 영생을 박탈당
하고 소멸된다는 주장(눅16:23, 마25:46, 롬2:9, 계14:11)

(3) 조건부 불멸설

그리스도 안에 있는 자들은 특별히 영생을 은사로 주지만 그리스도를 믿지 않은 영혼은 필경 스스로 죽거나 의식을 전부 상실한다는 주장(눅16:23-28, 딤전6:16)

(4) 제2의 시련

죄인이 죽은 뒤에도 시련을 당하며 회개하고 그리스도를 영접할 기회를 준다는 주장이다.

(오리겐) 비성경적인 증거(창7:16, 방주문 닫음, 마25:10 문 닫힘)

말씀 연구

1. 개신교회의 중간기와 의인과 악인의 죽음 상태를 말하라.
2. 낙원에 대하여 말하라.
3. 천주교의 중간기 주장에 대해 말하라(비성경적).

제3장

일반적(역사적) 종말

제1절 그리스도의 강림

1. 그리스도의 재림

1) 재림의 확증
(1) 예수님 자신이 증거(마24:29-30, 25:31, 26:64, 요14:3, 눅21:27)

(2) 주님 제자들 증거(살전4:15-18, 계1:7)

(3) 천사들의 증거(행1:11)

2) 재림의 징조와 사건들(마24:1-14)
(1) 천국복음이 만국에 전파(마24:14, 롬11:25-26, 막13:10)

(2) 이스라엘 회심(슥12:10, 고후3:15, 16, 롬11:25, 26)

(3) 대환란 예고(마24:21-22, 29-30, 막13:7-8, 눅21:25)

(4) 거짓 선지자 표적과 기사로 신자 미혹(마24:24, 막13:22, 살후2:8-12)

(5) 하늘의 징조(막13:24-25, 눅21:25, 마24:30)

(6) 이방인의 부르심(마24:14, 막13:10, 롬11:25)

2. 그리스도 재림의 중요성

1) 신구약 성경에서 말함(욥19:25, 단7:13, 슥14:4, 말3:1)

예수님 재림에 대한 교리 300회 이상 말한다.

2) 성경 해석 열쇠이다(골3:4, 고전11:26)

3) 교회의 최후 소망(마24:14, 요일3:2, 벧전1:3, 벧후3:14, 고전15:20, 행23:6, 갈5:5, 딛2:13)

(4) 신자들에게 영적 각성을 줌(요일3:3, 마24:44, 막13:35, 요일2:28, 히10:37-38, 약5:8, 살후1:7-9, 살전4:16-17)

(5) 신자들에게 영적으로 깨어 거룩한 삶 요구(롬13:14)

(6) 청지기 사명 완수 촉진제 역할(벧전4:7-11, 고전4:1, 계2:10)

3. 그리스도 재림의 시기

1) 대환란 전 재림설

이중재림(공중, 성도부활, 대환란, 지상, 순교자 부활, 천년기, 심판대상자 부활)을 주장한다.

2) 대환란 후 재림설: 단일재림

재림의 시기는 오직 하나님만이 아신다(마25:13, 막13:32-33, 눅12:40).

4. 그리스도 재림의 양식(형식)

1) 인격적 재림: 그리스도께서 인격적으로 임하심(행1:11, 3:20-21, 마24:44, 고전15:23, 빌3:20, 골3:4, 살전2:19, 3:13, 4:15-17, 딤후4:8, 딛2:13, 히9:28).

2) 가견적 재림: 각 사람 확인됨(눅21:27, 24:30, 마26:64, 막13:26, 히9:28, 계1:7)

3) 영광의 승리자 모습(마24:30, 살후1:7, 살전4:16, 살후1:10, 계19:11-16).

4) 돌발적(홀연히) 재림(마24:37, 44, 25:1-12, 막13:33, 37, 살전5:2)

5) 육체적 재림(행1:11)

6) 세상의 최후 심판 주(마25:31-34)

5. 그리스도 재림의 목적

1) 주님 자신을 계시 위함(행1:1, 마24:30)
2) 거짓 선지자 심판(계16:13-16, 19:20, 20:10)
3) 이스라엘 백성 구원 위함(롬11:1-27, 히8:8)
4) 만민심판(마13:49, 계20:12-14, 21:3-4)
5) 새 하늘 새 땅 준비 됨(벧후3:10-13, 유1:14, 계22:12)

말씀 연구

1. 주님 재림의 확실성과 증거는 어떤 것인가?
2. 재림의 시기와 양식(형태)을 말하라.
3. 재림의 목적을 보면서 당신의 각오를 말해보라.

제2절 죽은 자들의 부활

1. 부활의 의의

성경은 그리스도께서 재림하실 때 죽은 자들이 부활할 것이라고 말하고 있다. 부활은 신자들에게 큰 소망이 된다. 그것은 사망 권세로부터 해방되어 영생 복락을 누리게 되기 때문이다. 즉 부활은 전능하신 하나님의 권능으로 무덤에 매장된 육체가 영혼과 연합되어 썩지 않고 변화된 영화로운 몸으로 다시 사는 것이다(고전6:15, 15:22-23,53, 롬8:11, 살전4:16-17, 빌3:21, 요5:28-29).

2. 부활의 성경적 증거

1) 구약

신자들이 사망에서 부활될 것을 직접적으로 약속하고 구원하실 것을 시사하고 있다(출3:6, 욥19:25-27, 사26:19, 단12:2, 겔37:12, 시16:9-11, 17:15, 49:15, 잠23:14).

2) 신약

예수님은 친히 부활하셨고 또한 죽은 자도 살려 주었다(마22:23-33, 요5:25-29, 6:39-44, 11:24-24, 14:3, 17:24, 롬8:11, 고전15장, 행24:15, 빌3:11, 살전4:13-17, 계20:13).

3. 부활의 특성

1) 육체적 부활(롬8:11, 23, 고전6:13-20, 고전15장)
2) 의인과 악인의 부활(요5:28-29, 행24:15, 단12:2)
3) 의인의 부활은 영광스런 구원과 영화이며 악인들에게는 영원한 극형의 심판이 대기하고 있다. • 안식교, 여호와증인은 부활을 부정하고 악인은 전적으로 멸절한다고 주장한다.

4. 부활의 성격

(1) 전능하신 삼위일체 하나님의 역사(고전15:57)
(2) 변화되고 신령한 몸으로 살리심(롬8:11)
(3) 의인과 악인들 전체 부활(요5:28-29)
(4) 그리스도 부활의 결과(고전15:13-22)

5. 부활의 시기

1) 재림 때 의인과 악인 부활(단12:2, 요5:28-29, 계20:13-15)

2) 부활과 동시에 심판(요5:21-29, 살후1:7-10)

3) 신자 부활 결과(마25:34, 사26:19, 눅14:14, 요11:25)

4) 악인 부활 결과(마25:41, 계20:15, 요5:29, 단12:2)

5) 재림은 부활 심판(요5:28-29, 6:39-45)

이중 부활론 논리의 비성경적 증거(전천년설자들 주장)

의인과 악인의 부활 사이에 천년 동안의 간격이 있다고 주장하는데 다음의 세 성구는 반박한다(고전15:23-24, 살전4:16, 계20:4-5).

말씀 연구

1. 죽은 자들의 부활은 어떤 부활인지 말하라.

2. 죽은 자들의 부활 성격을 말하라.

3. 죽은 자들의 부활 시기는 언제인가?

제4장

천년왕국

천년왕국은 요한계시록20:1-10에 나온다. 교회의 역사를 통해 보면 천년왕국에 대하여 일반적으로 4가지 견해들이 있다.

제1절 천년왕국의 4가지 견해

1. 무천년설

1) 주장:

미래의 천년왕국은 없다. 지금 교회 시대가 천년왕국이다. 교회 시대에 천년왕국이 있고 그 후에 신자와 불신자 부활과 심판 그 후에 영원한 상태가 있다.

계시록 20장의 천년왕국은 교회시대에 열방에 대한 사탄의 역사는 약화되어서 복음이 전 세계에 전해질 수 있다. 그리스도와 함께 천년 동안 다스린다는 말은 지상에서 육체적으로 다스린다는 말이 아니라, 천상에서 영적으로 다스린다는 말이다. "하늘과 땅의 모든 권세를 내게 주셨다"는 말씀(마28:18)대로 그리스도인들이 천국에서 그리스도와 함께 영적으로 다스리는 것이다. 천년이란 것은 긴 기간을 가리킬 뿐이다(계20:1-6, 마28:18). 현재의 천년왕국(교회시대)은 예수님의 재림기까지 계속된다.

예수님이 재림하시면 신자와 불신자의 부활이 있다. 신자들의 부활은 몸과 영혼이 결합하여 영원한 천국에 들어가고 불신자들도 몸과 영혼이 결합하여 최후의 심판과 영원한 정죄를 당한다. 신자들은 그리스도의 심판대 앞에 서지만 (고후5:10) 이는 천국의 상급의 등급만 결정하기 위한 것이다. 그리고 예수님의 재림시에 새 하늘과 새 땅이 시작될 것이다. 최후 심판 후에 영원한 상태가 시작되어 영원히 계속될 것이다.

2) 논의

사탄의 결박은 예수님의 지상 사역으로 이루어졌다(마12:28,29, 눅10:1-6).

사탄 결박의 목적은 열방을 더 이상 속이지 못하게 하는 것인데 이것이 예수님이 유대인들에게 먼저 복음을 전할 때와 오순절 후에 열방에 전할 때 이루어졌다. 교회의 존재와 세계선교 활동은 사탄이 구약에 비해 묶여 있다는 것을 보여 준다(계20:4). 영혼들은 살아서 천년 동안 그리스도와 함께 다스리는 것은 천상에서 일어난 일이다.

부활했다는 것이 아니라 그저 살아나서라는 것 혹은 그리스도 존전에 천상적 존재로 들어간다는 면에서 살아나서라는 것이다. 5절의 첫째 부활은 주님과 함께 동거하기 위해 천국 가는 것이다(육체적 부활이 아님). 나머지 살아나지 않았다는 것은 천년 말까지 심판을 위해 하나님 존전에 나아가지 않았다는 것이다.

첫째 부활은 신자들의 첫째 부활, 둘째 부활은 천년 이후 나머지 죽은 자들의 부활을 말한다.

무천년주의자들은 그리스도께서 재림하실 때에 신자와 죽은 자가 모두에게 육신의 부활 있음을 믿는다. 신자의 육신의 몸은 부활하여 영혼과 결합하여 천국에서 주님과 함께 영원한 영광을 누린다. 불신자들은 육신의 몸이 부활하여 최후의 심판과 영원한 저주를 받을 것이다.

2. 후천년설

1) 주장

후천년설은 그리스도께서 천년왕국 후에 재림하심을 주장한다. 이들의 천년 왕국은 문자적이 아니라 상징적인 기간이며 이들의 주장에 의하면 주님의 재림이 가까워질수록 복음이 세상에 더욱 확장되며, 교회는 크게 성장할 것이며, 갈수록 더 많은 사람들이 회개하고 그리스도께로 돌아올 것이다. 사회는 점점 복음으로 충만하게 되며, 마침내 세상은 하나님의 의와 진리와 평화가 가득하게 될 것이다.

이러한 현상이 곧 천년왕국인데(문자적인 천 년일 필요는 없다), 복음이 세상에 충만하게 될 텐데 그 끝에(천년왕국) 주님이 재림하실 것이며, 신자와 불신자가 함께 부활하여 최후 심판이 있고, 신자는 영원한 영광에 들어가고, 불신자들은 영원한 저주 가운데 들어간다. 후 천년설의 복음에 대한 미래는 매우 낙관적이다(마13:31-33). 천국확장 비유(눅18:8, 살후2:3, 4, 마24:21-30).

3. 역사적 전천년설

교회 시대의 말기에는 대환란과 고난이 있다. 이 대환란 후에 그리스도께서 재림하셔서 지상에 천년왕국을 건설할 것이다. 역사적 전천년설의 주님의 재림은 한 번이다(세대주의 전천년설은 2 단계 재림, 곧 공중재림, 그리고 지상 재림으로 나눈다).

주님께서 재림하실 때에 신자들의 몸의 부활이 일어나고, 그들의 영혼과 육신이 합하여 그리스도와 함께 천년 동안 이 땅에서 다스릴 것이다. 역사적 전천년설을 주장하는 사람들 가운데 어떤 사람들은 문자적인 천년이 아니라, 천년을 긴 시간의 상징적으로 해석하는 사람들도 있다. 지상에 이루어지는 천년왕국에서는 그리스도께서 부활하신 몸으로 실제로 왕으로 세상을 다스리신다.

주님의 재림 시에 죽은 성도들의 몸이 부활하며, 재림 당시 지상에 생존하는 성도들은 다시 죽지 아니하는 영화로운 몸으로 변화된다. 이들 모두 지상에서 천년 동안 주님과 함께 왕 노릇한다. 지상의 천년왕국에는 예수님께서 완전한 공의로 통치하시며, 평화가 있을 것이다. 천년왕국 초기에는 사탄이 결박되고 무저갱이 속에 던져진바 되어, 천년 동안 지상에는 사탄의 영향이 없게 된다(계 20:1-3). 그러나 천년이 지나면서 사탄은 무저갱에서 놓인바 되며, 사탄이 그리스도에게 대적하지만 결국 크게 패배하게 된다.

그 후에 역사상 존재한 모든 불신자들의 몸이 부활하여 최후의 심판을 받게 된다. 최후의 심판 후에 신자들은 영원한 영광에 들어가며, 불신자들은 영원한 저주의 상태에 들어간다(총신대학교: 개혁주의신학 입장:박형룡 박사, 박윤선 박사).

4. 세대주의 전천년설

세대주의 전천년설은 19-20세기에 영국과 미국에서 크게 성행했다. 세대주의 전천년설은 학자들마다 계속적으로 수정되고 있으며 지금은 매우 다양한 형태로 나타난다. 여기서는 기본적인 내용만 설명하겠다.

역사적 전천년설과 세대주의 전천년설의 차이는 있다. 세대주의는 예수님의 재림이 2단계가 있다고 주장한다.

첫째 공중재림(휴거)

예수님께서 신자들을 공중으로 데려가시기 위하여 공중재림 하신다. 공중재림은 비밀스럽게 일어난다. 주님께서 공중 재림하실 때에 교회(신자들)는 휴거한다(공중으로 끌려 올라감). 이들의 휴거 사상은 살전 4:16-17에 근거한다.

"주께서 호령과 천사장의 소리와 하나님의 나팔 소리로 친히 하늘로부터 강림하시리니 그리스도 안에서 죽은 자들이 먼저 일어나고 그 후에 우리 살아남은 자들도 그들과 함께 구름 속으로 끌어 올려 공중에서 주를 영접하게 하시리니 그리하여 우리가 항상 주와 함께 있으리라."

신자들은 공중에 들림(휴거)을 받은 후, 이 땅에는 7년 동안 대환란이 있다. (세대주의 자들은 일반적으로 환란 전 휴거설을 주장한다. 그러나 어떤 자들은 환란 중 휴거설을 주장하는 자들도 있다).

7년 대환란 동안 지상에서는

1) 유대인들이 집단적으로 회심하게 되며,

2) 지상에는 환란 중에 회심한 유대인들이 매우 활발하게 복음을 전할 것이다.

교회는 휴거되었기 때문에 지상에 존재하지 아니한다. 회개한 유대인들이 전하는 복음은 곧 지상에 임하게 될 천년왕국의 복음이다.

둘째 지상 재림

7년 대 환란 후에 그리스도는 공중에 있던 성도들과 함께 지상으로 재림하셔서 이 땅에 천년 동안 왕으로 통치하신다. 천년이 지나면 다시 배도가 일어나며, 그때 사탄과 그의 세력들은 참패를 당한다. 마침내 불신자들의 부활과 최후의 심판이 있다. 그 후에 영원한 상태가 펼쳐진다.

일반적으로 개혁주의 입장에서는 무천년설 혹은 후천년설(청교도들)을 지지했고, 한국의 장로교회는 대부분 '역사적 전천년설'을 지지해 왔다(박형룡 박사, 박윤선 박사의 영향). 그러나 세대주의 전천년설을 지지하는 교회들도 많이 있다(초기 세대주의 선교사들, 이상근 박사의 영향).

지난 역사를 돌아보면 4종류의 천년왕국설 때문에 교회가 분열되고, 많은 논쟁들이 이루어졌다.

그러나 이 문제 때문에 너무 많은 상처를 주고받을 필요가 없다. 왜냐하면 어떤 입장을 취하든지 4대 이론은 모두 예수 그리스도를 구주로 믿음으로 구원을 받고, 그리스도의 육체적인 재림을 믿고, 궁극적으로 구원받은 성도들은 주님과 함께 천국에서 영원한 영광을 누린다는 것을 믿기 때문이다.

제2절 최후의 심판

1. 최후의 심판주는 그리스도이다.

1) 예수 그리스도께서 심판의 주(딤후4:1, 행17:31, 벧후2:9-10)

2) 불신자들은 영원한 저주의 심판(계 20:11-15, 요5:26-27)

3) 신자들은 상급과 심판(고후5:10)

4) 천사도 심판 받음(벧후2:4, 유6)

5) 하나님의 거룩과 공의와 영광을 나타남(계22:11-15)

그러므로 예수 믿는 성도들은 최후의 심판을 두려워할 필요가 없다(요 5:24, 롬 8:1).

천국에서 받는 상에 대해서는 우리가 정확하게 잘 알 수 없다. 우리가 생각하는 것보다 더욱 귀하고 영광스러울 것이다. 그러나 우리가 명심해야 할 것은 천국에서 받는 상이 곧 천국에서 계급을 말하는 것은 아니다. 상급 그 자체도 하나님의 은혜이다.

누구나 모든 성도들이 영원토록 하나님을 찬양하고 즐거워하는 것 자체가 영광이요 상급이다. 천국에서 받을 상급은 서로 경쟁하거나 더욱 높아지기 위한 말씀이 아니라, 하늘에서 큰 상급을 받도록 서로 격려하고 소망을 갖도록 격려하고 동기를 부여하는 것이다.

2. 최후 심판의 성경적 증거

1) 구약: (시96:13, 전3:17, 12:14)

2) 신약: (마11:22, 16:27, 25:31-46, 행17:31, 롬2:5-16, 14:12, 고전4:5, 고후5:10, 딤후4:1, 히9:27, 벧전4:5, 계20:11-14)

3. 최후 심판의 중요성

1) 경건한 삶을 살게 한다(말3:16, 마6:20-21, 골3:25)

2) 회개를 촉구한다(마3:8-12)

3) 영적 각성을 촉구한다(롬13:11-14)

4) 위로와 소망(살전4:16-17, 계21:3-4)

5) 청지기 삶 실천(벧전4:7-11)

6) 충성의식 강화(고전15:58, 계2:10)

7) 용서의 삶 살게 함(마18:21-22, 롬12:19, 눅23:34, 행7:60, 벧전2:22-23)

8) 복음전파의 동기(겔33:11, 마28:19-20)

9) 모든 성도들 천국 소망 재림예수-마라나타!(계22:20)

4. 심판의 대상

1) 모든 의인과 모든 악인들(전12:14, 시5:4-6, 마12:36-37, 25:32, 롬14:10, 고후5:10, 계20:12)

2) 타락한 천사, 사탄들, 적그리스도(마8:29, 고전6:3, 벧후2:4, 유1:6)

5. 심판의 특성

1) 삶의 상선벌악 심판(갈6:7-8, 히9:29)

2) 지구의 종말, 인류의 대 심판(마24:21)

3) 절대적이고 최종적 심판

6. 심판의 시기

1) 세상의 종말(마24장)

2) 죽은 자들의 부활 직후(요5:28-29, 계20:12-13)

7. 심판의 표준

1) 이방인: 자연법에(양심) 의한 심판
2) 유대인: 구약 계시에 의한 심판(롬2:12)
3) 신약시대 신자: 말씀(신29:29)

제3절 최후 심판의 상태(천국과 지옥)

1. 신자(의인)의 최후 상태(천국)

1) 신자들의 영원한 거처
    (1) 새 하늘과 새 땅 입성
        (막13:31,계20:11,21:1, 히1:10-12,12:26-28, 시102:26, 사65:17, 66:22, 벧후3:11-13)
    (2) 새 예루살렘(마5:48, 6:9, 막16:19, 계21:3
    (3) 신자들 영원한 상급(히13:8-10, 계21:22, 22:1-5, 고후9:6, 단12:3, 마5:5, 25:46, 롬2:7, 계21:3).

2) 신자들의 영원한 영생의 삶 특성
    (1) 영원한 생명, 영원무궁의 삶(계21:1-7)
    (2) 영원히 완전한 영생(고전15:49)
    (3) 영원히 하나님과 교제(마25:46)
    (4) 영원히 거룩하고 영원히 의로움의 삶(계21:8)
    (5) 영원히 아름답고 영화의 삶(계21:21-24)
    (6) 영원한 천국의 영생 복락생활(단12:3,9)

3) 영원한 상급의 특징

(1) 영원한 상급(마25:46, 롬2:7)

(2) 하나님과 교통(계21:3)

(3) 천국의 상급도 차등 있다(고후6:9, 단12:3)

2. 악인의 최후 상태(지옥)

1) 악인과 사탄의 최후 상태

(1) 영원한 고통(마8:12)

(2) 영원한 최후 심판(계20:7-10)

(3) 영원히 악인이 처할 처소(지옥)

(마13:42, 눅8:31, 16:19-31, 계20:14-15, 벧전2:4, 3:19)

2) 악인들과 사탄들의 영원한 형벌

(1) 하나님 자비 영원히 박탈(마8:12)

(2) 영원한 고통(마13:50, 막9:18, 48, 눅16:23, 28, 계14:10, 21:8)

(3) 형벌은 악행 빈도에 따름(마11:22)

3) 형벌의 기간

(1) 영원하다(마25:41, 막9:43, 48, 눅16:28, 살후1:9, 계14:10-11, 21:8)

(2) 영원히 소통 단절(눅16:26)

말씀 연구

1. 최후의 심판주는 누구인가?

2. 최후 심판의 중요성을 말하라.

3. 신자의 최후상태와 악인의 최후 상태를 말해보라.

제5장

새 하늘과 새 땅(천국)

1. 새 하늘과 새 땅은 어떤 형태인가?

새 하늘과 새 땅은 예수 믿고 구원받은 성도들이 주님의 심판(행위심판) 통해 들어가는 거룩한 하나님의 존전이다. 구원받은 신자들이 새 하늘과 새 땅(신천지)에서 하나님께 영광 돌리며 영원히 영생복락 누리며 사는 곳이다.

1) 완전히 새로운 피조물(루터파)

　근거(계21:1, 벧후3:13)

2) 현재의 피조물 완전히 갱신(개혁주의 신학자)

　근거(히1:10-12, 히12:26-28, 시102:26, 사65:17)

2. 천국과 지옥의 실제 존재

불란서의 철학자 Blaise Pascal(블레즈 파스칼, 1623-1662)은 철학자, 심리학자, 수학자 과학자, 신학자, 발명가로 그의 『팡세』는 철학과 인간 본성에 대한 깊은 성찰을 담고 있는 내용이다. 팡세는 인간의 마음을 이해하는 탁월한 작품으로 인간의 존재와 불안한 신앙의 문제를 철저히 탐구한 작품으로 실존주의 철학에 큰 영향을 미쳤다.

파스칼은 『팡세』에 다음과 같은 가설로 내세관을 풀었다.

첫째, "내일은 매우 불길한 사건이 발생할 수 있다"고 하며 불안한 마음으로 살아가는 자.

둘째, "나는 내일 무슨 일이 일어날지 나는 모르겠다"며 불확실 속에서 살아가는 자.

셋째, "내일은 좋은 일이 일어날 것이다"라는 기대감을 갖고 살아가는 자. 그러면 셋 중에 누가 오늘에 가장 충실한 오늘이 될까? 두말할 필요가 없이 세 번째 사람으로 내세관 확립된 자이다.

1) 천국은 어떤 곳인가?

신약성경 히브리서 11장은 선대 신앙인들의 신앙 열전이다. 선대들은 이 땅에서 살면서 '영원한 본향' 즉 '천국소망'을 바라보고 살았다(히11:15-16).

(1) 천국은 하나님의 통치가 있는 곳

성경적 천국 개념은 '하나님의 통치'가 있는 곳이다.

즉 '천상천하 어디든지 하나님의 통치 영역'이 미치는 상태가 천국이다. 천국은 영원한 처소인 장소가 우리를 기다리고 있다(요14:2, 계21:1).

(2) 천국은 하나님께서 준비하신 '새 하늘 새 땅'이다.

하나님은 새 하늘과 새 땅을 준비한 '천국'으로 예수 믿고 죄 씻음 받고 구원받은 성도들이 들어가는 거룩한 성이다. "또 내가 새 하늘과 새 땅을 보니"(계21:1-2)

(3) 천국은 예수 믿고 죄 회개하고 용서 받은 자 가는 곳

천국은 예수 믿고 회개한 자가 가는 곳으로 천국 생명책에 기록된 자들만 가는 곳이다.

"오늘 네가 나와 함께 낙원에 있으리라 하시니라"(눅23:43).

"오직 어린양의 생명책에 기록된 자들이 들어간다"(계21:26-27).

(4) 하나님께 영광(예배)돌리며 하나님과 함께 성도가 영생을 누리는 곳

예배는 천국에서도 동일하게 지속된다(계4장-6장). 또한 천국은 완벽한 치

유와 완전하고 신령한 몸으로 변하고 또한 불완전한 것들이 완전히 회복되고 성도가 왕 노릇하는 곳이다(계22:1-5).

(5) 생명책에 기록된 자들만 가는 곳(계20:1-15)
"지옥은 죽어도 가지 말고 천국은 춤추면서 가자!"(호태석)

2) 지옥은 어떤 곳인가?

(1) 유황불 못으로 영원한 고통만이 있는 곳

지옥은 하나님의 영원한 심판의 유황불이 영원히 꺼지지 않고 불타기 때문에 절망과 고통만이 영원히 있는 곳이다(계19:20). 지옥은 하나님 믿지 않는 자들이 심판 받고 영원한 유황불 속에서 영원히 고통 받는 곳으로 지옥은 죽어도 가지 말아야 한다.

(2) 지옥은 희망이 없는 곳

단테의 문집에 보면 지옥문 앞에 "여기(지옥) 들어오는 모든 인간은 희망을 포기하라"는 문구가 있다. 실제로 지옥은 희망없는 상태에서 영원히 지옥불의 고통만 있는 곳이다(눅16:23-31). "죄의 삯은 사망"(롬6:24) (死亡: 육이 죽고 영이 망한다: 죽은 자를 '亡者'라 부른다)

(3) 불신자들이 주님 심판받고 사는 영원히 저주스러운 곳

회개가 없으면 지옥 불 심판은 쉬지 않는다(마3:8-12). 지금도 성경은 "회개하라 천국이 가까이 왔느니라"(막1:15) 지옥은 예수를 부인하고 믿지 않은 자들이 가는 곳(계20:7-15:22:15). 회개하지 않고 죽은 자 가는 곳이다.

(4) 생명록에 이름 없는 자 들어가는 곳(계20:15)

천국의 생명책에 기록된 자는 천국에 들어간다. 그러나 생명책에 이름없는 자 결코 천국에 못 들어 가고 대신 지옥으로 가는데 불신자들이 죽음 이후 그 영혼이 들어가 영원히 유황불 못에서 영원히 고통 속에 사는 무서운 곳이다.

'브라이언 채플' 교수(Bryan Chapell, 전 미국 Covenant 신학교 총장)는 지옥에 대하여 아래와 같이 정의했다.

"지옥은 하나님의 축복으로부터 완전히, 의식적으로, 영원히 분리된 장소이다. 그리고 사람이 평생 하나님을 거부하고, 회개하지 않고, 하나님 없이 죽은 후 영원에 들어가는 곳이다."

성경에는 지옥의 이미지를 "불못"(계 19:20, 20:10, 14-15, 21:8). "이를 가는 곳"(마 25:30), "흑암"(마 22:13, 25:30, 유다서 1:13, 계 16:10), 그리고 "하나님으로부터 분리"(살후 1:9, 마25:41, 46) 등 다양하게 묘사했다.

부자와 나사로의 이야기를 보면 지옥은 '의식상태'에서 영원한 형벌의 장소임을 알 수 있다(눅16:22-24). 지옥의 형벌은 의식 상태에서 끝이 없고 영원히 고통의 장소이다(계14:9-11).

(지옥은 죽어도 가지 말자! - 호태석)

3. 천국에 들어가는 비결

천국은 인간의 노력 공로가 필요 없고 오직 '예수님의 십자가 공로 은혜! 주님의 대속의 죽으심을 믿는 자'만이 가는 곳이다.

"하나님이 세상을 이처럼 사랑하사 독생자를 주셨으니 이는 그를 믿는 자마다 멸망하지 않고 영생을 얻게 하려 하심이라"(요3:16).

"너희는 그 은혜에 의하여 믿음으로 말미암아 구원을 받았으니 이것은 너희에게서 난 것이 아니요 하나님의 선물이라"(엡2:8).

"예수께서 이르시되 내가 곧 길이요 진리요 생명이니 나로 말미암지 않고는 아버지께로 올 자가 없느니라"(요14:6).

1) 믿으라- 예수님의 십자가 죽으심을 믿으라(복음) (롬1:16-17).

2) 회개하라- 불신앙과 지금까지 지은 모든 죄 회개하라(행2:38).

3) 고백하라- 예수님을 나의 구세주이심 고백하라(마16:16).

4) 영접하라- 예수님을 당신의 마음에 모셔 드리라(요1:12).

5) 거룩한 삶- 변화 받아 새 사람으로(롬12:1.2).

6) 오직 믿음으로 살라(롬1:17).

7) 사명자로 죽도록 충성하라(행20:24, 계2:10).

• 청지기들은 내세관이 확실히 정립되어야 한다. 그래야 현세의 삶에서 선한 청지기로서 죽도록 충성을 다 하는 동기가 된다(계2:10). 선한 청지기들이 받아 쓸 생명의 면류관은 세상 가치와 비교가 될 수 없지만 그 값어치는 한화로 168억 이상이다.

"이스라엘이여 너는 행복한 사람이로다. 여호와의 구원을 너 같이 얻은 백성이 누구냐"(신33:29).

구원받고 선한 청지기로 충성하고 상급인 생명의 면류관 받아쓴다는 소망 갖고 충성하면 어찌 행복하지 않겠는가?(살전5:16-18)

말씀 연구

1. 새 하늘과 새 땅은 어떤 곳인가?

2. 천국은 어떤 곳인가 설명하라.

3. 지옥은 어떤 곳인가 설명하라.

"이는 만물이 주에게서 나오고 주로 말미암고 주에게로 돌아감이라 그에게 영광이 세세에 있을지어다. 아멘!"(롬11:36).-할렐루야 아멘!

제 **3** 부

부록 :
교회 생활

제1장

장로교 12신조

장로교는 사도신경과 종교개혁의 근본 신앙을 담고 있는 웨스트민스터 신앙고백서와 성경 대소요리문답서 그리고 12신조 등을 채택하여 신앙의 표준으로 삼아왔다. 12신조는 영국 장로교가 인도 장로교를 위해서 웨스트민스터 신앙고백서를 축약해서 만든 것인데 이것을 1907년 독노회 때부터 12신조로 택하였다.

제1절 신조 내용

1. 신구약 성경은 하나님의 말씀이니 신앙과 본분에 대하여 정확 무오한 유일의 법칙이다.

2. 하나님은 한분뿐 오직 그만 경배할 것이다. 하나님은 신이시니 스스로 계시고 아니 계신 곳이 없으시며 다른 신과 모든 물질과 구별되시며 그 존재와 지혜와 권능과 거룩하심과 공의와 인자하심과 진실하심과 사랑하심에 대하여 무한하시며 변하지 아니하신다.

3. 하나님의 본체에 세 위가 계시니 성부 성자 성령이신데 세 위는 한 하나님이시라. 본체는 하나요 권능과 영광이 동등하시다.

4. 하나님께서 모든 유형물과 무형물을 그 권능의 말씀으로 창조하사 보존하시고 주장하시나 결코 죄를 내신 이는 아니시니 모든 것을 자기 뜻의 계획대로

행하시며 만유는 다 하나님의 착하시고 지혜롭고 거룩하신 목적을 성취하도록 역사하신다.

5. 하나님이 사람을 남녀로 지으시되 자기의 형상대로 지식과 의와 거룩함으로 지으사 생물을 주관하게 하셨으니 세상 모든 사람이 한 근원에서 나온즉 다 동포요 형제다.

6. 우리의 시조가 선악간 택할 자유능이 있었는데 시험을 받아 하나님께 범죄한지라 아담으로부터 보통 생육법에 의하여 출생하는 모든 인종들이 그의 안에서 그의 범죄에 동참하여 타락하였으니, 사람의 원죄와 및 부패한 성품 밖에 범죄할 능이 있는 자가 일부러 짓는 죄도 있은즉 모든 사람이 금세와 내세에 하나님의 공평한 진노와 형벌을 받는 것이 마땅하다.

7. 인류의 죄와 부패함과 죄의 형벌에서 구원하시고 영생을 주고자 하사 하나님의 무한하신 사랑으로 그의 영원하신 독생자 주 예수 그리스도를 세상에 보내셨으니, 그로만 하나님께서 육신을 이루었고 또 그로만 사람이 구원을 얻을 수가 있다. 그 영원하신 아들이 참 사람이 되사 그 후로 한 위에 특수한 두 성품이 있어 영원토록 참 하나님이시요, 참 사람이시라. 성령의 권능으로 잉태하사 동정녀 마리아에게 낳으시되 오직 죄는 없는 자시라. 죄인을 대신하여 하나님의 법에 완전히 복종하시고 몸을 드려 참되고 온전한 제물이 되사 하나님의 공의를 만족하게 하시며 사람으로 하여금 하나님과 화목하게 하시려고 십자가에 못 박혀 죽으시고 죽은 자 가운데서 3일 만에 부활하사 하나님 우편에 승좌하시고 그 백성을 위하여 기도하시다가 저리로서 죽은 자를 살리시고 세상을 심판하러 재림하신다.

8. 성부와 성자로부터 오신 성령께서 인생으로 구원에 참여하게 하시나니 인생으로 죄와 비참을 깨닫게 하시며 그 마음을 밝혀 그리스도를 알게 하시고 그 의지를 새롭게 하시고 권하시며 권능을 주어 복음에 값없이 주마 한 예수 그리스도를 받게 하시며 또 그 안에서 역사하여 모든 의의 열매를 맺게 하신다.

9. 하나님께서 세상을 창조하시기 전에 그리스도 안에서 자기 백성을 택하자 사랑하시므로 그 앞에서 거룩하고 흠 없게 하시고 그 기쁘신 뜻대로 저희를 미리 작정하사 예수 그리스도로 말미암아 자기의 아들을 삼으셨으니 그 사랑하시는 아들 안에서 저희에게 두텁게 주시는 은혜의 영광을 찬미하게 하려는 것이로되 오직 세상 모든 사람에게 대하여는 온전한 구원을 값없이 주시려고 하여 명하시기를 너희 죄를 회개하고 주 예수 그리스도를 자기의 구주로 믿고 의지하여 본받으며 하나님의 나타내신 뜻을 복종하여 겸손하고 거룩하게 행하라 하셨으니 그리스도를 믿고 복종하는 자는 구원을 얻는지라. 저희가 받은 바 특별한 유익은 의가 있게 하심과 양자가 되어 하나님의 아들의 수에 참여하게 하심과 성령의 감화로 거룩하게 하심과 영원한 영광이니 믿는 자는 이 세상에서도 구원 얻은 줄로 확실히 알 수 있고 기뻐할지라. 성령께서 은혜의 직분을 행하실 때에 은혜 베푸시는 방도는 특별히 성경 말씀과 성례와 기도다.

10. 그리스도께서 세우신 성례는 세례와 성찬이라. 세례는 물을 가지고 성부와 성자와 성령의 이름으로 씻음이니 우리가 그리스도와 병합하는 표적과 인침인데 성령으로 거듭남과 새롭게 하심과 주께 속한 것임을 약속하는 것이라. 이 예식은 그리스도 안에서 신앙을 고백하는 자와 그들의 자녀들에게 베푸는 것이요, 주의 성찬은 그리스도의 죽으심을 기념하여 떡과 잔에 참여하는 것이니 믿는 자가 그 죽으심으로 말미암아 나는 유익을 받는 것을 인쳐 증거하는 표라, 이 예식은 주께서 오실 때까시 주의 백성이 행할지니 주를 믿고 그 속죄제를 의지함과 거기서 쫓아나는 유익을 받음과 더욱 주를 섬기기로 언약함과 주와 및 여러 교우로 더불어 교통하는 표라, 성례의 유익은 성례의 본덕으로 말미암도 아니요, 성례를 베푸는 자의 덕으로 말미암도 아니요, 다만 그리스도의 복 주심과 믿음으로써 성례를 받는 자 가운데 계신 성령의 행하심으로 말미암음이다.

11. 모든 신자의 본분은 입교하여 서로 교제하며 그리스도의 성례와 그 밖의 법례를 지키며, 주의 법을 복종하며 항상 기도하며, 주일을 거룩하게 지키며, 주를 경배하기 위하여 함께 모여 주의 말씀으로 강도(설교)함을 자세히 들으며

하나님께서 저희로 하여금 풍성하게 하심을 쫓아 헌금하며, 그리스도의 마음과 같은 심사(心思)를 서로 표현하며, 또한 일반 인류에게도 그와 같이 할 것이요, 그리스도의 나라가 온 세상에 확장되기 위하여 힘쓰며, 주께서 영광 가운데서 나타나심을 바라고 기다릴 것이다.

12. 죽은 자가 끝 날에 부활함을 받고 그리스도의 심판하시는 보좌 앞에서 이 세상에서 선악 간 행한 바를 따라 보응 받을 것이니 그리스도를 믿고 복종한 자는 (죄)사함을 얻고 영광중에 영접을 받으려니와, 오직 믿지 아니하고 악을 행한 자는 정죄함을 입어 그 죄에 적당한 형벌을 받는다.

(승인식)

교회의 신조는 하나님의 말씀에 기초하고 하나님의 말씀과 일치한 것으로 내가 믿으며 이를 또한 나의 개인의 신조로 공포하노라(대한예수교장로회 헌법: 발췌함).

※12신조는 신·구약 성경을 축약한 것이다. 또한 조직신학 7권을 전체 함축한 보고이다.

제2장

회의 진행법

제1절 회의

1. 회의란 무엇인가?

회의는 어떤 공통적인 문제를 놓고 중지를 모아 최선의 해답을 얻기 위한 대화이다. 그러므로 참가자로 하여금 가장 좋은 의견에 접근하게 한 다음 어떤 견해를 서로 승인하거나 납득이 가는 결론을 얻기 위하여 의견이나 응답을 구두로서 교환하는 회합이다.

2. 회의의 주체

1) 사회자(회장: 의장)

사회자는 회의에서 대단히 중요한 위치를 차지한다. 그러므로 회의 진행을 책임지고 총괄적으로 잘 진행해야 한다.

(1) 사회자는 회의를 원만히 진행해야 한다.

(2) 회의를 소집하고 회원의 요청에 따라 발언권을 주어야 한다.

(3) 동의를 재 선언하고 표결에 붙이며 그 결과를 선포한다.

(4) 회의의 질서 유지와 회의 규칙에 따라 회의가 진행되도록 한다.

(5) 회의 개회와 폐회를 분명히 한다.

(6) 회원 상호간 타인의 발언권 침해하지 못하게 한다.

(7) 가부를 물을 때는 의제에 대한 설명을 분명하게 말한다.

(8) 혹시 회원의 발언 중 의제에 벗어나지 않도록 제재를 하라.

(9) 안건 결정은 정확히 공포하라.

(10) 특별한 상황에서 회의를 진행할 수 없는 경우는 회장 직권으로 정회를 선포할 수 있다.

2) 사회자의 자세

(1) 공평하고 편견 없을 것

(2) 침착성과 자제력 유지할 것

(3) 인내심과 끈기를 가져야 한다.

(4) 명석하고 신속 정확한 판단과 분석력을 가져야 한다.

3) 사회자의 유의사항

(1) 자기 위치에 대하여 중심을 지켜야 한다.

(2) 개회와 폐회 시간을 엄수할 것

(3) 회원들의 말을 잘 경청해야 함.

(4) 개인적인 이해와 편견에 빠지지 말라

(4) 타인을 비판 하거나 동조하지 말라

(5) 발언권을 공정하고 균등하게 허락한다.

(6) 좋은 안건이 결정되면 찬사를 아끼지 말라.

4) 참가자(회원) 자세

회의에 참가하는 회원은 회의에 대한 책임을 느끼어 그 회의가 원만히 진행되도록 협조해야 한다. 특히 회의 결정과 결론 사항에는 인격적이고 윤리적인 책임을 져야 할 의무가 있다.

(1) 자유롭게 의견을 제시한다.

(2) 의제에 벗어나지 않는 발언을 하라

(3) 타인에게도 그들의 의견을 표현할 기회를 주어야 한다.

(4) 타인의 발언에 귀 기울여라

(5) 회의 규칙을 따르라

5) 참가자(회원) 유의 사항

(1) 반드시 발언권 얻어 발언하라

(2) 모든 회원이 알아 들을 수 있게 말하라

(3) 반대를 위한 반대는 피하라

(4) 개인의 인신공격은 피하라

(5) 회의 질서 유지를 지키라

(6) 발언 시간을 반드시 지키라

2. 각종 회의 수칙

1) 토론 자유의 원칙

상정된 안건에 대하여 좋은 결론을 도출하기 위하여 회의에 참여한 구성원들의 다양한 의견을 들을 수 있도록 해야 한다.

2) 회원 평등의 원칙

회의에 참여한 구성원들은 평등한 대우를 받으며 더 좋은 합의를 얻어내기 위하여 자신의 의견을 발의할 수 있어야 한다.

3) 다수결의 원칙

각종 회의에서 모든 회원들이 같은 의견을 모아 전원 합의체가 성립되면 가장 이상적인 회의다. 그렇지 못한 경우는 다수결에 의하여 결론을 도달하는 것이다.

3. 표결 유형

1) 약식표결

회의 주제에 대한 별다른 의견 없으면 회장이 "가결을 선포합니다."로 선포한다. 단 이의 있다고 하는 경우는 회장은 가부를 묻고 거수로 표결을 붙인다.

2) 구두표결

일반적으로 회원들의 발언에 대하여 가부를 묻고 찬성은 "예" 아니면 "아니요"라고 표하기를 말한다. 혹시 회원 중 "아니요"라는 말이 나오면 표결을 붙이어 가부를 물어 구두로 표결한다.

3) 거수 표결

모든 회원들 향해 찬반을 묻기 위해 손들어 표하게 한다.
서기는 찬반 숫자를 확인 후 회장에게 알려 주어야 한다.

4) 기립표결

모든 회원들이 그 자리에서 일어나 찬반의사를 표한다.

5) 무기명 비밀투표

반드시 지정된 투표용지에 찬반 여부를 표하는 방식으로 결정 짓는 것.

4. 회의 용어

1) 개회선언

회의 정족수 되면 회장이 개회 선언한다.

2) 동의에 대하여

동의는 회원이 회의에 부한 된 의견을 갖추어 회의에 제안하는 것으로 반드시 무엇을 어떻게 하자는 의견을 말하는 것이다. 동의는 반드시 '재청'이 있어야 의안으로 성립 된다. 동의는 둘로 구분한다.

(1) 원동의- 최초 의견을 말한다.

(2) 부동의-원동의를 제외한 모든 동의를 2차동의(보조동의)라 하며 보조동의는 원동의에 대한 또 다른 의견(어구 수정, 반대 의견)을 말한다. 즉 2차 동의는 '나는 – 무엇을 할 것을 개의 합니다'라고 말한다. 개의한 다음의 또 다른 동의안은 '재개의'이다.

(3) 동의성립-'재청'있어야 하되 없으면 자동 폐기된다(동의재청은 발언권 없으므로 앉아서 한다).

(4) 동의, 개의, 재개의 표결 방법

동의, 개의, 재개의 모두 재청이 있어야 성안이 되고 성안이 되면 처리(표결) 순서 '재개의' 그리고 '개의' 마지막 '동의'를 가부 찬성을 거수로 표결한다.

(5) 긴급동의

긴급한 의견을 제출하여 우선적으로 처리하는 요구 동의안이다. 긴급동의 종류는 다음 회의 일시를 정하는 폐회,, 휴회 동의가 있다.

교회의 각종 회의는 '동의'와 '재청' 있은 후 회장이 '가부'를 묻고 "찬성은 '예'로 하시고 아니면 '아니요'로 표하시기 바랍니다"로 묻고 회장은 "반대 의견 없음을 알리고" 의의가 없음으로 가결되었음을 선언한다(도퇴: 3회 타전).

제3장

교회의 회의 종류

제1절 교회 회의 종류

1. 공동의회

1) 회원은 본 교회의 무흠 입교인(세례교인)을 회원으로 하는 교인 전체 회의이다.

단 입교인이라 하여도 벌 아래 있는 자와 이명서를 가지고 교적부에 올라 있지 않은 자에게는 자격이 주어지지 않는다(입교인 이란 세례교인을 말한다).

2) 공동의회 소집

당회 필요로 인정 할 때와 제직회의 청원이나 무흠 입교인 3분지1 이상 청원이나 상회의 명령이 있는 때에 당회의 결의로 소집한다.

3) 임원

지교회의 당회장과 당회 서기는 공동의회 회장과 서기를 겸한다.

당회장이 없는 경우에는 그 당회가 임시 회장을(본 노회 목사 중) 청할 것이요 회의록은 작성하여 당회 서기가 보관한다.

4) 회집

당회는 개회할 날짜와 장소와 의안을 1주일 전에 교회에 광고 혹은 통지하고 그 정한 시간에 출석하는 대로 개회하되 회집수가 너무 적으면 회장은 권하여 다른 날에 다시 회집한다.

5) 회의

연말 정기 공동의회에서는 당회 경과 상황을 들으며 제직회와 부속 각 회의 보고와 교회 경비 예결산서를 채용하며 그밖에 법대로 제출하는 사건을 의결하고 일반 의결은 과반수로 하되 목사 청빙 투표에는 투표수 3분의2의 찬성과 입교인 과반수의 날인을 요하며 장로, 집사 및 권사 선거에는 투표수 3분지 2상의 가로 선정한다.

2. 제직회

1) 조직

지교회 당회원과 집사와 권사를 합하여 제직회를 조직한다. 회장은 담임 목사가 겸무하고 서기와 회계를 선정한다. 당회는 각각 그 형편에 따라 제직회 사무를 처리하기 위하여 서리 집사에게 제직 회의의 권리를 줄 수 있다.

2) 미조직 교회 제직회

미조직 교회에서는 목사, 전도사, 권사, 서리집사, 전도인들이 제직회 사무를 임시로 집행한다.

3) 재정처리

(1) 제직회는 교회에서 위임하는 금전을 처리하고 부동산은 노회 소유로 한다(행6:3-5).

(2) 구제와 경비에 관한 사건과 금전 출납은 모두 회에서 처리하며 회계는 회의 결의에 따라 금전을 출납한다.

(3) 제직회는 매년 말 공동의회에 1년간 경과 상황과 일반 수지결산을 보고하며 익년도 교회 경비 예산 편성보고 하여 통과하면 회계 장부의 검사를 맡는다.

4) 제직회 개회 성수

회원 과반수의 출석으로 개회 성수가 되나 통상적인 사무 처리는 출석하는 회원으로 개회하여 처리할 수 있다.

5) 정기회

매월 1회 또는 년4회 이상 정기회를 정함이 편하다.

3. 당회

1) 조직: 담임 목사와 장로

2) 당회 성수

장로 2인 경우 1인과 목사로 성수됨. 장로 3인 이상 있으면 장로 과반수와 목사1인 출석으로 성수된다. 장로 1인만 있는 경우에도 모든 당회 일을 행하되 그 장로 치리 문제나 다른 사건에 있어 장로가 반대할 경우는 노회에 보고하여 처리한다.

3) 당회장

당회장은 그 지교회 담임 목사가 될 것이나 특별한 경우에는 당회 결의로 본 교회 목사가 그 노회에 속한 목사1인을 청하여 대리 회장이 될 수 있으며 본 교회 목사가 신병이 있거나 출타한 때에도 그러하다.

4) 임시당회장

당회장은 목사가 되므로 어떤 교회에서든지 목사가 없으면 그 교회에서 목사를 청빙할 때까지 노회가 당회장 될 사람을 파송 할 것이요, 노회의 파송이 없는 경우에는 그 당회가 회집할 때마다 임시당회장 목사를 청할 수 있으나 부득이한 경우에는 당회장 목사가 없을지라도 재판 사건과 중대 사건 외에는 당회가 사무를 처리할 수 있다.

5) 당회 회집

당회는 년1회 이상을 정기회로 회집하며 본 교회 목사가 필요한 줄 인정할 때와 장로 과반수 이상이 청구할 때와 상회가 회집을 명할 때에도 소집하되 만일 목사가 없는 경우에는 필요에 응하여 장로 과반수가 소집할 수 있다.

6) 당회 직무

(1) 교인의 신앙과 행위 총찰

(2) 교인의 입퇴회 관리

(3) 예배와 성례거행

(4) 장로와 집사 임직

(5) 각 항 헌금 수집하는 일을 주장

(6) 권징하는 일

(7) 신령적 유익을 도모하여 각 기관을 감독

(8) 노회에 총대를 파송하여 청원과 보고

7) 당회의 권한

당회는 예배 모범에 의지하여 예배 의식을 주관하되 모든 회집 시간과 처소를 작정할 것이요 교회에 속한 토지 가옥에 대한 일도 관리.

8) 당회록

당회록에는 결의 사항을 명백히 기록하고 회록과 재판 회록은 1년 1차씩 노회 검사를 받는다.

9) 각종 명부록을 비치한다.

(1) 학습인 명부(학습 년 월 일 기입)

(2) 입교인 명부(입교 년 월 일 기입)

(3) 책벌 및 해별인 명부(책벌, 해벌 년 월 일 기입)

(4) 별 명부(1년 이상 실종된 교인)

(5) 별세인 명부(별세 년 월 일)

(6) 이전인 명부(이명서 접수 및 발송 년 월 일)

(7) 혼인 명부(성혼 년 월 일)

(8) 유아세례 명부(세례 및 성찬 허락 년 월 일)

(성명은 호적대로 기록하되 여자와 아이는 친족의 성명도 기재한다)

(9) 교회정관을 필히 만들어 보관하라.

제4장
교회 정관

1. 교회 정관의 필요성

교회 내 분쟁이 빈번하게 발생하면서 교회의 정관의 중요성이 점차 커지고 있다.

교회 분쟁이 발생하면 보통 '별도모임 구성-인터넷카페 개설-악성루머유포 확산-예배방해-교인간 폭언, 폭력 발생-교회기물 파손-재정, 성윤리 의혹 확산-재정부 열람신청-횡령, 배임, 폭행 혐의 등 형사고소'라는 단계를 거친다. 전문가들은 이 같은 과정에서 옳고 그름의 판단 근거가 되는 것이 정관인 만큼 이를 제대로 만들어 놓아야 한다.

2. 교회분쟁 법원의 판단 기준은 정관이 된다.

교회가 분쟁 발생하면 민형사상 소송까지 가는 경우가 대부분이다. 1-2명이라도 마음만 먹으면 합법적으로 소송 제기가 가능하기 때문이다. 특히 반기독교 정서가 팽배한 상황에서 이슈가 제기되면 언론에도 많이 다룬다. 이런 상황에서 법원이 시시비비를 가릴 때 최우선으로 판단하는 기준이 바로 정관이다. 오세창 법무법인 로고스 변호사는 "법원은 교회를 비법인 사단으로 보는데 최우선 자치법규로서 교회 정관이 우선적 효력이 있는 것으로 판단하며 교회 헌법은 그 다음으로 본다"면서 교회 건물 등 재산의 사용 및 수익 문제도 만법276조 2항에 따라 정관, 기타 규약에 따르도록 명문화되었기 때문에 분쟁이 커질수록 정관의 의미는 더욱 커진다고 말한다.

3. 교인 권리 제한, 재정장부 열람 규정 삽입해야 한다.

교회 정관은 크게 총칙, 교인의 권리와 의무, 선거, 공동의회, 당회, 제직회, 재정 및 감사 등으로 구성된다. 정관에 삽입하면 분쟁 해결에 도움이 되는 조항은 교인의, 당회가 허락하지 않는 모임의 불법성, 재정장부 열람 관련 규정이다.

(교회 정관에 삽입하면 실효성 있는 조항)

1) 시벌하에 있는 교인은 재산권 행사가 보류되며, 제적 및 제명 출교처분을 받은 자는 교인 지위와 재산권을 상실한다.

2) 무고히 6개월 이상 본 교회 예배에 계속 출석치 않는 교인은 권리가 중지된다. 단 권리중지자의 결정은 당회 결의에 의한다.

3) 당회가 허락지 않은 예배시간과 예배 장소를 벗어난 별도의 예배, 기도회 및 집회는 불법으로 간주한다.

4) 공동의회에서 결산안이 승인된 후 재정장부를 열람할 수 없다. 단 당회 결의로 공동의회를 개최해 출석회원 3분지2 이상 찬성으로 재정부를 열람할 수 있다.

5) 교회의 회계서류 보존 연한은 3년이며 보존 연한이 경과한 회계 서류는 당회 결의를 거쳐 폐기한다. (분당중앙교회 제공)

4. 정관 규정 모범의 분당중앙교회 사례

극심한 분쟁을 겪다가 2012년 4월 법원의 판결로 마무리를 지은 분당중앙교회(최종천 목사)의 정관은 교회를 보호하는데 가장 모범적인 정관으로 손꼽힌다. 대부분 교회 정관은 두루뭉술한 내용인데 분량도 A4 용지 한두 장인데 비해 이 교회는 2012년 7월 정확하고 세밀한 규정을 담은 27쪽의 정관을 만들었다.

핵심은 공동의회 의결권을 지닌 교인의 의무이다. 만 18세 이상의 세례교인으로 봉사, 십일조헌금, 교단 헌법의 권징조례를 지켜야 하는데 뚜렷한 이유 없이 6개월 이상 예배에 출석하지 않는 등 의무를 이행하지 않을 경우 당회 결의를 거쳐 '권리가 중단된다'고 명시했다. 특히 당회의 허락없이 예배시간 및 장소를 벗어난 별도의 집회는 불법 행위로 간주한다고 규정했다.

최근 문제가 되는 재정부 열람이나 목회자, 특정교인 비방, 허위 사실 유포행위 등에 대해서도 분명한 기준을 제시했다. 교회는 공동의회에서 결산안이 승인된 이후 재정장부를 열람할 수 없다. 명예훼손에 해당 될 경우 권징재판으로 교인 권리를 박탈할 수 있다고 못 박았다. 재정 및 사업의 투명성을 확보하기 위해 예결산위원회와 운영위원회 구성, 외부 회계감사 의뢰 등의 조항도 삽입했다.

분당중앙교회 "정관은 무차별적 고소, 고발로부터 교회를 보호하는 측면도 있지만 절차의 적법성, 정당성, 공지성을 지키며 교회를 운영한다는 가이드라인 역할도 한다."면서 교회 정관을 교회 법학자와 변호사, 회계사의 자문을 거쳐 제정했기 때문에 사회법이나 교단 헌법과 전혀 충돌하지 않는다고 고언을 주었다.

- 분당중앙교회 정관 시행세칙 등은 미션라이프(missionlife.co.kr에서 확인됨).
- 정관 개정은 공동의회에서 출석교인 3분지 2이상 찬성이 있어야 가능하고 공동의회는 개최 1주전 주보 등을 통해 공고하면 된다(2014. 3. 5. 국민일보 '미션' 발췌함).

제5장
노인천국 시니어들의
심리상담 사례

노인천국은 기독교 복지단체로 실버타운과 전문요양원 8개동에 입소자 어르신들 약 400명을 직원들 약 200여명이 어르신들을 섬기는 복지단체입니다. 특히 감사한 것은 지난해 「국민일보」 주최로 국내 전체 복지시설 평가 심사에서 2024년도 **"기독교 브랜드 대상 수상"** 요양원으로 선정되었습니다.

저희 '노인천국'에 입소하신 어르신들의 신앙생활 실태를 보면 약 95%정도가 기독교 신자들입니다.

기독교 신앙을 가진 어르신들은 1년 365일 날마다 예배드리므로 모두가 행복해 하십니다. 오히려 신앙을 갖지 않은 불신자 어르신들도 스스로 당신도 믿겠다고 하시는 어르신들이 가끔씩 나오시므로 저희들은 큰 보람으로 여기고 있습니다.

그런데 빛이 있으면 어두움이 있듯이 많은 어르신들은 비교적 행복하게 생활을 하시지만 어르신들 중에는 자신들의 문제와 가족 간의 갈등문제 그리고 개인 신앙문제 등으로 고민을 하시는 분들이 계십니다.

특히 어르신들께서 구원의 확신이 없으므로 천국과 지옥을 의심하기도 하십니다. 그리고 자신의 고질병으로 인하여 자신의 죽음을 인지하시고 죽음이 무섭다고 하시는 말씀을 하실 때 마음이 많이 아픕니다. 그럴 때 어르신들께는 우리가 믿는 하나님이 함께하심을 믿도록 안내하고 또한 성경 말씀으로 구원의 확신과 천국의 소망을 심어 갖도록 말씀과 기도로 권면을 해드리면 안정을 얻고 또한 천국 소망을 갖는 모습을 볼 수 있습니다.

저는 목사 사모로서 그동안 노인천국에서 어르신들을 섬기면서 많은 어르신을 심리상담해 오던 중 간추려서 어르신 12명의 임상상담 사례를 모아 노인천국 '시니어들의 임상상담사례'를 엮었습니다.

제가 바라기는 우리 노인천국의 직원 분들 그리고 노인복지관 등에서 종사하시는 분들과 또는 가정에서 어르신들을 돌보시는 보호자들에게 노인심리를 이해하시는데 도움이 되었으면 하는 마음으로 간추려 엮었습니다. 그리고 내담자(어르신)의 상담 내용에 대해서는 지면 관계로 단답 형식으로 엮었고 또한 성함도 익명으로 하였습니다.

1. 사모님! 나는 여자로 태어나 너무 억울해요(문○○ 86세).

황: 문 권사님! 저는 권사님의 말씀 속에서 지금까지 권사님이 어떤 삶을 살아 오셨나를 이해하게 되요. 아마도 젊어서 좀 고생을 하신 것 같으세요. 권사님은 제 한마디에 눈물을 닦으시면서 말씀하심.

문: 네 사모님 남모르는 고생했지요. 권사님은 이어서 지나온 과거의 고생스럽게 살아오신 사연을 수도꼭지에서 물이 나오듯이 어려서부터 성장 과정부터 노인천국 입소하시기까지 말씀하심.

황: 권사님은 젊어서부터 경제적 여유를 누리지 못하셨고 또한 남편분도 가정의 책임을 다하시지 못하셨고 또한 자녀들 4형제를 혼자서 키우셨으니 참으로 대단하셨어요. 권사님이 어머니로서 4명의 아드님들을 자랑스럽게 성장시켰기에 지금 효도를 받고 계시지요. 이 같은 행복은 '어머니'로서 가정을 잘 이끌어 오신 희생의 결과이며 더 귀한 것은 하나님의 은혜인 것 같아요. 그리고 자녀들 모두가 신앙생활 잘하고 효도하니 권사님만이 누리는 하나님의 축복과 은혜임을 믿으시면 더 행복하지요.

그리고 권사님이 여자로 태어난 것도 '하나님의 뜻'임을 믿으세요.

권사님! 이제는 생각을 바꾸어 보세요. 내가 하나님 은혜로 4형제 자식들 잘 키웠고 7명의 손주들도 권사님 덕분에 예쁘게 자라고 있으니 잘했다고 권사님 자신을 이렇게 칭찬해 보세요.

문: 남편 일찍 죽고, 자식들 줄줄이 넷……. 그것도 사내애들!이었으니 벌어 먹여야 하지요. 나 고생 참 많이 했지요. 그리고 남편 없이 혼자 산다는 것 참 힘들었어요.

황: 권사님! 대단하십니다. 여자 몸으로 그것도 남편 없이 어린 자녀들 4명 키우시고 골목 시장터에서 장사하시고 4형제 위해 고생을 많이 하신 것을 앎으로 그 자녀분들은 권사님을 왕비처럼 섬기고 효도하시는군요. 권사님 자제분들은 정말 효자이셔요. 여기 권사님 자식들처럼 자식들이나 며느리들이 면회 그렇게 많이 안 와요. 권사님은 고생은 하셨지만 인생성공 인생대박 나셨어요.

첫째, 자녀들 모두 예수 잘 믿고. 둘째, 효도하고 손주들까지 할머니 귀한 줄 알고 있더군요.

권사님! 모두가 하나님 은혜라고 여기셔요. 그러면 더 행복하십니다. 성경 한곳 보실까요?

(시30:10-12) 잘 들어 보셔요.

문: 사모님 얘기 들어보니 슬퍼만 할 것이 아니고 바꾸어 생각한다면 은혜가 될 것 같아요. 사모님! 평생 왜 여자로 태어나서 고생만 했나 서러웠는데 지금 사모님이 모든 일 '하나님 뜻'이라고 하신 말씀에 응어리가 녹아내린 것 같아서 고마워유.

황: 장하신 문○○어머니! 우리 문 권사님! 파이팅! 힘내세요(기도하시지요).

2. 예수쟁이들은 왜 부모 제사를 지내지 않나? 나 죽으면 제사 밥도 못 얻어먹을 것 같아 교회 안 가요.(김○○ 89세)

황: 어르신, 기독교는 살아계실 때 부모님께 효도 제사 드리고 있어요.

김: 사모님! 누가 산 사람에게 제사 지내나요? 헛소리입니다.

황: 제가 효도 제사 지낸다는 뜻은 살아계실 때 부모님께 효도하는 것이 진짜 효도지 돌아가신 후 제사는 아무런 의미가 없다는 뜻이지요. 우리 기독교의 제5계명 "네 부모를 공경하라" 이 명령은 살아 계신 부모님께 효도하라는 하나님의 명령이지요. 죽은 조상 제사한다고 효도가 아니라 살아생전 부모님께 잘 해드려야 진짜 효도이지요.

그리고 죽은 조상제사 드리는 것은 '우상숭배'로 성경은 금하고 있습니다. 그래서 기독교는 살아생전에 효도하기 때문에 제사는 의미가 없어요.

김: 그래도 죽은 다음에 아무것도 안 하면 서운하잖아요.

황: 어르신! 사람이 죽은 후에는 전적으로 하나님이 주장하시지 인간 육신은 아무것도 할 수 없어요.

그러므로 어르신도 저와 함께 예수 믿으면 좋겠어요. 어르신, 노인천국에서 예수 잘 믿고 구원받고 하늘나라 천국 가시면 인생 대박이고 성공이십니다. 그러므로 예수 잘 믿고 죄용서 받고 구원의 축복을 누리고 사시면 좋겠어요.

김: 내가 수년 동안 목사님과 사모님을 지켜봤는데 한결같은 마음 고맙고 지금까지 내게 죽음을 준비하라는 말을 하는 사람이 없었는데 사모님이 천국 지옥 얘기 해주어서 고민이 되었지요.

나는 부산에 있을 때 절간도 세 개나 지었어!

황: 어르신은 불심이 많으셨나봐요.

김: 나는 그게 내 인생의 자랑거리로 여기고 살아왔지. 그런데 사모님 얘기 들어보니 난 헛짓을 한 것 같아! 정말로 천국과 지옥이 있다고? 목사 양반과 사모님 보면 뭐가 있기는 있는 것 같구먼.

황: 네 확실히 있어요. 하나님도 살아계시고 예수님은 어르신의 죄를 위해 십자가에 죽으셨지요. 그리고 예수 믿는 자들 위해 천국을 만들어 놓으시고 안 믿는 자들 위해 지옥을 만들어 놓으셨어요.

김: 나는 불교니까 극락 가겠지?

황: 어르신, 극락보다 더 좋은 곳이 천국이지요. 그러므로 어르신도 더 좋은 천국 들어가시려면 꼭 예수님을 믿어야 합니다. 천국은 죄 있는 사람은

갈 수 없고 반드시 예수만 믿고 예수님의 십자가 피로 죄 씻음 받은 자만
이 가지요. 천국 가는 것입니다.

김: 그리고 사모님! 나보고 죄 있다고 하시는데 그것은 당치도 않소. 지금까
지 내가 적선도 많이 했고 부처님께 공양하기 위해 절도 세 개나 지었는
데. 그리고 내가 사업할 때 내 돈 떼어 먹은 사람도 어렵게 사는 모습 보
고서 불쌍해서 돈 갚지 말라고 했던 부산 할매다! 그런데 내 보고 죄인이
라고?

황: 네 어르신은 좋은 일 많이 하신 것 같지만 어르신의 죄는 예수 안 믿은 것
이 큰 죄이지요.
여기 성경에 로마서6:24에 "죄의 삯은 사망이라" 하나님이 말씀하셨어요.

김: 거참! 사모님 말씀 듣고 보니 지옥 있네? 예수 안 믿는 것이 가장 무서운
죄? 그리고 죄 값은 사망이면 죽음인데……. 죽으면 땅 속에 들어가는데
무슨 소리? 근데 사모님이 헛소리 할 분은 아니고…….

황: 어르신은 연세가 높아도 제 말을 다 이해하시니 참 좋아요. 그럼 제가 어
르신의 죄 문제 해결하는 방법을 설명해 드릴 것이니 잘 들어 보세요.
여기 성경 요3:16에 보시면 하나님 아들 예수님이 어르신의 죄를 대신
지시고 십자가에서 죽으신 것을 믿으시면 그동안 지은 어떤 죄라도 다
용서 받습니다. 기독교는요 내 공덕을 세우는 것이 아니고 그냥 순수한
마음으로 구세주 되신 예수님만 믿는다고 하시면(신앙고백) 모든 죄 다
용서하십니다. 그러면 '구원'의 선물을 주시지요.

김: 내가 예수교 위해서 한 일도 없는데 무슨 선물을?

황: 구원의 선물이란 바로 예수 믿는 자들이 자신의 죄를 용서받으면 하나님
께서 주시는 하늘나라 축복이지요. 그것도 어르신의 공로가 하나도 없어
도 하나님의 은혜로 주시는 구원선물입니다.

김: 사모님 얘기 듣고 보니 이 할매가 엄청 많은 죄인이구려. 그래도 다행히
사모님과 목사님이 수년간 하루도 빠짐없이 기도해 주고 잘해준 것은 이
늙은이가 불쌍해서 그토록 간절하게 늘 예수 얘기를 했구먼! 사모님(목사
님)! 나도 지금부터 사모님 믿는 예수님 믿을란다! 내 결심은 일수불퇴다!

황: 어르신 기적이네요. 처음에 저희들 보시고 원장님! 사모님! 나 여기 온 것은 내 늙은 한 몸 편안히 살다가 죽으려고 왔고 그리고 난 절을 세 개 지어 부처님께 공양한 진땡 불자(진짜 불교신자)!라고 하셨건만. 물론 저희 부부도 어르신 위해 수년 동안 기도를 했는데 우리 김○○고집쟁이 어르신 드디어 성공하셨네요. 하나님의 구원선물 받으신 것 진심으로 축하드립니다.

김: 사모님은 진정성으로 수년간 한결같이 이 늙은이를 입안의 혀처럼 살펴주니 내 맴이(마음) 움직였고 나 혼자 가만히 내 인생의 지나온 인생 돌아보니 한울님(하나님)(치아가 없어 발음문제)이 우리 두부 공장이 잘되고 자식들 다 대학 다닌 것은 하나님 덕(은혜)인 것을 이제 깨달았지.

황: 어르신, 예수 믿는 것은 아주 쉬워요. 먼저 예수님께서 어르신 죄를 지시고 십자가에서 죽으셨음을 믿는다고 고백하시면 다 됩니다. 어르신 저를 따라 해보세요(신앙고백과 영접기도).

그 후 어르신은 복음 듣고 천국 가셨습니다. 그토록 강퍅하셨던 어르신이 예수 영접하시고 신앙 고백하신 것은 하나님께서 예정하시고 택한 영혼이(준비된 영혼) 있음을 감사하고, 또한 주님 영접하기까지는 성령님의 강력한 역사가 있었음을 주님께 영광 돌립니다.

3. 왜 악한 자들이 세상에서 더 잘 되지요? (유○○ 86세)

유: 사모님, 세상의 악인들이 잘 되고 떵떵거리고 사는 것 보면 은근히 화가 치밀어 올라와요.
제가 평생 교직에서 지내다 보니 세상은 참으로 불공평한 것 같아요.

황: 권사님 같이 점잖으신 어르신이 그런 생각 드시는 것은 권사님 잘못이 아니라 바로 거룩한 분노이지요. 권사님과 같은 생각을 가진 분이 많아요. 구약의 다윗도 악인들의 번성에 대해 거룩한 분노심이 있었지요. 이런 정의감! 분노는 누구나 갖고 있는 살아 있는 양심이지요.

제가 성경 말씀(시73:17-27)을 보면서 설명해 드리겠습니다.

"내가 악인의 형통을 보고 오만한 자를 질시(시기)" 하였습니다. 그 이유는 악인들이 형통의 삶을 살기 때문이지요. 그런데 성전에서 기도하다가 깨닫게 되었어요. 그리고 악인의 결말은 망한다는 것을 깨닫고 자신은 더 큰 복을 말하기를, "하나님을 가까이함이 복이"라 했습니다.

잠언 성경에도 "네 마음으로 죄인의 형통을 부러워 말고 항상 여호와를 경외하라, 정녕히 네 장래가 있겠고 네 소망이 끊어지지 아니하리라"(잠23:17)고 했어요.

그리고 신약 한 번 더 보실까요. (약5:1-5) "교만한 악인들은 일시적으로 세상에서 잘 되지만 결국 하나님 심판으로 인생 끝이지요." 예수님도 "세상 끝날에 불법이 성행하리라" 하셨고, 또한 (시1:6) "무릇 의인들의 길은 여호와께서 인정하시나 악인들의 길은 망하리로다" 했어요.

유: 그렇기는 한데 세상이 너무 악해서 마음이 편치 않아요.

황: 네 그럴 수도 있으시지요. 아마도 세상이 악하고 악인들이 득세하는 것 보시고 화가 나는 것은 의식이 깨어 있는 사람이라면 공통적으로 느끼는 것이지요.

유 권사님께서 연세가 높지만 악한 것들을 보고 느끼고 불의한 현실을 통탄하시는 것은 그래도 영적으로 깨어 있으신 어르신이기 때문이지요. 그리고 분노를 느끼지만 발하지 마시고 그 영혼들을 불쌍히 여기어 주시라고 기도하는 것이 우리 신자들의 사명으로 아시고 항상 깨어 기도하시면 좋겠습니다.

- 내담자는 초등학교 교직 생활하시다 퇴직한 어르신입니다(권사님 함께 기도하시겠습니다)

4. 사모님! 나 죽기 싫고 죽음이 무서워요. (남○○ 86세)

황: 네! 그런 생각은 사람이라면 다 똑같지요. 그래서 신앙이 대단히 중요하지요.

죽음은 모든 사람들의 운명이지요. 그리고 성경 말씀 보시면 "한번 죽는 것은 사람에게 정하신 것이요 그 후에는 심판이 있으리라"(히9:27) 말씀하셨어요.

남 권사님, 그런데 죽음도 두 가지가 있어요. 하나는 정말 무서운 죽음인데 하나님 믿지 않고 죽는 것은 영원한 불행이지요. 그러나 권사님처럼 예수 믿는 신자들의 죽음은 하나님께서 '귀중히' 보신다고 시편(시116:15)에서 말씀해 주셨지요.

그러므로 권사님 죽음에 대해 너무 괴로워하지 마세요. 그리고 권사님은 신앙으로 무장하시고 지금부터는 죽음에 대해 바로 아시면 죽음으로부터 자유함을 누릴 수 있어요.

권사님이 이화대학 나오셨지요? 이대 총장 지내신 김활란 박사님이 돌아가시기 직전에 지인들과 제자들 부르더니 나 죽거든 슬픈 장례식이 아니라 '천국환송식' 찬송가 493장(구545장) 천국환송예배로 부탁하시고 운명하셨어요. 권사님 힘 드시지만 저와 함께 493장 찬송 한번 불러 보실까요.

이런 모습은 김활란 박사님이 천국소망 확신하시므로 죽음 앞에서도 담대 하셨겠지요. 권사님도 그 선생님의 제자이시므로 동일한 신앙과 천국소망 확신 하시고 죽음 앞에서도 담대하시면 자녀분들도 얼마나 좋아하시겠어요.

그리고 권사님께서 그렇게 되시려면 예수님이 권사님의 죄를 대신 지시고 십자가에서 죽으심을 확실히 믿으세요. 우리 노인천국 자랑이 무엇인지 아시지요.

남: 날마다 새벽기도 드리는 것이지요.

황: 그렇지요. 그리고 새벽기도 마친 후 우리와 원장님과 함께 외치시는 '구호'가 뭐지요?

남: 예수님 은혜로 죄 사함 받았습니다! 예수님 은혜로 구원 얻었습니다! 예수님 은혜로 하나님 자녀가 되었습니다! 예수님 은혜로 나는 오늘 죽어도 천국 갈 줄 믿습니다! 할렐루야 아멘!

황: 역시 남 권사님은 머리가 좋으신 어르신입니다.

권사님이 이제 말씀 하신대로 구원의 확신을 갖고 또한 천국 소망을 확실히 믿으시면 불안한 마음이 평안하게 될 것을 믿으세요. 권사님 제가 말씀 드리는 것 충분히 이해 가시는지요?

남: 네 사모님! 머리로는 이해가 가는데 근데…….

황: 권사님이 지금 꼭 의지하고 믿을 분은 오직 예수님뿐입니다. 우리 예수님이 죄도 용서해 주시고 구원의 축복 주셨고 또한 천국 소망도 주셨기에 권사님은 죽음을 두려워하시기보다 죽음을 펄쩍 뛰어넘어야 남편 되신 집사님도 천국에서 만나시게 됩니다. 꼭 믿으시면 평안을 주십니다.

그리고 호 목사님께서 매일 안수기도 하시면서 늘 주신 말씀 어디지요?

남: 시23편 말씀 그리고 요14:1-6이지요.

황: 권사님께 아주 꼭 필요한 말씀이시네요. 이 말씀 늘 붙잡고 읽고 특히 말씀 보실 때 더 큰 은혜 되도록 이렇게 읽으세요. 자! 시23편 말씀에 "여호와는 나의 목자시니: 내가 부족함이 없으리로다"를 "여호와 나의(춘자) 목자시니.. 내가(춘자) 부족함이 없으리로다" 나의, 내가, 단어 속에 권사님 이름을 넣고 읽으시면 아주 큰 은혜가 되지요. 권사님 꼭 그렇게 성경 보시고 찬송가는 563장(구411장) 늘 부르세요. 권사님! 샬롬! 함께 기도 하시겠습니다.

5. 저는 결혼 초에 남편이 나를 버린 것에 대하여 분노하고 너무 속상해 했어요.(윤○○ 90세)

그 후에 혼자 사느라 고생을 많이 했어요. 그런데 예수 믿은 후부터는 오히려 남편이 불쌍해서 지금은 매월 첫 주에 소원예물 드리면서 영혼 구원해 달라고 기도해요. (윤○○ 90세)

황: 네 권사님은 정말 큰 은혜를 받은 어르신이네요.

남편 분께 배신당하시고 남의 집 가정 도우미로 혼자서 외아들을 키우고 공부 시키고 가정 이루게 하셨으니 장한 어머니 윤 권사님 최고이시네요 권사님 손보니 권사님의 수고를 말해 주고 있네요. 장하시네요.

그리고 권사님은 매월 남편 오○○씨 회개하고 예수 믿고 구원받으라고 매월 첫 주일에 소원예물 드리는 그 신앙! 남편을 용서하는 그 갸룩한 마음! 하나님이 주신 마음이네요.

권사님! 존경스럽습니다. 그리고 권사님 기도대로 남편 되신 어르신도 회개하고 예수 믿을 줄 믿습니다.

윤: 남편은 70년 전에 나를 버리고 건널 수 없는 강을 건넜지만 그 영혼만이라도 구원받기를 기도는 하고 있지요

황: 우리 윤 권사님은 그런 남편을 용서하시고 기도하시니 정말로 예수님 말씀대로 살아가시는 멋쟁이 권사님 파이팅이십니다.

이런 일은 보통 사람은 할 수 없는 용서입니다. 흔히들 "그 웬수! 나는 내 눈에 흙이 들어가기 전에는 그 인간 용서 못해요"라고 하시는 어르신도 있는데 윤 권사님은 넘 훌륭하십니다.

권사님! 오래토록 건강하시고 반드시 그 남편분에 대한 좋은 소식이 기대됩니다.

절대로 낙심하지 마시고 계속 기도하세요. 저희도 계속 기도하겠습니다.

권사님 성경 한곳 보실까요?

오늘 말씀 (막11:24) "그러므로 내가 너희에게 말하노니 무엇이든지 기도하고 구하는 것은 받은 줄 믿으라. 그리하면 너희에게 그대로 되리라"

권사님! 하나님이 제일 기뻐하시는 기도는 영혼구원 위한 기도이지요.

그리고 (롬12:17-21) 말씀을 제가 천천히 읽어 드릴 테니 잘 들어 보세요. 권사님은 모든 사람과 화평하시라는 말씀을 순종하시고 또 원수 아닌 남편 어르신을 용서하시고 회개하고 예수 믿도록 기도하시는 선한 마음을 하나님이 대단히 기뻐하실 줄 믿습니다.

권사님 힘내세요! 사랑합니다. 참! 권사님 성경 말씀 하나 더 주시네요.

눅18:1-8입니다. 좀 죄송한 말씀인데 여기 과부된 여인의 애간장 마르고 절규의 기도인데 낙심하지 말라는 말씀으로 반드시 응답 주신다는 약

속입니다. 할렐루야 아멘! (기도드리겠습니다)

- 권사님은 이제 몸이 쇠약하시어 대화도 어렵고 이제 간단한 몸짓으로 소통
합니다.

6. 믿는 것은 다 같은데 꼭 예수교만 믿어야 하나요?(황○○ 80세)

그리고 예수교만 구원 있다는데 불교는 '극락'이 있지요.

황: 제 말이 맞나요? 틀리나요?

황사모: 네! 어르신 편에서는 맞는 말 같고, 제 입장에서는 맞지 않는 내용이네요
예전에 저희 교회에 불교 집안에서 3대째 주지 스님이셨던 분이 회개
하고 예수 믿고 목사님 되셔서 간증 집회 강사로 오셨어요. 당신이 3대
주지 스님으로 예수 믿게 된 동기를 말씀하셨을 때 저희 교인들이 많이
은혜를 받았어요.

그분은 김○규 목사님이신데, 그 간증을 들려 드릴게요. 들어 보시고
어르신이 잘 판단해 보세요.

하루는 주지 스님이 시주 받으러 다니는데 어떤 사람이 "스님도 예수
믿고 천국 가세요" 하면서 배낭에 예쁜 카드를 넣은 것 같아 사찰로 돌
아와 밤에 읽어볼 때 불교와 기독교를 비교하니 자신이 믿는 불교의
허구성이 많은 것을 발견하였어요. 지금까지 스님으로 살면서 인생의
근본 문제인 '생사화복'으로 불교에서는 '생로병사'로 자신의 공덕에
따라 '윤회'하고 '환생'된다고 배웠데요.

그런데 기독교는 인생의 근본 문제는 '죄'를 지적하면서 "죄의 삯은 사
망이요 예수님의 은혜로 영생이라"는 (롬6:23) 문구를 본 후 기독교에
대한 호기심이 더 발동하기 시작되었어요.

주지 스님은 나름대로 불교에 대해서는 지식이 있지만 기독교에
대해서는 무지하므로 그때부터 본격적으로 성경도 읽으면서 자신의
내면에 남모르는 고민과 어두움이 물러나는 듯한 것을 느끼게 되었습
니다.

그 후 주지 스님 나름대로 불교와 기독교를 비교해 보았데요.

첫째, 불교의 교주 '석가모니'는 출가하여 살던 중 이질 걸려 사망하고 무덤은 인도의 산치에 있는데 예수는 죽어서 3일 만에 부활하며 무덤이 없어요.

둘째, 불교는 죽음 후 공덕에 따라 환생(윤회설) 되는데 예수는 부활이 있고요.

셋째, 불교는 자신이 수행하고 공덕으로 극락세계 들어가는데 기독교는 십자가 예수님만 믿으면 죄 용서를 받고 구원받고 천국 간다.

그후 주지 스님은 승려 생활 청산하고 대전 목원대학교와 대학원에 신학 공부 후 목사가 되고 부친도 모 지역의 주지 스님이신데 전도하여 개종하셨어요.

김진규 목사님은 진리를 제대로 깨달은 분이셨지요. 그래서 당신은 아래의 두 곳의 말씀을 너무 좋아 한답니다.

"나는 길이요 진리요 생명이니 나로 말미암지 않고는 아버지께로 올자가 없느니라"(요14:6)

"주 예수를 믿으라. 그리하면 너와 네 집이 구원을 얻으리라"(행16:31)

주지 스님은 자신은 지난날 정신적으로 방황하고 신앙적 갈등으로 진리에 목말라 하던 중 어느 길 가던 행인의 전도지 한 장이 자신의 운명을 바꾸어 놓는 역사로 본인은 목사가 되었다고 합니다.

그런데 마음 한편에 자신의 부친에 대해 인간적인 배신 같아서 오랫동안 기도하고 부친의 영혼이 불쌍한 마음으로 잠 못 이루고 지내던 중 하루는 부친을 찾아뵙고 자신의 운명이 바뀌게 된 것을 진솔하게 눈물 흘리면서 모든 말씀을 드렸습니다. 그런데 화를 내실 줄 알았는데 부친은 조용한 목소리로 "아들이 참 진리를 '구도'했으니 늙은 나도 아들이 믿는 예수교를 믿어야지" 말씀하시므로 자신의 부모님까지도 구원 받았음을 간증해 주셨어요.

• 전직 스님인 김진규 목사님은 필자 교회 집회 강사로 오셔서 비교종교론 강의로(불교와 기독교) 은혜를 끼치고 60여명 지인 스님들을 개종시켰다고 하셨어요.

종친 어르신! 꼭 예수 믿고 천국소망 갖고 남은 여생 행복하게 사세요. 감사 합니다.

7. 사모님, 원숭이가 인간의 조상인 것 아시지요?(교장○○ 90세)

교장님: 사모님! 창조론을 믿으십니까? 저는 진화론을 믿습니다. 제가 대학에서 생물학을 전공하였고 중고교에서 40여년 생물을 가르쳤어요. 그리고 가보지 못한 천국을 어떻게 믿어요.

황: 교장 어르신께서 생물학 전공하셨다고요? 그 연세에 대학 공부를 하셨다니 좋으신 부모님을 만난 것 같습니다.

그런데 어르신 "진화론은 허구와 가설"로 증명되었는데 모르시나요?

진화론은 19세기 영국 찰스 다윈이 주장한 학설로 성경과 정반대 사상입니다.

예수 믿는 사람은 성경에서 말하는 창조론을 믿고 있지요.

"태초에 하나님이 천지를 창조하시니라"(창1:1)

교장님은 연세도 높으신데 좀 섭섭한 말씀 같지만 세상은 변하고 지식도 변하지만 '진리'는 변하지 않지요. 자연 법칙도 해가 지고 다음 날 다시 뜨는 자연 진리지요.

교장 어르신께서 믿는다는 진화론은 많은 의문에도 불구하고 분명한 답이 없는 것이 이론이고, 이미 퇴색된 허구뿐이지요.

교장 어르신이 신봉하는 진화론과 제가 믿는 창조론에 대해서는 많은 시간이 필요할 것 같으니 제가 시간 만들어서 따로 대화하도록 하시면 어쩌시겠어요.

그 대신 집에 있는 성경 말씀을 창세기, 시편, 잠언, 전도서를 꼭 읽어 보세요. 그래야 다음 뵐 때 대화가 될 수 있겠어요. 그리고 다음 얘기 내용은 무엇이지요.

교장님: 사모님! 천국을 믿습니까? 저는 천국 지옥도 안 믿어요. 죽으면 끝인데 무슨 천국 지옥이 있어요. 제가 교회에 수십 년간 나가는 것은 그저 수양 삼아 가는 것뿐이지요.

황: 교장님! 있는 천국과 지옥을 내가 부인한다고 하여 천국과 지옥이 없어지는 것 아니므로 겸손한 마음으로 믿는 것이 복이십니다.

이제 연세도 높으신데 내세를 준비하시고 사셔야 합니다.

"한 번 죽는 것은 사람에게 정하신 것이요 그 후에는 심판이 있으리니" (히9:27).

이 말씀은 믿는 자에게는 천국소망을 주시지만 교장님 같으신 분들께는 소름 끼치는 두려운 말씀인데 어쩌신지요? 그러므로 이제는 죽음을 준비하시고 천국소망 갖고 사시면 좋겠습니다.

교장님: 사모님! 죽는 것도 제 팔자지요.

황: 어르신 팔자도 하나님이 다 주관하시지요. 어르신 '이어령 교수님' 아시지요?

교장님: 우리나라 문화부 장관 지내셨지요. 그리고 우리나라 최고의 학자이지요.

황: 역시 지성인이시라 잘 아시네요

이어령 교수는 자신의 지식을 최고로 알고 사셨던 분이지요.

지식이 많다보니 신앙을 갖기 어렵지요. 그 이유는 모든 것이 먼저 당신 지식(머리)으로 이해 가야 믿는데. 신앙 더욱더 말도 안 되지요.

그런데 이 교수님은 예수 믿고 천국 가셨습니다. 그 어르신은 예수 믿을 수 없는 분이신데 당신의 따님을 통해서 하나님의 존재를 깨닫고 예수 믿고 세례를 받으시고 그 후『지성에서 영성으로』책을 쓰셨는데 자신의 신앙고백서이었지요. 그리고 암병이 퍼져 수술을 하셔야 하는데 그 분의 가족이나 지인들이 수술을 권해도 거부하시고 이렇게 말씀을 하셨어요. 자신의 죽음은 영원 세상(천국)으로 돌아가는 과정임을 말하고 죽기 전에 자기가 하나님을 믿어보니 하나님 살아서 존재하시고 천국과 지옥이 분명히 존재하는 것을 자서전 통해서 사람들에게 알려

주어야 한다는 사명감 갖고 병석에서도 죽음을 기억하고 살라고. 유언
적인 글을 남기고 2022년 2월에 돌아가셨지요.

교장님께서도 이어령 교수님의 삶속에서 무엇인가 배울 수 있지 않으
실까요?

교장님: 글쎄요! 그 사람은 자기 인생 살다 간 것이고 내 인생은 내가 사는
거지요.

황: 그렇지만 우리들보다 깨어난 지식인이자 미래를 볼 줄 아는 어르신
이기에 우리에게 많은 생각을 갖도록 하고 천국으로 떠나신 어르신이
지요.

그러므로 교장 어르신도 이제 이어령 교수님이 믿으신 예수 믿는다고
해서 인생 손해 볼 일 없을 것 같아요.

이어령 교수님이 교장 어르신만 못해서 예수 믿은 것도 아니고 정말로
인생의 사는 의미를 우리들에게도 좋은 삶의 모습을 보여 주셨으니 교
장 어르신도 생물학 지식만 자랑 마시고, 생물학을 창조하신 하나님을
믿으시고 복된 인생 사시기를 기도드리겠습니다.

• 교장님의 교회 출석은 형식적이면서 지금은 병석에 누워 계십니다.
이런 소식만 들리고 있습니다.

8. 사람이 죽어 화장터에서 한 줌의 재로 나오는 것 보면 너무 허무하고 얼마나 뜨거울까 생각하면 죽음이 좀 두렵기도 해요(심○○집사)

황: 심 집사님! 너무 두려워 마세요. 죽음 이후 우리에게는 부활하는 신앙
있지요. 우리가 믿는 예수님은 십자가에 죽으시고 3일 만에 부활하셨
어요. 장차 만왕으로 심판 주로 세상에 오실 때 신자와 불신자도 모두
부활하는데 신자는 '생명의 부활'로 영생 천국에 들어갑니다.

불신자는 예수 믿지 않으므로 '심판의 부활'로 주님의 심판받고 영원한
지옥에 들어가지요.

화장터의 재로 나오지만 우리 영혼은 하나님 나라에 들어가고 불탄 육

신의 재는 땅에 묻혀 있다가 주님 재림 때에 부활 몸으로 다시 살지요.

심 집사님, 기독교는 다른 종교와 차별화가 되요. 세상 종교는 부활이 없습니다.

혹 불교에서는 '윤회설' 주장하는데 윤회설이란 무엇일까요? "모든 생명 있는 것은 자신이 지은 업보에 따라 지옥, 아귀, 축생, 아수라, 인간, 천상의 육도 혹은 유취에서의 삶과 죽음을 반복한다"는 불교의 교리의 하나입니다.

그러나 기독교 교리는 예수 믿고 구원받은 신자는 선한 부활로 영혼과 육신이 합해지는 것이 진짜 부활이지요. 이 말은 어떤 성인이 말한 것이 아니고 실제로 인류의 죄를 대신 지시고 십자가에서 죽으셨다가 3일 만에 부활을 경험한 "예수님이 직접 말씀" 하신 것입니다.

예수께서 가라사대 "나는 부활이요 생명이니 나를 믿는 자는 죽어도 살겠고"(요11:25). 네 집사님 꼭! 부활 신앙 가지면 절대 허무하지 않습니다.

심: 사모님! 부활은 신비한 것 같습니다. 그런데 이런 경우는 어떻게 부활이 될까요?

제 친구가 어부인데 바다에서 고기 잡다가 갑자기 불어오는 폭풍에 의해 배가 전복되어 익사 사고사로 죽었습니다. 그런데 좀 거시기한 얘기인데요. 그 친구는 고기밥이 되었을 것이고 그럼 그 생선은 누군가에 의해 그물에 걸려서 밥상의 반찬으로 올라와 누군가가 먹었을 것인데…… 그럼 그때는 부활이 어떻게 되겠어요?

황: 심 집사님 말씀 듣고 보니 부활이 복잡할 것 같은데 그렇게 어려울 것 없을 것 같아요.

이유는 하나님은 전지전능하시고 창조주 하나님으로서 '무에서 유'를 만드신 하나님이신데 못 하실 것 없지요. 중요한 것은 부활 신앙 믿는 자가 복되지요.

심: 사모님 말씀 듣고 보니 빨리 이해가 되네요. 사실 저는 그동안 부활 신앙은 믿지만 내 친구 부활은 어떨까 하고 굉장히 궁금했었는데 이제 속 시원합니다.

황: 집사님이 잘 이해 하셨다니 고맙습니다. 그리고 집사님 식사는 잘 드시나요.

집사님! 우리 노인천국 어르신은 그야말로 천국생활하고 계신 것입니다.

이사장 목사님은 "어르신들을 왕처럼 잘 섬기라고" 직원회 때마다 당부하시고 어르신들의 좋은 식사 위해 영양사도 조리사 직원들도 여러 명 채용하셨지요. 호텔급 수준 같아요.

우리들이 평생 잘 산다 해도 영양사와 조리사 4명을 채용할 수 있겠어요?

정말로 노인천국 오신 어르신들은 하나님의 특별하신 은혜를 누리는 것 감사하며 사셔요.

그래서 호 목사님이 아침 예배 후 어르신들 행복 위해서 늘 하시는 말씀 아시지요! "식사는 밥맛으로 먹고! 밥맛 없으면 입맛으로 먹고! 입맛 없으면 사명감으로 먹자! 체력은 영력이다!(건강하셔야 새벽예배 나오시거든요) 이렇게 함께 외치는 것은 어르신들이 건강하셔야 자녀들에게 민폐를 주지 않기 때문이지요. 오늘도 행복 하세요(기도합시다).

9. 정말 하나님이 계신가요? 그 증거가 무엇이지요? (이○○ 86세)

황: 네! 어르신은 평소 하나님을 믿지 않으시기에 우리 기독교에 대하여 궁금하신 것 많으시겠지요. 어르신이 신앙이 없으시기 때문에 하나님에 대해 의심 가는 것은 당연하지요. 그러면 제가 믿는 하나님이 계신 증거를 설명해 드리겠으니 잘 들어 보세요.

첫째는 인간의 양심이 증거하지요(롬2:13-16).

하나님은 모든 인간에게 양심을 주셨어요. 그래서 양심은 마음의 거울이라고 하지요.

둘째는 자연만물 우주 천체는 하나님의 창조물이지요(창1:1, 시19:1-10).

오히려 과학은 하나님의 존재를 증명하는 것이 과학의 사명인데 과학자

가 하나님을 모르니 하나님 존재 증명은 못하므로 하나님 존재를 부정하
는 어리석음을 범하게 되지요.

우리나라 '정근모 장관'도 과학자로 하나님 믿는 신앙인이었지요.

셋째는 만물의 영장인 사람에게만 하나님의 형상인 영혼이 존재하지요.

"여호와 하나님이 흙으로 사람을 지으시고 생기를 그 코에 불어 넣으시니
사람이 생령이 된지라"(창2:7) 하셨지요.

네 번째는 절대자 하나님은 "영원 전부터 스스로 계신 하나님이심을 알려
주셨지요"(출3:14).

다섯째는 성경 말씀은 진리로 인간에게 주셨어요. 그래서 성경은 진리
이지요(시19:10, 딤후3:16).

어르신! 눈에 보이지 않다고 실체를 부인할 수 없겠지요. (공기, 바람, 전기)
를 통해서 알 수 있지요.

하나님도 인간 눈으로 볼 수 없지만 온 천하에 살아계신 분이시지요.

이: 오늘 사모님 얘기 듣고 보니 하나님 있는 것 같기도 해서 고민해 보겠습
니다.

황: 어르신 고민할 것 없어요. 참 신(하나님)은 인간이 볼 수 없습니다. 그리
고 하나님은 영원 전부터 계신 하나님이십니다. 그 하나님은 말씀 한마디
로 온 우주 만물을 창조(아무것도 없는 중에서 만드심)하셨습니다. 그리
고 하나님은 인간들로 하여금 영광을 받으시기 위하여 자신의 형상대로
인간을 지으셨지요. 그러나 마귀의 유혹과 인간의 욕심이 맞물려 인류의
조상 아담과 하와는 하나님의 법인 선악과를 따 먹으므로 이 세상에 죄가
들어오게 된 것입니다.

그런데 하나님은 아담과 하와의 죄를 용서하시기 위해 가죽옷을 입혀 주
시므로 용서하셨어요.

마찬가지로 오늘날도 하나님은 죄인들을 구원하시기 위해서 독생자 예수
님을 십자가에 못 박혀 죽게 하시면서까지 우리 죄를 용서하신 것은 하나

님의 존재 증명이 되고도 남지요.

어르신, 누구든지 예수님이 자신 죄를 대신 지시고 십자가에 죽으셨음을 믿고 입으로 시인하시면 구원 얻지요. 이 또한 하나님의 사랑이자 구원의 축복은 하나님 계신 것을 말하지요.

그래서 성경(요3:16)의 말씀 보시면 하나님의 계심을 잘 설명되었어요. 몸도 불편하신데 제 설명을 잘 들어 주셔서 감사드립니다.

그리고 어르신이 보이지 않는 하나님 부인해도 그 하나님은 지금도 살아 계시지요. 사실 하나님을 부인하면 자신을 부인하는 어리석음을 말하는 것과 같지요.

심: 네 그렇군요. 내가 몰라서 그렇지 하나님 신은 오래전부터 계셨군요. 저도 몸이 회복되면 곧 교회에 나가서 하나님을 열심히 믿겠습니다.

황: 감사합니다(제가 기도 한번 해드리고 싶은데 어떠세요? 네(기도합시다).

10. 예배는 번거롭게 매일 드려야 할 이유가 있나요? 일요일 한 번으로 되지요. 날마다 예배가 부담스러운 때가 있어요.(정○○ 75세)

황: 네. 먼저 예배의 기원을 아시면 예배의 중요성을 아실 것 같습니다.

신약시대 예배는 구약 시대 제사와 깊은 관계가 있지요. 구약의 5대제사가 있지요. 번제, 소제, 화목제, 속죄제, 속건제는 각각 의미가 있지요 신약시대 예수님은 정 집사님 죄를 지시고 단번에 죽으심으로 구원해 주셨어요(히7:27, 10:10-14).

정: 저도 그렇게 믿고 있어요.

황: 하나님께서 집사님 구원하신 목적은 예배를 받으시려고 하셨어요(엡1:3-14). 구원의 감사로 하나님 찬양이 예배이지요. 그래서 예수님도 예배의 중요성을 말씀해 주셨어요(엡4:23-24).

구약 이사야 선지자는 "이 백성은 내가 나를 위하여 지었나니 나의 찬송

(예배)을 부르게 하려 함이니라"(사41:21)고 했어요.

정: 정말로 하나님만 예배 드려야 하는 것이 맞는 것 같네여.

황: 그렇지요.

예배는 구원받은 은혜 보답으로 감사한 마음으로 자원하여 드립니다. 예배는 거룩한 의무이지요.

정: 그런데 어느 때는 예배가 너무 부담스러운 적도 있을 때가 있어요.

황: 그럴 수도 있으련만 그래도 신자들은 예배를 거룩한 사명감으로 알고 드리면 큰 은혜 주시지요.

예배는 신자와 하나님과의 소통과 교제의 수단이지요. 그러므로 예배는 인간의 특권입니다.

정: 구원받은 모든 신자는 예배의 삶을 위한 예배자로 살아야 한다는 원리를 원장 목사님이 예배시간에 늘 말씀하실 때 "예배 실패는 인생 실패! 예배 성공은 인생성공!"이라고 가르쳐 주셨지요

황: 정 권사님, 또 다른 생각나는 말씀이 무엇이지요?

정: 아! 네 사모님 예배에 목숨을 걸어라 했지요.

황: 그래도 권사님은 총기가 좋으시네요.

정: 뭘요 하나님 은혜이지요. 사모님! 신앙생활 열심히 할게요.

그리고 예배가 중요한 줄 다시 한 번 알게 되어서 좋아요.

황: 평소 식사 잘 하셔야 건강하므로 새벽예배 빠지지 않고 나오시게 되지요.

정: 사모님! 밥맛이 없을 때도 있어요.

황: 그렇다고 안 드시면 체력이 떨어지고 예배 참석 힘들지요.

정: 그런 것 같아요.

황: 우리 목사님이 식사 잘 하시라고 강조할 때 무슨 말 하신 것 기억나세요?

정: 아 네! "밥맛 없으면 입맛으로 먹고! 입맛 없으면 사명감으로 먹자!"

황: 그것은 건강 위해서 식사하시라는 것이지요. 권사님! 식사 잘 하세요.

내일도 건강한 모습으로 예배시간에 뵙겠어요. (기도하실까요)

11. 사람이 죽으면 모두 끝이지 또 어디서 살아요?(초신자 박○○ 83세)

황: 성경에서 인류 역사 시작과 천지 만물의 시작은 하나님의 창조로 설명되고 있지요. 하나님 말씀인 성경을 자세히 보면 인간의 삶에 대하여 세 시대로 말씀하지요.

첫째는 '태아 시대'로 모태로 잉태되어 태아로 10개월 사는 생애가 있고요.

둘째는 '현세시대'로 모태에서 나와 육체를 갖고 세상에 사는 동안에 하나님이 주신 수명을 누리고 사는 생애를 말하지요.

셋째는 '내세 시대'로 죽음 이후 영혼이 사는 영원한 내세가 있는데요.

내세는 신앙 여부에 따라서 신자는 영원한 천국으로, 불신자는 하나님의 심판 받고 저주의 삶을 사는 곳이 있지요. 바로 지옥입니다.

"죽은 자들이 무론 대소하고 그 보좌 앞에 섰는데 책들이 펴있고 또 다른 책이 펴졌으며 곧 생명책이라 죽은 자들이 자기 행위를 따라 책들에 기록한 대로 심판을 받으리니"(계20:12-15).

인간이 천국과 지옥 부인한다고 사라지는 것이 아니고 인간은 누구나 죽음을 통해 하나님의 준엄한 심판을 받고 신앙 여부에 따라 천국과 지옥에서 영원히 사는데, 그렇다면 어르신 죽음 이후 영혼을 어디에서 영원히 보내시겠어요? "믿는 자 천국! 불신자 지옥!"이라고 성경은 말씀하시고 있습니다.

"주 예수를 믿으라. 그리하면 너와 네 집이 구원을 얻으리라"(행16:31)

박: 사모님 말씀 듣고 보니 소름이 끼치네요.

황: 왜 그러시지요?

박: 사실 교회에서 목사님들이 천국과 지옥을 설교하시는데 그 말이 확 와 닿지 않았는데 오늘은 천국은 좋은 것 같고 지옥은 무서운 것 같아요.

황: 그렇지요. 그래서 예수 잘 믿고 천국가자고 하시는 것이지요. 천국은 아무나 가는 곳이 아니라 구세주 예수님을 확실하게 믿는 자만이 가는 거룩

한 곳이지요.

또한 지옥 동네 들어가는 사람은 주변에서 그렇게 많은 전도자들의 전도를 들었을 텐데도 자기 고집 세우고 신앙을 거부한 자들이지요. 예수 믿지 않는 사람들은 지옥문 앞에서 후회하련만 이미 때는 늦었지요. 천국 지옥 결정은 우리가 살아 있는 동안에 이미 결정 짓는 것이지요. 그러므로 인생을 함부로 살아서는 절대 안 되지요.

박: 저도 앞으로는 확실하게 믿도록 노력해야 겠습니다(기도하겠습니다).

12. 구원받은 사람은 죄를 지어도 회개 필요 없고 기도할 필요도 없다고 하는데요! (면회 온 보호자, 김○○ 60세)

황: 어서 오세요. 멀리까지 부모님 찾아오시느라 고생하십니다. 효자는 참 힘이 드는 것 같아요.

김: 저는 김 ○○ 어르신 아들입니다.

황: 수고하셨어요. 그리고 어머님은 잘 계십니다. 어머님은 점잖으신 분이시며 정도 많으시고요.

김: 고맙습니다. 사모님! 그런데 사모님 저희는 '○○파 교회' 다닙니다. '○○파' 들어 보셨어요?

황: 그럼요 예전에 성신대학에서 비교종교학(불교, 유교, 이슬람교 연구)을 배우고 그리고 이단 연구 과목도(통일교, 전도관, 여호와증인, 엘리야 복음선교회, 구원파) 배우지요.

김: 사모님! 우리 ○원파 진리가 참 진리 같아요. 지금은 은혜 시대로 '율법'을 믿지 않지요. 그런데 다른 교회는 율법에 얽매여 신앙생활 하는 것 같아서 안타까워요.

황: 기독교 진리를 잘 모르는 사람들이 그곳의 교리를 자꾸 듣고 그 동네 가르침을 자꾸만 배우면 결국 각인이 되어 추종하게 되는 것이지요. 솔직히

말씀 들으면 거짓말도 자꾸만 들으면 세뇌되는 것이지요.

김: 저희 교회는 죄 사함 깨달으면 단번에 구원 받아요. 그리고 구원의 근거는 '내적 깨달음에 있고 또한 지금 은혜 시대이므로 모든 율법을 배척합니다.

그래서 교회의 십일조, 교회 직분, 기도, 주기도문 등 종교적 형식이므로 우리는 율법을 배척하지요.

황: 보통 정통교단에서 가르치는 교리와 성경 말씀은 목사님들이 기도하시고 성경연구하고 하나님의 뜻을 밝히려고 노력하고 연구하고 공부하지요.

그러나 이단 집단에 빠진 사람들은 착각합니다. 교주들은 성경을 성경이 말하게 하려는 것이 아니라 성경을 자의적으로 해석하므로 구원받은 사람은 기도할 필요 없고 또 다시 회개할 필요 없다고 하지요.

우리 정통 기독교는 '믿음으로 구원' 받는다는 신앙입니다. 일반적으로 이단들은 정통 기독교에 대해 '십일조'는 '율법주의'는 식으로 성경을 왜곡하지요. 십일조 정신은 하나님 주권 사상을 인정하는 우리의 신앙고백이지요. 또한 구원 문제인데, 보통 구원은 교주인 자신을 믿어야 구원 받는다고 새빨간 거짓말을 하지요. 또 선행을 쌓아야 구원 받는다. 즉 어떤 목적을 달성하는 수단으로 성경을 왜곡해요.

성경은 구원 조건 아무것도 필요 없이 다만 예수님을 자신의 구세주로 믿을 때 주어지는 하나님의 선물이지요. 선생님 (엡2:8,9) 한번 찾아 읽어 드리겠습니다.

그리고 한 말씀 더 드리는 것은 우리가 구원받고 천국 가는 것은 우리의 노력과 공로로 절대 불가한 것이고, 구원은 오직 예수 믿음으로 예수님의 십자가 공로 은혜로 얻는 것임을 아서야 하지요.

보통 이단들은 많은 사람들을 잘못 인도하고 있지요. "구원 받으려면 본인의 노력과 희생 정성이 있어야 천국가고 상급 받는다." 성경에 없는 감언이설로 감정에 호소하므로 결국은 '헌금'을 착취하기도 하는 것이 이단들의 특징입니다. 그리고 성경에는 이단들의 심판과 특징을 말씀하고 있어요.

성경 (벧후1:20-21)은 성경을 사사로이 풀어내지요(신천지 비유, 전도관의 두 감람나무). 큰 심판 받지요.

더 무서운 말씀은 (계시록22:18-19)입니다. 어떠세요? 대단히 두렵지요? 그리고 이단들의 정체는 바로 이것입니다(벧후2:1-3).

오늘 제가 드리는 말씀은 제 지식과 상식이 아니고 인간의 생사화복을 주장하시는 하나님의 말씀입니다. 제가 듣기 좋으시라고 드리는 말씀이 아니고, 대개 이단에 빠진 분들은 본인들은 아니라고 하고, 그러면서 자신들이 교육받은 성경 구절로만 아전인수격으로 자기들이 진리라고 하고 그리고 듣지를 않으려 하는데. 역시 김 선생님은 어머니처럼 마음이 좋으신 분 같습니다. 오늘 집에 가시면 저와 나눈 대화를 조용히 곱씹어 보세요.

김: 네 사모님 오늘 어머님 뵈고 가면서 이전에 알지 못한 것들을 듣고 보니 지금 헷갈리는 것 같아요.

황: 그런 현상은 좋은 징조이지요. 네 댁에 가시면 조용한 시간에 성경 말씀을 읽어 보세요. 특별히 요3:16, 엡2:8-9, 롬1:17, 롬6:23, 마7:7-9, 롬12:1-2을 보세요.

이 같은 말씀은 구원은 예수 믿음으로 얻고 기도는 하나님의 명령과 주님의 요청이지요. 그리고 우리는 날마다 회개하고 쉬지 않고 기도하고 성령님의 은혜로 자신과 세상 그리고 죄를 이기므로 점진적으로 '성화'되는 것이 거룩한 삶이지요.

김: 사모님, 오늘 많은 도전을 주셨어요. 많이 참고가 되는 것 같습니다.

한 가지 부탁은 저희 어머님 잘 부탁드립니다.

황: 네! 염려 마세요. 저희 직원들은 여기 오신 어르신들을 그냥 노인 어르신으로 모시지 않습니다.

우리 직원분들이 자신의 위치에서 최선을 다해 케어 하시지요.

저희 이사장님은 기독교 신앙 6대 가정으로 목사님으로 20여 년 전에 노인천국을 설립하셨어요. 지금까지 수많은 어르신들 편히 생활 하시다가 소천하셨지요.

저희 이사장님 노인천국 운영 정신은 타 요양원과는 하늘과 땅 차이지요. 어르신들은 하나님이 보내신 예수님처럼 잘 섬기라고 늘 하시지요.

이와 같은 정신으로 직원들은 어르신들을 너무 귀하게 존중하지요.

보호자님께서 보시듯 우리 요양원은 자연 친환경의 분위기이지요. 언제나 맑은 산소와 우거진 숲 그리고 새들의 노래 소리와 전면에는 백운계곡에서 흐르는 냇가가 있지요. 서울에서 거리도 수도권 거리로 대중교통으로 보면 동서울(전철: 강변역) 터미널에서 1시간 10분 거리 되지요.

김: 사모님 생각보다 장점이 많은 노인천국이네요. 암튼 저희 모친 잘 부탁드립니다.

그리고 주변에 친구 부모님들도 계신데, 감동 받은 대로 주변 친구들에게 부모님 안심하고 맡길 만한 노인천국 소개해 보겠습니다.

황: 감사합니다.

김: 참 사모님! 종교는 달라도 상관없는지요?

황: 그럼요. 저희는 종교와 상관없이 어르신들 남은 여생 노인천국에서 사시다가 예수 잘 믿고 천국 가시도록 안내하지요. 그래서 노인천국은 천국 가는 '정거장'이지요. 부담 갖지 마시고 소개해 주시면 감사하지요.

김: 사모님! 오늘 상담 하면서 저희가 듣지 못한 말씀들을 듣고서 약간 우리 교회에 대한 회의심이 들어요. 그 이유는 구원 문제? 죄 문제? 대해 말씀 하시는데 이렇게 차이가 나는군요.

황: 제가 성경 얘기를 해도 끝까지 관심 갖고 들어주셔서 감사합니다. 대개 편협한 생각을 갖고 계신 분들은 무조건 자기 나가는 교회가 진짜라고 하면서 거부하는데 보호자님께서는 특별하시네요.

다음에 오실 때 궁금하신 신앙문제 있으면 적어 오시고 우리 원장 목사님과도 대화 나누면 퍽 좋을 것 같습니다.

김: 네 궁금한 것 많은데, 시간을 만들어 뵙도록 하겠습니다.

황: 그럼 차 밀리기 전 어머님께 인사드리고 출발하시지요.

김: 네 감사합니다. 저희 어머니 잘 부탁드리고 갑니다.

황: 네 염려 마세요. 최선을 다해 모시겠습니다. 감사합니다! (기도드립시다)

- 우리 노인천국 오신 것은 지인 소개로 오셨는데, 아마도 그 지인은 정통 교회 다니시는 분 같습니다.

[참고문헌]

(국내서적)

김길성, 개혁신학과 교회, 총신대출판부, 2007.

김광렬, 구원과 성화, 총신대출판부, 2000.

김영무, 강도사 목사고시 가이드, 아가페문화사, 2010.

김영인, 복음치유 메세지, 세무선교회, 2016.

권성수, 성경을 따라가는 조직신학, 2024.

뉴 톰슨, 관주 주석성경, 성서교재간행사.

문병호, 기독론, 생명의 말씀사, 2016.

박성규, 참된 장로 참된 집사, 참된 권사, 익투스, 2025.

박형룡, 박형룡 저작전집 7권, 개혁주의신행협회, 2001.

변한규, 짤막한 조직신학, 서울, 한국복음문서협회, 1979.

이범배, 조직신학, 새한기획출판부, 2001.

양현표, 교회를 살리는 탁월한 장로, 집사, 권사, 솔로몬, 2024.

정문호, 성경도표 강해, 횃불, 1994.

정성구, 칼빈주의 사상대계, 총신대출판부, 1995.

정하섭, 12띠 이야기, 집문당, 1995.

정일웅, 개혁교회 예배와 예전학, 범지출판사, 2008.

최병수, 성령론, 기독교문서선교회, 2016.

최홍석, 인간론, 개혁주의신행협회, 2006.

차영배, 삼위일체론, 서울, 총신대학출판부, 1982.

호태석, 호세아, 호삼락, 청지기교리교육 강화훈련, 쿰란, 2014.

______, 기독교성품교육훈련, 국제청지기 훈련, 2016.

______, 개혁주의 성령론, 기독신문사, 2000.

헌법, 대한예수교장로회 총회 출판부, 2004.

신학지남, 김길성, 교회 기원과 본질연구, 2008년 가을호, 제 296호.

(번역서)

Herman Bavink, 김역규 역, 하나님의 큰일, 기독교문서선교회, 1984.

L, Berkhof, 신복윤 역, 기독교교리요약, 기독교문서회, 2008.

G. L. Williamsom, 개혁주의신학, 최덕성 역, 성광문화사, 1981.

존 칼빈, 신복윤 외 3인, 기독교강요(상·중·하), 생명의 말씀사, 2007.

존 스토트, 황을호, 기독교의 기본 진리, 생명의 말씀사, 2003.

차영배/ H. Bavink, 신학의 방법과 원리, 총신대출판부, 1985.

한스 큉/ 정지련 역, 교회, 한돌출판사, 2011.

(원서)

Berkhof, Louis, *Summary of Christian Doctrine*, Grand Rapids: Eerdmans, 1989.

• 신학지남. 김길성 '교회 기원과 본질연구' 2008년 가을호, 제296호.

1991. 2. 3.　청지기복지진흥원(선교회), 청지기훈련원(대표: 호태석 목사)

　　　　　　고　　문: 정성구 박사(전 총신대 총장)

　　　　　　자문위원: 신세원 목사(창신교회 원로목사, 예장합동 증경총회장)

　　　　　　　　　　정문호 목사(예손교회 원로목사, 총신대신대원 특임교수)

　　　　　　연구위원: 한종식 목사, 신영철 목사, 황정혜 전도사

1991. 12. 5.　청지기 훈련교재 제1권 청지기 훈련이론과 실제(27쇄)

1992. 4. 7.　청지기 훈련 교재 출판기념 감사예배

1993. 1-　국내외 교회 청지기 훈련 세미나 인도 시작(1993-현재)

1993. 3.　국내도서지방교회 교역자(청지기 훈련교재 300권 증정)

1993. 4. 3.　제1회-10회 전국 청지기 훈련 목회자세미나 개최(횃불회관,

　　　　　　총회회관, 기독교백주년기념관)

1995. 9. 5.　총회 절기설교집 집필위원 (정성구총장. 호태석 외 5명)

2002. 12. 5.　청지기 훈련원 각 대학교 M.O.U 체결(목회자 학사학위 협약)

2002. 3. 5.　웨신대대학원과 교육협정체결(총장: 김경원)

　　　　　　웨신대대학원 교회복지연구원 원장 취임(주임교수)

2003. 9. 3.　청지기 훈련원 부설(청지기복지진흥원: 청지기선교회)

　　　　　　서울 비영리단체등록(고유번호: 119-82-63566)

　　　　　　이사회조직: 대표: 호태석

　　　　　　이사: 조준현 이용길 이용철 박문환 김승규 나세웅 김학영

2004. 2. 15.　본원과 한성D대학교 교육 MOU체결(총장: 고광득)

2005. 9. 5.　본원과 대한신학대학원대학교 교육 MOU체결(총장: 이선)

　　10. 5.　제1회 청지기학술세미나 개최(대한신학대학교 대학원)

　　　　　　주제 발표자: 호태석 박사(주제: 교회와 청지기역할)

2006. 3. 5.　본원 청지기사회복지연구소 개소 기념세미나개최

　　　　　　연구원: 구종회 교수 고광신 교수 전준현 교수 윤주영 교수

강사: 권덕철 과장(복지부 정책과장): 정부 복지정책

김영환 목사: 노인요양원과 교회사역(성산노인병원 이사장)

호태석 박사: 교회와 사회복지실천

2006. 4. 7.　교회 사회 복지실천론(현재: 청지기 훈련교재 시리즈 15권째 발간함)

2008. 6. 3.　국제복지요양보호사 교육원 개원(대표: 호태석) 서울 125호

2010. 1. 1.　청지기 훈련원 부설 '청지기사관학교' 명칭 사용(청지기 훈련 세미나)

2010. 1.　청지기 훈련시리즈 16권(청지기 영성훈련과 사역) (54주제)

2010. 7.　청지기 훈련이론과 실제 52주 교재 증보판(27쇄)

2013. 10.　청지기시리즈 17권. '청지기 윤리실천 훈련'(54주제 공부)

2014. 3.　예장합동(GMS) 세계선교회: 제중원 '침술선교사' 자격취득 (침술연수: 중국 산동성 산동 중의학 대학교)

2015. 1.　청지기 교리훈련 18권째 교재 출간(3부자 공동 집필)

2015. 4.　외국인 비전센타 이사장 취임: 경기 곤지암

2015. 10.　청지기선교회 부설(국제청지기 훈련원) 인증

2015. 10.　국제청지기훈련원(문공부 제2015-000108호)출판사 대표

2015. 11.　청지기 훈련교재 19권째 '기독교성품훈련'(3부자 공동)

2016. 8. 29.　청지기교회 은퇴(원로목사)

2016. 9. 11.　청지기훈련 연구소 개원

2016. 10. 3.　노인천국(소망원장, 믿음원장, 낙원원장) 시설장

2019. 9. 3.　(20권째) '요양행정실무 가이드북'(호태석 외 5명)

2026. 3. 1.　(21권째) '청지기훈련과 교회부흥' 출간 (호태석 · 호세아 · 호심락 · 황정혜)

2026. 10. 2.　(22권째) '노년의 꿈과 행복 사명'(노인의 날 출간)

2016. 1- .　(23권째) '신구약성경 핵심요의 편람'(집필 중)

- 2박3일(금요밤-토요일-주일 오전 오후) 교회 요청에 따라 인도함
- 주제: 선한 청지기로 충성하자!(벧전4:9) (2박3일 말씀)

  〈일자〉 〈본문〉   〈제 목〉

  ① 금: 밤-벧전4:9-11. 청지기는 누구인가?
  ② 토: 새-삿16:28-30. 이번 만 나로 강하게 하소서
  ③ 토: 낮-계3:14-21. 청지기와 종말 신앙
  ④ 토: 밤-행6:1-7. 청지기 직분과 임무
  ⑤ 주일: 새벽-롬12:1-2, 13:11-14. 청지기와 거룩한 삶
  ⑥ 주일: 낮-계2:10. 청지기 충성의 원리
  ⑦ 주일: 밤-시126:1-6. 청지기의 가정, 교회, 사회생활
- 초청 교회 형편에 따라 세미나 일정(주제) 조정 가능함

〈1일 세미나 주제와 소요 시간〉

- 금요 기도회: 벧전4:7-11. 종말시대와 청지기의 삶 (100분)
- 구역장 세미나: 사54:2. 구역 부흥은 교회부흥 (100분)
- 가정행복 세미나: 시128편. 부모교육.가정행복론 (100분)
- 교회 노인대학: 잠16:31. 노년행복을 준비하라 (100분)
- 필자의 노인천국 목회 사역으로 금요일 밤-주일까지 집회 가능함.

〈청지기훈련과 오순절 기도회: 21세기 교회 부흥전략〉

필자는 한국교회가 코로나 시련에 제대로 대응하지 못하여 한국교회 부흥의 불씨가 소진되는 그림을 목격 후 통회의 심정으로 1,000일간 작정기도 하였다.

기도 응답은 한국교회 부흥은 다시 성령님께서 역사하심을 아래의 말씀으로 약속하셨다(삼상7:5-14, 욜2:28-31, 행1:8;21-47, 슥4:6, 학3:2, 욥22:21-23).

필자는 청지기훈련 집회 후 담임목사는 특새50일(오순절기도회: 성령강림) 선포하고 본 교재로 50일간(특새/저녁)말씀과 기도 인도로 말세의 오순절 성령 충만강림으로 신자들은 인격적 변화와 교회는 초대교회의 부흥을 경험

●세미나 강사: 호태석목사(010-3739-0110) 요양원입소상담●

- 사무실 : 서울 영등포구 도신로 10가 길 5, 예주빌라 501호(A)
- 요양원 : 경기 포천시 일동면 성장로 377-2, 노인천국: 소망교회
- E-mail : welfare9191@daum.net

(본교단)

대전중앙교회(최병남 총회장), 진주교회(김동권 총회장), 바울수양관(김용실 총회장), 은석교회(김진웅 목사), 군포영광교회(이상돈 목사), 부천서문(이성화 목사), 신도교회(김춘환 목사), 군산청운(최해권 목사), 분당새소망(유장춘 목사), 전남녹동제일(김용희 목사), 인천중앙(장원모 목사), 서울양문교회(서공섭 목사), 동대문제일(박기환 목사), 대동교회(김양흡 목사), 대전중앙제일(전상길 목사), 혜성교회(박광옥 목사), 예손교회(정문호 목사), 성광교회(진운섭 목사), 공주중앙교회(전갑제 목사), 산내교회(변정수 목사), 군산영광(임용규 목사), 광명교회(김승규 목사), 대전동부(곽요한 목사), 부개동교회(최웅진 목사), 수원화산(이인기 목사), 수원한사랑(이성환 목사), 수원영화(김연도 목사), 용인제일(변우상 목사), 철원중앙(노승욱 목사), 안양목양(장래인 목사), 구미지산2회(이규목 목사), 구미평강(노범옥 목사), 청평교회(최용범 목사), 평화(박상문 목사), 광명중앙(임봉천 목사), 대야2회(정호생 목사), 서성로(박종인 목사), 부천선교2회(정춘길 목사), 온양목양2회(김황래 목사), 창원목양2회(김사혁 목사), 부천등주2회(백병덕 목사), 용인포곡제일교회(김종원 목사), 전주동부교회(강성찬 목사), 군산제일교회(이창섭 목사)

(타교단)

창원한빛교회(윤희구 목사, 현 고신총회장), 전주바울교회(원팔연 목사 현 기성총회장), 시흥중앙(김재송 예성총회장), 강서중앙(조원집 예성총회장), 부평부광(위광필 예성총회장), 운양교회(김소암 목사 예성총회장), 동천교회(이죽봉 목사 순장총회장), 대구광명(이석광 목사), 대구대일(윤길창 목사), 임마누엘감리교회(김국도 목사), 안정감리교(임준철 목사), 춘천한빛(엄대섭 목사), 미국휴스턴교회(정인찬 목사)

(노회 및 시찰회 연합집회)

함남노회목회자수련회, 안산장로교연합회, 동대구노회여전도회, 구미노회여전도회, 충북동노회, 황해노회, 평서노회, 대전노회, 진주노회, 중부노회, 북경기노회, 감리교평택지방, 상주지역연합회, 충청노회, 용인포곡지역연합회, 남서울노회연합회, 빛고을노회연합회, 세종시연합집회
※미국 휴스턴지역연합집회(정인찬 목사)

(목회자 세미나 및 강의)

전국목회자세미나 10회(본원주최), 성결대신대원, 한성D대학교, 대신대신대원, 웨신대대학원, 한성신대, 개미목회, 새벽기도영성훈련(햇불회관), X국목회자세미나, 총신대신대원84동문회세미나, 미주총신목회대학원, 극동방송 부모교육, 극동방송 노인복지 대담, 전국목회자 세미나 10회(본원주최: 햇불회관)

(기도원집회)

성화수양관(김도영 원장), 성주산기도원(이규정 목사), 광교산기도원(유영빈 목사), 동두천미디안기도원4차(이성규 목사), 중앙기도원3차(신영옥 원장), 천안겟세마네기도원(김경래목사 2차). 천안천국복음기도원(유연동목사)

1. 1구좌: 1만원 후원 천사로 캄보디아 선교 복음화 이루자.

2. **매월 1일 가족선교의 날:** 자녀손들 선교의식 심어주는 선교 실천의 날

3. 캄보디아 **노인천국 선교센타건립**(무료양로원) 복지선교로 복음화 실천

4. **청지기선교회:** 목회자양성. 교회개척. 교육선교. 캄 은퇴 선교사 안식관 건립

5. **선교사 안식관:** 캄보디아 선교사 은퇴 후 안식관 자립 생활과 현지 캄보디아교회
   후임목사 목회 지도로 자립까지 현지교회를 지도함(협력선교)

청지기복지진흥원(청지기선교회) 선교현황

(청지기선교회)(청지기복지진흥원)은 **정부로부터 비영리법인**(119-82-63566)**공익**
선교 단체로 허가받고 후원 계좌 개설하였습니다.

후원계좌: 국민은행:2262-0104-2576-56. 예금주:청지기복지진흥원(대표: 호태석)

청지기후원 천사들 협력으로 캄보디아 선교 상황을 보고 드립니다.

1. 캄보디아 신학생부부 후원   2. 캄보디아 빈민농가 오리 구매 후원

3. 캄보디아 선교지 소녀가장   4. 캄보디아 조성규선교사 부부 후원

5. 경기도 광주 외국인비전센터 후원

6. 캄보디아 노인천국선교센타 부지 175평 매입 '캄장총회 명의등기 필
   (무료양로원 운영)

7. 노인천국은 국민일보 주최 2024년 '전국복지 브랜드 대상' 수상함.

호태석(황정혜) 선교목사 연락처 : 010-3739-0110/010-8943-8866

- 한　　국 : 서울시 영등포구 도신로 10가 길5, 예주빌딩 501호(A)
- 미　　국 : 호세아목사: E-mail.chaplainho@gmail.com
- 캄보디아 : 조성규 협력선교사 (+855)011-559-480)
- 캄 주 소 : No706. Sre Ampil village Sangkat Snor Khan Kambol
- 선교후원계좌: (국민) 2262-0104-2576-56(청지기복지진흥원: 호태석)
- 호태석 선교목사 E-mail: welfare9191@daum.net

1. 청지기 교육의 이론과 실제(초판)
1991년. 아둘람. 233면. 값 5,000원
청지기훈련은 인본주의 교육사상과 세속화에 의한 세속주의를 배격하고 하나님 말씀에
근거한 기독교 세계관과 가치관을 심어 주어야 한다.

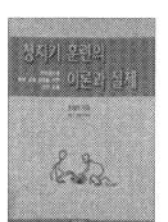

2. 청지기 훈련의 이론과 실제(27쇄)
1993년. 쿰란. 236면. 값 6,000원
지금까지지 인본주의에 찌든 신자들의 세속적인 의식구조와 가치관을 말씀, 기도 성령,
경건훈련으로 인격의 변화를 통해 거룩한 삶 실천으로 섬김의 삶을 살아야함.

3. 청지기 개혁주의 성령론
1994년. 기독신문. 337면. 값 6,500원
삼위일체 하나님이신 성령님은 창세전부터 지금까지 신자들의 구원을 성취하고 천국까지
우리를 인도하시는 인격자 성령 하나님이심을 말하고 있다.

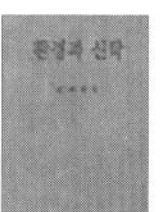

4. 청지기 환경과 신학
1994년. 한성. 160면. 값 3,500원
태초에 하나님께서 천지 만물을 만드시고 우리에게 만물을 위임해 주셨음을 일깨우고
청지기로서 잘 다스리고 환경까지 지켜야 함을 신학적으로 규명함.

5. 청지기 훈련 핸드북
1995년. 쿰란. 642면. 값 13,000원
청지기훈련 이론과 실제를 총 동원하고 정리하고 체계적으로 교회에서 담임 목사가
청지기훈련을 직접 실시하도록 방법과 내용을 실었다.

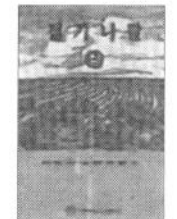

6. 절기나팔(상) (정성구총장. 호태석 외 5명)
1995년. 총회. 278면. 값 5,000원
본 교단(합동) 총회에서 교단 목회자들의 절기 설교에 대하여 말씀과 자료를 제공하고
집필은 교단에 영성과 지성 덕성을 갖춘 목회자들이 집필하였다.

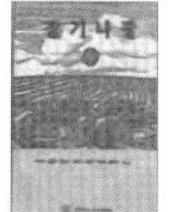

7. 절기나팔(하) (정성구총장. 호태석 외 5명)
1995년. 총회. 280면. 값 5,000원
본 교단에서 존경받고 영성있는 목회자로 총회의 부름받고 교단을 사랑하고
본 교단 목회자들을 섬기는 마음에서 기도하며 사명감을 갖고 집필하였다.

8. 청지기 훈련과 목회전략
1996년. 쿰란. 296면. 값 6,000원
본서는 필자의 미국 풀러신학대학원 목회학 박사 학위 논문을 풀어쓴 교재로 교인들
신앙 훈련과 전략이 중요함을 일깨워 주고 프로그램을 제시하였다.

9. 청지기 가정사역(부부 공저)
1997년. 쿰란. 294면. 값 6,000원
신자들의 가정은 가정천국으로 전제하고 성경적인 가정을 아루기 위해서는 부부의
신앙 일치와 서로의 섬김으로 사랑으로 결속되어야 함을 강조하고 있다.

10. 청지기 부모교육(부부 공저)
1999년. 쿰란. 390면. 값 10,000원
성경에서 자식은 하나님의 축복의 열매로 말씀하며 부모는 하나님의 대리자로
자녀들에게 좋은 부모로서 신앙의 본을 보여 줄 것을 가르치고 강조한다.

11. 청지기 구역장 권찰 핸드북
2002년. 쿰란. 333면. 값 6,000원
교회 구역장(목장)들은 교회안의 교회 작은 목자로서 구역 식구들의 신앙상태를 잘 점검
하고 구역 식구들의 애경사와 가정 생활과 교회 생활을 잘 돌봄을 말한다.

12. 개혁주의 영성훈련
2003년. 갈릴리. 306면. 값 9,000원
흔히 영성이라면 신비한 영적체험 정도로 인식하는데 이는 '영성'에 대한 이해
부족 탓이다. 진정한 영성은 영적으로 깨어있어 경건한 삶을 실천한다.

13. 교회와 노인복지(부부 공저)
2004년. 갈릴리. 413면. 값 13,000원
보편적으로 교회의 복지하면 어르신들 식사 대접 또는 온천관광 정도로 인식하고 있는데
노인도 구원의 대상으로 알고 복음으로 접근하는 프로그램을 제시한다.

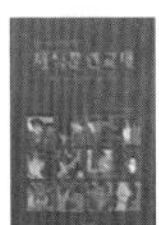

14. 청지기와 제직훈련
2005년. 갈릴리. 187면. 값 6,000원
교회부흥은 교회 제직들이 얼마나 효율적으로 봉사하도록 하는데 있다.
제직이 자기 위치에서 사명과 임무를 잘 감당 하게하는 실천훈련의 지침서이다.

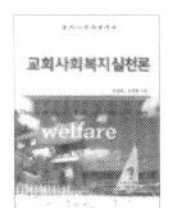

15. 교회사회복지실천론
2006년. 갈릴리. 420면. 값13,000원
교회의 본질은 경천애인 실천으로 교회는 주님 오실 때 까지 예배와 섬김 그리고
사회복지 실천은 거룩한 의무로 교회 존재 의미를 일깨워 주고 있다.

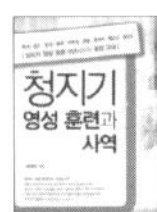

16. 청지기 영성 훈련과 사역
2010년. 쿰란. 400면. 값 9,000원
성경적인 영성은 하나님 임재 속에서 실천적인 섬김의 행동을 말한다. 또한 영성의 삶은
주님의 사랑을 기초로 하여 체계적으로 규모있게 지속적임을 말한다.

17. 청지기 훈련과 윤리 실천
2013년. 쿰란. 327면. 값 13,000원
기독교윤리실천은 십자가 사랑으로 하나님 중심으로 살아가는 규번이다. 또한 청지기의
윤리규범은 절대적인 윤리와 상대적 윤리를 균형을 이루어야 한다.

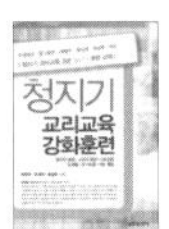

18. 청지기 교리교육 강화훈련
2014년. 쿰란. 318면. 값 13,000원
이단들은 거짓 진리로 교인들을 교묘하게 미혹하고 침투하고 있는 현실이다. 교회는
교인들을 보호하기 위해 철저히 교리신앙으로 훈련하고 진리로 무장시켜라.

19. 청지기 성품교육과 훈련
2015년. 청지기훈련원. 325면. 값 15,000원
인간은 누구든지 자신의 기질과 성품을 타고 난다. 본태성으로 성품이 좋지 못하면 타인에게
고통을 주기 때문에 좋은 성품을 유지위해 성품 훈련이 필요하다.

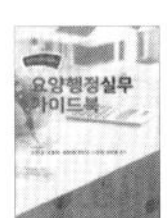

20. 청지기 요양행정실무 가이드북(공저)
2017년. 한수. 374면. 값 28,000원
정부에서는 2006년부터 노인장기요양보험 제도를 만들어 어르신들이 요양원에서
여생을 편히 지내도록 제도화 시켰다. 그래서 종사자들에게 직무교육이 절실하다.

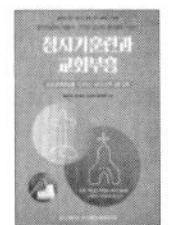

21. 청지기 훈련과 교회부흥(공저)
2026년. 청지기훈련원. 500면. 값 30,000원
21세기는 종말시대로 교회의 청지기 역할과 사명이 대단히 중요하다. 그래서
교회는 직분자들 훈련시켜 선한 청지기로 충성 다하여 주 영광 돌려야 한다.

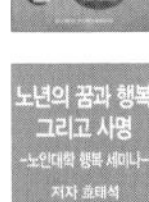

22. 노년의 꿈과 행복 사명(26.10.2. 노인의 날 출간 예정)
-노인대학 행복 세미나-
인생 100세 시대 무력한 노인으로 살것이 아니라 노년의 꿈과 열정 그리고 행복을
누리고 사명 감당하므로 후대들로 부터 존경받는 노년의 삶을 살자.

23. 신구약 성경 핵심요의 편람(2016년-집필중)
신구약 66권 1,189장 31,067절 구약(원어) 220만자. 신약 80만자 합 300만자를 심도있게
아주 쉽게 중요한 부분을 핵심적으로 쉽게 풀이하였다.

1. 세웅 경영 철학 – '미래를 향한 주도적 가치 창조'

세웅그룹은 '이윤 극대화'를 지양하고 하나님을 기업의 주인으로 인식하여 하나님의 명령에 따라 '청지기적 자세'와 '청지기 경영'의 철학으로 미래를 향한 주도적 가치를 창조하는 기업이다.

2. 세웅그룹 경영 핵심가치 – 윤리, 성실, 신뢰

세웅그룹은 하나님이 인간에게 기대하시는 신실한 청지기로서의 가치인 윤리와 성실, 그리고 이를 통해 쌓여가는 신뢰를 기업의 핵심적 가치로 부단히 노력하고 있다.

3. 사훈 –'성실한 청지기가 되라'

세웅그룹은 하나님이 맡겨주신 사업으로 믿고 낮은 자세로 고객의 요구들에 반응함으로써 고객과 기업, 그리고 하나님께도 선한 결과를 맺도록 최선을 다하고 있다.

4. 사업종류 – 건축 설계, 감리, 시행, 토목, 시공

세웅그룹은 계열 기업인 〈세웅건축사설계사무소〉에서 전문적인 건축 설계와 감리를 담당한다. 〈(주)세련종합건설〉과 〈(주)예정종합건설〉에서 시행과 시공, 그리고 토목 공사를 담당한다. 건축과 관련된 모든 프로젝트를 진행할 수 있는 종합 건설 그룹이다.

- **연락처 (김지수 회장: 은평중앙교회 장로)**
  - 전화: 02-359-6062
  - 팩스: 02-359-6063
  - 이메일: archiji@nate.com

주소: 서울특별시 은평구 서오릉로 149(구산동 2-36), 세웅그룹 빌딩

1. 조직

1) 이 사 장 : 호태석목사(운영 이사장), 하득희목사(재정 이사장)
2) 회   장 : 김영인목사
3) 사 무 총 장 : 기동찬목사
4) 총   무 : 김용원목사
5) 회   계 : 방 빈목사
6) 치유사역자 : 장철우목사, 김승혜사모, 무속인치유선교회 실행위원
7) 회   원 : 정연두목사, 경은원목사, 총신84동창회원 목사
8) 무당 간증사역자 : 최영실, 이해순

2. 한국 무속인 치유선교회의 사역 방향과 목적

1) 현장사역—인왕산, 남산, 남한산, 불암산, 관악산등(현장전도)
2) 치유사역—무속인 무병. 교회 고질병 환자, 전도현장의 치유사역
3) 언론사역—인터넷, 기독교 언론, 일반 언론, 잡지, 무당영역 차단
4) 치유사역원—귀신들림 방지 사역, 빙의 환자, 무병환자 치유사역훈련
5) 논문 및 도서 발행—무속인 영적세계 연구 및 무속활동 차단
6) 한국 무속 문화를 복음문화로 전환 위한 전략
    (1) 교회 내 귀신들림의 역사를 예수이름 권세로 축출사역
    (2) 교회 밖에서 귀신에게 사로잡힌 자 전도사역
    (3) 예비 무속인 현장전도로 회심 후 예수 영접하게 함
    (4) 가문의 흑암 세력을 복음으로 치유사역

3. 한국무속인 선교회 강사 집회 특징

1) 교회내의 어둠의 영적세력을 파괴함
2) 교인들과 현장전도로 전도의 자신감을 심어줌
3) 교회주변 무당전도와 개인전도 실제 사역
4) 교인들 청지기성품훈련 통해 직분과 사역 감당

4. 강사 및 집회 초청 연락처

• 선교회 사무실 : 서울 성동구 성수2가 3동 299-156, 충원교회
  전화 010-3134-0175(회장: 김영인목사, 복있는교회, 황서노회장)
          010-3173-5237(사무총장: 기동찬목사, 충원교회, 남평양노회부노회장)
          010-3739-0110(호태석목사, 노인천국시설장, 소망교회, 청지기훈련 원장)
• 집회 : 전도훈련집회, 치유집회, 제직(구역장) 세미나, 영어전도, 청소년세미나

곤지암 비전교회

비전교회 주요사역

다문화교회

비전교회는 이주민 선교를 위해 세워진 다문화 교회로 현재 30~40명의 외국인(캄보디아, 필리핀, 베트남) 성도들이 출석하고 있습니다. 대부분이 한국에 근로자로 왔다가 비전교회에서 예수를 믿게 된 이들입니다.

이주민신학교

비전교회는 외국인성도들을 말씀으로 양육하고 크리스천 리더로 길러내기 위해 2009년부터 이주민신학교(ARTI신학교)를 세워 매주 토요일, 주일 저녁마다 신학수업을 하고 있습니다.

역파송 선교

비전교회, ARTI신학교 출신 중 지금까지 11명을 역파송하여 이들이 캄보디아에서 사역을 하고 있습니다. 또한 9년 전 프놈펜 비전교회를 세워 캄보디아 청년들을 선교하고 있고, 2023년에는 비전교회 출신 띵플릭 목사가 귀국해 나따나끼리 새소망교회를 개척하였습니다.

대한예수교장로회 비전교회 담임목사 | 윤대진

외 국 인 비 전 센 터 명예이사장 | 호태석 목사   이사장 | 윤대진 목사

주소 : 경기도 광주시 곤지암읍 광여로 93 | 전화 (031) 796-1881 | 팩스 031)796-1882

기독교종합 복지타운 노인천국 안내

2024년 국민일보 선정 복지브랜드 대상 수상

1. 설립목적

1) 가난한 자에게 복음전파   2) 병든 자를 고쳐주고

3) 어려운 어르신들에게 돌봄   4) 영혼구원을 최우선

2. 표어

1) 하나님을 기쁘시게   2) 어르신을 행복하게

3) 세계 선교하는 교회

3. 시설 현황

1) 웰빙실버타운(1곳)

2) 노인천국 요양원(8곳)

　　(1) 믿음의 집　　　　(2) 소망의 집　　　　(3) 사랑의 집

　　(4) 평화의 집　　　　(5) 안식의 집　　　　(6) 행복의 집

　　(7) 낙원의집(가동)　　(8) 낙원의집(나동)　　(9) 은혜의집(실버타운)

　　(10) 예배당 단독건물. 직원 기숙사 완비

4. 시설 입소자격

1) 웰빙실버타운: 기도와 신앙생활로 노년의 행복한 삶 원하는 자

2) 전문요양원:

　　• 65세 이상으로 각종 질환으로 독립생활 어려운 자

　　• 노인장기 요양보험공단 등급자(1등급-5등급)

　　• 입소후 등급 받기 원하는 자

5. 노인천국의 장점과 특징

1) 신앙생활:

- 각 시설 원장 목사님들 중심으로 1년 365일 매일 새벽예배 드림

- 주일낮과 밤, 수요예배, 목요 구국기도회(본당에서 모임)

2) 입소생활

- 개인 독방 – 24시간 돌봄 서비스

- 식사는 영양사의 식단으로 조리됨

- 하루 일과는 자체 프로그램과 외부 강사 초청으로 진행

3) 간호케어

- 담당 간호사 배치로 약 복용 및 병원 치료 동행 인도함

- 양, 한방, 치과 촉탁의사 진료함(종합병원: 25분거리)

- 물리치료

6. 노인천국 전도 및 선교 현황

1) 사회복지 : 포천시 극빈자 후원금 매년 1,000만원 후원

2) 국내전도 : 미자립교회 매월 32교회 후원

3) 해외선교 : 노인천국은 캄보디아 프놈펜에 선교센타 부지 175평을 감장 신학교 명의로 구매하고 총회재단으로 등기를 마치었습니다. 2027년 건축하고 '무료양로원'은 캄보디아복지선교 실천으로 캄보디아 복음화에 앞장 서겠습니다.

7. 입소상담 대표전화 1899-4845

- **주소: 경기 포천시 일동면 성장로 379-2. 노인천국(소망교회)**

- **네이버 검색: 노인천국**

- **노인천국의 자랑: 1년 365일 매일 새벽예배**

  (주일예배는 본당에서 모입니다)

캄보디아선교(교회개척, 신학생후원)안내

- 청지지복지진흥원: (국민) 2262-0104-2576-56
- 호태석 선교목사: 010-3739-0110
- 이메일: welfare9191@daum.net

판 권
소 유

청지기(제직·직분자·구역장·평신도) 충성훈련 지침서

청지기 훈련과 교회부흥

2026. 2. 25. 초판 인쇄
2026. 3. 1. 초판 발행

저 자 호태석 · 호세아 · 호삼락 · 황정혜
발행인 호태석
발행처 국제청지기 훈련원. 청지기복지진흥원(선교회)

등 록 2015-000108호
주 소 서울특별시 영등포구 도신로 10가 길5 예주빌라 501호
전 화 010-3739-0110
이메일 welfare9191@hanmail.net

값 30,000원
ISBN 979-11-956677-1-0 03230

● 교재 보급처 :
  ■ 국제청지기훈련원. 청지기(복지진흥원. 선교회)
  ■ 서울시 영등포구 도신로 10가 길 5/예주빌라 501호